HIPPIE-LEXIKON

Hippie-Lexikon

Von Michael G. Symolka

LEXIKON IMPRINT VERLAG

Vorwort

Es war der Traum von einer neuen, einer besseren Gesellschaft – einer Gesellschaft mit menschlichem Antlitz.

Wo kamen sie eigentlich her, die Blumen-Kinder der 60er Jahre, und wohin sind sie entschwunden. Eine Modeerscheinung oder ein Zeitgeistphänomen? Der Schnellebigkeit oder Vergänglichkeit unterworfen wie alle Jugendströmungen oder – kulturen? – Es war weit mehr, es war eine weltumspannende Bewegung, die ihre Träume auf dem Scheiterhaufen der eigenen Ideologie verbrannte. – Spricht man heute mit Althippies, einer dieser trotz allen Wiederbelebungsversuchen der Unterhaltungsindustrie und der Modemacher aussterbenden Spezies – so wird man sich des Eindrucks nicht erwehren können, hier werden die gleichen Geschichten erzählt, wie sie die Kriegsgeneration zuvor schon bis zum Erbrechen kundtat. – Nur heißen die »Schlachtfelder« der Hippies Monterey, Woodstock und Altamont – und nicht mehr Al Alamein und Stalingrad. – Die Magie dieser Zeit aber in diesen Synonymen unterzubringen, hieße der Flower Power-Bewegung eindeutig Unrecht tun. Es war mehr ... auch wenn es nur ein Durchatmen in der wechselvollen Geschichte dieses Jahrhunderts war – ein Innehalten, eine Art Besinnung auf den Menschen und seine Menschlichkeit – hehre Worte für eine Zeiterscheinung, die ihre Blüte innerhalb von nur 3 Jahren (1967, 1968, 1969) erlebte, um danach etwas orientierungslos vor sich hin zu welken – um in den 70ern von neuen Strömungen und einer resistenteren Politik untergepflügt zu werden.

Mag der Mythos der Love-Generation heute manch müdes Lächeln provozieren, viele Nebenwirkungen des Medikamentes »60er-Jahre« sind bis heute nicht ganz eingedämmt – haben ihren nachhaltigen Einfluß auf Gesellschaft und Musik, auch wenn die meisten Träume von freier Liebe, Frieden und Freiheit wie bunte Luftballons zerplatzten. Die Generation danach haben davon partizipiert, ob sie wollten oder nicht! Es war auf jeden Fall eine ausgeflippte Zeit – Timothy Leary forderte dazu auf, Drogen zu nehmen und ein schöneres, besseres Amerika zu schaffen – Love-Ins sollten mit dem Mief und der Spießigkeit der bürgerlichen Doppelmoral brechen – Happenings und Demos versetzten westliche Gesellschaften in Unruhe und Panik – Ich-Findung durch fernöstliche Mystik und LSD sollte die Menschen für ein Zusammenleben in Frieden, neuer Bewußtheit und Liebe reifen lassen – der Rock'n' Roll zischte mit seiner neuen Psychedelia durch die Hirnwindungen – Transzendenz und Blumen anstatt Wohlstandsgesellschaft und leerer Worthülsen des Bedauerns, anstatt dumpfer Repression und fragwürdiger Werte, die so überkommen waren, wie ihre Protagonisten – die Elterngeneration.

Diese Eltern, die ja wollten, das man es einmal »besser« hat, Karriere macht, sein Leben und seine Zukunft nicht wegwirft durch solch pubertäre Spinnereien – die doch so gar nichts begriffen und in der Retrospektive fast noch recht behalten hätten. Was war das für ein Kampf allein um die langen Haare, täglich – im Elternhaus, an der Schule – ein Spießrutenlaufen in den Vororten der provinziellen Kaffs und Käffer – bis sie sich geschlagen gaben, sich auf das zurückziehend, was sie am besten beherrschten – larmoyante Verachtung. – »Let's go to San Francisco« wurde zur Hymne einer Einigkeit und Gleichheit, die gleichwohl nie in dieser Form existierte – und am Ende war es nur noch ein Riesengeschäft und ein gigantischer Schwindel, der seine Schwanengesänge in Altamont und Fehmarn anstimmte. Der Kommerz kannte die Strategien, alles in die lukrativen Bahnen zu lenken und das Gefühl zu vermitteln, daß man an einer großen Sache teil hatte.

Aber auch das hieße, den Kindern der Love-Generation unrecht zu tun, die in beschaulicher Naivität wirklich an eine bessere Welt glaubten. Mit Utopienforschung hat sich nur ein geringer Teil von ihnen beschäftigt – und eine Utopie, ohne Zwänge zu leben, scheint ebenfalls eine Illusion (siehe das Ableben des Kommunismus, der unter Zwängen und ideologischen Manifestationen länger lebte, als die dilettantische Anarchie der Hippies).

Aber um diesem Abgesang Einhalt zu gebieten, bleibt ein Resümee – ein Resümee einer aufregenden Zeit, einer Zeit mit dem besten und kreativsten Rock'n'Roll, mit einer Vieldeutigkeit und Mystik, daß man schon mal die Richtung verlieren konnte und ins Schleudern geriet, aber allein das war mehr Abenteuer, als sich geradlinige Zeitgenossen ein ganzes Leben lang vorstellen konnten. Viele Hippies haben konvertiert und ebenfalls Karriere gemacht (siehe Silicon Valley, die Elite der Computer-Freaks entstammt dieser Generation) oder sich geistige Refugien gesucht, indem sie am Rande der Gesellschaft mitschwimmen, und manche sind total und ganz ausgestiegen, um dann doch zu spüren, das sie den gleichen Gesetzen unterliegen, wie alle anderen auch ... zumindest der geistigen Schwerkraft.

All diese Nuancen und Facetten will dieses Buch aufgreifen, um ein Wiedererkennen oder ein neues Verstehen für diese »geile« (wie man heute sagt) Zeit zu ermöglichen.

»Es gibt Dinge, die sind bekannt, und es gibt Dinge, die sind unbekannt. Dazwischen existieren Türen.« Dieser Satz stammt von dem englischen Dichter William Blake und soll die Grundaussage, nicht die Ambition dieses Lexikons beschreiben, das wäre denn doch zu arrogant – aber das Motto der Doors, die diesen Satz für sich adaptiert haben, nimmt das vorliegende Buch schon in Anspruch: »Break on through to the other Side!«

Kleine Gebrauchsanleitung des Verfassers

Dieses Lexikon beschränkt sich in Fakten und Details, sowie in den eingestreuten Anekdoten, Meinungen und Tendenzen in der Hauptsache auf die Sechziger und frühen Siebziger – eben auf die Hippie-Ära. Wenn Sie eine komplette Diskografie der einzelnen Gruppen suchen oder den Werdegang der Künstler von Anfang bis in die späten 90er, werden sie hier nicht bedient. Diese Inhalte finden Sie in jedem herkömmlichen Fach-Lexikon – meist sauber chronologisch und entsprechend trocken serviert. In vorliegendem Buch sind die Highlights dieser Zeit angesprochen, mit unterhaltsamen und durchaus wertenden Einschüben. Einen Anspruch auf Vollständigkeit ist nicht die Hauptintention – die Stimmung dieser Epoche soll bildhaft umrissen werden, und vor allem sollen Sie sich wieder erinnern oder auch wiedererkennen, falls Sie dieser Generation angehören. Falls Sie Neuland betreten, dann herzlich willkommen in Utopia, für die Dauer Ihrer Lektüre ...!

Ich habe bewußt darauf verzichtet, die Geschichte von Bands wie den Beatles oder den Stones haarfein und zeitgetreu aufzuschlüsseln, da gibt es heute Bücher und Nachschlagewerke genug. Die Wirkung der Bands auf diese gewählte Zeit, eben die Love and Peace-Generation soll dokumentiert werden und vor allem natürlich, wie sich diese Gruppen selbst darin wiederfanden und sahen. Die Diskografie beschränkt sich in der Hauptsache auf einzelne Anspieltips und Highlights der Formationen und Einzelinterpreten, die für diesen Zeitgeist besonders wichtig waren und eventuell den größten Eindruck auf den Rockmusik-Liebhaber dieser Zeit machten. Egal ob er nun ein Acid-Head oder ein Pot-Kopf war oder auch keines von beiden ...!

Die politischen Ereignisse werden im Zusammenhang ausreichend geschildert, um die Grundstimmung der 60er zu skizzieren, orientieren sich aber auch in der Gewichtung am Flower Power-Movement, so daß sie vielleicht einige wichtige Details aus der Studentenbewegung in Deutschland vermissen werden – diese hatte aber in Ursprung und Intention mit der abgehobenen Hippie-Mentalität nicht allzu viel zu tun – hier wurde die Utopie von rationalen Köpfen gesteuert – während es bei den Kindern der Liebe wohl andersherum war – da steuerte die Utopie in allen Ausformungen des Irrationalen die Gedanken ihrer Anhänger.

Meinungen und Tendenzen wird in diesem Buch eindeutig Vorschub geleistet – wer diesen nicht folgen will, hat allerdings nicht mehr die Möglichkeit, es für sich allein noch einmal nach zu erleben, um Korrekturen durchzuführen – deswegen hat der Inhalt trotz aller subjektiven Färbung einen höchst allgemeingültigen Anspruch.

In diesem Sinne wünsche ich Ihnen viel Spaß und gute Unterhaltung beim Nachschlagen und Lesen und verbleibe standesgemäß mit dem entsprechenden Gruß der damaligen Zeit ...

Love, Peace and Happiness – Brothers and Sisters und
»Don't forget to Boogie –
Rock'n Roll will never die!«
und rollt Euch ne dicke Tüte ...

Augsburg, im Frühjahr 1999 Michael G. Symolka

A

Acid

Acidum – Säure, Abk. Acid, → LSD.

Acid Heads

Leute, die gerne und oft mit → LSD experimentierten oder es einfach nahmen, um → high zu sein.

Acid-Rock

Spezielle Form der Rockmusik, die durch den Einfluß von LSD und anderen bewußtseinserweiternden Drogen zustande kam und sich vor allem mit experimentellen Freiheiten, langen Soli, Improvisationen und komplizierten Toncollagen präsentierte. Die Grenzen herkömmlicher Rockschemata wurden durch diese Darbietungsform oft gesprengt! Typische Vertreter waren u. a. → Brainticket, → Grateful Dead, → Quicksilver Messenger Service. → Psychedelic Rock.

Acid-Tests

Mitte der 60er Jahre veranstaltete der amerikanische Schriftsteller → Ken Kesey (»Einer flog über das Kuckucksnest«) sogenannte Acid-Tests-Parties, auf denen LSD eingenommen wurde und die Reaktionen der einzelnen genau beobachtet wurden, um zu einem bewußtseinserweiternden Konsens zu kommen – die Rockgruppe → Grateful Dead experimentierte auf diesen Parties zum ersten Mal mit → LSD, was den Stil der Formation einschlägig und nachhaltig beeinflußte.

Afghanistan

Afghanistan, Staat in Asien, zwischen Iran und Pakistan, Hauptstadt ist Kabul. Hochgebirge (Hindukusch, bis 6000 m hoch) breiten sich von NO fächerförmig nach SW aus. Die Flüsse enden meist in abflußlosen Seen oder Salzsümpfen. Kalte Winter und trockenheiße Sommer, meist Wüste und Steppe. Bevölkerung: 60% iranische Afghanen, 25% Tadschiken, 3% mongolische Minderheit – Schiiten, 90% sunnitische Moslems. – Neben → Indien, → Marokko und → Nepal beliebtes Reiseziel der Hippies. Schmuggelpfade für Rauschgift über Iran, Irak und Türkei bis nach Europa. Äußerst gefährliches Unterfangen, da hohe Haftstrafen auf derartige Delikte – teilweise sogar die Todesstrafe. Besonders beliebt war der schwere »Schwarze Afghan« (→ Haschisch) – echt nur mit Prägestempel (oft gülden). Kam auf den europäischen Markt häufig mit Opium versetzt und konnte heftige Rauschzustände mit paranoiden Komponenten hervorrufen.

Afro-Look

Afro-Look war eine besondere Haartracht, bei der die Kraushaarfrisur der Afrikaner »kultiviert« und überdimensioniert »aufgebauscht« wurde. Könnte man auch einen richtig großen Wuschelkopf nennen. Nicht nur Schwarze (→ Jimi Hendrix) folgten dieser Mode, auch Weiße wie → Eric Clapton u. v. m. ließen sich krause Löckchen drehen. Bekannteste Protagonistin des Afro-Look war → Marsha Hunt, deren Kopf mit üppiger Haarpracht auch einem → Poster als Vorlage diente, das in vielen Zimmern von Jugendlichen an den Wänden prangte.

Air-Guitar

Instrument, das wahre, ja kontemplative Virtuosität vom »Musiker« verlangte – langes Studium und unendlich viel Übungsstunden (vor dem Spiegel) waren nötig, um es überzeugend zu beherrschen. – Die »Luftgitarre«. – Und fast jeder wirkliche Rockfan der 60er und 70er war ein brillanter Air-Guitarist. – Man spielte auf einer imaginären Gitarre die gewagtesten Läufe (in irrwitziger Geschwindigkeit), vollzog Bewegungen und zeigte die entsprechende Mimik, die die inneren Leiden und die Physiognomie des Gitarristen drastisch dokumentieren sollten. Dies ging natürlich am besten simultan zu einem laufenden Musikstück in enormer Lautstärke. – Anstatt nur die Luftgitarre anzuschlagen, konnte man natürlich ersatzweise auch zu einem Besen oder einem Teppichklopfer greifen, was die harmonische Stabilität der Soli ungemein förderte. Dazu stellte man sich natürlich eine »Audience« vor, die nach Zehntausenden zählte. – Berühmtester Air-Guitar-Player ist → Joe Cocker. (Mein favorisiertes Album für lange und verzerrte Air-Guitar-Passagen Anfang der 70er war das Live-Album der Gruppe UFO – da ging's zu Sache. That was Rock'n'Roll, really. – Außerdem muß hier noch angefügt werden, auf die Gefahr hin, immer wieder einer gewissen Tendenz überführt zu werden – Frauen spielten dieses Instrument nicht gerne und hatten auch keine Intention, es zu erlernen. – Anm. d. Verf.)

Akkermann, Jan

Holländischer Gitarrist und Flötist, der Ende der Sechziger die Gruppe → Brainbox mitbegründete, aus der sich später die Art-Rock-Formation Focus bildete. Das erste → Album der Gruppe Brainbox glänzte durch hervorragende Arrangements und Stücke mit teilweise epischer Breite wie »Sea of Delight«. Die → Simon & Garfunkel-Adaption »Scarborough Fair« war ein Highlight des → Art-Rock und bei → Kiffern und → Acid-Heads eine sehr beliebte Platte.

Album

→ LP – Langspielplatte (Vinyl), wurde auf 33er-Geschwindigkeit abgespielt, im Gegensatz zur Single (45er-Geschwindigkeit). Mitte der 60er Jahre bekam das Album einen immer größeren Stellenwert bei den Künstlern und Konsumenten. Die Musiker ließen sich nicht mehr in die Enge einer Singleplatte einzwängen, die meist zeitlich auf 2 ½ bis 3 Minuten begrenzt war – die Käuferschicht für Schallplatten bestand nicht mehr ausschließlich aus Teenies, und diesem erwachseneren Rockpublikum war die »Schnellebigkeit« der Single einfach zu nervtötend. Während eine Single in Deutschland in den 60ern 5 DM kostete und im Regelfall 2 Lieder bot (es gab auch Singles mit 4 Liedern, quasi Vorläufer der Maxisingle der 80er), war eine LP meist mit 12 Liedern bestückt und kostete 20 DM! Die Anzahl der Lieder auf den Alben änderte sich gerade während der Hippie-Ära ausschlaggebend, da immer mehr Gruppen davon abgingen, sich an die 3-Minuten-Grenze zu halten. Durch ausschweifende Improvisationen, Konzeptkompositionen oder nicht enden wollende Soli konnte es dann schon öfter vorkommen, daß ein Lied eine ganze LP-Seite einnahm. Mehr als 40 bis 44 Minuten Musik konnte die LP aber auch nicht bieten. Somit kam man in findigen Manageretagen und unter den kreativen Künstlern auf die Idee, zunehmend Doppelalben auf den Markt zu werfen, um den lukrativen Langspielplattenmarkt noch gewinnträchtiger zu gestalten. Der Kommerz wurde immer stärker der Hauptmotor hinter dem Rock, nur die Konsumenten hatten es noch nicht bemerkt. Auch 3fach- oder 4fach-Alben wurden mitunter produziert. Besonders negatives Beispiel einer Doppel-LP (nicht die Qualität der Musik betreffend) war das Album »Love is« von → Eric Burdon & the New Animals, das z. B. auf einer der 4 Seiten nur knappe 15 Minuten Musik bot. Da fühlte man sich als Schüler ganz schön verarscht, wenn man sich die Kohle vom mageren Taschengeld abgespart hatte.

Alkohol

War unter »echten« Hippies in den 60ern verpönt – als die Droge des Establishments, als Dumpfmacher, das Rauschmittel der Spieß- und Kleinbürger. In den Diskotheken und Musikschuppen gab es ein klare Trennung zwischen »Alkies« und denjenigen, die auf Bewußtseinserweiterung setzten. Die Alkoholtrinker wurden distanziert und mit verächtlicher Arroganz behandelt. Man wollte ja nicht in die Fußstapfen seines Vaters treten, der abends seinen Gesellschafts- und Lebensfrust vor dem Fernseher mit Bier und Spirituosen ertränkte. Aufbruch zu einer neuen Gesellschaft war das Schlagwort. Somit war Alkohol für eine kurze Zeit ein überkommenes Relikt einer kranken Gesellschaft. Als die → Flower Power-Träume zu welken begannen, und das geschah ja in den USA und GB gar bald, änderte sich das auch wieder grundlegend, zumal bestimmte Rockstars einen exzessiven »Mischkonsum« von Drogen vorexerzierten, u. a. → Jim Morrison, → Janis Joplin und → Jimi Hendrix.

Allman Brothers Band, The

Gregg Allman (org, voc), Dicky Betts (g), Berry Oakley (b), Duane Allman (g), Jay Johanny Johanson (dr), Butch Trucks (dr)
Anspieltips: The Allman Brothers Band (LP – 1969); The Allman Brothers Band Live At The Fillmore East (Doppel-LP – 1971)
Für die Hippie-Ära nicht von grundsätzlicher, für die Rockgeschichte allgemein allerdings von herausragender Bedeutung, als Protagonisten des sogenannten »Southern Rock«. Sie war eine der wenigen »rassisch gemischten« Gruppen aus dem Süden der Staaten – und allein dadurch leistete die Gruppe gesellschaftspolitische Arbeit im Showbusiness. Die »Bros.« nahmen Einflüsse des schwarzen Deltablues à la Robert Johnson genauso auf wie Bluegrasselemente und Countrymuster eines Jimmy Rodgers. Sie spielten, obwohl sie ihre Blueswurzeln selten losließen, mit einer so schwebenden Leichtigkeit, daß sich die Kritiker in Lobeshymnen überschlugen. Zudem waren sie eine der ersten Bands, die die Rhythmussektion um einen zweiten Schlagzeuger verstärkten, was ihrem Spiel eine unnachahmliche Dichte gab. Herausragend waren die Gitarristen der Gruppe – zum einen Duane Allman, der Meister der Slide-Guitar, zum anderen Dicky Betts mit seiner hart akzentuierten, rockigen Spielweise. Rhythmusgitarre im klassischen Sinne wurde bei

den Allman's überflüssig, die beiden Gitarren ergänzten sich und wechselten sich in bravouröser Art und Weise ab, was besonders bei ihren Liveaufnahmen deutlich wird. Die Allman Bros. waren eine hundertprozentige Live-Band, was ihre Studioaufnahmen nicht ad absurdum führen soll, die ebenfalls durch Vielfältigkeit und exzellente Musikalität glänzen. Duane Allman starb im Oktober 1971 bei einem Motorradunfall, eine klassische Todesart für einen Rock'n Roller neben dem Drogentod (ohne hier zynisch werden zu wollen). Der mit Abstand größte Hit von den Allman Bros. war »Jessica«, ein knapp siebenminütiges Instrumental, das heute aus Nostalgiegründen gerne Duane Allman zugerechnet wird, aber erst nach seinem Tode von Dicky Betts komponiert und eingespielt wurde. Im Laufe der Jahre gab es immer wieder »Reunions«, die aber mit etlichen neuen Musikern aufgefüllt werden mußten, da von der Urbesetzung durch Todesfälle nicht mehr allzu viele übrig waren. Dadurch verlor die Gruppe bereits in den 70ern an musikalischer Homogenität und Virtuosität.

Altamont
6. Dezember 1969 – → Open Air mit den Rolling Stones – steht für viele auch für das Ende einer Illusion – für das Ende des Hippie-Traums. Altamont, eigentlich Altamont Speedway, war eine alte Autorennstrecke im Livermore Valley, 60 km nordöstlich von San Francisco. Die → Rolling Stones brachten es fertig, diesen eher traurigen Ort zu einem festen, aber tragischen Bestandteil der Rockgeschichte zu machen. Es war das Finale ihrer USA-Tournee, ein → Free-Concert, zu dem mehr als 300 000 Fans kamen. Diese waren nebenbei kostenlose Statisten für den Tournee-Film der Stones, der unter dem Namen »Gimme Shelter« auf den Markt kam. Es herrschte gleich zu Anfang ein Riesenverkehrschaos. Dabei wurden über 20 schwere Unfälle gezählt – einer davon kostete schon vor Beginn des Konzerts 2 Menschen das Leben. Damit nicht genug – es wurde das »Todesfestival« des Rock und dadurch auch eine Art Schwanengesang auf die Ideologie der Hippie-Ära. Ein junger Mann ertrank im → LSD-Rausch in einem Kanal, ein anderer erlitt schwere Verbrennungen, 19 Ärzte und 6 Psychiater waren bis zur Erschöpfung im Einsatz, um Drogenfälle, Frühgeburten und die häufigen Verletzungen durch Schlägereien zu behandeln. – Aber der Punkt, der Altamont zu einem Negativ-Denkmal der Zeit machte, war die Ermordung eines jungen Schwarzen. Die Stones hatten, aus welchen Gründen auch immer, die → Hells Angels aus → Frisco als Ordner für dieses Festival bestellt. Die gefürchtete Rocker-Truppe bekam ihr Salär

in Bier ausbezahlt, was die Situation eskalieren ließ. Die »Angels« droschen wahllos auf die Zuhörer ein. Bezeichnenderweise bei dem Song »Sympathy for the Devil« erreichte das Horror-Festival seinen Höhepunkt – der junge Schwarze → Meredith Hunter wurde direkt vor der Bühne von den Rockern zusammengeprügelt und erstochen. Angeblich hatte er eine Schußwaffe gezogen – dies wurde aber nie belegt, weder durch Zeugen noch durch Filmaufnahmen. Die Show ging perfiderweise weiter – andererseits kann auch niemand sagen, was wohl geschehen wäre, wenn die Stones ihr Konzert abgebrochen hätten. Vielleicht hätte die Katastrophe noch größere Ausmaße angenommen. Die Rolling Stones reagierten zunächst sehr hilflos auf die Geschehnisse – Jagger flehte das Publikum an, cool zu bleiben. Jagger: »Warum kämpfen wir denn? Wir wollen doch wirklich nicht kämpfen, wer ist es denn, der das will?« – Die Schlägerei uferte immer mehr aus. Langes Schweigen auf der Bühne, dann Jagger: »Sonst war's überall cool, wir müssen sofort aufhören, wißt ihr, wenn wir es nicht schaffen, hat alles keinen Sinn ...!« – Es geht weiter mit der Randale – Jagger schluchzt beinahe ins Mikro: »Wenn ihr nicht aufhört, Mann ...!« Keith Richard geht vor: »Entweder die Typen hören auf, oder wir spielen nicht ...!« Ein Angel greift sich ein Mikrophon und brüllt: »Fuck you«, schwere Maschinen der Rocker heulen vor der Bühne auf. Jagger schreit nach einem Arzt, immer wieder! Inzwischen verblutet Meredith Hunter. Endlich kommt ein Arzt durch, der schwerverletzte, wahrscheinlich schon tote Hunter wird weggetragen. Die Stones spielen wieder, eine Instrumentalnummer, um die Spannung aus der Luft zu nehmen, dann »Stray Cat Blues«, »Love in Vain«. Jagger bittet die Leute, ruhig zu bleiben, sich hinzusetzen. Die Schlägereien nehmen wieder zu – ein Körper fliegt auf die Bühne. Jagger schreit: »Wir hauen ab. Ich will es für sie nicht machen, ich will die Typen weghaben ...!« Ein bedrohlicher Moment, – was für ein Highlight im Leben eines Rockers, Mick Jagger von den Stones die Zähne einzuschlagen. Sein Tanzen und androgynes Getue auf der Bühne betrachteten sie sowieso eher angewidert. Verhandlungen. Stones-Roadmanager Cutler versucht die Bühne zu räumen – die Stones machen weiter und werden in der Panik des Moment immer besser – »Brown Sugar«, »Midnight Rambler« und »Live with me«. Die Stones spielen das Live-Concert ihres Lebens und gewissermaßen auch um ihr Leben. Die Stimmung wird wieder ruhiger. »Gimme shelter« dröhnt über das Gelände, »Queenie« ist der Höhepunkt, die Menge hat sich beruhigt, man geht mit. Während »Satisfaction« bewirft das Publikum Mick Jagger mit langstieligen Rosen. Welch ein Zynismus! Das Konzert endet mit »Street Fighting Man«, gut gebracht, aber eine mehr als unglückliche Wahl, wenn man bedenkt, was dieser Tag gebracht hat. Und welche Konsequenzen er haben sollte. Ein Traum war vor der Bühne der Stones getötet worden, unspektakulär spektakulär – ein junger schwarzer Mann mußte sterben und der Traum der Flower Power-Generation starb irgendwie gleich mit. Altamont warf seine Schatten voraus. Nichts mehr mit »Down in Monterey« – »Killed in Altamont«.

America
Gerry Beckley (g), Dan Peek (g), Dewey Bunnell (g)
Anspieltip: America (LP – 1972)
Amerikanisch-englisches → Folk-Rock-Trio, gegründet 1969 in England – ritten schon eher auf der Post-Hippie-Welle. Alle drei waren Söhne von amerikanischen Soldaten, die in England stationiert waren. 1968 begannen sie an ihrer Schule miteinander zu spielen, 1971 kamen sie bei Warner Bros. unter Vertrag – es folgte ein Riesenerfolg in GB und USA mit der Singleauskoppelung »A Horse with no Name«. Die Musik erinnerte stark an den Harmoniegesang und kompositorischen Aufbau der Formation → Crosby, Stills & Nash. Die Gruppe wechselte den Wohnsitz und zog nach Amerika, dadurch verloren sie teilweise ihr Publikum in England. Es folgen noch einige erfolgreiche Titel, wie »Sister Golden Hair«, »Tin Man« und »Ventura Highway«. 1974 wurde George Martin, der Produzent der Beatles, ihr Manager, 1977 brach die Gruppe zum ersten Mal auseinander – machte dann aber als Duo weiter (Peek verließ die Gruppe nach seinem Übertritt zum christlichen Glauben). Der Erfolg blieb aber größtenteils aus – Softrock dieser Formatierung war zu dieser Zeit bereits nicht mehr sehr gefragt. Ein kleineres Comeback gelang (auch in Deutschland) mit dem Titel »You can do magic« (1982). Zu dieser Zeit arbeitete die Gruppe mit → Jimmy Webb an der Filmmusik zu »The last Unicorn«.

American Pie
Song von Don → Don McLean (1971 veröffentlicht) – in den im Post-Hippie-Trauma mehr hineininterpretiert wurde, als das Lied mit seinen → Lyrics eigentlich sagen wollte. Es handelte u. a. vom Tode Buddy Hollys, war aber so lyrisch angelegt, daß trauernde Hippies in ihm einen Abgesang auf die 60er sahen, eine Art »Schwanengesang des Rock'n Roll«. – Der Song war so vielschichtig getextet, daß man alles darin unterbringen konnte – vom Tode → Janis Joplins, über den Vietnamkrieg, Watergate, bis zum Ende des Rock'n Roll und folglich auch dem

Ende der guten, alten Zeiten. »American Pie« sozusagen als Synonym für die amerikanische Gesellschaft und ihre Bewegungen in den 60ern. Wurde zu einer Hymne der Post-Hippie-Ära, die vielen, die die Zeit nicht aktuell erlebt hatten oder nicht an den Schauplätzen und Tatorten waren, ein Gefühl illusorischer Zusammengehörigkeit gab. Nichtsdestotrotz ein schöner Song mit epischer Breite, der viel Melancholie und Sentiment transportiert.

Amon Düül I & II

Renate Knaup (v), Johannes Weinzierl (g, v), Lothar Meid (b), Peter Leopold (dr), Falk Ulrich Rogner (k, synth), Olaf Kübler (synth)
Anspieltips: Phallus Die (LP – 1969), Yeti (LP-1970), Dance Of The Lemmings (LP – 1971), Carnival In Babylon (LP – 1972), Wolf City (LP – 1972), Live (LP – 1973)
Mitte bis Ende der 60er Jahre standen deutsche Gruppen bei Beat- und Rockfans im eigenen Lande nicht besonders hoch im Kurs – aber auch da gab es Ausnahmen, nicht nur für Insider. Eine dieser Gruppen war Amon Düül. 1968 gegründet als musikalisches Kollektiv oder → Kommune bei München, splittete sich die Gruppe 1969 in zwei Teile oder Ableger. Amon Düül I blieb dem politischen Lager und den Themen der → APO treu, Amon Düül II konzentrierte sich dagegen ganz auf die Musik und das ideelle Umfeld, das dadurch transportiert wurde. Anfänglich klang der Sound von Amon Düül recht dünn im Vergleich mit internationalen Produktionen vor allem aus England und den USA, teilweise grenzte er ans Grauenhafte – aber bald entwickelte die Band einen ureigenen Stil, der Verschiedenes in sich vereinigte: elektronische Experimente, Hard-Rock-Sequenzen bis hin zu orientalischen Klängen – beeinflußt durch → Indien- und Marokkoreisen der Gruppe. Die Gruppe kann in dieser Zeit als deutsche → Acid-Rock-Formation bezeichnet werden, schaffte es aber durchweg, die amerikanischen Vorbilder vergessen zu machen. Dadurch gelang Amon Düül I auch ein Achtungserfolg in England und in den USA. Anfang der 90er gab es ein kurzzeitiges Wiedererwachen dieses Sounds in Deutschland, was das → Label »Mantra Records« (Nomen est Omen!) dazu veranlaßte, die ersten Alben der Combo wieder vorzulegen, remastered und auf CD.

Amphetamine

Amphetamine sind Aufputschmittel und vorwiegend synthetische Stoffe. Illegal werden sie in privaten Labors – meist unter schlechten Bedingungen – aus verschiedenen Grundstoffen hergestellt. Sie sind relativ leicht zu fabrizieren. Amphetamine können auf unterschiedliche Arten eingenommen werden (geschluckt, gesnieft oder gespritzt). Sie wirken aufputschend, vermindern die Ermüdbarkeit und steigern vorübergehend die körperliche Leistung durch Wegfall der körpereigenen Schutzmechanismen. Sie werden genommen, um euphorische Gefühle zu erzeugen, um gut zu funktionieren und die Leistungsfähigkeit zu steigern. Amphetamine hemmen den Appetit, wurden einige Zeit zu diesem Zweck medikamentös eingesetzt, wegen hoher Nebenwirkungsrate aber aus dem Handel gezogen. Die psychische Abhängigkeit kann ein bedrohliches Maß erreichen. Auf Dauer führen Amphetamine zu Unrast und Schlaflosigkeit, wobei Wahnvorstellungen auftreten können. Der Bezug zur Realität geht verloren. Wegen der inneren Unruhe werden oft Schlafmittel eingenommen. Bei Langzeitgebrauch kann es zu einer Amphetamin-Psychose kommen – die nur schwer zu heilen ist – sowie zu Lungenhochdruck mit Kreislaufschädigung. Besonders groß ist das Risiko der unkontrollierbaren Rauschdauer und -intensität sowie der Nebenwirkungen, weil Reinheitsgrad und Zusammensetzung bei illegaler Produktion fast nie bekannt sind. Amphetamine, in der Szene als »Speed« bezeichnet, werden häufig anderen illegalen Drogen zur Intensivierung der Wirkung beigesetzt. Die Rockgruppe → Canned Heat schrieb einen interessanten Song über Amphetamine (»Amphetamine Annie«). In einer Zeit, in der in Musikerkreisen und der Szene Drogengebrauch propagiert wurden, warnten sie vor dem Mißbrauch von Pillen aller Art.

Amsterdam
Die größte Stadt Hollands ist nicht nur berühmt wegen ihrer Grachten und ihrer Matjesheringe – seit den 60ern ist sie immer Anlaufpunkt und zeitweise Metropole der Hippies und sonstiger Aussteiger gewesen. Ab den 70ern machte sie allerdings Negativschlagzeilen als »Drogenmetropole« in erster Linie für → harte Drogen. Präventiv wurde in Holland einiges unternommen, um das Drogenproblem in den Griff zu bekommen – so kann man → weiche Drogen (wie Haschisch und Gras) zwar kontrolliert, aber frei in sog. »Coffee-Shops« erwerben. Das Modell scheint zu funktionieren – weniger Süchtige und Beschaffungskriminalität. Beweist nicht unbedingt empirisch, aber immerhin ein Stück weit praktisch, daß → Haschisch nicht unbedingt die Einstiegsdroge sein muß. In den 60ern und 70ern hieß es des öfteren in den entsprechenden Kreisen: »Fahren wir mal schnell nach Amsterdam, ein bißchen → Shit kaufen«.

AN 1

Beliebter »Wachmacher« in den 60ern, war damals noch rezeptfrei zu haben. – Anzeige: Narkolepsie – anfallweiser, unüberwindlicher Schlafzwang am Tage. Wurde auch als Appetitzügler verschrieben – gehört zur Familie der → Amphetamine und Weckamine. → Speed.

Anarchie

Anarchie, eigentlich der (anarchische) gesellschaftliche Idealzustand, daß alle Herrschaft von Menschen über Menschen aufgehoben ist – jedoch meist mißverstanden als (anarchistischer) politischer Zustand, in dem Verfassung, Recht und Gesetz ihre Geltung verloren haben. Wurde in den 60ern nur teilweise in der semantischen Bedeutung des politischen Begriffs verwandt. – Es ging mehr um ein mehr oder weniger konstruktives Chaos – unter dem Motto: »Anarchie ist machbar, Frau Nachbar!« Alles was unkonventionell war, hatte schon den Ruch von Anarchie. Gerne auch als Abwertung, Diskriminierung oder Beschimpfung gebraucht – unter dem Motto: »Das sind doch alles arbeitscheue, langhaarige Gammler und Anarchisten.« Sexuelle Freizügigkeiten galten auch als anarchisches Treiben! → Sexuelle Revolution. → Wilhelm Reich.

Angel Dust

Angel Dust war der Straßen- bzw. Szenename für PCP (Phencyclidin). PCP wurde in den 50er Jahren von der US-Firma Parke Davis & Company als Schmerzmittel entwickelt. Bereits während der klinischen Testphase häuften sich Berichte über merkwürdige Nebenwirkungen. Schon nach kleinen Dosen PCP wußten damit behandelnde Patienten nicht mehr, »wo ihr Kopf geblieben ist«, und irrten dann durch das Krankenhaus, um ihn zu suchen. Deshalb wurde das Medikament 1965 vom Markt zurückgezogen. 1967 trat es dann erstmals in der Drogenszene auf. Zunächst dachte man, es handelte sich um einen Einzelfall, aber einige Jahre später tauchte es erneut auf. Es bekam den Straßennamen »Angel Dust« und verbreitete sich ziemlich schnell in den USA. Die Droge wurde rasch beliebt, da sie zum einen billiger als andere Drogen (z. B. Heroin) war, zum anderen weil sie schneller und länger als Heroin wirkt, aber wesentlich intensiver als dieses oder als Haschisch ist. Außerdem kann aus den Grundsubstanzen jeder Chemielaborant PCP herstellen. Eingenommen werden kann PCP in jeder erdenklichen Form. Also geschnupft, gespritzt oder auch in Pillenform geschluckt. Das Wirkungsbild gleicht wohl am ehesten dem des Kokain, allerdings hat es zusätzlich einen halluzinogenen Effekt, der wiederum eher in die Richtung des → LSD deutet. Dem PCP vergleichbar ist Ketamin, das in der Menschen- und Tiermedizin als Betäubungsmittel verwendet wird. Allerdings wirkt es nicht so stark, und die Wirkungsdauer ist erheblich kürzer. Ein PCP-Rausch dauert von 45 Minuten bis zu zwei Stunden. Es wurde jedoch auch schon von 48-Stunden-Trips berichtet. PCP beeinflußt direkt die Nervenzellen im Hippokampus, jener Gehirnregion, die die Gefühle und das Triebleben steuert. Weiterhin hindert es das Gehirn daran, zwischen Informationen der Sinnesorgane und seelischen Informationen (Gefühlen, Gedanken) klar zu unterscheiden, so daß Außenwelt und Innenwelt sich zu einem Chaos von Phantasie und Realität vermischen. Neben dem halluzinogenen Effekt gibt es noch den schmerzbetäubenden Effekt nach der Art der Opiate. Daher soll es auch des öfteren zu Selbstverstümmelungen kommen. PCP macht schnell süchtig und es setzt auch rasch eine Gewöhnung ein, so daß die Dosis bald erhöht werden muß, um die gewünschte Wirkung zu erzielen. Bei einigen Süchtigen kommt es auch zu einer sogenannten »Phencyclidin-Psychose«.

Antörnen

Turn on – ein Begriff, der eigentlich durch den Song »A Day in the Life« von den Beatles bekannt gemacht wurde (→ »Sgt. Pepper«). Der Begriff setzte sich auch in Deutschland als »antörnen« in der Jugendsprache fest. In diesem Sinne bedeutete er vorrangig, sich durch Drogen in einen abgehobenen Zustand zu versetzen (ein → genehmes → Gerät – Haschischpfeife oder Joint – durchziehen und high sein). Der Begriff hatte aber ursprünglich eine weiter reichende Bedeutung – im Kontext mit dem angeblich von → Timothy Leary kreierten Slogan → »Turn on – Tune in – Drop out« wurde vorausgesetzt, daß man durch bewußtseinserweiternde Drogen einen anderen Blickwinkel, eine andere Ein-Stimmung zu den realen Dingen bekommt und aus dem Teufelskreis reaktionärer, gesellschaftlicher Zwänge auszubrechen versucht. Sensibilisierung für das »Wirkliche«, nicht das »Vorgetäuschte«.

Aphrodites Child

Anspieltip: 666 (Doppel-LP – 1972)

Die Rockmusik, vor allem in ihren extremeren Ausformungen, war in 60ern und 70ern eine angloamerikanische Domäne. Der deutschen Spielart haftete das Attribut → Krautrock an, was eine gewisse Biederkeit und Schwerfälligkeit unterstellte (heute ein Ehrenname). Italien und Frankreich waren in dieser Beziehung eher unbeschriebene Blätter. Einige skandinavische Gruppen konnten sich ab und an in die Phalanx der elitären englischsprachigen Bands hineinschmuggeln (z. B. Burning Red Ivanhoe), aber das war es dann schon. Um so erstaunlicher, daß gerade aus Griechenland eine Combo kam, die → psychedelischer daherkamen als so mancher → Haight-Asbury-Hippie, allerdings relativ spät. Aphrodites Child waren durch einige nette, gefühlvolle Popballaden aufgefallen, die in erster Linie durch die Halbkastratenstimme von Demis Roussos geprägt waren (»Spring, Summer and Fall«, It's Five O'Clock«, »Rain & Tears«). Sie brachten aber auch eine Doppel-LP (Konzeptalbum) mit dem Titel »666« auf den Markt, die heute Liebhaberpreise erzielt. Darauf gehen sie derart zur Sache, was psychedelische Effekte betrifft, daß ihnen anscheinend jemand Trips in die Ouzo- oder Retsinagläser geschmuggelt haben mußte. Demis Roussos ist heute noch als Sänger schlichter Popballaden tätig. Wichtiger als dieser war allerdings sein Kollege Vangelis, der etliche modernistische Elektronikalben veröffentlichte, aber auch ausgezeichnete Filmmusiken komponierte, wie z. B. für den den Kolumbusfilm mit Gerard Deopardieu. Auch mit Hymnen für Mammutsportveranstaltungen wurde er einem breiten Publikum auf der ganzen Welt bekannt.

APO – Außer-Parlamentarische Opposition

Die einzig wirkliche und wahrhaftige Opposition dieser Zeit in Deutschland ist außer-parlamentarisch. 1968 ist ein Symboldatum, zu dem sich weltweit eine antiautoritär gestimmte Jugendrevolte in verschiedenen Ereignissen verdichtete. Daneben markiert es eine Zeitenwende, eine Art Kulturbruch zur Nachkriegszeit, zum Kalten Krieg. Es war hauptsächlich ein kultureller Lockerungsprozeß. Von den Kritikern wird auch gern hervorgehoben, daß es ein Nachlassen von rigiden Moralvorstellungen und Traditionen gab. Die waren aber schon vorher im Zusammenbruch begriffen. Es war der Versuch, eine neue Linke zu definieren – was später zu dogmatisch verhärteten Gruppen wie Maoisten und Trotzkisten führen sollte. Das kann man aus heutiger Zeit auch kritisch sehen. Aber der Anspruch, diesen antiautoritären Impuls und ein linkes Projekt, überhaupt Weltprobleme, wieder zum Gegenstand zu machen – in Vietnam ist ja ein sehr brutaler, postkolonialer Krieg gelaufen – das hat natürlich dem Ganzen eine besondere Dramatik gegeben. Die APO definierte sich in der Studentenbewegung und bringt mit ihrem angekündigten »Marsch durch die Institutionen« die Republik massiv ins Wanken. Neben den bekannten Schlagworten dieser Zeit erreichte die APO, deren Initialzündung die sog. Notstandsgesetze gewesen waren, daß immerhin die damalige schwarze Regierung kippte, mit ausgelöst durch das Engagement der APO. Die Interims-Großkoalition wurde von einer SPD-/FDP-Regierung (Regierungschef Willy Brandt) abgelöst, was den politischen Zündstoff in den sozialen Brennpunkten nur vordergründig entschärfte – der »Marsch durch die Institutionen« versandete in »Neuer Innerlichkeit«, die Latzhosen-, Gruppentherapie- und Müslimentalität zementierte ihre (durchaus massiven – soll heißen: unflexiblen) Grundpfeiler in passiver Verweigerung und Aussteigertum, und die unentwegten Einzelkämpfer versetzten die BRD als RAF (Rote Armee Fraktion) in Angst und Schrecken – was auch für die SPD zu einem deutlichen Ideologiewechsel führte – u. a. Radikalenerlaß unter Helmut Schmidt. »Der deutsche Herbst« sollte die Zustandsbeschreibung in den späten 70ern sein (»Bleierne Zeit«), – die Auswirkungen sind auch noch in den 90ern zu spüren, in erster Linie durch eine »Rekonservatisierung« der Gesellschaft in vielen Belangen.

Aquarius

Wassermann – Begriff aus der Astronomie und Astrologie – Sternbild des Tierkreises am südlichen Himmel – das Zeitalter des Wassermanns hatte eine besondere Bedeutung für die Hippie-Ära – ein Zeitalter sollte anbrechen, in dem alles »besser« wird, das hoffnungsvolle Zeitalter – ein Phase der menschlichen Erleuchtung, das »Lichtvolle« sollte Besitz ergreifen von den Menschen. – Song von → 5th Dimension: »Aquarius/Let the Sunshine in« (1967).

Arnold, P. P.

Backgroundsängerin, die einen einzigen Hit landen konnte. Mit dem → Cat Stevens Song »The first Cut is the deepest« sprang sie 1967 in die englische Top Ten. Sang u. a. im Background-Chor von → Joe Cocker und auch bei den → Rolling Stones. Lebte in dieser Zeit in einer Londoner Hippie-Kommune und trat ab und zu im → UFO auf. Ursprünglich kam sie aus Jamaika.

Art-Rock

→ Avantgarde – Kunstrock oder »künstlicher« (artifizieller) Rock, Mischform zwischen Rock- und klassischer Musik, besondere Instrumentierung, meist mit Orgel, → Mellotron, Querflöte und anderen Bläsern, später dann auch mit dem Moog-Synthesizer – sinfonischer Rock.

Hier stellt sich die Frage, ob diese Rockgattung mehr künstlerische Ausrichtung hatte oder im Endeffekt zu einer Künstlichkeit der Musik führte, in der die Ambitionen der Musiker zu reinem Selbstzweck wurden. Die Gigantomanie der Top-Bands des Art-Rock (Yes, Genesis, Nice, Emerson, Lake & Palmer etc.) bewirkte letztendlich auch eine Rückbesinnung auf die Wurzeln des Rock'n Roll, auf die 3-Akkord-Musik des Punk. Viele Rock-Puristen sahen im Art-Rock den vorweggenommenen Tod des Rock'n Roll. Derivate sind Klassik-Rock oder auch Baroque-Rock (Nice – Emerson, Lake & Palmer, – → Procol Harum).

Ashbury Haights

Ashbury Haights oder auch → Haight-Ashbury ist ein kleines Viertel in → San Francisco. – Die Haight Street in Höhe des Golden Gate Parks war und ist noch heute eine der wohl buntesten Flecken San Franciscos. Sie gilt als die Geburtsstätte der → Flower Power-Bewegung sowie als Treff der → Hippie-Szene in den Sechzigern. Bars, Cafes, super Eisläden (Double Rainbow), Boutiquen der anderen Art, → Marihuana und so manch anderes gibt es hier zu bestaunen und zu erstehen.

Ashra Temple

Anspieltips: Ashra Temple (LP – 1972), Schwingungen (LP – 1973)
Berliner Formation, die interessante Klangfarben zusammenmischte. Elemente indischer Musik, elektronische Einspielungen und dezente Rocktöne gaben der Musik der Gruppe durchaus eigenen Charakter, aber wenig kommerzielle Chancen. Auf ihrer LP »Schwingungen« sprechen sie den Käufer mit den Worten an: »Was wir dir schenken (auch witzig bei 22 DM für 'ne LP, aber Musik und ihre Wirkung sind ja schließlich eine ideeller Wert – Anm. d. Verf.) hörst Du nicht zum ersten Mal, Du erkennst es nur wieder.« Die Gruppe versuchte den Konzipienten auf eine Reise ins Innere mitzunehmen, in sich selbst hineinzuführen – wie es ja damals in den späten mysthischen Hippie-Zeiten gern gemacht wurde. Indisches Meditationsgemüse, viel Elektronikpfeffer mit etwas Rockbrühe aufgekocht – aber durchaus schmackhaft.

Association

Nette Popgruppe, die sich der Hippie-Mentalität anschloß, aber eher qualitativ gute Popmusik produzierte – bestach durch hervorragende Vokalharmonie. Erster großer Hit in den USA war »Along comes Mary«, von dem immer behauptet wurde, es wäre ein Drogensong. Deswegen gerieten sie auch in den Dunstkreis der Hippie-Bewegung in Kalifornien. Die Band gründete sich 1965 aus Mitgliedern verschiedener → Folkbands. – Weitere Hits: »Never my Love« (angeblich nach Paul McCartneys »Yesterday« der meistgespielte Titel im Radio der letzten 25 Jahre) und »Windy«. Nach diesen Hits verschwand die Gruppe aber bald wieder in der Versenkung.

Atlantis

Anspieltip: Atlantis (LP – 1972)

Da überschlug sich ja damals die deutsche Musikpresse in Superlativen – → Frumpy ist tot, nun lebe Atlantis, die neue deutsche Supergruppe. Heute kann man die Begeisterung der Gazetten nicht mehr so ganz verstehen. Durchaus solide und instrumentell überzeugend, aber im Resultat dann doch wieder eher bieder und hölzern. Frontfrau der Formation war die deutsche Rocklady Inga Rumpf, die durchaus eine heftig soulige Rockröhre hatte. Ein weiteres bekanntes Mitglied der Combo war der hervorragende heutige Sessionschlagzeuger Curt Cress und ja ja – nach Cress der Vater der gehobenen deutschen Unterhaltungsmusik »Uns Udo« (ne, nicht Jürgens), der Lindenberg! Der hatte ja bereits die Schießbude bei Doldinger geklopft.

Auger, Brian

Begnadeter Organist, geb. 18.7.1939 in London. Sein Stil war inspiriert von dem Jazzorganisten Jimmy Smith – er hat diesen Stil noch kultiviert und weiterentwickelt. Seine erste eigene Formation hieß Trinity (1964). 1965 rief er Steampacket ins Leben, mit dabei u. a. Rod Stewart, »Long« John Baldry und → Julie Driscoll. Diese Band spielte eine Synthese aus Blues, Jazzphrasen und Rockmotiven. 1966 gründete er ein zweites Mal die Formation Trinity, der dann auch eher durch Zufall der große Durchbruch vor allem in Hippiekreisen gelang. → Julie Driscoll.

Ausflippen

Sich nicht mehr unter Kontrolle haben, die Haltung verlieren – ursprünglich auf einen → Horrortrip geraten. Erklärung aus der → Beatnik-Sprache: außer sich sein, überschnappen – sowohl in Ausdrücken der Begeisterung über faszinierende Erlebnisse – wie auch beim Amoklaufen in der Nervenheilanstalt.

Auto

Wer es sich leisten konnte, manche Studenten und sozial wenig bekümmerte Menschen konnten es, fuhr natürlich damals schon ein Auto. Reiche Eltern waren in diesem Zusammenhang damals wie heute hilfreich. Bevorzugte Autos bei Studenten und Hippies waren der VW-Käfer, der VW-Bus, der 2 CV (Döschewo) von Citroen, der R 4 von Renault und in der gehobenen Klasse der V 8 von BMW (sofern man ihn zum Laufen brachte mit seinen 8 Zylindern). Besonders → »hip« war es natürlich, diese Autos selbst zu bemalen – dabei entstanden durchaus Popart-Kunstwerke, die in den biederen deutschen Straßen für massives Aufsehen sorgten. Der Phantasie waren hier keine Grenzen gesetzt, aber meist waren die Fahrzeuge mit farbenprächtigen Blumenornamenten, astrologischen Symbolen oder provokanten Aufschriften verziert wie »Make Love not War«. Ein durchaus probates Mittel übrigens, die »Rostlauben« durch den TÜV zu bringen (da der Rost so nicht weiter auffiel). Es war jedoch nicht selten, daß man sich in dieser Zeit heftigen verbalen und gestischen Attacken anderer Verkehrsteilnehmer und Passanten ausgesetzt sah, da dieser Ausbruch aus der Monotonie der Farben (gedeckt meist) und Konventionen dem landläufigen Spießer natürlich ein Dorn im Auge war.

Autorität

In den 60er Jahren wurden zementierte Autoritäten immer stärker hinterfragt, kritisiert und unterminiert. Das geschah in den patriachalisch strukturierten Familien genauso wie im gesellschaftlichen, sexuellen (→ sexuelle Revolution) und politischen Bereich. Ein Ausdruck dieser Abgrenzung war auch in Äußerlichkeiten zu finden, gerade in der Hippie-Zeit – lange Haare, Bärte, bunte, schrille Klamotten, Schmuck und allerlei Klimbim. – Politische Bewegungen, die in die Hippiezeit hineinspielten oder sogar ihren Ausgang in ihr nahmen: der Protest gegen den Vietnamkrieg, Rassengesetze – in Deutschland die Studentenbewegung und die → APO. Hier trafen sich oft politische Mischformen, da die politischen Hardliner sich nicht unbedingt der Hippie-Mentalität ausliefern wollten, darin keine effektive Zielsetzung sahen – die Hippies für ihren gewaltfreien Protest gegen bestehende Normen aber eben auch eine Plattform suchten. Die kleinste Form der Rebellion geschah sicherlich in der Familie und an der Schule – als es darum ging, lange Haare durchzusetzen, seine Kleidung »salonfähig« zu machen und seine Musik hören zu dürfen, die nicht allzu selten vom gestrengen Vater als »Niggermusik« abgetan wurde, die sämtliche Werte der Gesellschaft in den Schmutz zog. Hier rissen tiefe Gräben auf, da es den »Erwachsenen« meist an Verständnis für Jugend mangelte – ein Phänomen, das sich aber durch die Jahrzehnte »gerettet« hat. In den Familien herrschte häufig offene Konfrontation – die auch oft (auf Deutschland bezogen), im Bruch mit dem Elternhaus endete (jedenfalls zeitweise). Der Gegenbegriff Antiautoritär entwickelte sich als Schlagwort ebenfalls in den 60ern und wurde als Deckmäntelchen über alles geworfen, was die neue Zeit an Unkonventionellem zu bieten hatte: der Studentenprotest, eine neue (antiautoritäre) Kindererziehung (von der man in weitestem Sinne wieder abgekommen ist, nachdem die Kinder einem nur noch auf der Nase rumtanzten), Kinderläden, Schülermitbestimmung und Schülerzeitungen, lange Haare und Bärte als Protest gegen autoritäre und verkrustete, reaktionäre Spießigkeit. War ein ungemein praktisches Wort, das sich gut in der Mentalitätsbrühe der Zeit auflösen ließ.

Avantgarde

Vorkämpfer für eine neue Kunstrichtung – Avantgarde-Rock → Art-Rock war in erster Linie intellektueller Rock, Musik, die Inhalte transportieren wollte, ob nun durch die instrumentelle Gestaltung, Komposition und Improvisation oder durch entsprechende Texte. Beispiele für den Avantgarde-Rock sind die → Mothers of Invention, → The Fugs, → Chicago Transit Authority und div. andere amerikanische Gruppen. Diese Musik wurde allerdings auch als → Underground bezeichnet. Britische Vertreter dieser Gattung waren z. B. The Battered Ornaments, → Pete Brown & Piblokto, → Family, aber auch Nice, → Julie Driscoll & Brian Augers Trinity.

B

Baez, Joan (voc, g, songwriter)

Anspieltip: Speaking Of Dreams (LP – 1989)

»Die Instant-Heilige« der → Folkmusik oder auch die Königin des Protestes. (Die Zeitschrift »Stern« nannte sie einmal »Die unbeirrbare Johanna«.) Geboren wurde Joan Baez am 9.1.1941 auf Staten Island, New York. Sie spielte Gitarre, sang und komponierte auch viele ihrer Songs selbst. Sie trat bereits Ende der 50er in Kaffeehäusern in Boston und Chicago auf. 1959 und 1960 spielte sie jeweils mit Riesenerfolg auf dem »Mekka« der Folk-Enthusiasten– dem Newport Folk Festival. 1960 unterschrieb sie einen Vertrag bei der Plattenfirma Vanguard, der sie bis 1971 treu blieb. 1961 zog Baez nach Kalifornien, in den Ort Carmel, in dem sie heute noch hauptsächlich lebt. Von 1963-1965 hatte sie eine intensive Beziehung zu → Bob Dylan, den sie ausschlaggebend protegierte, trat mit ihm zusammen auf und nahm für ihr Album »Anyday« nur Dylan-Kompositionen auf. Seit Anfang der 60er engagierte sich Baez politisch und humanitär – unter anderem für Amnesty International, in der Friedensarbeit und in der Bürgerrechtsbewegung der USA. Sie war ein Sprachrohr gegen den Krieg in Vietnam (ein Grund für ihre vollkommene Vereinnahmung duch die Hippies) und wurde wegen ihrer kritischen Haltung auf Konzerten und im Privatleben auch mehrfach verhaftet und sogar zu Gefängnisstrafen verurteilt. Das machte sie natürlich auch zu einer Heldin der Hippie-Generation: eine Frau, die sich der Repression des Staates nicht beugte. 1968 veröffentlichte sie einen autobiographischen Roman – »Daybreak«. (Der Titel paßte natürlich voll in diese Zeit des Aufbruchs und war in Intellektuellenkreisen in den USA durchaus ein Erfolg. Seit 1967 beteiligt sich Joan Baez persönlich an der Finanzierung des »Institute for the

Study of Non-Violence« in ihrer Heimatstadt Carmel und seit 1979 ist sie auch bei der »Humanital International Organization« aktiv. Sie blieb ihrem politischen Engagement bis in die 90er Jahre treu. Von 1968 an war Baez mit dem Autor und Studentenbewegungs-Aktivisten David Harris verheiratet. Ihre größten Hits waren 1965 »There but for Fortune« und natürlich »The Night they drove old Dixie down« (1970). Es gibt nicht wenige kompetente Stimmen, die Joan Beaz als die »Mutter der Popmusik« bezeichnet haben.

Band, The

Robbie Robertson (Jamie Royal Robertson) (g), Garth Hudson (Eric Garth Hudson) (org, acc, s), Rick Danko (Richard Clare Danko) (b, voc, v), Richard Manuel (Richard George Manuel) (dm, p, hca, voc) und Levon Helm (dm, acc, g, mand, voc)
Anspieltip: Music From Big Pink (LP – 1968)

Joan Baez: Die Protest-Lady hatte eine intensive Beziehung mit Bob.

Der amerikanische Musikjournalist und Autor Marcus Greil bezeichnete die Formation The Band als eine der »unmittelbarsten« der Rockgeschichte. Kanadisch-amerikanische Gruppe, die durch ihre Begleitarbeit für → Bob Dylan zu Weltruhm gelangte. Die Gruppe kam in den Jahren 1958 bis 1962 in Kanada als Hintergrundband des Rocksängers Ronnie Hawkins unter dem Namen The Hawks zusammen. Der Split mit Hawkins geschah 1963. Im Sommer 1965 kam es zu einer folgenreichen Begegnung: Die Band begann mit Bob Dylan zu arbeiten – live und auch im Studio. Der Weg in die Berühmtheit und die Charts war vorprogrammiert. Ihr kreatives Zentrum hatte The Band in ihrem Haus Big Pink in → Woodstock. Dort entstanden etliche Alben (Basement Tapes) – vor allem als die Formation eigenständig ohne Bob Dylan zu arbeiten begann. Resultat war die legendäre Debüt-LP »Music from Big Pink«. Diese Scheibe repräsentierte einen neuen Anfang oder auch eine Rückbesinnung auf eine gewisse Schlichtheit und Innerlichkeit in der Rockmusik. Verschiedenste Stilvarianten wurden hier zusammengemixt – Rock, Gospel, Folk, Country – was zu einer eigenartigen und wohl auch einzigartigen atmosphärischen Dichte auf diesem Album führte. Ihre unprätentiöse Art machte sie zur Kultband, in den USA allerdings deutlich intensiver als in Deutschland. Weitere Alben erster Güteklasse, aber auch diverse Alben mit deutlichen Formschwankungen und Stilbrüchen folgten: »The Band« – LP 1969, »Stage Fright« – LP 1970, das weniger überzeugende Album »Cahoots« – unter anderem mit → Van Morrison – 1971, »Rock of Ages« – 1972 und etliche mehr. Auch mit Dylan arbeitete die Gruppe ab 1974 wieder zusammen, Resultat war 1974 die Scheibe »Planet Waves«, im gleichen Jahr folgte »Before the Flood« – ihren Abschied und die Auflösung zelebrierten The Band mit einem großartigen Abschiedskonzert 1976, bei dem sich das »Who is Who« des Rockcircus die Ehre gab – unter den Gastsolisten waren Van Morrison, Eric Clapton, Neil Diamond, Joni Mitchell, Ronnie Hawkins, Bob Dylan natürlich, Ringo Starr, Paul Butterfield und etliche mehr (die meisten dieser Interpreten werden in diesem Lexikon näher beschrieben). – Das Konzert wurde von Martin Scorsese unter dem Titel »The last Waltz« verfilmt und ist auch heute noch als Videocassette erhältlich. 1998 tat sich die Gruppe (d. h., die, die noch übriggeblieben waren) erneut zusammen und veröffentlichte wiederum ein Album unter dem Titel »The Band«.

Barfuß

Das Barfußlaufen hatte in Zeiten der Hippies (einigermaßen schönes Wetter vorausgesetzt) Hochkonjunktur. Raus aus den Schuh- und Kleidungszwängen – Hauptsache unkonventionell.

Bay-Area

Bucht von → San Francisco und angrenzende Gestade.

Beach Boys, The

Brian Wilson (voc, g, dr), Al Jardine (voc, g), Bruce Johnston (voc, g), Mike Love (voc), Carl Wilson (voc, g), Dennis Wilson (dr, voc)
Anspieltip: Pet Sounds (LP – 1966)
Eigentlich hatten die Beach-Boys mit der Hippie-Ära gar nicht soviel zu tun, obwohl sie bereits in den frühen 60ern bestimmte Einstellungen der später folgenden Mentalität vorwegnahmen (Fun Fun Fun), nur anfänglich auf sehr oberflächliche und vordergründig chart-orientierte Art und Weise. Zudem konnten sie das Image der »braven Buben« nie ablegen, obwohl die bandinterne Wirklichkeit katastrophal anders aussah. Dabei darf man aber nie vergessen, daß die Beach Boys ausschlaggebenden Einfluß unter anderem auf die → Beatles hatten. In der zweiten Hälfte der 60er kultivierten sie ihren 5stimmigen Harmoniegesang in höchste Gefilde und unterlegten ihn mit einer Art Symphonic-Pop. Hervorragende Resultate waren »Good Vibrations« (1. Million-Seller), »God only knows« und »Heroes and Villains«. Diese Titel hatten durchaus beachtlichen kommerziellen Erfolg, waren aber letztlich nicht das, was ihre Fans von ihnen hören wollten – man wollte die nette, süßliche Oberflächlichkeit der Surferband wieder hören, der Westcoast-Mythos – ein Surfbrett, Sonnenschein, heiße Mädels und kühle Drinks – nur war der Zug bereits abgefahren. 1966 gelang ihnen zwar mit »Pet Sounds« ein wirklich genialer Wurf, der aber in erster Linie bei Kritikern und Musiker-Kollegen auf Beifall stieß. Dieses Album wurde von ihrer Plattenfirma Capitol nur äußerst widerstrebend veröffentlicht, weil hier der Bruch zur Easy-Fun-Mentalität der frühen Jahre mehr als deutlich wurde. Als erste Band überhaupt produzierten die Beach Boys dieses Album komplett selbst im eigenen Studio, was die präzisen Sound-Tüfteleien natürlich ungemein förderte (Parallele: »Revolver« von → The Beatles). Diese raffinierten Trick-Klänge mißfielen aber den meisten Anhängern aus der Surf-Zeit und die → Hippies und Rock-Fans blieben äußerst mißtrauisch – Bruce Johnston sagte dazu 1967: »Die progressiven Musik-Fans argwöhnen immer, wir sind

Doris Day auf Surfbrettern.« Ihre psychedelische Phase beendeten die BB denn auch mit der LP »Smiley Smile« (1967), um wieder zu ihrem optimistischen Good-Time-Pop zurückzukehren. Mit qualitativ hochstehenden Popsongs gelangen den Beach Boys im Laufe der Jahre aber immer wieder Comebacks.

Bear, The

Robert (Bob) Hite, mit Spitznamen »The Bear«, Sänger der Gruppe → Canned Heat, übergewichtiges, langmähniges und vollbärtiges Original. Hatte Mitte der 60er bereits eine Schallplattensammlung von 70.000 Exemplaren mit Schwerpunkt Blues – eine wahre Fundgrube für Musikerkollegen. Hite starb am 5.4. 1981 in Kalifornien.

Beat

So wurde die Popmusik der frühen 60er (vornehmlich aus/in England) bezeichnet, bevor sie sich zum Rock der Hippie-Ära emanzipierte. Beat war aber auch in anderen Zusammenhängen »semantisch« wichtig für diese Epoche (→ Beat Generation, → Beatniks). Die Bedeutung des Wortes ist nicht eindeutig. Es gibt unzählige wissenschaftliche und populäre Deutungs- und Interpretationsversuche. Keinewegs bedeutet es nur (im amerikanischen Kontext!) »die müde oder geschlagene Generation« (Nachkriegsgeneration), sondern eher die »rastlose, konventionsmüde, erlebnishungrige Generation«. Ursprünglich definierte sich die Bedeutung des Wortes durch den rhythmischen Trommelschlag (Beat) beim (Bebop-)Jazz.

Beat Generation

Ende der 50er – Anfang der 60er eine Gruppe junger Schriftsteller, die man lose unter der Bezeichnung Beat Generation zusammenfaßte. Die Beat-Autoren grenzten sich künstlerisch und literarisch (sprachlich) erheblich vom bestehenden »etablierten« Kulturbetrieb ab. → Beatniks.

Beatles, The

John Lennon (g, p, voc), Paul McCartney (b, p, voc), George Harrison (g, voc), Ringo Starr (dr)

Anspieltips: Sgt. Pepper's Lonely Hearts Club Band (LP – 1967), The White Album (Doppel-LP – 1968)

Literaturtip: Die psychedelischen Beatles – von Andy Davis und Werner Pieper, erschienen im Nachtschatten-Verlag, Solothurn & Werner Pieper's MedienXperimente, Loehrbach

Über die Beatles ist so viel geschrieben worden in den letzten Jahrzehnten, daß es Eulen nach Athen bzw. Pilzköpfe nach Liverpool tragen hieße, hier noch einmal eine ausführliche Biographie der »Fab 4« aufzublättern. Dieses Lexikon wird sich, dem Thema gemäß, auf die direkten Impulse der Beatles auf die Hippie-Ära beschränken. Und da sind in erster Linie »Sgt. Pepper« und die daraus resultierenden Umwälzungen zu notieren. Das Magazin »Time« schrieb 1967 über die Gruppe: »Die Beatles sind die stärkste schöpferische Kraft der modernen Populärkultur.« – Der Einfluß der Beatles auf die populäre Musik und Kultur unserer Zeit ist unbestreitbar. Ihre rapide Entwicklung vom Yeah! Yeah! Yeah! zu absoluten Weltstars verdanken sie nicht zuletzt ihren Experimenten mit psychedelischen Substanzen wie → LSD. In ihrem Gefolge und zu ihrer Musik durchschritten Millionen die »Pforten der Wahrnehmung«. Ebenso lief es mit der → TM (Transzendentalen Meditation): die Beatles wandten sich → Maharishi Mahesh Yogi zu, und Millionen taten es ebenfalls. Als die Beatles sich wieder distanzierten, stagnierte auch der Zulauf bei der TM. Die musikalische Entwicklung erhielt durch »Sgt. Pepper« einen immensen Schub. (die → Stones zogen mit ihrer »Majesties Request« unmittelbar nach, erreichten aber das Level der »Sgt. Pepper« nicht mal annähernd, die verschrobenen, psychedelischen Spinnereien nahm man den früher so blueslastig ausgelegten Stones nicht ab. Als musikalische Kuriosität hat die Platte aber dennoch einen sehr »liebenswerten« Charakter). Das Album war Meßlatte, Hausmarke, Meilenstein, Orientierungspunkt, Objekt der Imitation und der Epigonen. Sehr viel auf einmal für eine originelle LP, auf der sich nette Kinderlieder, verschrobene Sitarklänge und angebliche Hintergründigkeiten befanden, wie z. B. das Lied »Lucy in the Sky with Diamonds« (LSD – abgekürzt, wurde von den Beatles übrigens immer abgestritten). Und trotzdem öffnete dieses Konzeptalbum (läßt sich darüber streiten, ob es wirklich eines ist – Anm. d. Verf.) eine neue Dimension in der Musik. Das Wort → »progressiv« fiel zum ersten Mal in Zusammenhang mit Musik. Die Texte beschäftigten sich nicht mehr nur ausschließlich mit Love, Baby und Heartache, die Kompositionen waren diffizil, zu den klassischen Beatinstrumenten wie Gitarre, Baß und Schlagzeug gesellten sich Bläser, Streicher und fernöstliche Instrumente – ein neuer musikalischer Kosmos tat sich auf. Was → Cream durch Improvisation in die Rockmusik einbrachten, nahmen die Beatles durch Kompositionstalent, Visionen und musikalische Disziplin voraus. Beide Gruppen trugen auf ihre Weise dazu bei, daß die populäre Musik nicht mehr allein nur Teenie-Kram war, sondern sich zu einer akzeptierten Kunstform entwickelte, erwachsen wurde. Fast ein Paradoxon: die Beatles verjüngten den Rock'n Roll und machten ihn dadurch auch in gewisser Weise Ende der 60er gesellschaftsfähig. So gesehen war »Sgt. Pepper« das erste kammermusikalische Werk der Popmusik. Die Drogenhintergründe verzauberten diese Musik natürlich in der Hippie-Zeit noch zusätzlich – Symbole und Deutungen waren gang und gäbe in den verräucherten Kifferstuben. Die → Acid-Jünger sahen universale Zeichen und schwebten mit »Lucy« zu immer neuen → (Horror)Trips. »Sgt. Pepper« war der definitive Bruch mit der Skiffle- und Beat-Tradition und stellte damit auch die populäre Unterhaltungsmusik in Frage. Hier teilten sich dann auch die Lager in die Herzschmerz-Dumpfmeister und die psychedelischen Jünger – diese Trennung sollte Bestand haben (bis heute – obwohl der Musikmarkt aktuell natürlich wesentlich unübersichtlicher ist als damals – und die Konfektionsware immer die Markthoheit behaupten konnte – Anm. d. Verf.). Die Beatles setzten Trends, und das nicht nur in der Kurzlebigkeit des Begriffs, musikalisch wie ideell, für manche wurde es denn auch

The Beatles: Yeah! Yeah! Yeah! Das Erfolgs-Quartett in bunter Comic-Uniform.

mehr zur Ideologie. Weitere herausragende Werke dieser Epoche waren das sogenannte »The White Album« (1968) und »Abbey Road« (1969). Auf beiden Alben fanden sich wieder etliche Songs, die der Drogenmentalität der damaligen Zeit in ihrer mystischen Suche nach Selbstfindung entgegenkamen, wie z. B. »Happiness is a warm Gun« und »Come together«. – Die Trennung der Beatles am 11.4. 1970 wurde weltweit in Jugendkreisen als Desaster empfunden, auch wenn man immer die »schmuddeligen« → Rolling Stones den Beatles vorgezogen hatte – eine Generation war ihres »Motors« und ihrer Inspiration beraubt, dies aber eher musikalisch und emotional, denn letztendlich politisch. Abschließend hat der Ausspruch »The Beatles are the Greatest« sicherlich seine Berechtigung, in erster Linie als Phänomen der Zeit, als »Auswuchs« einer Jugend, die in der Gesellschaft nach neuen Werten und Formen der Selbstdarstellung suchte – auch heute noch. Die Beatles provozierten vor allem auch in Deutschland den Generationskonflikt – Spießertum, Nachkriegsideologie, Wirtschaftswunderfloskeln und die daraus resultierende Unfähigkeit und Gefühlsarmut sah sich mit glühender Karriereverneinung, langen Haaren, bunten Klamotten und lockeren Sprüchen konfrontiert. Es war die Hölle für Eltern und Kinder. Nur hatten es die Eltern nicht besser verdient, da sie ihren Kindern das Leben schwermachten mit Sätzen wie: »Du sollst es doch mal besser haben als wir!« – Zuneigung zu den Beatles und der Rockmusik im Allgemeinen war hier natürlich nicht sehr förderlich. Die Beatles bleiben sicherlich eine der wichtigsten »Institutionen« der Popmusik – unzählige andere Bands werden längst vergessen sein, da wird man Lennon/McCartney-Songs immer noch hören. (Viele aktuelle Künstler erweisen den Beatles ja immer wieder ihre Referenz durch mehr oder weniger gute Cover-Versionen ihrer Songs.) In gewisser Weise schrieben die Beatles den Soundtrack zu dem Film »Sechziger Jahre«, dessen Protagonisten und Hauptdarsteller all jene waren, die diese Zeit miterlebt haben. Im Rückblick kann man durchaus festhalten, daß die Beatles nie eine »politische« Gruppe waren, sie hatten es, wegen der Mechanismen, die sie nutzten, und der Popularität, die sie genossen, gar nicht nötig, die Gesellschaft zu kritisieren oder anzugreifen – ihr Erfolg war gab ihnen recht und war Kritik genug. Im Grunde isolierten sie sich auf unpolitische Art, das allein bedeutete eine Absage an die Wertvorstellungen der »normalen« Bürger. Auf einen Nenner gebracht – »Scheiß auf den ganzen gesellschaftlichen Mist, mach dich frei – man kann es auch zu etwas bringen, wenn man die vorgegeben Spielregeln außer acht läßt.« (Nur konnte das natürlich nicht jeder – lapidare Anm. d. Verf.)

Beatniks

→ Beat Generation, »Sammelbegriff« für frühe Aussteiger, Künstler, Poeten, Reisende, Musiker und Tagträumer. Das Wort Beatnik sollte aber einen spöttischen, fast schon verächtlichen Unterton von seiten des Bürgerlagers signalisieren. Die Beat Generation vereinnahmte den Begriff allerdings selbstpersiflierend und nahm ihm dadurch seine negative Wertigkeit. Beatniks hörten Bebop-Jazz und tranken Rotwein, fuhren per → Hitch-Hike durch die Lande oder enterten als → Hobos Züge. Beatniks schrieben Gedichte, die jeglicher Metrik Hohn lachten und entwarfen Prosa-Monumente, die vermuten ließen, daß es vorher keine Literatur gegeben hatte. Soweit die Klischees. – Der Beatnik war ein durch und durch politischer Mensch. Der Beatnik war ein → Hipster (ein Mensch, der »durchblickt«). Beat heißt schlagen. Und so ging es auch bei den Beatniks um eine geschlagene Generation, eine Generation nach dem Kriege, die neue Werte, eine neue Menschlichkeit zu »entdecken versuchte«: Sinn ohne Zwang. Die Protestbewegung hatte vielerlei Quellen und Motive – die »Subkulturen« der fünfziger und sechziger Jahre, die der »herrschenden« oder dominierenden und allgemeineren Kultur eigene Vorlieben, Werte, Formen und Institutionen entgegensetzten, also nicht nur »Teilkulturen« waren, sondern auch den Charakter von »Gegenkulturen« hatten. Gemeint sind vor allem jene amerikanischen Bewegungen (der »Beatniks«, → »Hippies« und »Yippies«), die sich – aneinander anschließend – seit Mitte der fünfziger Jahre von der Gesellschaft abwandten und sich ihr teilweise entgegenstellten. Somit sind die Beatniks die Quelle der Unruhe nach dem 2. Weltkrieg, die kritischen Geister, die entsprechende Entbehrungen auf sich nahmen, existentielle Nöte und Ausgrenzungen, um ihrem Ideal zu folgen. Hehre Worte, aber ohne in eine soziologische Studie zu verfallen, muß man es auf diesen Nenner bringen. Den Beatniks verdankt nebenbei auch die deutsche Protestbewegung um 1968 in Deutschland sowohl einen Teil ihrer Erscheinungs- und Demonstrationsformen als auch einen guten Teil ihrer Werthaltungen: nicht nur die Ablehnung von »bürgerlichen« Tugenden wie Ordnung, Sauberkeit, Pünktlichkeit, Sparsamkeit und Fleiß, sondern auch die Wertschätzung von Unkonventionalität, Spontaneität, Kreativität, Sexualität, Drogengenuß und ungehinderter Selbstverwirklichung. So vielfältig wie die Quellen der Protestbewegung waren ihre Motive und Themen: der Vietnamkrieg, das Schah-Regime, die Ausbeutung der Dritten Welt, die Fragwürdigkeit der Konsumgesellschaft, und in besonderem Maße die junge BRD betreffend: die Bildungskatastrophe, das Elend der Universitäten zwischen »Ordinarienwirtschaft« und Massenandrang (→ APO, Studentenrevolte), die Notstandsgesetzgebung, die Auseinandersetzung mit der NS-Vergangenheit, der Anti-Kommunismus der Adenauer-Zeit und der »restaurative« oder gar »faschistoide« Charakter der Bundesrepublik. – Wichtig für den amerikanischen Kulturbetrieb war die → Underground-Literatur der Beatnik-Poeten → Ginsbergh, → Kerouac, → Ferlinghetti und auch → Burroughs, um nur die berühmtesten zu nennen. Durch diese Literatur tat sich eine Gegenkultur auf, die maßgeblichen Einfluß auf das Weltbild der 60er Jahre gewann – und in ihrer gewagtesten Ausformung (und vielleicht auch ihrer hilflosesten) die Hippie-Mentalität, das → Love, Peace & Happiness als Samenkorn säte. Hippies grenzten sich von Beatniks durchaus rigoros ab, wie es bei Generationsbrüchen immer der Fall ist – nicht mehr das literarische Gespräch, der Rotwein und Bebop waren inhaltlich wichtig, sondern die Veränderung der Welt, Rock und Drogen. Die Lebensformen blieben ähnlich – »On the Road«, raus aus Konventionen, weg von bürgerlichen Zwängen und Karriere – auf der Suche nach dem wahren Lebensinhalt.

Beau Brummels

Ron Elliott (g), Sal Valentino (Sal Spaminato) (voc), Ron Meagher (g), Declan Mulligan (b), Jon Petersen (dr)

Fast in Vergessenheit geratene Gruppe (benannt nach einem Schnösel, der quasi das »Dandytum« erfunden hatte), die durchaus stilbildend war und andere Formationen ihrer Zeit ausschlaggebend beeinflußt hat. 1964 wurden die Beau Brummels gegründet – und galten eine Zeitlang als amerikanische Antwort auf die Beatles. Von diesen und von den Searchers ließen sie sich auch durchaus intensiv in ihrer frühen Zeit beeinflussen – waren aber selbst in gewisser Weise wiederum Vorbilder für die → Byrds. Ihre 1. LP erschien 1965, wurde von dem Visionär → Sly (Stewart) Stone produziert und hieß »Introducing the Beau Brummels«, worauf sie in Frisco zur Top-Gruppe avancierten, aber auch überregional enormen Erfolg verbuchen konnten. Ihr erstes Album war ein durchaus gelungener Mix aus englischer Beatmusik und typisch amerikanischen → Folk- und Country-Traditionen. Den ersten Hit landete die Guppe 1964 mit »Laugh Laugh« – das Album »Introducing« lieferte den zweiten, noch erfolgreicheren mit dem Titel »Just a little«.

Damit waren die Beau Brummels zu einer der erfolgreichsten amerikanischen Formationen geworden und standen im Blickpunkt der nationalen Medien. In Europa, speziell in Deutschland blieben sie immer ein unterrepräsentierter Insider-Tip. 1965 geriet die Gruppe dann mehr zwangsweise in einen Vertrag mit dem Warner-Label, und diese Plattenfirma wollte die »Brummels« rigoros kommerziell ausbeuten. Ein Album mit fürchterlichen Cover-Versionen folgte 1966 (»Play with Fire«, »Mr. Tambourine Man«, »Yesterday« etc.). Das erwies sich als schlechter Schachzug – dadurch schadete sich die Gruppe ungemein und hatte den Anschluß an die Charts (zumindest) verpaßt. 1967 erschien das Album »Triangle«, von der Kritik gelobt, aber vom Publikum kaum zur Kenntnis genommen – obwohl es ein hervorragendes, dicht konzipiertes Album war. Die Platte lag in den Regalen wie Blei. Eine zwangsweise und fast logische Entwicklung, die vielen Gruppen dieser Zeit zum Verhängnis wurde: Die Band hatte ihr unbeschwertes Teenie-Beat-Image abgelegt und zeigte sich von der anspruchsvollen Seite. »Triangle« war gemessen am Zeitgeist ein ehrgeiziges Projekt – und damit hatten sie sich, ein bißchen zu früh vielleicht, vom Hitparadenpublikum distanziert. 1968 erschien das Album »Bradleys Barn«, in Nashville aufgenommen. Eine Mischung aus Pop und Country, wieder viel Lob, aber keine Publikumsresonanz. Daraufhin trennte sich die Gruppe. Wiederbelebungversuche folgten in den 70ern und auch 80ern.

Beck, Jeff

Anspieltips: Truth (LP – 1968) – mit Rod Stewart

Geb. am 24.6.1944 im englischen Surrey, brillanter Gitarrist, der sich stets weiterentwickelte und die Grenzen des Rock für sich selbst oft auflöste – er unternahm immer wieder ausgedehnte Ausflüge in den Rock-Jazz und den Jazz, ohne jemals seine Wurzeln zu vergessen. Durch seine Dominanz und Launenhaftigkeit brachte er allerdings die Formationen, mit denen er spielte, oft bis an den Rand der Verzweiflung – was auch die kurze Lebensdauer seiner Gruppen beweist. 1964 begann er bei den Tridents, kam dann, als → Eric Clapton diese verließ, zu den → Yardbirds. Bei diesen setzte er zum ersten Mal seine technische Bandbreite ein: extreme Griffkombinationen, Vibrator, Wah-Wah-Pedal, Rückkoppelungen und Flageolett-Töne. Damit war Beck direkter Wegbereiter für die Spielformen des → psychedelischen Rock (Beispiele: »Shapes of Things«, »Hi-Ho Silver Lining«). Danach folgten verschiedene Gruppierungen unter seinem Namen – die Jeff Beck Group produzierte 2 hervorragende Alben u. a. mit Rod Stewart als Sänger – »Truth« (1968) und »Beck-Ola« (1969). 1973 legte er mit der Formation Beck, Bogart & Appice (2 ehemaligen Mitgliedern von → Vanilla Fudge) ein reinrassiges Hard-Rock-Album vor. Danach folgten wechselnde Besetzungen und eine wiederholte Zusammenarbeit mit dem Pianisten Jan Hammer. Beck ist technisch sicherlich einer der variabelsten Gitarristen des Rock-Circus, es fehlte ihm aber an persönlichem Charisma, das Ganze auch entsprechend bühnentauglich und kommerziell zu präsentieren. Wahrscheinlich war das auch nie die Absicht des als stur und intolerant verschrieenen Eigenbrötlers.

Bed-in

Fröhliches Getummel verschieden- oder gleichgeschlechtlicher Menschen in einem Bett, oft unter Einbeziehung der Öffentlichkeit. Wurde durchaus auch als politische Demonstration deklariert – berühmtestes

Jeff Beck 1968er LP: Truth mit Rod Stewart

Bed-in: → John Lennon und Yoko Ono unter dem Motto »Make Love Not War«. Die Presse berichtete damals weltweit über diese neue Form der »politischen Meinungsäußerung«.

Be-in

Human Be-ins, Konzerte, → Acid-Festivals, meist → Free-Concerts in Kalifornien, die oft chaotisch endeten (Drogenmißbrauch und daraus resultierende Exzesse). – → Love-in.

Bhagwan

Viele Hippies schlossen sich, wenn sie den Weg zurück in die Gesellschaft nicht mehr suchten oder auch nicht mehr fanden, Sekten an – eine der »populärsten« waren die Sannyassin des → Gurus Bhagwan. Ursprung: 1969 von Rajneesh Chandra Mohan (Bhagwan Shree Rajneesh, später Osho) in Bombay, Indien gegründet; ab 1974 Ashram in Poona, Indien; seit 1981 Zentrum in Oregon, USA. Nach heftigen internen Machtkämpfen und Eingreifen der Behörden (u.a. Verurteilungen wegen vielfachen Mordversuchs) 1985 Rückkehr der Sekte nach Poona. Bhagwan ist inzwischen verstorben. Jetzt scheint sich nach inneren Querelen um die Leitung sein ehemaliger Leibarzt Amrito als Führerfigur herauskristallisiert zu haben. Lebensform: sehr stark von der Außenwelt isoliert. Ein großer Teil der Mitglieder lebt in Zentren, wo mitunter für ein Taschengeld hart gearbeitet wird. Die Bewegung ist zur Zeit im Umbruch und versucht sich einen seriöseren Anstrich zu geben. Viele (auch ehemalige) Mitglieder betätigen sich in der freien Psycho- bzw. Esoterikszene. Besondere Kennzeichen: Lila- oder Pink-Kleidung und Halsketten mit Bhagwan-Konterfei. Verbreitung: weltweit.

Berkeley

Zentrum des studentischen Widerstandes an der Westküste. Kleine amerikanische Universitätsstadt nordöstlich von Los Angeles. Sie gelangte zu erheblicher Berühmtheit und Bedeutung durch die sog. »Free Speeches« – Reden z. T. radikaler Schriftsteller und Studenten gegen den saturierten »American Way of Life«, die amerikanische Gesellschaftspolitik und Amerikas Kriegsengagement. Berkeley war Schauplatz der ersten Anti-Vietnamkriegs-Demonstration. Hier fand auch eine ideologische Verbrüderung der radikalisierten Studenten mit den zusehends stärker ausgegrenzten Hippies statt, was letztendlich zu einer Abkehr von »Love, Peace & Happiness« führte und den Protest der amerikanischen Jugend wieder stärker politisierte, aber auch in den → Underground führte. Berkeley war später immer wieder Zentrum von Demonstrationen gegen die amerikanische Obrigkeit und gesellschaftliche Zwänge. – Wie kam es zum Beginn der Studentenrevolte? Die Situation an der Universität Berkeley hatte sich zugespitzt, nachdem die Hochschulverwaltung die Forderungen der Studenten, an der Leitung der Hochschule beteiligt zu werden, sowie Prüfungen und Benotungen abzuschaffen, strikt abgelehnt hatte. Darüber hinaus war es von der Universität verboten worden, einen Bürgersteig, den »26-Fuß-Streifen«, für das Aufstellen von Informationstischen und politischer Agitation während des Präsidentschaftswahlkampfes zu benutzen. Am 30.9.1964 kam es zum Konflikt mit der Universitätsverwaltung, nachdem fünf Studenten dennoch ihre Tische aufgestellt hatten. Sie gingen jedoch nicht allein zum Dekan, um sich zu rechtfertigen, sondern wurden von über 500 Studenten begleitet. Es folgte ein spontanes, aber gewaltfreies → Sit-in, in dem die Protestierenden dem Dekan entgegenhielten: »Wir haben versprochen, daß diese Universität nicht funktionieren wird, und wir werden dieses Versprechen halten.« Diese Aktion gipfelte schließlich in der Verhaftung von 814 Studenten, die jedoch nach der Feststellung ihrer Personalien wieder auf freien Fuß gesetzt wurden. Als nach ein paar Tagen die Universität den beteiligten Studenten mitteilte, ihnen würden keine disziplinarischen Strafen drohen, hatte die Freie-Rede-Bewegung gewaltfrei einen Sieg davongetragen. Diese Übung sollte auf Berkeley noch einige Male in den 60ern wiederholt werden. – Am 22. 6. 1966 fand das erste große → Sit-In statt – mehr als 3000 Studenten forderten den Unirektor zu einer Diskussion über die Zwangsexmatrikulation und das Raumvergabeverbot für politische Veranstaltungen der Studenten heraus. Bis in die späte Nacht wurde das Sit-In als Teach-In fortgeführt.

Bidis

Hell- bis dunkelbraune indische Tabakblätter, eng und fest gerollt, ohne Drogenwirkung, – Kultrauchware der Indienreisenden und Aussteiger. Süßlicher Geruch bzw. Gestank – recht mühsam zu rauchen, gehen vor allem laufend aus.

Big Brother & The Holding Company

Erste Begleitband von → Janis Joplin. Die zweite nannte sich Full Tilt Boogie Band. Die Formation gründete sich im September 1965 in San Francisco. Sie entstand nach Jam-Sessions in einem Übungsraum in der

Page Street in → Haight Ashbury, → San Francisco. 1965 – Debütalbum mit einem Mischmasch aus Folk-Rock und Countryeinflüssen. Big Brother & The Holding Company spielten am 21./22.1.1966 auf dem Trips-Festival in San Francisco. Die Gruppe hatte sich zu dieser Zeit bereits eine regionale Anhängerschar aufgebaut, was James Gurleys langen, schrillen, verzerrten Gitarrensoli zu verdanken war. Im Juni 1966 begannen sie als Hausband im Avalon Ballroom in Frisco. Die Sängerin → Janis Joplin hatte sich zu dieser Zeit gerade der Gruppe angeschlossen. Im Juni 1967 feierte die Gruppe ihren Durchbruch auf dem → Monterey-Pop-Festival in Kalifornien.

Bishop, Elvin

Anspieltip: The Elvin Bishop Group (LP – 1969)

Von 1965-1968 Leadgitarrist der → Paul Butterfield-Bluesband, hatte zuvor in der → Bay-Area eigene Formationen – gründete 1969 die Elvin Bishop Group, die in Deutschland wenig bekannt wurde, sich aber in hervorragender Weise weißen und schwarzen Musikmaterials bediente und in dieser Kombination 3 überzeugende Alben einspielte. Rock, Bluesidiome, Soul- und auch Countryelemente verschmolzen zu einer überzeugenden, da wenig übertriebenen Synthese. 1973 löste sich die Gruppe wieder auf. Bishop schlug eine Solokarriere ein. Charterfolg 1976 mit dem Album »Fooled around and fell in Love«, das meiste Material aber zu »bluesig« und anspruchsvoll, um charttauglich zu sein.

Black Panther

Relativ kleine, militante Partisanenorganisation der schwarzen Bürgerrechtsbewegung in den USA – bildete sich Ende der 60er Jahre unter dem Einfluß von Stokely Carmichael und → Malcolm X – zerfiel aber rasch in einander bekämpfende Richtungen.

Blind Faith

Steve Winwood (keyb), Eric Clapton (g),
Rick Grech (b), Ginger Baker (dr)
Anspieltip: Blind Faith (LP – 1969)

→ Cream hatte sich aufgelöst, die erste wirkliche Supergroup des Rock. Ein Vakuum entstand, das anscheinend auch von den Musikern empfunden wurde. → Eric Clapton und → Ginger Baker taten sich mit → Steve Winwood und Rick Grech von → Family zusammen. Und wieder geschah das, was Supergruppen oft anhaftete – sie hatten keinen

Bestand. Blind Faith wurde Anfang 1969 gegründet und brach ein Jahr danach schon wieder auseinander, da → Eric Clapton bei der amerikanischen Formation → Delainey & Bonny untertauchte, um dem Superstar-Rummel zu entgehen. Blind Faith gaben im Sommer 1969, am 7. Juni ein heute legendäres Debüt- → Free-Concert im Londoner Hyde-Park vor 100 000 Menschen (Vorgruppen: Third Ear Band und die → Edgar Broughton Band). Legendär wurde es eigentlich dadurch, daß diese neue Supergruppe die Erwartungen nicht ganz erfüllen konnte, weil die Musiker sich selbst zu stark unter Druck setzten. Dies führte unter anderem zu dem schnellen Split der Formation. Das Publikum erwartete noch eine Steigerung der Cream-Präsenz, was aber dezent mißlang. Das Studio-Album jedenfalls bleibt ein Klassiker der Rockmusik.

Blood, Sweat & Tears

Pioniere der Fusion zwischen Rock und Jazz (neben → Chicago, Little John, → The Flock). Einige Hits, die für die Hippie-Ära durchaus Identifikations-Charakter hatten, u. a. »You've made me so very happy«, »Spinning Wheel«. Die meisten Bands, die den Weg der Fusion zwischen und mit den Stilen suchten, orientierten sich an Blood, Sweat & Tears, obwohl es durchaus englische Äquivalente gab, wie die Gruppe »IF«. Herausragend bei B, S & T war der Bläsersatz und der Sänger David Clayton-Thomas.

Bloomfield, Mike

Geboren am 28.7.1943 in Chicago, gestorben am 15.2.1981 in San Francisco. Muddy Waters, der schwarze Chicago-Blues-Pionier, sagte von Bloomfield, er wäre der beste weiße Bluesgitarrist, den er jemals gehört hätte – ein subjektives, aber durchaus gewichtiges Urteil. 1965 wurde er Mitglied der → Paul Butterfield Bluesband, war im gleichen Jahr auch auf → Bob Dylans LP »Highway 61 Revisited« zu hören. 1967 gründete er die Rockgruppe → Electric Flag, 1968 ließ er sich zu einer Zusammenarbeit mit → Al Kooper und → Stephen Stills überreden, das Resultat war das Album »Supersession«. Danach nahm er sein erstes Soloalbum auf, war aber auch auf Alben diverser Showgrößen zu hören, wie z. B. → Janis Joplin, Peter, Paul & Mary, Dr. John und

Mike Bloomfield: »Der beste weiße Blues-Gitarrist« schwärmte Muddy Waters, der schwarze Blues-Pionier aus Chicago. Bloomfield war alkohol- und drogenkrank und starb in seinem geparkten Auto.

Muddy Waters. Bloomfield hatte trotz der Anerkennung von allen Seiten Probleme mit dem Leben, war drogensüchtig und gegen Ende vor allem alkoholabhängig – am 15.2.1981wurde er tot in seinem geparkten Auto aufgefunden.

Blue Barrel

→ LSD, → Trips – bestimmte Dareichungsform, respektive Zusammensetzung. → White Lightning, → Purple Haze.

Blue Cheer

Bestimmte Darreichungsform und Zusammensetzung von → Acid bzw. → LSD.

Blue Cheer

Anspieltip: Outsideinside (LP – 1968)

Ziemlich heftige Radau-Combo, deren Musik wie das Ergebnis eines Horrortrips klang. Gnadenloses Gitarrengekreische mit übersteuerten

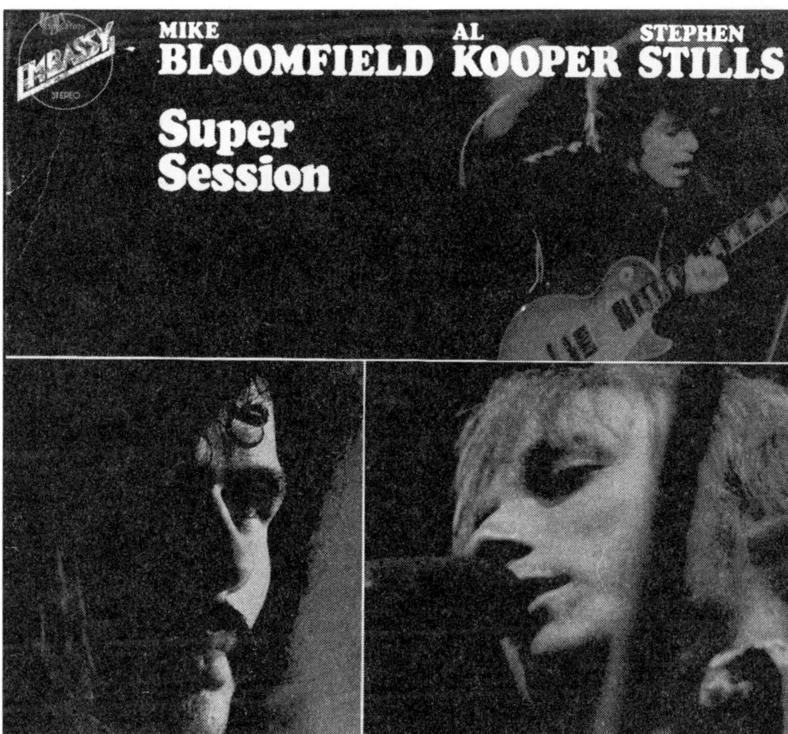

→ Psychedelic-Elementen sorgten für einen »Dampfhammer-Sound« in ohrenbetäubender Lautstärke. Einen Hiterfolg verzeichnete das Trio 1968 mit einer Hard-Rock-Fassung von Eddie Cochrans »Summertime-Blues«. Sie fanden allerdings durchaus noch Epigonen, deren berühmt-berüchtigster Vertreter wohl die Gruppe → Grand Funk Railroad war. Erstaunlicherweise schienen sie aber eine humanistische Bildung genossen zu haben, ganz bildungsbürger-like nannten sie ihr erstes Album in bestem Küchenlatein »Vincebus Eruptum« (1968). Das könnte man sehr frei mit »Völlig entfesselt« übersetzen – was sie permanent unter Beweis stellten (Sic – Quod erat demonstrandum – Anm. d. Verf.).

Blumenkinder

Deutsches Synonym für → Hippies. Positive Bezeichnung für Anhänger der Love & Peace-Ära. In Deutschland gesellschaftlich in der Breite nicht unbedingt akzeptiert – da herrschten meist andere Bezeichnungen vor, wie → Gammler, → Langhaarige, asoziale Subjekte, Arbeitsscheue etc.

Bolan, Marc

Anspieltip: A Beard Of White Stars (LP – 1970)

Englischer Rockmusiker, geboren als Markus Feld am 30.9.1947 in London, gestorben bei einem Verkehrsunfall am 16.9.1977 ebenfalls in London. Heute wird Bolan als Begründer des sog. Glamour- oder Glam-Rock bezeichnet. Für die Hippie-Ära ist sein Wirken in dem Duo → Tyrannosaurus Rex (später verkürzt zu T-Rex) von Bedeutung. Im August 1967 gründete er mit Steve Peregrine Took diese Band, die ursprünglich aus 5 Mitgliedern bestehen sollte – aus finanziellen Gründen aber auf 2 Personen schrumpfte. Die beiden spielten eine Art → psychedelischen → Folk, sehr schräg, sehr eigenwillig mit teilweise mystischen bis okkulten Texten. Marc Bolans seltsamer Tremologesang fungierte bei TR in etwa wie ein drittes Instrument. Die Band baute sich schnell eine erhebliche Fanschar in der englischen und auch europäischen → Underground-Szene auf. Es folgten etliche Umbesetzungen bzw. Erweiterungen der Gruppe. 1970 vollzogen sie allerdings einen radikalen Wandel in Image und Äußerem, aus der bunten Hippieband wurde eine Combo, die sich dem Publikum androgyn, grell geschminkt und in glitzernder Bühnenkleidung präsentierte. Der Glam-Rock war geboren. Die größten Hits von Tyrannosaurus Rex waren »Desdemona« und »Ride a white Swan«.

Bonzo Dog Doo-Dah Band (Bonzo Dog Band)
Anspieltips: Gorilla (LP – 1967) – The Doughnuts In Granny's Greenhouse (LP – 1968) – Keynsham (LP – 1969)
Die »Bonzos« waren sozusagen die musikalischen Monty Pythons. Mit typisch englischem Humor, bissig und satirisch, und dem dazugehörigen Understatement kreierten sie poppige Bosheiten mit schräger, aber gekonnter Musikuntermalung. Dazu präsentierte sich die Combo in schrillstem Outfit, mal als Landstreicher, mal als Monster vom Mars – dann wieder in Samt und Seide. Sie schoben in humoriger Weise eine Rockgattung an, die in den 70ern dominant werden sollte – den Glam-Rock. Sich selbst bezeichneten die manchmal bis zu 8 Musiker der typisch britischen Formation als »zeitgenössisches Musik- und Happening-Team«. Auf Platten konnten sie ihr Kabarett nur sehr schwer transportieren, was ihren kommerziellen Erfolg leider in äußersten Grenzen hielt. Besondere Klasse waren ihre Persiflagen auf die Musik-

Bonzo Dog Doo-Dah Band:
Schrille Musik-Clowns, die als Happening-Team eigentlich den Glam-Rock erfanden.

szene, und da machten sie vor nichts halt, weder vor Presley, Sinatra, Glenn Miller noch vor den → Beatles. Eine furchterregende Mischung aus Vaudeville, Dixieland, Schlagerschmalz und Rockelementen führte zu gloriosen Kabinettsstückchen, deren durchgeknallter Tiefsinn aber eher von unseren britischen Nachbarn verstanden werden konnte, denn von teutonischem Humor – Englischkenntnisse vorausgesetzt. Die Gruppe hatte eine Zeitlang eine eigene Fernsehshow und trat auch in der Beatles-TV-Sendung »Magical Mystery Tour« auf. Ein Top-Ten-Hit gelang ihnen allerdings – ein Song, der sogar in deutschen Radiosendern der 90er noch ab und an zu hören ist – »Urban Spacemen«. Der musikalische und intellektuelle Kopf der Chaos-Combo, die sich schon Anfang 1971 auflöste, Vivian Stanshall, kam leider Anfang der 90er bei einem Hausbrand ums Leben. – (Für Interessierte, die Gruppe war wirklich phänomenal, alles Tonmaterial der »Bonzos« ist mittlerweile auf CD erhältlich – Anm. d. Verf.)

Bootleg

→ Raubpressung. Illegaler Mitschnitt von Konzerten, meist von Musikfanatikern oder/und dubiosen Plattenfirmen in der Hippiezeit auf Vinyl oder Kassette unter die Leute gebracht. Oft zu irrsinnig überteuerten Preisen, was aber wahre Fans und Sammler nicht abschreckte. Dieser Markt floriert auch heute hervorragend mit CD's, wobei die CD-Brenner das Verfahren noch zusätzlich erleichtern. Strafbar. Es gibt aber auch Bootlegs, die von Plattenfirmen vereinnahmt werden, wodurch der illegale Status wegfällt.

Bourgeoisie

Bürgertum. Durch die Liberalisierung der Gesellschaftsformen im 19. Jahrhundert entwickelte sich im Gegensatz zum Mittelalter ein freies Bürgertum, das nicht mehr von Standes- oder Ständerechten abhängig war. Die Privatsphäre in freiheitlicher Gesinnung bekam einen höheren Stellenwert: Dieses Bürgertum schuf sich eine Lebensform, die in ihren Ritualen, Gesetzen und Geisteshaltung konservativ und ausgrenzend war, obwohl hier natürlich noch zwischen dem Großbürgertum und dem bürgerlichen Lager an sich unterschieden werden muß. – Durch besondere bürgerliche Borniertheit und Sturheit, unflexibles und starr Werte bewahrendes Wesen entstand auch der Begriff Spießbürger – humoristische Variation sind da die schwäbischen Schildbürger, mit ihren unfreiwilligen Streichen (Schildbürgerstreiche), die ihre eigene so wohlgeordnete Welt durcheinanderbrachten und in Angst und Schrecken versetzten. In den 60ern als abwertender Terminus von der rebellischen Jugend gebraucht. Alles, was Bestand hatte, Verboten unterlag, »altbacken« war, konservativ daherkam, wurde mit dem Attribut »bürgerlich« belegt. Bürgerliches oder bourgeoises Denken und Verhalten waren verpönt bei der Jugend – wurde mit spießig, repressiv und autoritär gleichgesetzt. Bourgeois war auch eines der Lieblingsschimpfworte der politisch motivierten 68er.

Bowie, David

Anspieltips: Space Oddity (LP – 1969), Hunky Dory (LP – 1971), The Man Who Sold The World (LP – 1970)

Geboren am 8.1.1947 in Brixton, London – unter dem bürgerlichen Namen David Robert Jones. Einer der großen Paradiesvögel des Popbusiness und in den frühen 70ern ebenfalls wie → Marc Bolan Vertreter der Glam-Rock-Richtung, aber in einer subtileren, sehr eigenen Weise. Für die Hippie-Zeit erlangte er durch die LP und den Titel »Space-Oddity« Bedeutung. Dieser Song wurde kurz vor der → Mondlandung der Amis mit der Apollo 9 am 20.7.1969 veröffentlicht. Dadurch erwarb sich Bowie bereits in den 60ern überregional den Kultstatus, den er vorher in London schon besessen hatte (»The London Boys«, Single 1965). Vorerst blieb er aber Insider-Tip in England und seine Musik in den 60ern war sicherlich eine äußerst britisch gefärbte. – Der große Durchbruch kam mit dem → Konzeptalbum »Ziggy Stardust« über den bisexuellen Rock-Erlöser Ziggy – in den 70ern war Bowie Ziggy Stardust und umgekehrt; er leistete aber mit diesem Album und seiner Bühnenshow durchaus ein Stück politischer Arbeit, was das gesellschaftliche Verständnis oder besser die Akzeptanz von Homo-, Bi- und Transsexualität betraf – jedenfalls in Künstler- und Intellektuellenkreisen. In gewissem Sinne war dies auch die Geburtsstunde des Glam- oder Glamour-Rock.

Brainbox

Anspieltip: Brainbox (LP – 1969)

Jan Akkermann (g, o, vi), Andre Reynen (b), Pierre v. d. Linden (dr), Casimirz Lux (voc, p), Tom Barlacher (fl)

Holländische Rockgruppe um den Ausnahmegitarristen → Jan Akkerman, die mit ihrem 69er-Debütalbum, das sich schlicht »Brainbox« nannte, zu einem absoluten Insidertip auf dem Festland wurde. Vor allem ihre Fassung von → Simon & Garfunkels »Scarbourough Fair« und das 17 Minuten lange »Sea of Delight« erfreuten sich speziell in

Hippie- und Drogenkreisen (wobei hier in erster Linie → Kiffer gemeint sind) großer Beliebtheit. Aus der Formation entwickelte sich später die noch weit erfolgreichere Rockgruppe Focus.

Brainticket

→ psychedelische Eintagsfliege – die Gruppe legte mit ihrem ersten Album ein Klangkonglomerat verschiedenster ekstatischer Töne vor, die einmal dumpf grummelnd und dann wieder hysterisch quietschend beide Seiten der LP füllten. Die Platte hatte einen gewissen Kultstatus bei → Acid-Heads.Wer diese Geräuschkulisse, von Musik konnte in dem Fall keine Rede sein, auf einem → LSD-Trip ertragen konnte, ohne Angstgefühle zu bekommen und evtl. auf einen → Horrortrip zu geraten, war ein sehr stabiler Konsument der bewußtseinserweiternden Droge. Die Platte wurde gerne genommen, um Acid-Neulinge zu erschrecken und zu schockieren – denn trotz aller Hippie-Mentalität gab es natürlich weiterhin extremes Konkurrenzdenken, Überheblichkeit und ein gerüttelt Maß an Boshaftigkeit – und vor allem auch so etwas wie eine hierarchische Abstufung unter LSD-Konsumenten. Die → Triperfahrung spielte hier selbstverständlich eine gewichtige Rolle.

Brautigan, Richard

Literaturtip: Die Abtreibung, Verlag Günther Ohnemus – 1978

Amerikanischer Autor, geboren 1935, lebt heute in San Francisco. Ihn allein der Hippie-Szene zuzuordnen, hieße seine kreativen Möglichkeiten zu unterschätzen. Dennoch war Brautigan von der Hippie-Zeit ausschlaggebend beeinflußt, was in den meisten seiner Werke deutlich Spuren hinterließ. Veröffentlichungen in deutschen Verlagen: »Die Abtreibung« (1978, co. 1971), »Forellenfischen in Amerika« (1971), »Ein konförderierter General aus Big Sur«, »Die Rache des Rasens«, »In Wassermelonen Zucker«, Gedichte, (1970). Der schweizer Autor und Übersetzer Urs Widmer sagte über Brautigan: »Seine Literatur ist fast wie ein Ein- und Ausatmen. Sein Buch ›Die

Richard Brautigan:
Literatur mit dem Zeitgeist der Hippie-Kultur.

Abtreibung‹ wirkt wie eine selbstverständliche Synthese zwischen unbelasteter Naivität und Literaturbewußtsein.« – Auf jeden Fall trifft Brautigan Zeitgeist und amerikanische Mentalität auf den Punkt und das mit humoristischer Präzision und und kritischem Augenzwinkern.

Briefwaage

Beliebtes Utensil – ursprünglich konzipiert, um dem einschlägigen Brief das entsprechende Porto zuzuordnen. Wurde in der Hippie-Zeit dazu »mißbraucht«, → Haschisch abzuwiegen. Gehörte zur Grundausrüstung eines jeden → Dealers. Daß es sich dabei meist um kleinere Portionen handeln mußte, liegt auf der Hand (bzw. Skala!).

Broughton, Edgar

The Edgar Broughton Band
Anspieltip: Wasa Wasa (LP – 1969)
Was → Grateful Dead in großer Manier in den USA trieben, machte die Edgar Broughton Band in Europa – sie gab eine Unmenge von → Free-Concerts. Man kann die Edgar Broughton Band ohne Abstriche als Polit-Rock-Gruppe bezeichnen, manche gehen noch weiter und titulieren die Formation als die einzig wahre Anarcho-Gruppe des Rock'n Roll. Den Musikstil hat ein englischer Journalist einmal als »quasirevolutionären Heavy-Rock« bezeichnet. Auf jeden Fall war es teilweise ein sehr eigenartiger bis einzigartiger Stil. Auf besondere Ästhetik im Vortrag legte die Gruppe nicht unbedingt Wert. Mitte der 70er trennte sich die Gruppe, weil ein finanzielles Fiasko das andere ablöste – und die Band niemanden mehr fand, der dieses Chaos managen wollte. Eines ihrer besten Lieder befindet sich auf der LP »Wasa Wasa«, der Anti-Kriegs-Song »American Boy Soldier«. Ein weiterer Erfolg für die Gruppe war das Album »Out Demons Out«. Von diesem Album stammte auch ihr einziger Top-30-Hit im UK »Apache drop out«. Einer ihrer bekanntesten Songs dürfte aber wohl die überraschend einfühlsame Ballade »Evening over Rooftops« sein, in der sie sogar auf einen formidablen Streichersatz zurückgriffen, was ihnen von Broughton-Puristen, die die Gruppe kantig und provokativ wollten, sehr übelgenommen wurde.

Brown, Arthur

The Crazy World of Arthur Brown; Anspieltip: The Crazy World Of Arthur Brown (LP – 1967)

Englische Formation mit hervorragenden Musikern, geschart um den egomanischen Frontmann Arthur Brown. Größter Hit der Gruppe war »Fire«. In der Besetzung unter anderem Vincent Crane und Carl Palmer. Die Gruppe war 1967 eine der Hauptattraktionen im Londoner → Underground-Club → UFO. Der Bühnenauftritt war spektakulär: Brown schminkte sich düstere Fratzen und entzündete im Laufe der Show einen Spezialhelm, den er auf dem Kopf trug, solange er brannte. Diese extensive Bühnenarbeit hielt er aber nicht lange durch – er erlitt 1968 einen Nervenzusammenbruch, worauf sich die Gruppe erst mal trennte. Crane und Palmer gründeten Atomic Rooster, Palmer wurde später ein Mitglied von Emerson, Lake and Palmer. Brown formierte 1970 die → psychedelische Combo Kingdome Come, die seinem exzentrischen Stil und seinen experimentalen Ausuferungen treu blieb.

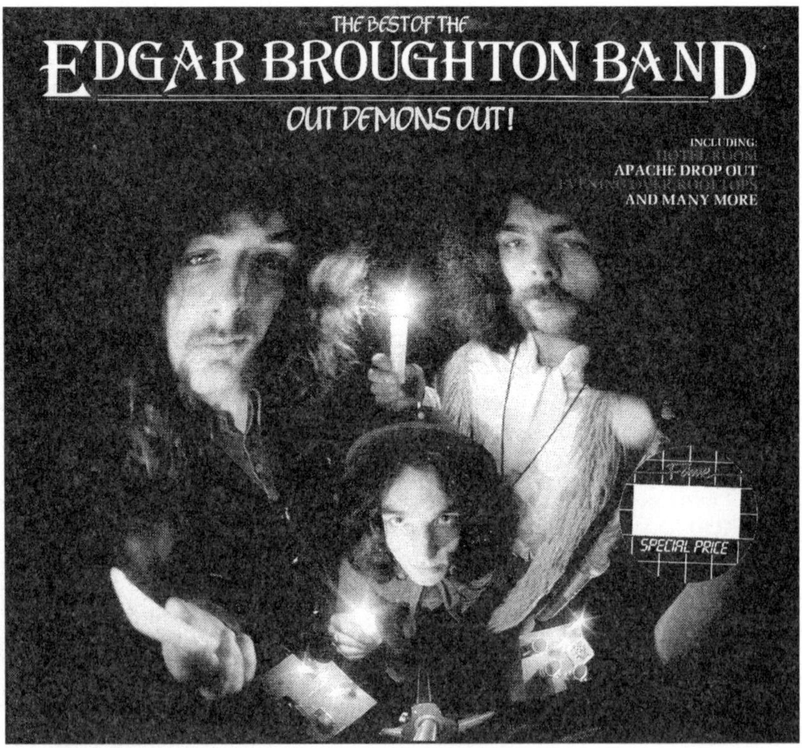

Edgar Broughton Band: Provokativste Anarcho-Polit-Gruppe des Rock'n Roll.

Brown, Pete

Anspieltip: Things May Come, Things May Go – But The Art School Dance Must Go On Forever (LP – 1969)

Englischer Underground-Literat und -Sänger. Schrieb mit → Jack Bruce fast alle Titel (Lyrics) der Supergroup → Cream. Er gründete 1968 mit Chris Spedding die Gruppe Battered Ornaments und präsentierte damit Musik ganz besonderer Art, eine fast artifizielle Mischung von Rock, Jazz und Blues. Diesen Stil kultivierte er mit der Folgegruppe Piblokto noch auf das Feinste und legte zwei herausragende → Underground-Alben vor – »Things my come, Things may go – The Art School Dance must go on forever« und »Thousands on a Raft«. Die Musik lebte von einer eigenartig kühlen Instrumentierung und dem druckvollen, undisziplinierten Gesang Pete Browns. Pete Brown blieb aber auf dem Festland immer ein Insider-Tip. – Wirklich progressiv, ohne zu verstören oder zu strapazieren.

Pete Brown: Progressiver Underground-Sänger und Texter, dessen Lyrics für die legendäre Supergroup Cream in die Rockgeschichte eingingen.

Bruce, Jack

(b, p, voc), Anspieltip: Songs For A Tailor (LP – 1969)

Virtuoser Bassist – zudem Sänger und Pianist. Geboren am 14.5.1943 in Bishopbriggs in Schottland. Bruce spielte schon in jungen Jahren in einigen schottischen Jazzbands (Jim McHarg's Scotsville Jazzband) in Glasgow. In den frühen 60ern ging er nach London. Dort schloß er sich Alexis Korners Blues Incorporated an, später der stilbildenden Graham Bond Organization. Ein kurzes Gastspiel bei John Mayall folgte und auch einige Aufnahmen mit dem südafrikanischen Jazzer Manfred Mann, der damals aber gerade die englischen Charts mit netten Liedlein seiner Band fütterte (»Do wah diddy diddy«). Danach kam der große Wurf. Die erste → Supergroup des Rock fand sich zusammen – mit seinen kongenialen Mitstreitern → Eric Clapton und Ginger Baker gründete er 1967 → Cream. Als die Gruppe sich auf Grund von zuviel gemeinsamer Genialität und unterschiedlichen Musikvorstellungen auflöste (»Goodbye Cream«), ging Bruce zunächst und immer wieder auf Solopfaden weiter. Bis 1972 spielte er in wechselnden Jazz- oder Rockjazzgruppen – 1972 formierte er mit dem Ex- → Mountain-Gitarristen → Leslie West das Trio West, Bruce & Laing. Diese Kombination hielt aber auch nur knapp ein Jahr – danach kam ein weiteres Soloalbum von Bruce heraus: »Out of the Storm«. Er arbeitete viel als Studiomusiker und mit fast allen Jazz- und Rhythm & Blues-Größen Englands zusammen. Aus seiner Feder stammen etliche hervorragende Rock-Klassiker wie z. B. »Theme from the imaginary Western« – das meiste Songmaterial der Gruppe Cream trug ebenfalls die Unterschrift von Bruce, was die Kompositionen anbetraf – die Texte lieferte der englische → Underground-Poet → Pete Brown. Jack Bruce hatte sicherlich ungemeinen Einfluß auf die Musiker seiner Zeit, natürlich vor allem auf die Bassisten. Er spielte meist einen 6saitigen Fender-Baß und das mit einer virtuosen Präzision und Geschwindigkeit, daß der Baß vom Rhythmus- zum melodieführenden Instrument wurde. Seine etwas eigenwillige Stimme muß man sich erschließen, hat man aber daran Gefallen gefunden, kann man sich nur wundern, zu welchen Kapriolen und Oktave-Sprüngen dieses Organ fähig ist.

BTM – Betäubungsmittelgesetz

Betäubungsmittel – Betäubungsmittelgesetz, hier sind alle illegalen Substanzen zusammengefaßt und definiert, deren Abgabe in Deutschland nur kontrolliert erfolgen darf, d. h., durch Verordnung und Indikation eines Arztes. Aber auch ein Leitfaden für die → Drogen und Medikamente, die überhaupt nicht in den Handel gelangen dürfen – Maßgabe für Apotheker und die Rechtsprechung in Bezug auf Drogendelikte.

Buckley, Tim

Anspieltip: I Can't See You (LP – 1968)

Geboren am 12.4.1947 in Washington D.C. – aufgewachsen im sonnigen Kalifornien, gestorben 1975, völlig verarmt, an einer akuten Heroin-/Morphium- und Äthanolvergiftung. Man könnte fast zynisch behaupten, um dem Motto seiner Generation bis in den Tod treu zu bleiben – »The good ones die young« – oder wie die Gruppe → The Who 1965 in »My Generation« sang: »Will die before get old«. Einer der stillen Heroen seiner Zeit, dem heute in Fan-Kreisen etwas unbedingt Mystisches anhaftet. Von der Kritik geliebt und hymnisch verehrt, blieben seine musikalischen Exponate beim Publikum weitgehend unbeachtet. Buckley litt unter schweren Depressionen und gehört sicher zu den besonders tragischen Zeitgenossen der 60er, seiner Musikära. Herb Cohen, der Manager der Gruppe → Mothers of Invention wurde 1966 auf den eigenwilligen Außenseiter aufmerksam. Er war fasziniert von Buckleys Stimme, die bis zu 5 1/2 Oktaven sauber intonieren konnte. Buckley vermischte Rock-Surrealismus mit traditionellen → Folk-Elementen. 1967 erschien das Album »Goodbye and Hello«, in dem er seinem Publikum bereits einiges abverlangte – eine fast schräge Orchestrierung, dazu fragmenthafte Arrangements, darüber bewegte sich traumtänzerisch und bisweilen zornig der Sänger und zelebrierte den Widerspruch zwischen seinem eigenen Destruktivismus und der lebensbejahenden Liebe der → Love-Generation. Tim Buckley fand für kurze Zeit seine Reinkarnation in seinem Sohn Jeff Buckley, der 1968 unter nicht ganz geklärten Umständen ebenfalls ums Leben kam und posthum nun einen ähnlichen Status zugeschrieben bekommt wie sein so früh verstorbener Vater.

Buffalo Springfield

Richie Furay (g, voc), Dewey Martin (dr), Bruce Palmer (b), Steve Stills (g, p, voc), Neil Young (g, voc)

Anspieltip: Retrospective (LP – 1968)

Eine der wichtigsten Gruppen in der beginnenden Hippie-Ära überhaupt, die jedoch nicht allzu lange Bestand hatte. Das lag in in erster Linie an den beiden herausragenden Köpfen – → Stephen Stills und → Neil Young. Beide kämpften um die musikalische Führung in der Band und das führte natürlich zu erheblichen Spannungen. Die Band war nichtsdestotrotz Vorbild für Zeitgenossen und später erfolgreiche Bands, wie z. B. die Eagles oder Poco. Der Stil der Gruppe war eine Mischung aus Country und Rock, aus diesen Basiselementen entstanden durchaus experimentelle Versuche, eine Synthese zwischen den Musikstilen zu finden. Ihr agitativer, anklagender politischer Song »For what it's worth« wurde eine Hymne der Hippie-Ära.

Burdon Eric & the New Animals

Eric Burdon (voc), Zoot Money alias George Bruno (keyb, p), John Weider (g, voc), Danny McCullough (g), Vic Briggs (b), Barry Jenkins (dr) – Andy Somers (g) – nur auf dem Album Love Is

Anspieltips: Winds Of Change (LP – 1967), The Twain Shall Meet (LP – 1968), Everyone Of Us (LP-1968), Love Is (Doppel-LP – 1968/69)

Als die alten Animals, die so hervorragenden Rhythm & Blues gespielt hatten, sich auflösten, formierte Eric Burdon nach einem halbgaren Solo-Projekt (»Eric is here«, 1967) The New Animals. Diese Gruppe schuf Meilensteine der Rockgeschichte, insbesondere für die Hippie-Zeit. Im Rückblick könnte man die drei Alben »Winds of Change«, »The Twain shall meet« und »Everyone of us« als musikalisch-chronologisches Tagebuch der Flower Power-Ära empfinden. (Empfehle bei Interesse, alle 3 Alben zu erwerben, da sie einen unbedingten ideellen und thematischen Zusammenhang erkennen lassen. – Anm. des Verf.) Diese 3 Alben bieten an Symbolik, Inhalt und politisch-gesellschaftlicher Aufarbeitung alles, was die Hippie-Ideologie ausmachte, jedoch auf typisch englische Art, trotz aller Begeisterung war hier viel deutlicher als bei amerikanischen Pendants die kritische Distanz zu der Entwicklung der Zeit zu spüren. Herausragendes Beispiel dafür ist der Titel »New York 1963 – America 1968«, der ein Kaleidoskop der amerikanischen Welt in allen Facetten darbietet – Rassismus, Drogeneuphorie, die Vielfalt der Kultur und → Subkultur, aber auch die Ernüchterung, die Erkenntnis, daß Drogen nicht der Weg sind, um wirklich frei zu werden. Insgesamt sind die genannten LP's (heute alle auf CD → remastered im AAD-Verfahren erhältlich) ein einzigartiges Dokument dieser Zeit und dieser Bewegung. In typisch englischer Manier nahmen sie ungewollt schon das Scheitern eines Generationstraumes voraus. Die Doppel-LP »Love is« (1968-69) fällt in der musikalischen Dichte etwas ab, bietet aber mit »As the years go passing by« ein herausragendes Beispiel des elektrifizierten Blues. Neben der imposanten Präsenz von Eric Burdon liefern sich die beiden E-Gitarren, gespielt von John Weider und Andy Summers (später Gitarrist der Gruppe Police mit Namenskorrektur, dort hieß er dann Somers), ein Duell allerfeinster Güte, speziell der damaligen Mode der stereophonen Kanaltrennung dadurch Rechnung tragend, daß einem die eine Gitarre aus der einen und die zweite Gitarre aus der anderen Box entgegenheulte. Das → Doppelalbum »Love is« war allerdings in anderer Hinsicht äußerst enttäuschend: Es bot auf 4 Schallplattenseiten nur 67 Min. und 26 Sek. Musik, was einen als Fan mit schmalem Geldbeutel sehr erbittern konnte, da eine Doppel-LP damals gute 32 DM kostete. Das Album ist heute auf einer CD für deutlich weniger Geld zu bekommen. Eric Burdon & the New Animals haben aus puristischem Rhythm & Blues eine psychedelische Form von Mystizismus geschaffen, die einen auch heute noch berühren kann (siehe Titel wie → »Monterey«, »San Franciscan Nights«, »Sky Pilot«, »White Houses«, »St. James Infirmary« etc.).

Eric Burdon & the New Animals 1968er LP: Everyone Of Us

Burdon, Eric
Anspieltip: Comeback-Soundtrack (LP – 1982)
Literaturtip: Eric Burdon – Am Anfang war es tierisch (Goldmann)
Englischer Sänger, Blues-Shouter und Vorreiter diverser Stile. Geboren am 11.5.1941 in der englischen Industriestadt Newcastle. Der »Instant-Heilige« und laufend Betrogene der Rockmusik. → Eric Burdon & the New Animals. Begann seine Karriere bei den Animals (»House of the Rising Sun«), danach kam die für die Hippie-Ära herausragende Arbeit mit den → New Animals, Anfang der 70er veröffentlichte er mit der größtenteils schwarzen Band WAR zwei außerordentliche Studioalben – und war nahe an seinem Urwunsch, wie ein Schwarzer zu singen. Als die Gruppe erfolgreich war, trennten sie sich von Burdon, und dieser nahm mit dem Blues-Recken Jimmy Witherspoon das Album »Guilty« (1971) auf. Damit verprellte er allerdings viele alte Animals-Fans. Später folgten Alben mit der Formation Sun Secret, Filmmusik für den Christel Buschmann-Film »Comeback«, noch mal ein Highlight, ein Film, der durchaus auf das Leben eines alternden Rockstars zugeschnitten war. Burdon übernahm auch die Hauptrolle und konnte sich darin unbedingt selbst wiederfinden. Seinen zweiten großen Wunsch, Hollywood-Star zu werden, konnte er sich aber nicht erfüllen: Er spielte in einigen amerikanischen B-Movies mit, blieb aber dem Rock'n Roll letztendlich treu. Anfang der 80er formierte er die alten Animals neu, spielte mit Robbie Krieger von den → Doors, mit dem Organisten → Brian Auger (»Access All Areas«) und brachte diverse Soloalben auf den Markt. Dabei ließ er sich allerdings häufig schlecht beraten, indem er oft nur mittelmäßiges Covermaterial zu Gehör brachte. Am besten war er als Rock-Shouter und Bluessänger mit der kraftvollen, unprätentiösen Art, seine Stimme einzusetzen. – Burdon bleibt ohne Zweifel einer der leider heute unterbewerteten Heroen der Rock-Historie. Nur um ein Beispiel zu geben, wie das Leben eines Rock'n Rollers verlaufen kann: in den 90ern mußte er sich bei seinen alten Eltern in Newcastle Geld leihen, um über die Runden zu kommen. Burdon hat eine Art Autobiografie veröffentlicht, die in der deutschen Übersetzung »Am Anfang war es tierisch« heißt. Er ist und bleibt aber eines der Stehaufmännchen des Rock-Circus und hat heute wie damals den Humor, die Dinge so zu sehen, wie sie wirklich sind, ein dauerndes Auf – und Ab ... doch die ideologischen Hintergründe der drei großen Animals-LP's lassen sich heute natürlich nur schwerlich noch transportieren.

Eric Burdon: Stehaufmännchen und Rockfossil.

Burroughs, William Steward

Literaturtip: Naked Lunch

Pseudonym: William Lee – der Todesdichter der → Junkie-Scene. Er war Kind einer der reichsten Familien Amerikas, studierte auf Harvard, veröffentlichte bereits früh und bekam gute Kritiken, die einen vielversprechenden Weg vorauszeichneten. Er hielt sich ein Jahr in Europa auf, hauptsächlich in Paris. Als er in die USA zurückkehrte, war er bereits rauschgiftsüchtig. Studium war nicht mehr möglich, so hielt er sich mit obskuren Jobs über Wasser u. a. als Privatdetektiv. – Sein Leben spielte sich in der Folge zwischen Halbwelt, Boheme und Krankenhaus ab. Er hatte trotzdem massiven Einfluß auf jüngere Autoren wie → Ginsbergh und → Kerouac. Sein Leben wurde zusehends unsteter und gehetzter – lange Trips durch die USA – stets enorm viel schreiben und immer drogenabhängig. – Retrospektiv gilt er als der bedeutendste Prosaist der → Beat Generation. Sein Leben gab ihm genug »Stoff« für eine rückhaltlose, extreme Schilderung seiner Zerrissenheit. –

Naked Lunch (Kurzauszug)

Ich spüre, wie es mulmig wird, beschnuppere sie nach ihren nächsten Zügen, sehe, wie sie mit ihren Achtgroschenjungen Teufelsfallen stellen, jammernd über meinem Tropfe sinnieren, den ich am Washington Square wegschmeiße, springe über ein Drehkreuz und durch zwei Lichter die Eisentreppe runter, schnapp einen Uptown-A-Zug ... Ein junger gutaussehender, stutzerhafter Fatzke mit Bürstenhaarschnitt, Marke Werbeleiter, hält die Türe für mich auf, die sich gerade vor mir schließen will. Ich bin bestimmt für ihn der Inbegriff einer Type. Kennst doch die Sorte: Kommt längs mit Taxifahrern und Kellnern, spricht über rechte Haken und Baseball, redet den Mann an der Theke mit Vornamen an. Ein richtiges Arschloch. Und genau im richtigen Moment hopst der Greifer vom Koksdezernat im weißen Regenmantel (stell dir vor, im weißen Regenmantel jemand beschatten zu wollen, will sich wohl als warmer Bruder aufspielen) auf den Bahnsteig. Ich höre gerade noch, wie er, in der linken Hand meine Spritze haltend, die rechte am Schießprügel, höre, wie er sagt: »Ich glaube, du hast was verloren, mein Junge ...« – aber die U-Bahn fährt schon. – »Bis dann, Revierbulle!« brülle ich, muß doch dem Heini seine Filmvorstellung Klasse B geben – in diesem Moment ...

Butterfield, Paul (h, voc)

Anspieltip: East-West (LP – 1966)

The Paul Butterfield Blues Band war eine der ersten weißen amerikanischen Blues Bands. Paul Butterfield (geb. 17.12.1942/gest. am

4.5.1987) spielte eine wirklich flotte Mundharmonika (Mouth-Harp). Schon früh arbeitete er mit schwarzen Musikern zusammen und lernte von ihnen. 1963 gründete er seine erste Band u. a. mit → Elvin Bishop und → Michael Bloomfield. Er begleitet unter anderem → Bob Dylan bei seinem ersten großen öffentlichen Auftritt auf dem Newport Folk Festival im Juli 1965. Die Butterfield-Blues begannen zunächst mit traditionellem Blues, entwickelten aber durch das instrumentelle Potential der Bandmitglieder Spielweisen, die sich von diesen Mustern sehr lösten. Sicherlich waren sie eine Pioniergruppe des Blues-Rock, der ja in den 60ern und auch später in verschiedensten Spielformen, Variationen und Bekenntnissen immer wieder Nischen (nicht nur) fand. Wobei es hier durchaus ein sehr englisches Bekenntnis zum Blues gab (→ John Mayall, → Peter Green, Graham Bond, Alexis Korner) und zu der amerikanischen Interpretationsform. Puristen unterschieden hier äußerst genau.

Paul Butterfield:
Pioniergruppe des Blues-Rock und eine der ersten weißen Blues Bands.

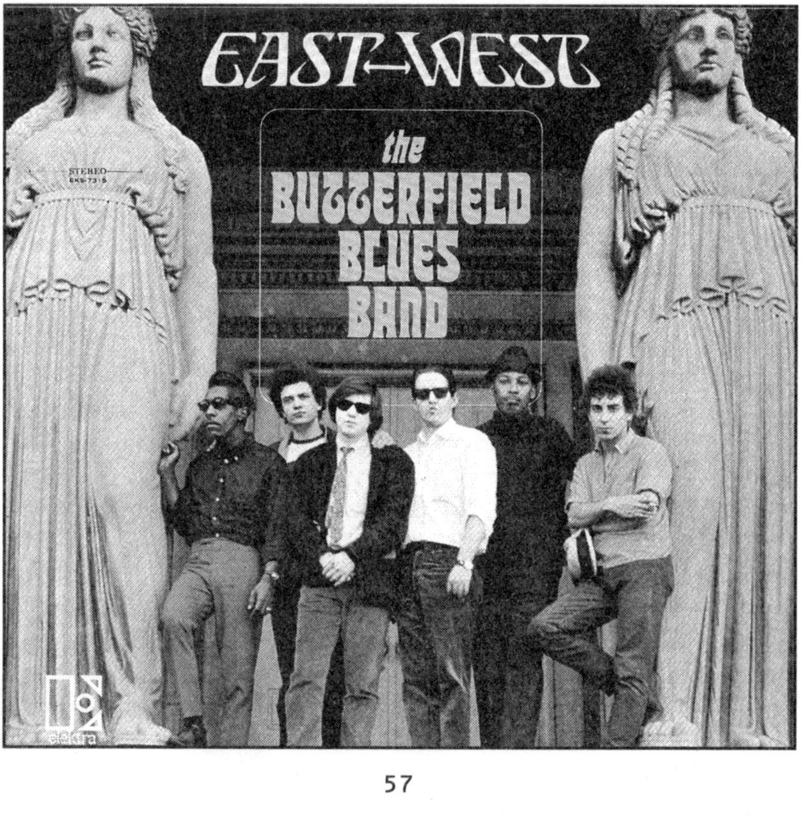

Byrds, The

Gene Clark (voc), Mike Clarke (dr), David Crosby (g, voc), Chris Hillman (b, voc), Roger McGuinn (g, voc)

Anspieltip: Younger Than Yesterday (LP – 1967)

Eine der stilbildenden und wichtigsten Gruppen der 60er. Ihnen gelang (erfolgreich) eine Synthese zwischen Rock und Folk oder besser gesagt, die Byrds waren eine elektrische Gruppe, die Folkmaterial spielte. Ungewohnt bis dahin. → Bob Dylan unterstützte die Gruppe in ihren Anfängen ausschlaggebend. So war ihr erster großer Hit »Mr. Tambourine Man« (1965) eine Dylan-Komposition. Sie verkörperten auch das entsprechende Lebensgefühl, indem sie kommunenhaft zusammenlebten, sich lange Haare wachsen ließen und bunten Modespleens anhingen. Hier waren die Beatles als »Musikerfamilie« sicherlich das Vorbild. In Kalifornien hatten sie bereits in den frühen 60ern Kultstatus und sie erreichten auch, was damals und heute nicht selbstverständlich ist (siehe Hitparaden) ein intellektuelles Publikum, da ihre Songtexte teilweise durchaus literarischen Kriterien entsprachen – die Byrds entwickelten eine eigene Songlyrik, wobei die Betonung auf dem lyrischen, dem poetischen Element liegt. Somit waren sie auch imstande, ohne Dylans Unterstützung weiterhin erfolgreich zu bestehen. Aber wie es oft war, in Gruppen mit einigen kreativen Köpfen machten sich auch hier Uneinigkeiten, Egoismen und Spannungen über Songmaterial und Darbietung breit. Das führte zwangsläufig zu etlichen Umbesetzungen, die dem eigentümlichen Byrds-Stil aber nur wenig schadeten. Besonders markant war die Arbeit der 3 Gitarren, wobei Roger McGuinn mit seiner 12saitigen für einen ganz besonderen Sound- bzw. Klangteppich sorgte (hörte sich teilweise wie Glockengedröhn an), worüber der mehrstimmigen Gesang mühelos schweben konnte. 1967 war natürlich ihre z. T. sehr exemplarische Drogenlyrik (»Mr. Spaceman«, »Eight Miles High«) ein gefundenes psychedelisches Fressen für alle Hippies und solche, die es werden wollten. Allerdings blieb diese Verbindung von Folk mit Elektrogitarren nicht unbedingt sehr lange en vogue, härtere Töne waren ab 1968 gefragt – wodurch die Byrds ein bißchen ins Abseits gerieten, sich einesteils selbst parodierten mit dem Titel »So you want to be a Rock'n Roll Star«, anderenteils sich zunehmend den Folkwurzeln zuwandten, wieder mit Dylan zusammenarbeiteten und letztendlich immer mehr Country-Material in ihr Repertoire aufnahmen. Diese Tendenz hatte sich aber von Anfang an abgezeichnet. Damit schufen sich die Byrds eine neue Fangemeinde, für die sie ebenfalls zur Kult-Gruppe avancierten, vor allem durch den

Country-Musiker Gram Parsons, der Mitglied der oft durcheinandergeschüttelten Band geworden war. Aus dem Musikerpotential der Byrds entstanden diverse andere Gruppen, um nur zwei Beispiele zu nennen – → Crosby, Stills & Nash, → The Flying Burrito Bros.

The Byrds

C

Cactus

Anspieltip: Cactus (LP – 1970)

Cactus ging aus den Splittern von → Vanilla Fudge hervor. Tim Bogert und Carmine Appice formierten die Gruppe nach Auflösung der Fudge. Ursprünglich wollten die beiden mit Jeff Beck zusammenspielen, aber dieses Projekt platzte fürs erste, da Beck einen schweren Autounfall erlitten hatte, von dem er sich nur langsam erholte. Die Formation Cactus geriet relativ schnell in ein erhebliches Kritikergewitter und wurde als → Grand Funk für Arme abgetan, was, wenn man den einfach gestrickten Sound der zitierten Gruppe kennt, ein eher vernichtendes Urteil ist. Ihre erste LP, schlicht »Cactus« genannt, beschäftigte sich in »posthippiellem« Schmerz mit Drogenkonsum, Drogenkommunen, der Eintönigkeit von Tourneen und biederem Sex. Trotzdem schaffte es die Gruppe, bis 1973 fünf Alben zu veröffentlichen. Bogart und Appice waren aber anscheinend recht froh, als sie 1972 der Ruf Jeff Becks erreichte, der wieder genesen war – mit ihm gründeten sie das Trio → Beck, Bogart & Appice.

California, Randy

Gitarrist der Gruppe → Spirit, kam 1997 bei einem Badeunfall vor Hawaii ums Leben, als er seinen Sohn aus dem Meer retten wollte. War ein großer Verehrer von → Jimi Hendrix, was in seinen Soloprojekten sehr deutlich wird.

Can

Anspieltip: Monster Movie (LP – 1970)

Experimental-Rockgruppe aus Köln, die auch internationales Ansehen genoß, was bei der damals von anglophilen Kritikern und Konsumenten als »Krautrock« abqualifizierten Spielart des Rock in Deutschland nicht selbstverständlich war. Wenige deutsche Bands konnten sich in dieser Zeit internationales Renommee erarbeiten. Die Gruppenmitglieder waren unter anderem von Karl-Heinz Stockhausen inspiriert, was dem schlichten Rockfan eher den Angstschweiß auf die Stirne trieb (damals). Die Band lebte als Musikkommune und produzierte ihre Alben größtenteils selbst, um sich gegen kommerzielle Zwänge zu stemmen. Anfänglich sich in elektronischen Experimenten erschöpfend, wurde Can zu einer richtigen Soundtrack-Formation, die Musik für zahlreiche Kino- und Fernsehfilme lieferte. Unter anderem schrieben sie für den Durbridge-Krimi »Das Messer« den Titelsong (»spoon«) und hatten damit fürs erste ausgesorgt. Krimis von Francis Durbridge waren in den 60ern absolute »Straßenfeger«. Hier kommt natürlich der erste leise Zweifel an der Autonomie auf, die die Musiker für sich beanspruchten, was Kommerzialität betraf. Kritiker bestätigen der Band aber, immer kompromißlos gewesen zu sein, was die Umsetzung ihrer Ideen betraf. Die Gruppe hat auch heute noch einen echten Kultstatus.

Cannabis

Cannabis, Mari-(y, j)huana (viele Schreibweisen – u. a. die berühmte Mary Juana) oder Haschisch, alles auf dem Indischen Hanf (cannabis sativa) basierend. Marijuana ist die getrocknete Pflanze selbst, Haschisch wird durch Eindickung und Vermischung des Pflanzenharzes gewonnen. Der Hanf kann in allen gemäßigten und tropischen Zonen angebaut werden. Der Wirkstoff ist THC (Tetra-hydro-cannabinol). Cannbisprodukte dürfen in einigen, vorwiegend arabischen Ländern straflos konsumiert werden, während der Genuß von Alkohol mit Stockschlägen bestraft wird. In den meisten Ländern Europas geriet Cannabis ab etwa Mitte der 60er Jahre im Zuge der Hippie-Bewegung unter die Betäubungsmittelrichtlinien, d. h., Besitz oder Konsum wurden mitunter drastisch bestraft. Gleichzeitig gab es Bemühungen, den gesundheitsschädlichen Charakter zu beweisen. Dieses gelang nicht – Cannabis hat überhaupt keine gesundheitsschädliche Wirkung, ältere und zunehmend auch neuere medizinische Literatur vermerkt dagegen sogar heilende Wirkungen z. B. bei Depressionen. Angesichts dieser Tatsachen ist es Konsumenten von Cannabis auch schwer klarzumachen, daß der stark gesundheitschädliche Alkoholrausch legal, Cannabis aber illegal ist. Das Verbot von Cannabis ist sicherlich ausschließlich kulturell bedingt. Das Argument, es sei die »Einstiegsdroge« greift nur von daher, daß kaum ein Drogenabhängiger vorher nicht auch Cannabis konsumiert hat. Dieses trifft aber in der Mehrzahl auch für den Alkohol zu. Es ist wahr, Cannabis war und ist die »Einstiegsdroge«, aber nur deshalb, weil die Vertriebskanäle für »weiche« und »harte« illegale Drogen gleich sind. Und ein Drogenhändler ist in erster Linie daran interessiert, daß die Droge ständig von ihm bezogen werden muß. Bei Cannabis ist dies aber nicht der Fall, also wird der Dealer danach trachten, sein Heroin zu verkaufen. In dieser Tatsache liegt auch die Forderung begründet, Cannabis legal zu verkaufen (Apotheken, Coffeeshops u. a.), damit die Abspaltung vom illegalen Drogenhandel geschieht. Gelänge dies, so verliert die Einstiegsdroge Cannabis ihre Funktion für den Dealer und dieser zusätzlich einen Teil seiner Einkünfte. Obwohl Cannabis im Vergleich zu anderen Drogen keine schädliche Wirkung zu haben scheint, ist sicher auch hier von einem Dauerkonsum abzuraten. Bei Dauerkonsumenten scheint sich hin und wieder nach einer gewissen Zeit Interesselosigkeit und Passivität im Bezug auf Alltag und andere Aktivitäten einzustellen. Dazu kommen die unterschiedlichen Konsummöglichkeiten. Es gibt die klassischen Methoden, bei denen Cannabis mit Tabak erhitzt wird (→ Joint, Pfeife) und der Rauch dann inhaliert wird. Zusätzlich besteht noch die Möglichkeit des Verdampfens, oder auch die Variante, Cannabis in Speisen (Haschischplätzchen oder -kuchen) zu mischen. Die letzten beiden Methoden sind etwas »sauberer«, da nicht wie beim Inhalieren andere Nebenprodukte entstehen. Cannabis erzeugt nachgewiesenermaßen keine körperliche Abhängigkeit. Es gibt diverse Arten und Verkaufsformen von → Haschisch.

Canned Heat

Frank Cook (dr), Robert (Bob, the Bear) Hite (voc), Larry Taylor (b), Henry Vestine (g), Al Wilson (g, harm, voc)

Anspieltips: Canned Heat (LP – 1967), Hooker'n Heat (Doppel-LP mit John Lee Hooker – 1971)

»Hitze in Dosen« – wichtige Westcoast-Formation, die ursprünglich sehr detailgetreu schwarzen Blues in weiße elektrifizierte Schemen preßte, sich aber von diesen Wurzeln mit Hits wie »On the Road again«, »Goin' up the Country« und »Lets work together« löste. Damit traf sie genau das Lebensgefühl der Westküste und wurde zu einer In-Band der Hippie-Zeit. Blues in der progressiven Spielart von CH war plötzlich wieder in. Trotz aller Hippie-Attitüde war Canned Heat auch eine

Gruppe, die intensiv vor Rauschgiftmißbrauch warnte – in »Amphetamine Annie« wurde nachdrücklich vermittelt, daß Drogen töten können. Textauszug: »Dein Hirn mag glauben, Du könntest fliegen nach diesen kleinen Pillen – aber Du solltest wissen, daß es dabei ums Sterben geht, denn Drogen töten!« – Und genau das widerfuhr der Band, die unter anderem glanzvolle Auftritte in → Monterey und → Woodstock absolvierte: Alan Wilson wurde am 3.9.1970 mit einer Überdosis Drogen tot aufgefunden – wobei bis heute nicht ganz geklärt ist, wie es dazu kam, da er eigentlich nicht als Drogensüchtiger bekannt war. Und auch der Sänger der Gruppe, der schwergewichtige Bob »The Bear« Hite starb 1981.

Captain Beefheart & His Magic Band

Don van Vliet (voc, sax, h)

Anspieltip: Trout Mask Replica (LP – 1969)

Chef der Gruppe war Don van Vliet (geb. 15.1.1941 in Glendale, Kalifornien), einer der außergewöhnlich schrägen Vögel der Westcoast-Scene – und die hatte genügend von dieser Sorte zu bieten. Die Gruppe blieb stets weit entfernt von jeglichen kommerziellen Ansprüchen, jedenfalls bis in die 80er hinein. In der Hippie-Ära wurde die Gruppe um van Vliet und im besonderen er selbst als Outsider gefeiert. Ihre Mischung aus Rock, Free-Jazz und → Psychedelic-Blues war ein interessanter Gegensatz zu → Frank Zappas Mothers of Invention. Mit Zappa war van Vliet eng befreundet. So rekrutierte er auch sein Bandpersonal meist aus dessen Umfeld. In den späten 60ern erreichte die Band in Kalifornien Kultstatus und war auch sehr beliebt bei den deutschen »intellektuellen« → Kiffern und Aussteigern (das allerdings erst ab dem Anfang der 70er) – vor allem, weil sie mit den traditionellen Schemata der Rockmusik teilweise radikal brach. Neben seinem musikalischen Kinderschreck- und Schockimage arbeitete van Vliet durchaus seriös und engagiert an seiner zweiten Lebenspassion als Bildhauer und darstellender Künstler. Journalisten und Musikkritiker in den 60ern versuchten seine musikalischen Inhalte immer wieder zu deuten und zu interpretieren – kamen aber unabhängig voneinander zu dem Schluß, daß van Vliet und seine Magic Band in erster Linie »Irritation« hinterließen – somit hatte das musikalische Schlitzohr seine Absicht durchaus erreicht. Resümierend ist anzumerken, daß Captain Beefheart traditionelle Elemente (Delta-Blues und Rock) mit Avantgarde-Jazz zu einer neuen Ausdrucksform der 2. Hälfte des 20. Jahrhunderts entwickelte – eine »neue« Musik, fernab jeglicher Kommerzialität. Seine

Stimme soll angeblich einen 7-1/2-Oktaven-Umfang haben und diese setzte er, als Hauptinstrument rücksichtslos auf mehr oder weniger rhythmische Musikbetten gelegt, die des öfteren ins Atonale abdrifteten, ein. Heute (90er) ist er in den USA mehr als Maler und Bildhauer denn als Wegbereiter neuer Musikstile anerkannt.

Castaneda, Carlos

Geboren am 25.12.1935, US-amerikan. Anthropologe und Schriftsteller. Werke unter anderem: »Das Feuer von innen«, »Die Kraft der Stille«, »Die Lehren des Don Juan«, »Reise nach Ixtlan«, »Der Ring der Kraft«, »Der zweite Ring der Kraft«. Wurde zum Kultschriftsteller der Post-Hippie-Ära, der »Neuen Innerlichkeit«. In gewissem Umfang Beginn der sozialen und ideellen Strömung der Esoterik oder des New-Age-Movements. Mitbegründer der Bewegung »Tensegrity«. Dies ist eine modernisierte Version gewisser Übungen zur Wahrnehmung von kosmischer Energie (im weitesten Sinne), auch »magische Bewegungen« genannt, die von indianischen Schamanen (heilige Männer, Medizinmänner, Zauberer) schon vor der spanischen Eroberung Mexikos entwickelt wurden.

CCR – Creedence Clearwater Revival

John Fogerty (voc, g, p, org), Tom Fogerty (g, voc), Doug Clifford (dr), Stu Cook (b, p). Anspieltip: Bayou Country (LP – 1968)

Eine der »pursten« Gruppen der späten 60er und trotz ihrer Charterfolge lange unterschätzt, vor allem in intellektuellen Hippiekreisen, was nur auf den relativ schlichten Aufbau ihres Rock'n Roll zurückzuführen war, da CCR durchaus sehr politisch und sozialkritisch agierten. Sie waren nebenbei auch eine der erfolgreichsten amerikanischen Single-Bands. CCR könnte man auch als die Arbeiterband des US-Rock bezeichnen. Eine Mischung des Rock'n Roll der 50er mit dem Beat der 60er sollte das Resultat ihrer Musik sein – und das gelang, vor allem auch kommerziell. Herausragende Figur von CCR war John Fogerty, als Sänger, Komponist und Gitarrist. CCR, was übrigens sinngemäß Glaube, Vetrauen, Klar- bzw. Reinheit und Wiedergeburt bedeuten soll, war durchaus mehr als die Wiedergeburt des 50er Rock'n Roll – es war eine perfekte Synthese aus amerikanischen und englischen Elementen – reduziert auf ein in dieser Zeit nicht gerade übliches 2-3-Minuten-Schema. Für die Hippie-Ära war die Gruppe nicht von durchschlagen-

CCR-Creedence Clearwater Revival: Glaube, Vertrauen, Reinheit und Wiedergeburt.

der Bedeutung, auf diesen Zug sprang sie relativ spät auf (»Pendulum« – 1970) – weil die intellektuelle Zuhörerschaft dieser Zeit mehr auf ausladenden, epischen Rock stand. Da waren CCR zu »schlicht«, ja fast »primitiv« in ihren Songs (was nichts mit den spielerischen Möglichkeiten der Band zu tun hatte!) – eine Primitivität, die aber immer den Wurzeln des Rock'n Roll und des Country Blues treu blieb und somit auch heute noch sehr authentisch klingt. Das war auch der Grund, warum CCR gerade bei den Hippies der 60er in den 70ern und auch 80ern vollauf rehabilitiert wurden. John Forgerty feierte 1997 ein großartiges Comeback mit dem Album »Blue Moon Swamp«.

Chambers Bros.

Die Chambers Bros. waren eine der ersten schwarzen Rockgruppen, die durchaus auch eine große weiße Anhängerschaft hatten. Ihre Wurzeln lagen im Gospel – sie nahmen aber im Laufe der Zeit immer stärker Einflüsse aus Beat und Blues in ihre Musik auf. Das Resultat war eine Art → psychedelischer Gospel. Sie wurden zu einer beliebten Live-

Band vor allem bei den Hippies der Westküste. Ihr größter Hit kam 1967 in die US-Top-ten: »Time has come today« – dieser Song war fortan bei Live-Auftritten ihre Hymne, die sie exzessiv auf bis zu 30 Minuten Spielzeit dehnten. Dieser Hit verschaffte ihnen Auftritte in den größten Rockarenen dieser Zeit. Es wurde aber relativ schnell wieder ruhig um die Chambers.

Chapin, Harry

Anspieltip: Heads & Tales (LP – 1972)

Singer und Songwriter, war ein politischer Intellektueller, den man durchaus als amerikanischen Linken bezeichnen konnte, bekam auch den Beinamen »der amerikanische Jacques Brel der Arbeiterklasse«. In seinem kompromißlosen Idealismus stand er vielen Denkweisen der Hippies sehr nahe, muß aber in den politischen Konsequenzen, die er zog, eher zur politisierten Posthippie-Ära gerechnet werden. → Underground.

Charlatan

Anspieltip: Charlatans (LP – 1969)

Chaos-Combo, die den Ruf genießt, die erste Undergroundband von San Francisco gewesen zu sein. Sie gründeten sich 1964, entwickelten ein richtiges Konzept für ihre Bühnenshow und wurden, obwohl von Kritikern als »Antimusiker« deklariert, zu einer regionalen Kultband. Kommerzieller Erfolg stellte sich aber kaum ein. 1966 bekamen sie einen Plattenvertrag angeboten, einziges Resultat die Single »The Shadow knows«. Ihre Musik war eine wilde Mischung aus Rock'n Roll, Country, Folk und Blues-Elementen. Als der → Acid-Rock mit seinen instrumentellen Improvisationen das Terrain eroberte, gerieten die Charlatans mit ihrer Guten-Laune-Musik rasch ins Hintertreffen und blieben auf ihrem lokalen Unterhalter-Image sitzen. Durch schlechtes Management und Knebelverträge produzierten sie ihre 1. LP erst 1969. Danach folgten allerdings noch etliche Alben, die aber eher Insidertips blieben.

Che Guevara

Guevara, Ernesto (Che), geb. 1928, gest. 1967, lateinamerikan. Sozialrevolutionär, Arzt. (Sein berühmter Spitzname soll übrigens von dem spanischen Füllwort »che« kommen, das er in Gesprächen andauernd gebrauchte. Schon komisch, wenn man sich mal vorstellt, Rudi Dutschke z. B. hätte den Beinamen »Gell« gehabt ...- Anm. d. Verf.)

Guevara kämpfte als Guerillaführer seit 1956 mit Fidel Castro gegen den kubanischen Diktator Batista und hatte nach dem Sieg der Revolution wichtige Staatsämter in Kuba inne. 1965 verließ er Kuba, um andere revolutionäre Bewegungen in Lateinamerika zu organisieren; wurde von bolivian. Regierungstruppen erschossen. Nach seinem Tod avancierte er zum Idol der revolutionär gesinnten Jugend der westlichen Welt, in den USA genauso wie in Deutschland – kaum ein → Kommunen- oder → WG-Zimmer der 60er, in dem nicht ein Guevara- → Poster prangte. Das ideologische und praktische Einzelkämpfertum Che Guevaras kam natürlich in seinen sozialen Komponenten der Mentalität der Zeit sehr entgegen: Ein Mann, der für die Gerechtigkeit aufstand und dafür sein Leben ließ. So wurde »Che« quasi als neuer Messias der → APO-Bewegung und auch der Hippies vereinnahmt. Heute kann man freilich gewisse geschichtliche Details ein wenig differenzierter sehen.

Cheech & Chong

Richard »Cheech« Marin, Thomas Chong
Anspieltip: Cheech & Chong (LP – 1971)
Die beiden waren zumindest Mitbegründer (→ Flo & Eddie, → Mothers of Invention) einer speziellen Variante von Comedy-Rock. Deswegen auch ihr ehrbarer Spitzname »Laurel & Hardy der Hippie-Generation«. Cheech & Chong war nichts heilig, vor allem die amerikanische Gesellschaft nicht, – wodurch sie anfänglich auch heftig aneckten. Sie scheuten sich aber nicht, auch sich selbst kräftig zu »verarschen« . Die beiden waren so etwas wie die Protagonisten des Drogenhumors, exakter noch des → Kiffer-Humors. Als ihr Kifferslang auf den musikalisch produzierten Platten in den USA nicht mehr so recht ankam, sich bereits überlebt hatte (bis 1977 standen sie immerhin regelmäßig in den Charts mit ihren Alben), konzentrierten sie sich mehr auf das Filmemachen und Drehbuchschreiben. Etwa ein halbes Dutzend ihrer Blödelfilme entstanden, ein abstruses Gemisch zwischen Jerry Lewis und den Blues-Bros., das heute nur noch schwer genießbar ist – jedenfalls für den europäischen Konsumenten. Der anfänglich so pointierte, provokante Witz und Sarkasmus der zwei verkam recht schnell zu routinierter amerikanischer Fließbandarbeit, aufbauend auf den immer gleichen Jargon-Sequenzen. Wenn man es bewußt kritisch betrachtet, hatten sie eigentlich mit der »echten« Hippie-Mentalität sehr wenig zu tun – waren eher Apologeten einer bereits verschlissenen Ideologie, die sie mit ihren Plattheiten quasi »posthum« auch noch nachhaltig beschädigten. Letzt-

endlich betrieben sie nichts anderes, als Klischees bis zum Erbrechen auszuwalzen. Wer allerdings amerikanische Comedy-Serien der 90er mag, wie etwa »Eine schrecklich nette Familie«, wird sicherlich auch Cheech & Chong in ihrem »Spätwerk« noch einiges abgewinnen können.

Chicago

1967 gegründete, äußerst erfolgreiche Rock-Jazz-Formation – die allerdings auch sehr scharf von den Fachmedien auf Grund ihrer kommerziellen Anbiederungen kritisiert wurde. Die Gruppe veröffentlichte eine Unmenge von Alben, für die Hippie-Ära ist allerdings nur das → »Chicago Transit Authority«-Album von Bedeutung.

Chicago Transit Authority

Anspieltip: Chicago Transit Authority (Doppel-LP – 1969)

Zusammen mit → Blood, Sweat & Tears (→ Flock, Little John) waren CTA kraftvolle Wegbereiter der Fusion von Rock und Jazz. Englische Pendants, die da mithalten konnten, waren If und Weather Report und in noch weit progressiverer Art → King Crimson. Für die Hippie-Ära war ihr erstes Album von großer Bedeutung. Anfänglich waren sie auf Grund der intellektuellen Konzeption ihrer Musik die absoluten Stars bei Universitäts- und Campus-Konzerten. 200 Konzerte gaben sie im Jahre 1968 vor studentischer Zuhörerschaft. Die politische Dimension des 1. → Doppelalbums von Chicago wird in den Stücken »Prologue, August 29, 1968, Someday und Liberation« deutlich. Chicago spielte an diesem Tag auf der Demokratischen Convention, die in der Stadt veranstaltet wurde. Ein Marsch militanter Schwarzer begann – unter dem Motto: »God gives us the blood to keep going – the whole world is marching!« Im Verlauf der Demonstration kam es zu heftigen Zusammenstößen mit der Polizei und Nationalgarde. – Chicago griff diese Thematik in diesem ersten Album auf mit der lapidaren Feststellung »The whole world is watching!« Diese politische Ambitioniertheit verlor sich aber sehr schnell im Konzept und auf den weiteren Alben, die, einem Spleen der Gruppe, des Managements oder der besseren Übersicht zuliebe einfach durchnumeriert wurden. Die Musik von Chicago war virtuos vorgetragen, aber gerade durch das Können der Musiker und den Zugriff auf zu viele verschiedene Musikstile verwässerte sich ihre eigene Identität immer mehr, so daß die Formation ihre stilbeeinflussende Wirkung in den 70ern bereits verlor. Downbeat schrieb über

Chicago: »Ihnen zuzuhören, ist wie der Fall in einen Fahrstuhlschacht, aber dieser Fall ist immerhin ein Erlebnis.«

Chicks, Chicken

Slangausdruck für Mädels – hatte sich in den 60ern auch in Deutschland eingebürgert (eingebürgert ist in diesem Zusammenhang ein gar hanebüchenes Wort! – Anm. d. Verf.). Da fiel dann am Wochenende oft der lockere Spruch: »Na, dann laßt uns mals paar Chicks aufreißen!« – Erfolgsquote war deutlich instabil. Meistens ging diesem Ansinnen eine heftige Präparation im Elternhaus voraus (falls man da noch wohnte), Papas Pitralon wurde verschwenderisch in Gesicht und Achseln geschüttet, die Haare eventuell noch toupiert, halbe Dose Haarspray von Mami drauf, sogar die Unterhose wurde gewechselt und ausgiebig mit Mundwasser gegurgelt. So gerüstet, kam man dann in später Nacht aus den Rockschuppen meist verschwitzt und allein nach Hause.

Chillum

Gedrechseltes oder geschnitztes Holzröhrchen, hinten und vorne offen, ähnlich einem Pfeifenmundstück. Anstatt des Pfeifenkopfes gab es aber eine Vertiefung im vorderen Teil, in dem das → Haschisch aufgelegt wurde, oft auf perforiertem Stanniolpapier. Der Durchmesser des Röhrchens bzw. die Bohrung war allerdings im Umfang deutlich größer als bei einer herkömmlichen Tabakspfeife, was beim Ziehen am Mundstück natürlich eine große Menge Rauch in die Lungen dringen ließ und den → »Antörn-Prozess« erheblich beschleunigte.

Chocolate Watch Band, The

Anspieltip: No Way Out (LP – 1967)

Recht geheimnisvolle Gruppe, die sich auf ihren Platten-Covers nie zu erkennen gab. Die Gruppe kam aus San Jose, wohnte jedenfalls dort, spielte aber meist in → Frisco. Der Sound war irgendwie schwer einzuordnen – man könnte ihn noch am ehesten als eine Kreuzung zwischen → Rolling Stones, → Beatles und → Pink Floyd einordnen. Die Formation erwarb sich ihre Meriten vor allem als Vorgruppe solcher West-Coast-Heroen wie → The Doors, → Moby Grape und → Lovin Spoonful. Die meisten Alben der CWB blieben hinter den Erwartungen zurück, so daß auch hier eine mehr lokale Popularität festzustellen ist. Das wurde durch das Album »The Inner Mystique« (1968), das eine → psychedelische Fassung von → Dylans »It's all over now Baby

Blue« und ein prä-punkige Version von R. D. Davies (The Kinks) »I'm not like Everybody else« brachte. Die Band fiel in dieser Zeit aber meist durch Drogenexzesse auf, mußte Konzerte abbrechen und löste sich 1969 desillusioniert auf. Obwohl sie sich auf die → »Acid-Spielart« ihrer Kollegen an der Westküste einstellen konnte, kriegte die Band irgendwie »die Kurve nicht« und geriet ab 1968 wieder ins 2. Glied, obwohl ihr damals seltsamerweise der Ruf einer esoterischen und schöpferischen Gruppe anhaftete.

Cippolina, John

Anspieltip: Copperhead (LP – 1973)

Herausragender Gitarrist der Westcoast-Szene und des → Acid-Rock. (geb. 24.8.1943 gest. am 29.5.1989 an einem Lungenemphysem). Behauptete selbsthumorig: »Wenn ich in einer Band Rhythmusgitarre spielen müßte, würde man mich nach nur einem Lied feuern.« – Dem war nicht so, er spielte auch Rhythmus in Jazz- und Jazz-Rockbands. Berühmt wurde er aber durch seine ausladenden → psychedelischen Soli bei der Gruppe → Quicksilver Messenger Service. Weitere Stationen seiner vielfältigen, leider viel zu kurzen Karriere waren Raven, Copperhead, → Terry & the Pirates, Nick Gravenites, die englische Psychogruppe → MAN und viele andere West-Coast-Jam-Formationen. Seine Anhänger verehrten ihn bis zu seinem frühen Tode, Kritiker nannten seinen Stil in den 80ern überkommen und ihn selbst den »letzten Hippie«. Das besondere an seinem Spiel war die einzigartige Technik, mit der er den → Wah-Wah und den Vibrator nutzte, in Deutschland auch »Wimmerkralle« genannt.

Clapton, Eric

Anspieltip: Slowhand (LP – 1977)

Geb. 30.3.1945 in Ripley, Grafschaft Surrey in England. Für die Hippie-Ära ist der Ausnahme-Gitarrist, auch »Master Slowhand« genannt (was seinen besonderen Stil kennzeichnen sollte, Solifiguren oft gegen den Rhythmus, aber genau auf den Takt zu spielen), natürlich in erster Linie wichtig als Mitglied der ersten → Supergroup → Cream. Aber auch seine weiteren Stationen → Blind Faith, → Delainey & Bonnie und → Derek & the Dominos sind für diese Zeit noch von Belang. Begonnen hatte Clapton seine Karriere bei den Roosters, danach Casey Jones & the Engineers, später folgten die → Yardbirds, die er wieder verließ, da er der Meinung war, daß sie sich zu stark vom Blues entfernt hatten. Daraufhin suchte er wieder vertrautes Terrain bei Blues-

Eric Clapton: Master Slowhand zelebriert den Blues.

Übervater → John Mayall und gründete anschließend mit vielen bekannten Musikern die Gruppe Powerhouse, die aber auch keinen langen Bestand hatte. Danach kam Cream, eines der absolut wegweisenden Trios der Rockgeschichte. Hier begann auch die Heroinsucht Claptons. Der mit Cream einsetzende Ruhm (Fans schrieben auf Hauswände »Clapton is God«) und das Scheitern der Folge-Supergroup → Blind Faith verstärkten Claptons Depressionen und Drogensucht noch. Er suchte eine Art Anonymität, spielte bei → Delaney & Bonnie und war auch kurzzeitig Mitglied von Lennons → Plastic Ono Band. Ein erstes Soloalbum folgte – »Eric Clapton« (war aber eher bieder und langweilig bis auf J. J. Cales »After Midnight«). Es folgte Studioarbeit für → Stephen Stills, → Leon Russell, → George Harrison u. v. a. mehr – mit der Band → Derek & the Dominos gelang ein Welthit, »Layla«. Danach lange Zeit nichts Herausragendes mehr, bis 1974 »461 Ocean Boulevard« erschien, was zu einem gelungenen Comeback wurde. In den späten 70ern bekam Clapton auch seine Drogensucht in den Griff und hat bis heute eine große Menge verschiedenster Alben auf den Markt gebracht, mal dem Blues »linientreu«, mal rockig – mal wieder »poppig« raffiniert oder schlicht. Gerade die 90er waren äußerst erfolgreich für Clapton: Er wurde mit zahlreichen Ehrungen überhäuft und machte durch sein »Unplugged« (»nicht eingestöpselt«, soll heißen, das Album wurde mit akustischen Instrumenten eingespielt) Furore. Auch heute, Ende der 90er, gelingen ihm immer wieder Charterfolge. Besonders überzeugend ist seine Gitarrenarbeit aber auf den zahlreichen Live-Alben, die er über die Jahrzehnte hinweg eingespielt hat. Trotz vieler Schicksalsschläge zählt er auch heute noch zu den absoluten Superstars des Music-Business, blieb seinem kraftvollen, blueslastigen Gitarrenstil treu, obwohl er die Kommerzialität, von der er sich bei den Yardbirds (1965) noch distanziert hat, längst häufig und ausgiebig bedient hat.

Clay, Cassius (Muhammad Ali)

Muhammad Ali. Dürfte wohl der einzige Boxer der Welt sein, der in jedem Lexikon der Welt steht – und auch in diesem steht sein Name mit voller Berechtigung. »Der Größte«, wie er sich gerne nannte, war ein unvergleichlicher Showman, aber auch ein engagierter Kämpfer für Recht und Freiheit. Er wird 1964 zum ersten Mal als Profi Weltmeister im Schwergewicht (1960 hatte er bei den Olympischen Spielen in Rom die Goldmedaille gewonnen, diese soll er angeblich, da er sich in seiner Heimat diskriminiert fühlte, ins Wasser geworfen haben), – die Schwarzen Amerikas hatten eine neue Identifikationsfigur. Es war die

Zeit der Rassenunruhen und des Vietnamkriegs, die Hippies sangen ihre Lieder und das bürgerliche Amerika versank in tumber Selbstgefälligkeit. Clay kämpfte explizit für die Rechte der Farbigen und gegen den → Vietnamkrieg. 1967 trat er den militanten »Black Muslims« bei und verweigerte den Wehrdienst. Darauf hin sperrte ihn die nationale Boxkommission und erkannte ihm seinen Weltmeistertitel ab. Die USA erlebte ihre unruhigsten und wertezertrümmerndsten Zeiten. Marin Luther King wurde 1968 erschossen, Schwarze durften nicht die gleichen Toiletten oder Busse wie Weiße benutzen (Südstaaten). Johnson ließ Vietnam gnadenlos bombadieren und Clay kämpft für Black Power. Erst 1971 hob der Supreme Court das Boxverbot für Clay, der sich mittlerweile in Muhammad Ali umbenannt hatte, wieder auf. Heute leidet der »größte Boxer aller Zeiten« an der Parkinson'schen Krankheit (einige zuviel auf die Birne bekommen), spielt aber immer noch den Mittler in Sport und Gesellschaft in einer sehr glaubwürdigen und engagierten Art und Weise.

Cocker, Joe (John Robert)

Anspieltip: With A Little Help From My Friends (LP – 1968/69)

Robert John Cocker, geb. 20.5.1944, war Kind einer schlichten Arbeiterfamilie (Vater war Bergmann) aus der englischen Industrie- und Stahlstadt Sheffield. Er spielte bereits früh in der Skiffleband seines Bruders Schlagzeug und Mundharmonika, lernte aber auch einen »ordentlichen« Beruf: er war Klempner. 1959 gründete er die erste eigene Combo, die sich unbescheiden »The Big Blues« nannte, 1961 in »Vance Arnold & The Avengers« umgetauft – in beiden fungierte Cocker bereits als Leadsänger. Sein großes Vorbild war die amerikanische Soul- und Blueslegende Ray Charles. 1964 nahm er seine erste Single auf – ein Beatlessong mit dem Titel »I'll cry instead«, dem nur sehr mäßiger Erfolg beschieden war. Heute ist er auf dieser Aufnahme eigentlich nicht mehr zu erkennen, was seine stimmlichen Eigenheiten anbelangt. (Ich habe diesen Song gerne in Rocksendungen im Radio als Quizfrage präsentiert – wurde nie erraten. – Anm. des Verf.) 1969 kam der kometenhafte Aufstieg und Durchbruch, bezeichnenderweise war es wieder ein Beatles-Titel – ein Song aus der → »Sgt. Peppers«-LP – »With a little help from my friends« – dem Original von der instrumentellen und gesanglichen Umsetzung allerdings nicht mehr sehr ähnlich. Auf der gleichnamigen LP gaben sich Rockgrößen wie → Jimmy Page, Stevie Winwood und Albert Lee u. v. a. die Ehre und ein Stelldichein. Damit schien die große Karriere vorprogrammiert. Ein weiterer Höhepunkt war sein Auftritt mit der Grease Band auf dem → Woodstock-Festival 1969. Sein Auftritt wirkte wie ein religiöses Bekenntnis. Der Musikjournalist Nik Cohn schrieb über ihn: »Er wirbelte auf der Bühne mit den Armen wie eine geistesgestörte Windmühle.« Zudem pflegte Cocker innerhalb seiner Lieder das exzessive → »Air-Guitar-Spiel«. Insgesamt wirkte seine Bühnenpräsenz fast »spastisch« und er selbst kein bißchen sexy, mit frühem Bierbauchansatz und seinem eher derben Äußeren. Trotzdem wurde seine Art akzeptiertes Stilmittel und Kult bei seinen Fans. Cocker war dem Drogenkonsum auch keineswegs abgeneigt, blieb aber auch in der Hochblüte von Pot und → Trips seinem maßlosen Bier- und Schnapskonsum treu. Das konnte natürlich nicht lange gutgehen. Nach zwei ausgiebigen USA-Tourneen war er mit seinen Kräfte beinahe am Ende. Dubiose Vertragsabschlüsse zwangen ihn aber dazu, weiter durch Amerika zu touren. → Leon Russell stellte eine schrille Rockrevue mit ca. 40 Mitgliedern zusammen, die unter dem Namen »Mad Dogs & Englishmen« weiter unentwegt auf den Bühnen stand. Cocker hatte kaum Einfluß auf das Geschehen, zu dem Projekt hatte er lediglich den Namen beigesteuert – am Schluß der Mammuttournee blieben ihm gerade mal ca. 1000 Dollar. Er war das erste wirklich offensichtliche Opfer des immer gewinnorientierter arbeitenden Rock-Business. Solange er nur genügend zu »saufen« bekam und singen durfte, machte er das alles mit – und betrieb damit eine komplette Demontage seiner Fähigkeiten und vor allem seiner Gesundheit. Hier

Joe Cocker: Bergmannssohn und Rock-Ikone auf dem Gipfel seiner brüchigen Karriere.

Joe Cocker:
Grandioses Comeback in den 90ern without a little help from his friends.

muß man anfügen, daß Cocker in der Hauptsache immer nur ein »Singers Singer« war, er interpretierte zu einem hohen Prozentsatz Lieder von berühmten und weniger berühmten Kollegen, darin lag auch letztendlich seine Stärke. Nach dem »Mad Dogs & Englishmen«-Projekt schien er auch dieses Kapital endgültig verspielt zu haben. Er kehrte 1971 nach England zurück, kroch bei seinen Eltern unter und war kaum in der Öffentlichkeit zu sehen. 1972 konnte man ihn überzeugen, wieder zu touren, das Resultat war die LP »Something to say« – bis auf die Live-Stücke wenig überzeugend. Cocker ersoff neben seiner Leidenschaft für Alkohol in Schwermut und Selbstmitleid, was seine Musik zwar wieder intensiver werden ließ, aber lange Zeit nicht den erwünschten Erfolg brachte. Die Produktion des Albums »Luxury you can afford« (1978) verschlang fast 200 000 Dollar, brodelte in Überarrangements und mit massig Streichern und Bläsern dahin und – degradierte Cocker fast wieder zu einem Front-Statisten. Wer allerdings in den 70ern journalistische Grabesgesänge auf Joe Cocker gesungen haben sollte, wurde ad absurdum geführt: Er erholte sich maßgeblich von seinem Alkoholismus wie auch von seiner Identitätskrise und feierte in den 80ern und auch 90ern ein Come-Back nach dem anderen. Trotz oder gerade wegen seines eher etwas »schlichten« Gemütes war er an der Rock'n Roll-Maschinerie nicht zerbrochen, aber er hatte gewaltig Tribut gezahlt. Und die von ihm so leidenschaftlich besungene »kleine Hilfestellung seiner Freunde« erfuhr er nur sehr selten, vor allem Anfang der 70er. Cocker ist ohne Zweifel einer der tragischen Helden des Rock und hat letztendlich doch allen eine Nase gedreht – er fiel dieser Tragik nicht zum Opfer, wie so viele vor ihm. Heute ist er eine lebende Legende (und das, weil er angeblich nur noch ab und zu ein paar Bierchen trinkt).

Cohen, Leonard

Anspieltip: The Songs Of Leonard Cohen (LP – 1968). Literaturtip: Wem sonst als Dir – Book of Mercy (Leonard Cohen bei Heyne 1987)

Geboren wurde Cohen am 21.9.1934 als Sohn wohlhabender Eltern in Montreal, Canada. Er machte sich zunächst in den späten 50ern und frühen 60ern als Lyriker und Romancier einen Namen, war aber keinesfalls der → Beatnik-Literatur zuzurechnen, da er diese ästhetischen Begriffe für sich nicht akzeptierte und auch die Lebensart der Beatniks nicht adaptierte. Er sah sich eher als der »Beautiful Looser«, der »Schöne Verlierer«, der nicht zerstört wird durch gesellschaftliche Widernisse, Alkohol oder Drogen (Cohen ist oder war leidenschaftlicher Marihuana-Raucher). Nichtsdestotrotz war er fähig, Horrorszenarien zu schaffen, die er aber lyrisch, um es überzogen auszudrücken, sublimierte. Cohen war ein literarischer Rebell, ein Anarchist, dessen Geisteshaltung letztendlich zur bloßen Attitüde wurde – der Terrorist, der Bomben werfen will, es aber nicht kann. Zur Musik fühlte er sich früh hingezogen, bereits mit 15 Jahren spielte er in einer Country-Band. In den 60ern begann er seine Gedichte selbst zu vertonen. Seine Melodien sind eigenwillig und eher schlicht konzipiert, darüber legte er seine sonore, fast sedative Stimme und trug Verse von einer Welt vor, der er entfliehen wollte, die er aber auch masochistisch genoß – Plakatwände, Fernsehreklame, eine schwüle Traumwelt voller Sumpfblumen, Labyrinthe und alles umfassender Musik – Müllberge, auf denen Blumen wachsen, heruntergekommene Städte, in denen einsame Helden nach Identität suchen. Seinen größten Erfolg hatte der »schwarze Romantiker« (so betitelte ihn das Time-Magazine) ohne Zweifel mit der Ballade »Suzanne«, ein Lied über eine wahnsinnige Heilige, die in Lumpen und Federn einherwandelt. Obwohl diese Texte in den 60ern in Deutschland oft nicht essentiell verstanden wurden, entwickelte sich Cohen auf einer stillen Nebenstraße des Rock zu einer Ikone des Zeitgeistes. Ganz besonders erfolgreich war er vor allem bei jungen, romantisch veranlagten Frauen. Kaum eine Liebschaft dieser Zeit, in der der Liebhaber nicht eifersüchtig auf Leonard Cohen wurde – da ihm die sonore Romantik mit dem düsteren Flair permanent »um die Ohren geschlagen« wurde. Cohen liebte die rebellische Haltung in subtiler Form, trug deshalb aber nicht weniger dick auf. Er mochte Hotels, in denen er nachts um 4 Uhr einen Zwerg, einen Bären und 4 Prostituierte mit aufs Zimmer nehmen konnte ohne größeres Aufsehen zu erregen – andererseits ging sein politisches Engagement durchaus so weit, daß er an Castros Seite für die Freiheit Cubas kämpfen wollte. Wollte – er hielt sich dann aber doch in der Hauptsache in Bars und Empfangshallen auf, fraternisierte mit Portiers, Pennbrüdern und Huren – blieb also der »passive« Anarchist, den die eigene Intellektualität lähmt, den entscheidenden Schritt zur Gewalt tun. – Ein weiterer großer Hit von Cohen war »Bird on the Wire«, das auch zigmal mehr oder weniger gelungen gecovert wurde (Joe Cocker, Jennifer Warnes). – Anfang der 70er reduzierte Cohen seine Ansprüche: Der »Vertreter der sinnlichen Revolution« beschränkte sich fortan auf Themen wie Beziehung, Sex und Liebe. Cohen zog sich immer wieder länger ins Privatleben zurück und machte in den späten 70ern und Anfang der 80er nur noch durch sporadische Veröffentlichungen auf sich aufmerksam. Sein »First we take Manhattan« kam Ende der 80er in der Version von Jennifer

Warnes auch in die deutschen Charts (obwohl es in dem Lied u. a. um terroristische Aktivitäten ging, aber das wurde in Germany anscheinend mal wieder nicht kapiert). »Wenn ich schreibe, gebe ich alles«, sagte Cohen in Bezug auf seinen künstlerischen Esprit. – Kleine Kostprobe aus dem »Book of Mercy«: »Setz dich auf einen Stuhl und sei still. Laß des Tänzers Schulter aus deinen Schultern erwachsen, des Tänzers Brust aus deiner Brust, des Tänzers Lenden aus deinen Lenden, des Tänzers Hüften und Schenkel aus deinen – und aus deinem Schweigen werde eine klingende Kehle, aus deiner Verwirrung ein klares Lied, zu dem sich der Tänzer bewegt: möge er Gott in seiner Schönheit dienen. Wenn er versagt, beginne dein Werk abermals. Durch ein solche heilige Handlung kann selbst ein verbitterter Mensch die Schöpfung preisen, kann selbst ein starker Mensch ohnmächtig werden und ein Mensch von großer Strenge sein Herz erweichen.« (Leonard Cohen – Wem sonst als Dir/Book of Mercy)

Collins, Judy

Anspieltip: A Maid Of Constant Sorrow (LP – 1962), Wild Flowers (LP – 1968)

Während ihre Kollegin → Joan Baez auch in Deutschland eine erhebliche Popularität erlangte, blieb Judy Collins hierzulande eher ein Geheimtip. In Amerika gilt sie (neben Joan Baez) als bedeutendste Folksong-Interpretin ihrer Zeit. Geboren wurde sie am 1.5.1939 in Seattle, Washington. Schon früh zeigte sich ihre musikalische Begabung. Im Alter von nur 13 Jahren debütierte sie bereits mit dem Denver Symphonic Orchestra am Piano. Seit 1955 spielte sie eher traditionelle → Folkmusik, änderte in den 60ern aber ihren Stil (auch unter dem Einfluß von → Pete Seeger, → Bob Dylan und → Joan Baez) und wurde zunehmend in ihren Aussagen politisch. Sie selbst bezeichnete sich als »Predigerin für Gemeinsamkeit und Brüderlichkeit«. Mit Pete Seeger zusammen motivierte sie in den 60ern die Schwarzen, zur Wahlurne zu gehen. Sie polemisierte nachhaltig gegen den Vietnamkrieg und nahm in diesem Jahrzehnt sicherlich an mehr als 1000 Wohltätigkeitsveranstaltungen teil. 1967 betätigte sie sich auf dem Album »Wild Flowers« zum ersten Mal als tiefsinnige Songschreiberin. Ihren ersten Top-Ten-Hit hatte sie aber mit einer Komposition einer bis dahin völlig unbekannten Kollegin: »Both Sides now«, von → Joni Mitchell geschrieben, wurde ein Welterfolg. Für ihr 1969 erschienenes Album stellte sie auch erstmals eine »elektrische« Begleitgruppe zusammen, der auch → Stephen Stills angehörte, mit dem sie eine kurze, aber heftige Liaison verband. Man gab ihr Attribute wie »Hohepriesterin des Folk«, und der »Spiegel« schrieb 1970: »Judy Collins ist der Inbegriff des Ästhetischen in der Popmusik.« Als die politischen Inhalte in der Popmusik auf immer weniger Widerhall stießen, wandte sie sich dem französischen Chanson zu und versuchte es in eine amerikanische Spielart zu transponieren, allerdings mit deutlich weniger kommerziellem Erfolg. Die engagierte Pazifistin wurde von den kurzlebigen Modetrends des Rock und der temporeichen Entwicklung der Branche mehr oder weniger überrollt – sie genießt aber auch heute noch eine fast mythische Verehrung bei der 60er-Generation in den USA.

Concert for Bangladesh

George Harrison von den → Beatles initiierte dieses Konzert, das am 1.8.1971 im New Yorker Madison Square Garden stattfand. Es war als Wohltätigkeits-(Benefiz-)Konzert für die Opfer des indisch-pakistanischen Krieges und der katastrophalen Hungersnot, die sich danach entwickelte, gedacht. Alles, was Rang und Namen hatte, fand sich ein – → Bob Dylan, → Leon Russel, → Eric Clapton, → Ravi Shankar u. v. m. – 250 000 Dollar betrug der Erlös. In der Folge gab es aber etliche Unstimmigkeiten und dubiose Momente: Das »Triple«- (3 LP's – → Doppelalbum) Album, das als Konzertmitschnitt auf den Markt kam, verkaufte sich in kurzer Zeit dreimillionenmal. Es wurde von verschiedenen Seiten unterstellt, in erster Linie hätten die Musik-Multis daran verdient. Geklärt wurde der Vorfall nie ganz. Geld regiert die Welt, und wieder hatte der Hippie-Lack einen tiefen Kratzer abbekommen.

Coolidge, Rita

Anspieltip: Rita Coolidge (LP – 1971)

Geb. 1.5.1944 in Nashville. Sie war eine Cherokee-Halbindianerin und begann ihre Karriere als Background-Vokalistin. Sie machte mit beim Friends-Projekt von → Delainey & Bonnie und ist auch bei den Mad Dogs & Englishman als Begleitsängerin von → Joe Cocker zu hören. Im Rahmen dieses Spektakels trat sie immer mehr als Solo-Sängerin in den Vordergrund. → Leon Russel war von ihr äußerst angetan und widmete ihr seinen Song »Delta Lady« (auch von Cocker gesungen). – Ihre erste Platte blieb aber weitgehend unbeachtet, und sie arbeitete weiter als Studiosängerin u. a. mit → Stephen Stills, Dave Mason und → Kris Kristofferson, den sie 1973 heiratete (Scheidung 1979). Ihren Durchbruch schaffte sie allerdings erst 1973, für die Hippie-Ära also kaum noch von Belang. Es folgten diverse Charterfolge, wie z. B. mit »Higher & Higher« von Jackie Wilson. Ihre Popularität verebbte Ende der 70er wieder. Zuletzt trat sie bei einem Projekt von → Robbie Robertson in Erscheinung, mit dem er eine Synthese zwischen Rock und Indianermusik versuchte (Red Road Ensemble – »Music for Native Americans«).

Country Joe & the Fish

Anspieltip: Electric Music For The Mind & Body (LP – 1967)

In Amerika eine der wichtigsten Bands der Hippie-Zeit und inhaltlich und textlich mit die radikalste. In Deutschland eher nur von wirklichen → Freaks und Fans goutiert. Sie war praktisch die ganz intime Hausband der (nord-)kalifornischen Studentenrevolte. Die Gruppe wurde 1963 von Joe McDonald gegründet, spielte anfänglich eher schlichte → Folkmusik und wechselte 1965 ins »elektrische« Lager über. Von Country Joe stammen einige der wichtigsten Protestsongs der Zeit, die ein entsprechendes Forum vor allem auf dem → Woodstock-Festival bekamen. Ihre Songs waren ein Mischmasch aller möglichen amerikanischen Stilformen, wobei der Country-Einfluß eine dezent dominante Rolle spielte. Darunter »I feel like I'm fixin' to die Rag« – eines der populärsten Lieder wider den Vietnamkrieg. »Superbird« richtete sich gegen den korrupten Sumpf des amerikanischen Polit-Establishments und ihr berühmter »Fish-Cheer« war Standard bei den Demonstrationen der Campus-Jugend der University of California in → Berkeley. Aus diesem Song stammt der berühmte Mitsing-Refrain: »How do you spell ... F. U. C. K.« Ihre kompromißlose und antiautoritäre Einstellung zu gesellschaftlichen Vorgaben erschwerte letztendlich aber den kommerziellen Erfolg im Musikgeschäft – Plattenfirmen scheuten die Probleme mit der Gruppe, die politischen Aussagen erschienen zu radikal – obwohl sie Joe McDonald (heute im Rückblick betrachtet) auf einen simplen, selbstverständlichen Nenner brachte: »Laßt die Menschen leben, stoppt den Hunger in den Slums, den Rassenterror und macht dem Krieg in Vietnam ein Ende!« Das Ende der Gruppe kam bezeichnenderweise nach dem Woodstock-Festival. Country Joe: »Aus Hippies werden nur schwer disziplinierte Musiker, da sie keinen Anführer akzeptieren – ich habe versucht Chef einer Hippie-Combo zu sein, aber das war schon der Widerspruch in sich!« – Die Band erlebte etliche Umbesetzungen vor Woodstock und trennte sich nach dem Festival.

Country Joe McDonald
Geboren am 1.1.1942 als Kind politisch linker Eltern, die ihn (wie fatal in Amerika) nach Stalin Joseph nannten. McDonald galt als einer der besten Sänger der Westküste und einer der radikalsten Politrocker. Nach dem Ende seiner Band → Country Joe & the Fish kehrte Joe McDonald immer mehr zu den Country Roots zurück, lebte lange in Frankreich, komponierte einen Teil der Filmmusik zu »Stille Tage in Clichy« nach Henry Miller und wollte seitdem in Europa leben, da er von der amerikanischen Hippie-Bewegung mehr als enttäuscht war. Finanzielle Problem trieben ihn 1975 nach Amerika zurück, wo er ab und an eine LP produzierte, die sich mit Umweltschutz, Humanität und der Liebe im besonderen beschäftigten. Diese waren aber dem Zeitgeist gemäß in sich nicht mehr sehr brisant. Dem ausgezeichneten deutschen Label »LINE« ist es zu verdanken, daß diese Musikdokumente heute wieder als CD erhältlich sind.

Cover
Schallplattenhülle. → Cover-Art.

Cover-Art
Eine besondere künstlerische Spielform der Schallplattenhüllengestaltung, die in der zweiten Hälfte der 60er begann. Bis dahin glänzten auf den meisten Covers biedere Schwarzweiß- oder lächerliche Colorfotos der Künstler. Das änderte sich nachhaltig in der → psychedelischen Ära. Opulente Kunstwerke zierten plötzlich die Schallplattenhüllen – das hing auch mit der zunehmenden Popularität der → Langspielplatte zusammen, die natürlich mehr Fläche für Kunstwerke bot als die bis dahin favorisierte Single-Hülle. Oft erschienen die Hüllen wie Ausgeburten von → Horrortrips und bedienten sich verschiedenster Techniken wie Malerei, Fotografie, Collagen, Comics und allen beliebigen Mischformen daraus. Höhepunkte erreichten diese Cover-Arts mit Bands wie Yes, Genesis und King Crimson in England und z. B. → Jefferson Airplane oder → Frank Zappa in den USA. Einer der frühen Höhepunkte der Cover-Art war ohne Zweifel das Album der → Rolling Stones »Their Satanic Majesties Request« (das inhaltlich eine Antwort auf → »Sgt. Pepper« von den Beatles werden sollte – mit dem Cover übertrafen sie die Beatles damals, allerdings nur damit), das mit einer fluoreszierenden, die Farben verändernden Plastikabbildung der Gruppe aufwartete. Die Möglichkeiten dieser grafischen Darstellung der Pop-Kultur verfeinerten und erweiterten sich durch aufklappbare

Alben, → Doppel- und Dreifachalben. Oft wurden auch noch Zwischenseiten in die LP's eingefügt, so daß der Künstler oder Grafiker etliches an Arbeitsfläche zur Verfügung hatte, um Themen, Darstellung der Gruppe und Inhalte zu gestalten.

Cowsills, The

Anspieltip: Hair (Single – 1969)

Popfamilie mit eingängigen, netten Popsongs – darunter der Millionenhit »The Rain, The Park and other Things« (1967) – streiften eher zufällig die Hippie-Mentalität und den Zeitgeist des Aquarius-Age – waren in der progressiven Szene auch wenig akzeptiert, da ihr biederes Saubermann-Image schlecht zum Aufbruch zu neuen Ufern paßte. Erstaunlicherweise charteten sie noch mal äußerst erfolgreich mit einer Adaption des Titelsongs zu dem Pop-Musical → Hair im Jahre 1969. Letztendlich blieben sie abereine Pop-Marginalie. Sie waren in gewissem Sinne Vorläufer der in den USA ungemein beliebten und populären Partridge Family, eine singende Schauspielertruppe um David Cassidy, der angab, sich die Cowsills in ihrem Band-Leben als Vorbild genommen zu haben.

Crazy World of Arthur Brown

Psycho-Rockcombo, die mit »Fire« (1967) einen Welthit und einen Klassiker der Rock-Ära landete. → Brown, Arthur.

Cream, The

Eric Clapton (g, voc), Jack Bruce (b, voc, harm), Ginger Baker (dr), Pete Brown (Lyrics), Felix Pappalardi (c, arr)

Anspieltip: Fresh Cream (LP – 1967)

Eine der mit Abstand wichtigsten Gruppen der 60er. Auf eine simple Formel gebracht: sie haben den Rock erwachsen gemacht. Mit Cream emanzipierte sich die Rockmusik – und in dieser vor allem die Improvisation als Stilelement. Die drei Musiker waren die Crème de la crème der damaligen englischen Beat- und Rhythm & Blues Musik (obwohl da natürlich noch etliche Kollegen mit in der ersten Reihe standen) – daraus resultierte der Bandname. Cream war die erste »Supergroup« des Rock. Gegründet 1966, hatte Cream ein fulminantes Debüt mit ihrer LP »Fresh Cream« (1967) – wobei der Song »I feel free« sogar die Charts bis auf Platz Nr. 3 enterte. (Als ich diesen Song damals zum ersten Mal in der Nacht bei Radio Luxemburg hörte, fühlte ich, jetzt ist etwas Besonderes passiert in der Musik – was es war, verstand ich allerdings erst wesentlich später – Anm. d. Verf.) Die 3 Ausnahmemusiker → Eric Clapton, → Jack Bruce und → Ginger Baker präsentierten eine Synthese zwischen Rock und Blues, die bis dahin in dieser Dichte und Präsenz kaum hörbar gewesen war. Die Band reduzierte sich anfänglich auf Gitarre, Baß und Drums – die klassische Dreierbesetzung (wie auch bei → Jimi Hendrix), was aber der Komplexität der Musik keineswegs schadete, sondern sie noch mehr akzentuierte. Auf späteren Studioalben wurden die Arrangements manchmal durch Cello, Piano und die für den Blues unverzichtbare Mundharmonika erweitert. Cream war sicher maßgeblich daran beteiligt, die Popmusik von diversen kommerziellen Zwängen zu befreien, die bis dahin gültig waren. Unter anderem waren die Länge der Stücke, die Einbindung von längeren bis langen Soli und die kantige Ursprünglichkeit (trotz innovativer, moderner Elemente) Indizien dafür, daß die Rockmusik dem Musiker »gehörte« – und nicht den Prodzenten, die nur darauf bedacht waren, die Titel »charttauglich« zu präsentieren. Somit trat Cream natürlich eine Lawine los, die von vielen Musikern der Zeit dankbar adaptiert wurde. Wozu der Zeitgeist der psychedelischen Ära natürlich noch ein übriges tat. Das Motto hieß: »Vergiß den Zweck, vergiß den Text, mach einfach Musik!« – Das uferte in bis zu 30 Minuten lange Improvisationen über ein musikalisches Thema aus. Natürlich barg das die Gefahr, daß das ursprüngliche Motto ad absurdum geführt wurde, und gerade diese Freiheiten zum puren Selbstzweck, zu einer zwar brillanten (aber später weitgehend) inhaltslosen Kopie der eigenen Intention gerieten. Die ursprünglich so dynamische Spontaneität wurde zum instrumentellen Klischee. Dazu kam, daß die drei Bandmitglieder sehr eigenständige, um nicht zu sagen »eigene« Charaktere waren, die ein notwendiges Harmonieren (in der Musik ja bekanntermaßen besonders wichtig) auf die Dauer schwermachten. Trotzdem schaffte es Cream, mit der Abwendung von »traditioneller« Kommerzialität zu einer der kommerziell erfolgreichsten Gruppen der 2. Hälfte der 60er zu werden, und das auf dem Langspielplattensektor. Nach drei Studioalben – »Fresh Cream«, »Disraeli Gears« (1967), »Wheels of Fire« (1968) und einem Goodbye-Album trennte sich die Gruppe Ende 1968 im Unfrieden. Es folgten noch etliche Live-Alben (lizensierte Ausgabe: »Live Cream« – 1970), jede Menge Sampler und eine Anzahl Bootlegs, die heute teilweise zu horrenden Preisen gehandelt werden. Zudem gibt es einen Film über die Gruppe, der das sensationelle Abschiedskonzert der Formation im New Yorker Madison Square Garden zeigt. Dieses Konzert war bereits Wochen zuvor ausverkauft. Trotz der kritischen

Beleuchtung der Entwicklung der Gruppe Cream und ihrer Musik kann der Stellenwert der »magischen 3« für die Entwicklung des Rock bis heute nicht hoch genug eingeschätzt werden. Obwohl sie natürlich auch die Polarität provozierten, die, letztendlich in klarer Abgrenzung zur »Instumentalwichserei«, im Punk endete – oder, je nach Standpunkt – mündete!

Creation, The

Anspieltip: Painter Man (CD – 1993)

Englische Gruppe, die in der Heimat nicht viel galt – aber auf dem Kontinent, vor allem in Deutschland eine Menge Fans hatte und auch in die oberen Hitparadenränge gelangte, besonders mit ihren Superhits »Painter Man« und »How does it feel to feel«. Schwere, gezerrte Gitarren auf schlichtem Beat-Backing war ihr Rezept, das aber bei uns voll aufging, Da war der deutsche Beatfan leicht zu begeistern – und wenn sie dann bei ihren Liveauftritten noch Rauchbomben zündeten, war die Stimmung groß. – Primitiv-Psychedelic, der aber die Ohren für Gitarrenexperimente frei machte.

Creedence Clearwater Revival

→ CCR.

Crosby, David (van Cortlandt)

Anspieltip: If I Could Remember My Name (LP – 1971)

Geboren 14.8.1941 in Los Angeles. Crosby begann seine musikalische Karriere Anfang der 60er bei dem Vokalensemble »Les Baxter's Balladeers« – danach wandte er sich der → Folk-Musik zu, scheiterte aber als Solo-Interpret. 1964 sollte sich das aber gründlich ändern – mit Roger McGuinn gründete er die legendären → Byrds. Dort brachte er sich bereits als Propagandist für Drogen ins Gerede und vertrat erheblich radikale politische Ansichten, die sehr schnell zu einer umfangreichen F.B.I.-Akte führten. Die Byrds verließ er allerdings wegen erheblicher Meinungsverschiedenheiten mit McGuinn wieder. (Manche sagen auch, er wurde gefeuert, weil die anderen Bandmitglieder von seinen Eigenmächtigkeiten die Schnauze voll hatten.) 1967 plante er eine Soloplatte, tat sich dann aber mit → Stephen Stills zusammen, den er seit → Buffalo Springfield kannte. Überraschenderweise gesellte sich noch der Brite → Graham Nash dazu, der bislang bei der freundlich-harmlosen Beatcombo The Hollies (»Bus Stop«, »Carrie Anne«, »On a Carousel«) gespielt hatte. Angeblich soll → Joni Mitchell, die damals ein Techtelmechtel mit Graham Nash hatte, das Treffen der drei arrangiert haben. Das erste Album von → C, S & N wurde ein voller Erfolg. Nach Auflösung der Sangesbrüder blieb Crosby zunächst noch gut im Geschäft: Er arbeitete mit und für → Jefferson Airplane, (schrieb für → Grace Slick den Song »Triad« – pikanterweise über die Liebe zu dritt – es wird angenommen, daß Paul Kantner der Dritte im Spiel bzw. auf der Spielwiese war) → Grateful Dead, → Hot Tuna. Sein erstes Soloalbum »If I could only remember my Name« (1971) kam mit prominenter Besetzung in die amerikanischen Charts. Auf diesem Album spielte so ziemlich alles mit, was an der Westküste Rang und Namen hatte. Mit Graham Nash verband ihn weiterhin eine tiefe Freundschaft, die zu einigen Duo-Projekten führte, in deren Zuge sie sich auch in Deutschland präsentierten. Crosby entwickelte sich in den späten 70ern zum richtigen Bürgerschreck, allerdings ohne die heldenhafte Attitüde des Sozialrevolutionärs: Drogensucht, illegaler Waffenbesitz, Gewalttätigkeiten und div. unfeine Dinge mehr brachten ihn ins Gefängnis – alternativ dazu versuchte er verschiedene Entziehungskuren, mit mehr oder weniger großem Erfolg. Er bekam gravierende Gesundheitsprobleme – in den 80ern mußte er sich einer Lebertransplantation unterziehen – und schaffte 1989 mit dem Album »Oh Yes I Can« ein durchaus beachtetes Comeback. Seine Biografie »Long Time Gone« zeigte auf, daß er doch wieder zu einem relativ gesunden Überlebenswillen gefunden hatte. Sein Name wird aber immer untrennbar mit den berühmtesten West-Coast-Legenden verbunden bleiben.

Crosby, Stills & Nash
plus Dallas Taylor (dr), Greg Reeves (b)
Anspieltip: C, S & N (LP – 1969)
Das erste Album des Trios schlug ein wie eine Bombe – obwohl es eigentlich eher auf ruhige Töne setzte. Relaxter → Folk-Rock mit wunderbar ausgefeiltem Harmoniegesang machten den Charme dieses ersten und ja in dieser Besetzung in den 60ern einzigen Albums aus. Die Singleauskopplung »Marrakesh Express« wurde in England und auch in Deutschland ein Hitparadenerfolg. In Deutschland war die Gruppe natürlich bei → Kiffern besonders beliebt, herrührend aus der → Byrds-Tradition wollte man auch mit diesen Jungs »Eight Miles High« schweben. »Marrakesh Express« unterstützte denn auch die Vorliebe der Hippies und Kiffer für Marokko und die dort gepflegte (Haschisch-)Kultur. Lagerfeuermusik mit ideologischen Wendungen, subtile Melodien mit Weltverbesserungsambitionen in feiner Kopfstimmenharmonie –

das war natürlich in Verquickung mit der damaligen Mentalität ein erfolgreiches Konzept. Herausragend auch auf dieser LP der Song »Suite Judy Blue Eyes«, den Stills für die Folkmusik-Ikone → Judy Collins geschrieben hatte, mit der ihn damals eine kurze, aber heftige Liebesaffäre verband. Blieben viele Westcoast-Gruppen eher ein Geheimtip für → Ausgeflippte und → Acid-Heads, so schafften es C, S & N, sich auch einem breiten Publikum verständlich zu machen (ohne hier tendenziell »anbiedern« zu meinen) und das vor allem auch in England und Good Old Germany. Für das zweite Album kam dann elektrische Verstärkung durch → Neil Young.

Crosby, Stills, Nash & Young
plus Dallas Taylor (dr), Greg Reeves (b)
Anspieltip: Deja Vu (LP – 1970)
Neil Young brachte die elektrische Rock-Komponente in die Formation, die auf der 2. LP »Deja Vu« (1970) deutlicher wurde als auf dem Debütalbum als Trio. Dieses Album wurde kommerziell noch weit erfolgreicher als der Erstling. Aber vorher feierte das Quartett einen vielleicht noch größeren persönlichen Erfolg: Ihr Live-Auftritt auf dem → Woodstock-Festival 1969 geriet zu einem Triumph. Sie schafften es, obwohl sie in dieser Besetzung erst zum zweiten Mal auf der Bühne standen, scheinbar mühelos, mit relaxtem Gitarrensound und präzisen Vokalharmonien und -eskapaden das zu Hunderttausenden zählende Publikum rückhaltlos für sich einzunehmen. Ihre Lieder, jetzt noch dichter als in 3-er-Besetzung, verkörperten bis auf den i-Punkt das Lebensgefühl dieser Generation – der Zeitgeist und ihre Einordnung in denselben verschaffte ihnen in dieser Zeit ein »Heimspiel« nach dem anderen. Ein Höhepunkt ihrer kurzen Schaffensperiode war ohne Zweifel das Live-Album »4 Way Street« (Atlantic – 1971) – ein Doppelalbum, auf dem eine Platte weitgehend akustisches Material anbot, während die zweite Scheibe unter hauptsächlicher Federführung von Young die Gitarren ganz schön grollen und quietschen ließ. Highlight für die »Elektro-Fans« war ohne Zweifel die 13-Minuten-Version von Young's »Southern Man«. Die Vermengung von politischem Engagement oder besser literarischer Agitation und dem »Easy-Going«-Gefühl in der musikalischen Ausrichtung wurde zum Kult einer ganzen Generation. Das Gefühl – C, S, N & Y waren eine spannende Gruppe durch ihre Vielschichtigkeit und Bandbreite – wurde vor allem durch die Individualität ihrer Mitglieder vermittelt. Aber wie schon bei den Byrds vorexerziert wurde, war auch die Individualität der Bandmitglieder –

oder sollte man besser der Egoismus und die Starrsinnigkeit sagen (trotz → Love, Peace & Happiness-Mentalität!), der Tod des Projekts. Jedenfalls signalisierte das Doppel-Live-Album bereits das Ende der legendären Formation. Ende 1971 war auf Grund der Spannungen der Zeitpunkt des Auseinandergehens gekommen. Die Musiker vertieften sich in ihre Soloprojekte, Wiedervereinigungsgerüchte blieben aber lange Zeit lebendig – und in den späten 70ern und Anfang der 80er gab es erneut 3 Alben in Trio-Besetzung – nur war da der Zug für diese Art Musik schon längst abgefahren. Hippie-Nostalgiker haben aber sicherlich auch diese Alben im Plattenschrank. Die Kritik reagierte eher distanziert auf die Wiederbelebungsversuche einer schon totgeglaubten Ideologie. Insgesamt gesehen bleibt die Gruppe aber der wichtigste Protagonist der amerikanischen Folk-Rock-Szene dieser verklärten und verteufelten 60er-Jahre.

Crumb, Robert

Erfinder und Begründer des → Underground-Comics (»Fritz, the Cat« – Zeichentrickfilm). Deftige Zeichengeschichten aus dem »realen« Leben der Hippies, Aussteiger, Gammler und Asozialen mit allen dazugehörigen genitalen – und fäkalen Delikatessen. Zeitweise in den USA und Deutschland verboten – wurde aber immer emsig unter dem Ladentisch gehandelt. Robert Crumb ist allerdings kein böses Sexmonster. Der kalifornische Comiczeichner gleicht eher einem älteren Herrn mit Brille und Hut, der im Cafe anderen Menschen beim Schwatz zuschaut und ihre Gesichter in den Notizblock skizziert.

Robert Crumb: Schöpfer der dickarschigsten Weiber mit den allerdrallsten Titten. Er bekam Verkaufsverbot.

D

D'Abo, Mike

Anspieltip: Broken Rainbows (LP – 1972)

D'Abo war von 1967 bis 1969 Sänger bei Manfred Mann und sang Hits wie »Mighty Quinn«, »My Name is Jack« und »Ragamuffin Man«. Das empfand er eher als Handel mit »Fish & Chips« – inhaltsvoller gestaltete sich seine Solokarriere, da servierte er schwerere Kost, allerdings nur bescheiden kommerziell erfolgreich. Der Ex-Theologiestudent gab aber in den 60ern einiges zum besten, was den Plattenfirmen nicht besonders gefiel: Er bezeichnete die Produzenten als Ausbeuter, sagte subversive Sätze wie »Die Jungs aus der Tin Pan Alley und der Denmark Street lassen die Puppen tanzen, selbst wenn die Puppen die Freiheit haben, ihre eigene Musik zu machen, werden sie von Fäden gelenkt und gezerrt, die hinter den Kulissen verborgen sind. Statt mich organisieren zu lassen, organisiere ich mich in Zukunft selbst!« Das gelang ihm allerdings nur in beschränkter Form. Sein 1972 erschienenes Album »Broken Rainbows« bekam zwar gute Kritiken, renommierte Musiker wie → Mike Bloomfield und → Graham Nash unterstützten ihn bei diesem Projekt – aber den großen Durchbruch schaffte er damit nicht. Mike D'Abo ist übrigens auch auf der Studioarbeit zu der Rock-Opera → »Jesus Christ Superstar« als Sänger zu hören.

Davis, Angela

Angela Davies (geb. 26.1.1944) war und ist Kämpferin für Menschenrechte. Sie promovierte bei Herbert Marcuse zum Doktor der Philosophie und trat dann Ende der 60er der Kommunistischen Partei bei – in Amerika eine Todsünde, nachdem der Schatten der McCarthy-Ära noch bis in diese Zeit wirkte –, und das auch noch als Farbige. Damit wurde sie zu einem Feindbild der weißen Gesellschaft. Sie unterhielt auch Verbindungen zu der Schwarzen-Vereinigung »Black Panthers«, distanzierte sich aber später, da sie gewalttätige Lösungen zur sozialen Veränderung ablehnte. Sie veröffentlichte etliche Bücher über Rassendiskriminierung, Klassenherrschaft und im speziellen über die Rolle der schwarzen Frau in der US-Gesellschaft. Heute lehrt sie an verschiedenen amerikanischen Universitäten und wird von den schwarzen Studenten (und nicht nur von diesen) fast hymnisch verehrt.

Dead Heads

Fanatische Fans der Gruppe → Grateful Dead, die keine Kosten und Mühen scheuten, die Konzerte ihrer geliebten Band auf der ganzen Welt zu verfolgen. Sie reisten der Gruppe nach, wenn diese auf Torunee war – egal ob → Frisco oder Toronto, New York oder London und waren so fixiert auf die Mentalität der »Deads«, daß sie teilweise auch gar keine andere Musik hörten.

Dealer

Personen, die illegal Drogen verkaufen – von weichen Drogen wie → Haschisch bis zu hartem Stoff wie → Heroin. Strafbar in allen Fällen, hohes Kriminalitätspotential. Dealer von harten Drogen versuchen ihre Kunden natürlich so schnell wie möglich abhängig zu machen – um sie auch von sich selbst, von ihrem Verkaufsmonopol abhängig zu machen. Dadurch entstehen natürlich auch enorme Haßgefühle auf den Drogendealer. Folgekriminalität: Um sich den Stoff besorgen zu können, begehen Abhängige Diebstähle, Einbrüche und Erpressungen. Oftmaliges Resultat aus der Abhängigkeit ist Prostitution (männlich wie weiblich), die meist unter entwürdigenden Bedingungen auf Bahnhofstoiletten betrieben wird. Auch und besonders Schulen sind bevorzugtes Verkaufsziel der Rauschgifthändler. Hier ist die Politik mit Prävention und Liberalisierung des Drogenproblems gefragt, um die Kriminalität in der Szene auszutrocknen. Heikles Thema, wird nur ungern konsequent angepackt. Es gibt aber seit den 70ern Drogenberatungsstellen und heute vermehrt Entwöhnungprogramme durch Ersatzmittel wie Methadon. → Drogen. → Pusher

Deep Purple

Jon Lord (keyb), Ritchie Blackmore (g), Ian Gillian (voc), Ian Paice (dr), Roger Glover (b). Anspieltip: Deep Purple In Rock (LP – 1970)

Die Mutter aller Hard- und Heavy-Bands. Wenn Ray Davies' »Your really got me« vielleicht in engerem Sinne der erste wirkliche Hard-Rock-Hit war – sublimierte Deep Purple diese Spielform über etliche Stationen und Alben zu einer Kunstform in Perfektion. 1968 gegründet, erlebte die Band in der Anfangsphase ausschlaggebende Umbesetzungen. Jon Lord war sogar studierter Musiker und spielte u. a. vor DP bei den → Flower Pot Men. Lords klassischer Einfluß auf die Musik der Gruppe war auch in den Anfangsjahren deutlich spürbar, befand sich aber immer im Spannungsfeld mit dem genialen und exzentrischen Gitarristen Ritchie Blackmore. Die beiden lieferten sich auf der Bühne oft Schlachten, von denen schwer zu sagen war, ob sie nun ein Element der Show waren – oder eine wirkliche persönliche Auseinandersetzung. Dabei ging sehr häufig ein guter Teil des Band-Equipments zu Bruch. Berühmter Ausspruch von Blackmore: »Ich bin so lange im Geschäft, daß ich den meisten Gitarristen heute den Arsch abspielen kann!« Die ersten Alben der Gruppe waren denn auch stark von klassischer Musik inspiriert und beeinflußt – »Shades of Deep Purple« (1968), »The Book of Taliesyn« (1969), »Deep Purple« (1969) und das »Live Concert at the Royal Albert Hall with the Royal Philharmonic Orchestra« (1970). Diese Alben waren größtenteils mit dem Sänger Rod Evans und dem Bassisten Nick Simper aufgenommen worden – der Bruch und der ganz große Erfolg kamen mit »Deep Purple in Rock« (1970). Blackmore hatte den Stil des Ensembles stark verändert, Ian Gillian als neuer Sänger konnte bereits das, was hunderte Heavy-Metal-Sänger mehr oder weniger penetrant versuchten – in höchsten »Kastratenlagen« mit seiner Stimme schweben, und das instrumentelle Potential der Gruppe war derart überzeugend (und vielen zeitgenössischen Bands weit überlegen), daß die Platte ein Monument wurde und sicher auch heute noch ist. Hatten → Cream den Rock glaubwürdig gemacht, so waren Deep Purple ohne Zweifel an der Kategorisierung dieser Musik beteiligt – spätestens ab diesem Album gab es den Hard-Rock (in seiner wirklich komplexen Form mit Keyboards!). – Interessant in der Entwicklungsgeschichte von DP war auch, daß wie üblich der Prophet oft nichts im eigenen Lande gilt. Die erste Singleveröffentlichung »Hush« (die sie damals, 1968, auch im legendären »Beat-Club« von Radio Bremen vorstellten) war in den USA ein Hit und konnte sich auch in den deutschen Hitparaden plazieren, wurde aber in England fast völlig ignoriert! Die

Gruppe unternahm fürderhin etliche äußerst erfolgreiche Amerika-Tourneen – was sie zu einer Kultband in den USA machte – im heimischen England wollte seltsamerweise fast niemand etwas von ihnen wissen. Erst mit dem Klassik-Live-Album (1970) konnte sie endlich auch in GB punkten. (Evans und Simper waren mittlerweile ausgestiegen – mangelndes Stehvermögen.) »Deep Purple in Rock« wurde dann endgültig ein Meilenstein der Rockgeschichte mit den beeindruckenden Titeln »Speed King« und »Child in Time«. In diese wurden dann auch, vor allem in Deutschland (möglich auch auf Grund mangelnder Englischkenntnisse) alle möglichen Geheimnisse hineininterpretiert, die diese Platte zu einem Kultobjekt für → LSD-Freaks und → Kiffer machte. – Die dramatische Steigerung in »Child in Time« war Anlaß für alle → »Air-Guitar-Player« auf der ganzen Welt, vor allem auch in deutschen Rockschuppen, zu Höchstform aufzulaufen: Man konnte ganze Tanzflächen mit »imaginären Gitarristen« beobachten, dazu gesellten sich an den Tischen oft »virtuose Drummer«, die das ein oder

Deep Purple: Epochaler, leidenschaftlicher Hard- und Heavy-Sound.

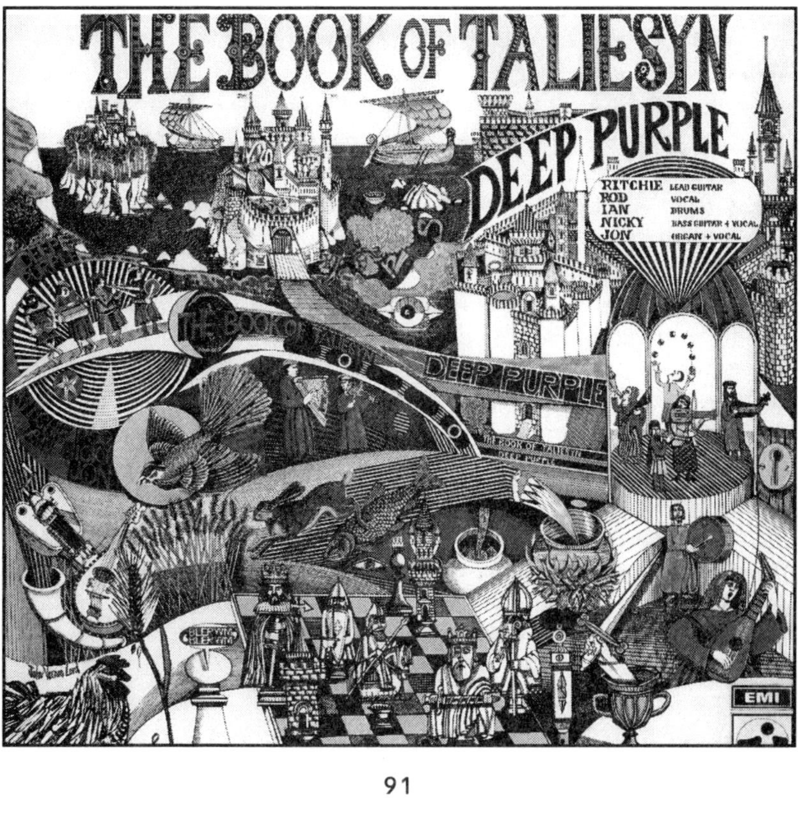

andere Colaglas zum Absturz brachten. – 1973 löste sich DP zum ersten Mal auf, besetzte sich zwei Jahre später um (D. Coverdale – voc). 1975 verließ Blackmore die Gruppe, um seine Formation »Rainbow« zu gründen, aber im Sinne einer Altersversicherung und der »Verbundenheit zu ihren Fans« formierten sich DP in den 80ern und 90ern immer wieder mal für Plattenaufnahmen und längere Tourneen. Vor allem in Deutschland hat die Gruppe weiterhin ein fanatisches Publikum, von Althippies über Rocker bis hin zu »rückwärtsgewandten« jungen Menschen. (Ich hatte das Vergnügen, Ian Gillian 1994 zu interviewen, war eine humorige Plauderei, obwohl er einen ziemlichen Brummschädel hatte – am Ende kam er auf mich allein zu, obwohl über 20 Journalisten anwesend waren und sagte freundlich: »Was a pleasure for me, thank you!« – worauf ich brav antwortete: »My leasure too!« Auf diese winzige Nuance bin ich auch heute noch stolz, man verzeihe mir die kleine Eitelkeit. – Anm. d. Verf.)

Delainey & Bonnie (Bramlett) and Friends

Anspieltip: On Tour (Live-LP – 1970)

Bei diesem Ehepaar schlüpfte → Eric Clapton fast »inkognito« unter, nachdem er → Cream und → Blind Faith hinter sich gebracht hatte, seine Drogensucht progressierte und er von den Wandmalereien und Graffitis »Clapton is God« endgültig die Schnauze voll hatte. Das dokumentiert in erster Linie die Bedeutung des Rock-Ehepaars für die damalige Zeit. In Amerika von der Kritik hochgelobt, bekamen sie als Protagonisten »weißen Gospel-Rocks« mit naturellem Blueseinfluß in Deutschland ihr Fett gründlich weg. »Von simplem Gesangsstil mit Waber-Vibrato« war da die Rede in der FAZ. Delainey & Bonnie and Friends (so hieß die Begleitband, die sich so praktischerweise immer wieder ausweiten und umbesetzen ließ) gingen 1969 mit Blind Faith auf Amerika-Tournee. Clapton holte sie denn auch nach Europa, aber in Deutschland fanden sie nicht viele Freunde, weil sich bei Live-Konzerten der Meister dezent im Hintergrund hielt und quasi nur als »Friend« fungierte, als Begleitmusiker – da war die Enttäuschung so groß, daß die Gruppe bei den meisten Konzerten heftig ausgebuht wurde. In England dagegen hatten sie einen enormen Erfolg und dort (in Croydon) nahmen sie auch eine sehr gute Live-LP auf. Als das Ehepaar sich 1972 scheiden ließ und ab dann auf getrennten Solopfaden wandelte, ließ der Erfolg aber fast abrupt nach.

Demonstration

Die → coole Kurzform lautete Demo. – In den 60ern entwickelte sich eine wahre Demo-Kultur, es wurde allüberall, gegen fast alles und gegen fast jeden demonstriert – in den USA gegen die Collegepolitik, die Rassengesetze, Redeverbote für Schwarze (→ Malcolm X 1964 in → Berkeley) und den → Vietnamkrieg. – Bei uns in der BRD (laß dich BRDigen) gegen den feudalen Oberdekadenzling, den Schah von Persien (Reza Pahle-wie?) – wobei sog. »Jubelperser« mit Latten bewehrt wahllos auf die Demonstranten einschlugen – gegen Axel Springer, den Volksfeind und -verdummer No. 1 (Herausgeber der Bild-Zeitung), gegen den Muff unter den Talaren der Hochschulprofs (Uni Berlin – Hausverbote, Manifeste und überreife Tomaten), gegen die → Notstandsgesetze (Initialzündung in der zweiten Hälfte der 60er). – Diese Demos wurden trotz Versammlungsfreiheit von der brutalisierten Staatsräson oft gewaltsam aufgelöst – unter dem Motto Knüppel aus dem Sack – und drauf auf die Asozialen. Tränengas, Wasserwerfer und spanische Reiter waren logistische Neuheiten für die deutsche Bevölkerung – wurden eben in dieser Zeit eingebürgert und sehr geläufig. Todesfälle waren nicht die Regel, mußten aber beklagt werden (2.6.1967 – Benno Ohnesorg wird in Berlin von einem Polizisten erschossen, daraufhin eskalieren die Studentenunruhen.)

Dichtung

Die Dichtung (Lyrik & Prosa) der Hippie-Ära stand noch unter nachhaltigem Eindruck der → Beatnik-Poeten und der → Beat Generation – ob sie sich davon jemals lösen konnte, bleibt dem Betrachter überlassen. Fließende Übergänge in der Gestaltung lassen eine Eigenständigkeit manchmal eher nur vermuten – vor allem weil die wichtigsten Dichter der Beatnik-Ära auch in dieser Zeit fleißig ihren Griffel schwangen und sich bei zahlreichen Lesungen mit oder ohne Musik Gehör verschafften – siehe → Allen Ginsbergh. Lediglich die Songtexte dieser Zeit schafften eine Zäsur zur Beatnik-Mentalität, da sie politische Themen oft direkter und provokanter interpretierten (→ Zappa, → Cpt. Beefheart, → Country Joe & The Fish, → Jefferson Airplane). Anarchisches Gedankengut, Sex, Drogen und Gesellschaftsverweigerung waren beiden Epochen eigen – nur daß die Hippies keine Gedichte mehr über Rotwein, Whisky, Hobos und Bebop-Jazz schrieben, sondern über → LSD, Rock, freie Liebe und Räucherstäbchen. Radikaler Umgang mit der Sprache, neue oder keine Ortografie, Verzicht auf Interpunktion, Gossenausdrücke, sexuelle Zoten, Drogenträume etc.

waren den Exponenten beider Gattungen geläufig – so daß wenigsten hier kein klarer Trennungsstrich zu ziehen ist. Verteter einer »typischen« Hippie-Literatur sind z. B. → Richard Brautigan und → Ed Sanders und → Tuli Kupferberg (vormals Mitglieder der Anarcho-Rocktruppe → The Fugs). Aber auch Tiny Stricker mit seinem Buch »Trip Generation« muß in Deutschland unbedingt dazugerechnet werden.

Do your own thing

Dieser Slogan sollte bedeuten, daß »Du« alles machen kannst, nur mache es auch, mach Deine eigene Sache und sie wird ganz von alleine die Angelegenheit von allen. Es war auch eine Aufforderung auszusteigen, sich nicht vom Kleinbürgertum beengen und beinflussen zu lassen, den guten, gepflegten (faschistoiden) American Lifestyle nicht als Credo für ein konfektioniertes und furchtbar langweiliges Leben in immerwährendem Konkurrenzdasein zu akzeptieren.

Dolan, Terry (& The Pirates)

Anspieltip: Wind Dancer (LP – 1981)

Urgestein und Original der Westcoast-Szene. Mit seiner Gruppe »The Pirates« spielte er bereits in den frühen 60ern in lokalen Clubs. Scharte immer wieder renommierte Musiker um sich für Live-Konzerte in der → Bay-Area – u. a. Nicky Hopkins, David Hayes und → John Cippolina, mit dem er vor seinem frühen Tode auch etliche Alben aufnahm, die mit ihrem milden Country-Rock in Deutschland nur von Insidern beachtet wurden (und das allerdings auch erst in den 80ern).

Donovan (Leitch)

Anspieltips: Universal Soldier (LP – 1967)
Slow Down World (LP – 1976)

Tragische Figur, der naivste Romantiker des Rock, Narr, Träumer, Ewiggestriger, Märchenerzähler, der »gute Mensch des Pop-Business«, »The Fool on the Hill«, wie die → Beatles ihn nannten und »The well known has been« wie er sich 1974 auf seiner LP »Slow Down World« selbst bezeichnete – alles das und vielleicht auch noch mehr – er wurde schon zu seinen »Hoch-Zeiten« zum lebenden Anachronismus und zu einer der liebenswertesten Figuren im Rock-Circus. Eigentlich wollte man Donovan Philip Leitch in England als Pendant oder als Gegenpart (Kopie) von → Bob Dylan aufbauen. Ein sicherlich hehres Unterfangen, bei dem der am 10.5.1946 im harten Glasgow/Schottland geborene Sohn eines Arbeiters zunächst gar keine schlechte Figur machte.

Der Titel »Universal Soldier« (1965 – komponiert von → Buffy St. Marie) schaffte die Top Ten in England trotz schlichter Folkelemente und politischem Inhalts. (Der Soldat, der auf allen Schlachtfeldern der Welt kämpft und dort verheizt wird, der Soldat mit dem austauschbaren Gesicht, der letztendlich aber ein Individuum ist, das für Machgelüste und Profitdenken geopfert wird.) 1956 wanderte die Familie Leitch in eine Vorstadt Londons aus oder ein, wie immer man »intern britisch« will. In der englischen TV-Sendung »Ready, Steady, Go« unternahm er erste musikalische Gehversuche vor der Öffentlichkeit, und das bereits 1964. Zu jener Zeit bekundete er immer wieder, daß er mit seinen Liedern die Welt verändern wolle, schickte seine Platten an Politiker und Militärs und schrieb in liebenswerter Naivität auf seine Gitarre: »Diese Maschine tötet.« Heute ist man geneigt, ihm alle die eingangs aufgezählten Attribute zu verleihen, damals beeindruckte seine »Suche nach dem Gral« ungemein – Donovan wurde zum Pop-Parzi-

Donovan Leitch Slow Down World

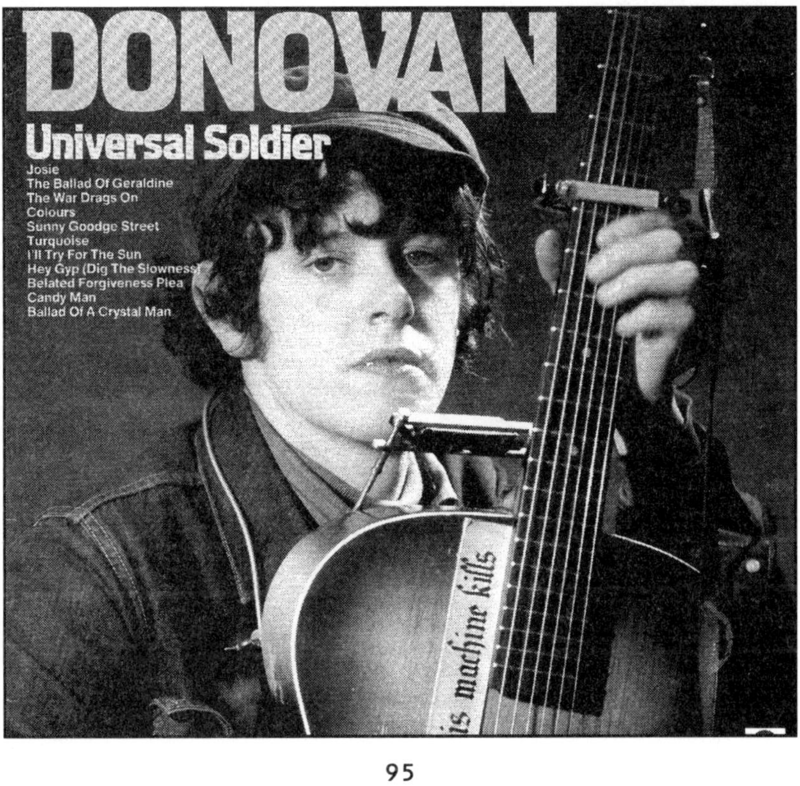

val. Seine Musik, anfänglich wie die Bob Dylans nur durch sein akustisches Gitarrenspiel und Mundharmonika begleitet und mit zartem, verhaltenem Vibrato vorgetragen, das sich oft zu einem fast hallenden Tremolo steigerte (man kann diese Stimme vor allem heute penetrant finden, ich fand sie damals genial – Anm. des Verf.), veränderte sich aber in den 60ern zunehmend. Er wollte nicht mehr gegen das ansingen, was er haßte, gegen Krieg, Korruption und Unmenschlichkeit – sondern für das singen, was er liebte: Lyrik, Pflanzen und Tiere, die Natur, die schönen Dinge im Leben, Mystik und Magie. Frühe Resignation und Vorwegnahme einer neuen Innerlichkeit? So gesehen war Donovan Trendsetter und Wegbereiter der desillusionierten späten 70er und frühen 80er. Nur war sein romantischer Schmelz, den man bei Antipathie auch als Kitsch interpretieren konnte, dann natürlich nicht mehr zeitgemäß. In den 60ern stand ihm aber der Höhepunkt seiner Karriere erst bevor. Nachdem er seine Lieder auch interessant instrumentierte, die E-Gitarre akzeptierte (die ihm als »Folkie« anfänglich ein Greuel gewesen war), Bläser, Celli, Sitar und ähnliches einbaute, wurde seine Musik in den 60ern auch über pure intellektuelle Akzeptanz hinaus äußerst populär. Songs wie »Atlantis«, »Season of the Witch«, »Hurdy Gurdy Man«, »Sunshine Superman«, »Lalena«, »Mellow Yellow« stürmten in schöner Regelmäßigkeit die Top Ten der Charts. Und mit ihnen konnte er sich auch von der Bürde und dem Vorwurf befreien, lediglich ein Dylan-Epigone zu sein. Er blieb aber in der Hauptsache ein englisches Phänomen, mit vielen Fans in Deutschland – der US-Durchbruch gelang ihm mit seiner »Mittelalterlichkeit« nur bescheiden (hauptsächlich eben in der Hippie-Zeit). Er behauptete von sich standhaft, »ein Verkäufer von Hoffnungen« zu sein und lebte auch entsprechend: ein Schloß auf einer Insel vor Schottland, wallende, weiße Gewänder oder bunte Kaftans, massig Halskettchen und Schmuck – nur der Heiligenschein blieb ihm sichtbar versagt. Mit dem Niedergang der Weltverbesserungsideologie nahm auch das Interesse an Donovan ab – in den 70ern veröffentlichte er zwar noch jede Menge Alben, traf aber den Ton und den Zeitgeist der Jugend kaum noch – man könnte auch sagen, er verfehlte ihn in seiner selbstverliebten Versponnenheit kilometerweit. Hier bleibt anzufügen, daß eines seiner schönsten Alben aber 1976 erschien – »Slow Down World«. Es kursiert bisher lediglich auf Vinyl, wenn überhaupt noch, da die Plattenfirmen keinen CD-Bedarf für Donovan aus jener Zeit feststellen können (was in diesem Falle ungemein bedauerlich ist – Anm. d. Verf.). 1996 feierte er ein eher stilles Comeback mit der CD »Sutras« – und hört man sich diese an, taucht man authentisch und unkorrigiert in den Geist der 60er ein, in Donovans unbeirrbaren Geist. Dafür aber auch ein gerüttelt Maß Hochachtung! Wer in dieser Form die Sanftheit zum Credo macht, hat Anerkennung verdient. Und das auch noch dazu mit dieser »entwaffnenden«, fast kindlichen Glaubwürdigkeit – selbst wenn man dabei ein bißchen überheblich lächeln muß. Auch heute ist der gute Donovan auf Oldie-Festen oder auf dem jährlichen Treffen der Liedermacher auf der Nürnberger Burg des öfteren zu hören. (mittlerweile mit kompletter Familie). Und dabei zelebriert er immer noch in ungebrochener Überzeugung nostalgische Hippie-Seligkeit ... »und wenn alle so leben könnten, wäre es fürwahr eine schöne Welt.« – The Fool on the Hill! – Jedenfalls blieb der sanfte »Kämpfer für Menschlichkeit« sich selbst treu, was man von den meisten Rock-Heroen aus dieser Zeit wohl nicht mehr behaupten kann. Auch das ist vielleicht einen kleinen, späten Applaus wert. – »The well known has been«

Doobie Brothers, The

Anspieltip: Toulouse Street (LP – 1972)
Für die Hippie-Ära war die Gruppe eigentlich nicht von großer Bedeutung – im Zuge der »Post«-Hippie-Zeit waren sie aber außerordentlich erfolgreich. In Amerika wurden sie als Superstars gehandelt, während in Europa die Begeisterung eher bescheidener war, obwohl sie auch hier ihre Fans hatten. In erster Linie wird die Formation durch ihren Superhit »Listen to the Music« (1974) identifiziert. Die Gruppe verschmolz Country, Bluegrass, Rhythm & Blues und Rockelemente mit virtuoser mehrstimmiger Vokalarbeit zu einer Synthese, die man dem Southern-Rock zuordnen kann und überzeugte auch durch hervorragende Gitarristen und eine traumwandlerisch sichere Backing-Line. Live damals ein absoluter Genuß.

Doors, The

Jim Morrison (voc), Ray Manzarek (p, org, voc), Robbie Krieger (g, voc), John Densmore (dr). Anspieltips: The Doors (LP – 1967), Waiting For The Sun (LP – 1968), Jim Morrison – An American Prayer (LP – 1978)
1965 wurde die Gruppe »The Doors« in Los Angeles gegründet. Woher der Name kommt, ist so klar nun nicht. Die einen sagen, er wurde dem Drogen-Epos »The Doors of Perception« (»Die Pforten der Wahrnehmung«) von → Aldous Huxley entlehnt. Andere wiederum behaupten, hier handelt es sich um ein Zitat des englischen Dichters und Malers William Blake, der ja auch von → Van Morrison nachhaltig verehrt

wird: »There are Things that are known, there are Things that are unknown – but in between there are Doors.« Viel Pathos und Hintergründigkeit für eine anfänglich eher durchschnittliche Band mit einem nicht gerade tonsicheren Sänger. Die zitierten Drogen schienen die Gruppe aber in Dimensionen zu führen, die sie Schritt für Schritt über sich hinauswachsen ließen – zunächst! (Das bittere Ende sollte ja folgen – zumindest für Morrison). Die Band hatte einen enormen Verschleiß an → Meskalin, Methedrin und → LSD und entwickelte dabei einen eigenartigen, vom Sound her eher »dünnen« Stil, der in schwebenden Improvisationen mit langen Orgelakkorden und filigraner, unspektakulärer Gitarrenarbeit Texte von Tod und Todessehnsucht, Ödipusneurosen mit Vatermord, Horrorvisionen, Feuer und Sonne, grauenvollen Tagen und mystischen Schwimmexkursen zum Mond transportierte. Morrison wurde gesanglich zunehmend besser und in seiner Bühnenshow zunehmend provokanter. »Light my Fire« wurde 1967 weltweit ein Hit. Die Band, die ein Jahr zuvor noch für 5 Dollar pro Nacht gearbeitet hatte, konnte plötzlich horrende Summen für ihre Konzerte verlangen (jedenfalls für damalige Verhältnisse), – bei einem Konzert im Madison Square Garden in New York im Jahre 1969 (dem Zenit ihrer Karriere) bekamen die Doors 120 000 Dollar pro Auftritt. Ihre Bedeutung für die Jugend und die Jugendrevolte nahm zwischen 1967 und 1970 ständig zu. Manch ein Kritiker dieser Zeit verglich sie gerne mit den Beatles (was ihre Wirkung betraf), – im nachhinein war dieser Schuh sicherlich eine Nummer zu groß bemessen. Ihre Bühnenshow wurde immer heftiger und obszöner: Morrison entblößte sich diverse Male vor dem Publikum und wurde deshalb auch in Haft genommen. In manchen amerikanischen Bundesstaaten wurden Doors-Konzerte verboten, Anfang 1969 veranstaltete die »Liga für den Anstand« (man stelle sich nur vor – die puritanischen Amis! Heute eher ein »Kavaliersdelikt« oder Quotenbringer für Privatsender) eine Demonstration gegen die Doors in Miami (immerhin 30 000 Teilnehmer!). Dadurch wurde ihr Ruf als Rebellen und Revolutionäre im → Underground aber nachhaltig zementiert und die Verehrung der Gruppe erhielt hymnische Attribute. Vor allem Jim Morrison, engelsgleich xmit wallendem Haar und bei seinen Bühnenauftritten in schwarzes Leder gekleidet, wurde zum Kultheroen einer ganzen Generation (möglicherweise auch noch der nachfolgenden). Morrison wollte Poesie und Rockmusik zu einer Synthese verschmelzen, das verschaffte ihm Reputation bei den Intellektuellen der Zeit, aber fanatische Anhängerschaft bei den Teenies. Mick Jagger hatte als Sexsymbol unzweifelhaft Konkurrenz bekommen. So extravertiert und unberechenbar der »Schönling« auf der Bühne agierte, im Privatleben war er eher zurückhaltend und neigte zu Schwermut. Mit seiner Rolle als Rock-Poet – und mehr noch als Rock-Prophet, kam er zusehends schlechter zurecht, sein Drogen- und Alkoholkonsum nahm im Sinne des Wortes selbstmörderische Dimensionen an. Er war aber durchaus immer wieder von der Intention beseelt, die Kurve zu kriegen. Bereits als Jugendlicher hatte er sich sehr für Film interessiert, mit einer Super-8-Kamera unentwegt rumexperimentiert – daraus wollte er mehr machen. Er sagte selbst, mit 27 Jahren ist man als Rock-Idol einfach zu alt, deshalb wollte er eine Verbindung von Literatur und Musik schaffen, und das möglichst noch - auf Film bannen. Erste Schritte in diese Richtung waren durchaus erfolgversprechend – siehe »An American Prayer«. Er arbeitete in dieser Zeit auch an dem Buch »The Lords and the New Creatures«, nahm aber noch 1971 mit den Bandkollegen in Eigenproduktion das Album »L. A. Woman« auf. Das vielleicht am strengsten durchkonzeptionier-

The Doors: Todessehnsucht, Vatermord, Horrovisionen und Ödipuskomplex.

teste Album der Doors. »Love her Madly« und »Riders on the Storm« wurden zu Welthits – das alles schien Morrison bereits relativ gleichgültig zu sein, er entschwand 1971 nach Paris, um sich dort künstlerische bzw. in erster Linie literarische Anregungen zu holen. Die Band hockte derweilen in L.A. rum und hoffte vergebens auf seine Rückkehr (um vom kommerziellen Kuchen weiterhin recht dicke Stücke abzuschneiden!). Am Morgen des 3.7.1971 fand seine Ehefrau Pamela Jim Morrison tot in der Badewanne seiner Pension in Paris. Angebliches Herzversagen – so wurde es in den Medien dargestellt. Bis heute ist die Todesursache aber letztendlich nicht genau geklärt. »Der Tod des gefallenen Engels« apostrophierte die Weltpresse die Nachricht – und schon setzte die Legende ein, die sich in fast hysterischer Heldenverehrung auch heute noch zeigt, wenn jedes Jahr am 3. Juli Hunderte auf den Pariser Friedhof »Pere Lachaise« pilgern, um in rituellen Gesängen und Gebeten den Todestag eines der großen »charismatischen« Rock'n Roller, der doch so viel mehr sein wollte, zu begehen. Die Gruppe »The Doors« machte eine Zeitlang als Trio weiter, verschwand aber ohne ihren »Über-Frontmann« zunehmend in der Bedeutungslosigkeit.

Doppelalbum

→ Album. Als die Single als Verkaufsmagnet in den 60ern immer mehr von der Langspielplatte verdrängt wurde, gab man den Künstlern oft größeren Entfaltungsfreiraum (was natürlich in erster Linie auch nur kommerzielle Aspekte hatte) und warf immer häufiger Doppelalben auf den Markt. Das war noch nicht das Maß der Dinge – es folgten Triple-Alben (klassischer Triple ist das Woodstock-Album No. 1) und auch 4-fach-Alben. Berühmte frühe Doppelalben waren z. B. »Wheels of Fire« von → Cream und »Electric Ladyland« von → Jimi Hendrix. Besondere Verwendung erlangte das Doppelalbum bei der Zusammenstellung von → Samplern, LP's, auf denen meist von einer Gruppe nur jeweils ein Stück angeboten wurde. Somit erreichte man einen vermeintlichen Querschnitt durch die verschiedenen Zeitepochen und Stile der Rock- und Popmusik. (Einem echten Sammler sind Sampler allerdings ein Greuel – Anm. d. Verf.)

Dr. John (»Mac« Rebennak)

Anspieltip: Gris Gris (LP – 1968)

Eine der bizarrsten Figuren des Rock-Circus, Pianist und Sänger (wenn man es wohlwollend beurteilt) – und das ist er auch heute noch. Geboren wurde Malcolm John Michael Creaux Rebennak am 21.11.1940 in New Orleans. Frühe Blueseinflüsse prägten ihn, was in einer Stadt wie NO, in der in fast jeder Kneipe eine Blues-, Cajun- oder Jazzgruppe spielte, nicht weiter verwunderlich war. Vor allem Professor Longhair (von diesem ließ er sich auch zu seinem Künstlernamen Dr. John inspirieren) hinterließ einen nachhaltigen Eindruck bei dem jungen »Mac«. Der übergewichtige Musiker ist ein Tausendsassa in allen Bereichen, wirkte als Studiomusiker bei unzähligen Kollegen mit und inszenierte sich selbst in den späten 60ern als Hohepriester des »Voodoo-Rock«, eine Sparte, die er praktischerweise gleich selbst erfunden hatte. Das kam nicht von ungefähr: Mit Zauber und speziellem kreolischen Voodoo wurde er bereits in seiner Kindheit konfrontiert. Seine Großmutter soll angeblich Levitation (freies Schweben von Gegenständen oder Menschen) und Telekinese beherrscht haben, sein Vater, ein einfacher Arbeiter, hinterließ ihm eine Anzahl zerfledderter Folianten über Mystizismus – folglich entstand hier eine Form von Prägung, wie es Psychologen nennen würden. Sein Bühnenoutfit war denn auch entsprechend – lange, wallende Gewänder, goldene Creolen im Ohr, geschmückt mit Federn, Kopftüchern und Tierknochen, lange Medizinstäbe in den Händen – so trat er vor sein Publikum, das ihn selbstredend gerade in NO begeistert verehrt. Seine Musik (die Soloplatten betreffend) war eine Mixtur aus Kult-Rhythmen aus den Bayou-Sümpfen des Mississippi, heidnischer Folklore aus Haiti, Mardi Gras-Elementen (Karneval in NO) und altem New Orleans-Jazz. Dazu sang oder besser kreischte er wie ein »riesiger Ochsenfrosch mit Mandelentzündung« (so jedenfalls John Carr, Musikkritiker beim New Musical Express – wichtiges englisches Musikblatt) – ein Original in voller Breite und Schwere. Trotz seiner Exaltiertheit aber hochgeschätzt in der Musikszene – vor allem bei Musikerkollegen, für die er oft als Sessionmusiker einsprang. Kommerzieller Erfolg war ihm nur in Insider-Kreisen beschieden, soll heißen, dieser fiel äußerst dürftig aus. Lediglich das Album »Dr. John & the Night Tripper – In the Right Place« mit der Singleauskoppelung »Right Place – Wrong Time« brachte ihm obere Chartnotierungen und die entsprechenden Moneten. Er avancierte durch seine abgehobenen Live-Acts zu einer Kultfigur auch an der Westküste – und erwarb sich dort als Session- und Studiomusiker einen ausgezeichneten Ruf. Unter anderem spielte er mit B. B. King, → Van Morrison, → Mike Bloomfield, Albert Collins, → Stephen Stills und unzähligen mehr. Bei seinem Projekt »The Sun, Moon & Herbs« (1971) wirkten ganz bescheiden und im Hintergrund Gaststars wie → Eric Clapton, Mick Jagger, Graham Bond u. v. m. mit. Trotzdem läßt er sich es auch heute nicht nehmen, beim jährlichen Mardi Gras in NO in kleinsten Kaschemmen aufzutreten. Ein wahrer Paradiesvogel – der sich auch nie ganz für eine Strömung vereinnahmen ließ, sondern lieber den »Mittler« zwischen den Musikwelten spielte.

Driscoll, Julie

Anspieltip: Streetnoise (Doppel-LP – 1969)

Sie war im London der Endsechziger eine wirkliche Sensation – → Afrolook-Frisur (diese wurde später von einem fast römisch anmutenden Pagenschnitt abgelöst), bleicher, alabasterhafter Teint (meist auch noch grellweiß geschminkt), schwarzbemalte Lippen, dünn wie eine Bohnenstange, mit grell geschminkten Augen (die dadurch riesig wirkten), gekleidet in zerlumpte Klamotten und Federboas, die kaum ein Second-Hand-Laden angenommen hätte, wurde sie für kurze Zeit die absolute Pop-Queen (quasi in »direkter Nachfolge« von Marianne Faithfull, die damals mit Mick Jagger liiert war). Dazu hatte sie obendrein Stimme, vor allem konnte sie Töne erstaunlich in die Länge ziehen. All das zusammen wirkte auch noch sexy – so daß der Karriere nichts mehr im Wege stand. Sie wurde die englische Hippie-Lady No. 1 und hatte außerdem das Glück mit → Brian Augers Trinity eine unverschämt gute Begleit-Combo zu erwischen. Erste Sangesschritte hatte sie bereits mit der Formation Steampacket unternommen, bei der illustre Figuren wie Rod Stewart (→ Jeff Beck), Jimmy Page, Long John Baldry u. a. m. sich ein Stelldichein gaben. Nach dem Debüt mit Auger (LP »Open« – 1968) fühlte sich der Melody Maker (maßgebliches englisches Musikblatt) bemüßigt, sie als die »größte Hoffnung der internationalen Popmusik« zu bezeichnen. Das war denn doch ein wenig hoch gegriffen, dazu fehlte ihr auf Dauer die Substanz (und vielleicht auch das »Feeling« – Anm. d. Verf.). – 1968 jedenfalls schlug sie ein wie eine Naturgewalt. Modezeitschriften wählten sie zum »Typ 68«, ihre Lieder rauschten die Charts hinauf. England mußte in dieser Zeit nicht mehr nach USA schielen, man hatte plötzlich seine eigene Hippie-Göttin. – Dabei begann das Ganze für Julie wenig romantisch. Mit 15 Jahren wurde sie von ihrem Vater so aufgemotzt, daß sie wie zwanzig aussah, bekam falsche Papiere und mußte in billigen Pubs Songs von der Qualität eines »Amore« und »Volare« feilbieten – wenn sie von Verzweiflung geschüttelt wurde, ging sie auf die Toilette und hörte mit ihrem kleinen Transistorgerät Beatmusik. Nach dem Intermezzo bei Steampacket hing sie vornehmlich im wieder »swingenden« London auf Parties rum und bastelte weiterhin an ihrem Image. Ihre divenhafte Haltung wurde noch dadurch unterstützt, daß sie angeblich nur Karottensaft zu sich nahm und ein paar Gemüseschnitzel. Die grelle Schminke in ihrem Gesicht durfte nur aus pflanzlichen Substanzen bestehen und ihre Garderobe von Rüschenkleidern und Afghanmänteln besorgte sie sich beim Trödler. Man wurde wieder auf sie aufmerksam, und mit Brian Auger sang sie einen anfänglich filigranen, nervösen Blues, der sich aber von den Wurzeln immer mehr entfernte. Die → Dylan-Komposition »This Wheels on Fire« wurde der erste Megahit. Etliche folgten, wie »Road to Cairo«, »Save me«, »Take me to the Water«, »Light my Fire«, »Let the Sunshine in« etc. – in der Hauptsache »gecovertes Material«, dem der Jazzvirtuose Auger an der Hammond-Orgel und Julie mit ihrer außergewöhnlichen Stimme aber einen äußerst verfremdeten Charakter zu verleihen wußten. Heute könnte man es vielleicht manieriert nennen. Anfang der 70er zog sie sich aus dem Pop-Rummel zurück, entdeckte den Free-Jazz für sich und heiratete den bekannten englischen Jazzpianisten Keith Tip-

Julie Driscoll Brian Auger & The Trinity

pett. Von da an trat sie nur noch sporadisch auf. Ihre »Regierungszeit« in der Popszene Englands wird aber allen, die diese Zeit miterlebt haben, sicherlich in Erinnerung bleiben.

Drogen

Ein weites Feld – könnte man in Anlehnung an einen Buchtitel von Grass sagen – → Eric Burdon brachte das auf der LP »Everyone of us« auf einen kurzen, knackigen Nenner: »When you were up, you were up, when you were down, you were down – when you were only half way half, you were neither up or down!« – In der Zeit der Hippies waren in erster Linie »pychedelische« Drogen gefragt. Drogen, denen man eine bewußtseinserweiternde Komponente zuschrieb, wie → LSD, → Psylocibin, → Mescalin, → Peyotl oder Peyote und natürlich → Haschisch und → Marihuana. Aber auch die kleinen, bunten Pillen waren damals (wie auch heute in breiten Gesellschaftsschichten) sehr gefragt – → Amphetamine und barbitursäurehaltige Präparate wie Mandrax und Versparax (auch »Uppers and Downers« genannt), Sedativa wie Valium und Librium. Berühmte und bevorzugte »Uppers« in Deutschland waren unter anderem der rezeptfreie Appetitzügler AN 1 und Captagon. Die → Rolling Stones sangen bereits Mitte der 60er von derartigen Pillen in ihrem Song »Mothers little Helper« – hierbei handelte es sich um sogenannte Benzodiazepine (wie Lexotanil z. B.), die überforderten Hausfrauen mit 4 Kindern und einem saufenden Ehemann über den Tag »halfen«. – In der Folge des Genusses von psychogenen oder halluzinogenen Drogen kam es oft auch zum Mißbrauch von sog. »harten« Drogen, wie → Heroin, Morphium, Kokain, Opium und deren künstlichen Derivaten wie Polamidon, Pervitin, Methadon etc. (diese waren dafür konzipiert, Morphiumsüchtige zu »heilen«, wie ja Heroin ursprünglich auch, hatten aber bei kontinuierlichem Mißbrauch natürlich konträre, oft suchtverstärkende Wirkung). Der Süchtige hatte im Falle von Absenz der Droge mit schweren körperlichen Entzugserscheinungen zu kämpfen, die auch in eine tiefe seelische Zerrüttung (Depressionen, Realitäts- und Werteverlust) führten. – Drogen wurden seit Jahrtausenden in verschiedenen Kulturkreisen zu rituellen und spirituellen bzw. religiösen Erfahrungen verwendet – sind aber im westlichen Kulturbereich immer als eine Gefährdung der Gesellschaft und des Individuums betrachtet worden – deswegen auch die oft rigorosen Strafmaßnahmen gegen Drogenkonsumenten, die z.B. in Bezug auf Haschisch heutzutage in keiner Relation mehr stehen. Europäische Länder wie z. B. Holland machen vor, daß man mit diesem »Rauschmittel« auch »relaxter« umgehen kann, wie die legale Abgabe in sog. Coffee-Shops beweist. Auf der anderen Seite sind hunderte von Drogentoten (harte Drogen, meist Heroin) jährlich in der BRD Alarmzeichen genug, daß hier Defizite auf allen Seiten bestehen: politische, soziale, gesellschaftliche und vor allem individuelle (der Süchtigen), in einer Gesellschaft, die den Konkurrenzbegriff über alle anderen Werte stellt. Bei einem großen Prozentsatz der Bevölkerung sind diese Verhaltensmuster weniger auffällig, da ja immer noch die preiswerte und legale »Droge« Alkohol zur Verfügung steht (mit teilweise katastrophalen und kaum überschaubaren Folgen für das Gesundheitswesen).

Drop out

Im Kontext mit dem Hippie- oder Acid-Slogan → »Turn on, Drop out, Tune in« zu sehen. Ausstieg aus den bürgerlichen Konventionen, Bewußtseinserweiterung u. a. durch halluzinogene Drogen, sich innerlich justieren auf ein universelles, sinnvolles, erfülltes Leben – dieser Slogan wird → Dr. Timothy Leary zugeschrieben (Politik der Ekstase) Andererseits behaupten die → Fugs, das »Copyright« auf den Auspruch zu haben.

Durchziehen

Genüßliches Inhalieren eines → Joints. Bezeichnete den Vorgang des sich »Ankiffens«.

Dylan, Bob

Anspieltip: Blonde on Blonde (LP – 1966)
Literaturtip: Tarantel (co. 1966 – 1976, bei Zweitausendeins)
Robert Zimmermann, so sein bürgerlicher Name, wurde am 24.5.1941 in Duluth im US-Bundesstaat Minnesota geboren und wuchs in der Bergbaustadt Hibbing auf. Bei Bob Dylan ist es ähnlich wie den Beatles, er wurde mit Superlativen überhäuft und und Schriftliches über ihn würde zusammengenommen zig Regale füllen. Auf die Hippiezeit hatte er aus zwei Gründen besondere Auswirkung bzw. »Wirkung«: Er macht die Popmusik politisch und er schlug die Brücke von der → Folk-Musik zum → Folk-Rock, indem er seine Gitarre auf dem berühmten New-Port-Festival 1965 in einen Verstärker einstöpselte – kleine Tat, große Wirkung (was ihm Puristen damals äußerst übelnahmen). Ein weiteres Verdienst von BD war, daß er den Songtext in die Nähe von Literatur, von Poesie – von Politlyrik (in den frühen Jahren) rückte. Sein Lied

»Like a Rolling Stone« wurde zu einer Hymne der 60er. Hier sprengte er auch radikal das Zeitlimit, das normalerweise für Singleplatten vorgesehen war, er ging bei diesem Song zeitlich weit über Grenze von zweieinhalb bis drei Minuten hinaus, die bei Single-Liedlein der braven Schlager-»Kultur« dieser Zeit üblich waren. Sein »Masters of War« war sicherlich die erste wahrhaft poetische und zugleich radikalste Anklage gegen den Vietnamkrieg. – Seine Biografie hat richtig romantische Momente zu bieten: mit 18 Jahren verschwand er von zu Hause, ein Hobo in der bekannten → Beatnik-Tradition, reiste duch die Staaten, schrieb Gedichte und klimperte dazu auf der Gitarre. Er änderte seinen Namen – Vorbild dafür war der irische Dichter Dylan Thomas, der sich konsequent frühzeitig zu Tode gesoffen hatte. Als Beruf gab er → Folksänger an, er saß am Sterbebett des berühmten Arbeitersängers Woody Guthrie und zog dann nach → Greenwich Village, wo er sich bald zu einem der richtungsweisenden Köpfe der dortigen Literatur- und Folksängerkreise entwickelte (Greenwich Village war damals das Zentrum der Folk-Bewegung). Hier traf sich alles, was in der neubelebten Folkszene Rang und Namen hatte. → Judy Collins, → Joan Baez, Phil Ochs, Tom Rush, Tom Paxton u. v. m. – Mit Joan Baez verband ihn Anfang der 60er eine tiefe Beziehung, wobei sie ihn auch anfänglich unter ihre Fittiche nahm. Danach ging es erst mal steil bergauf – die Zeit war reif für poetische und politische Sänger wie Dylan. Obwohl es irgendwie seltsam war – technisch konnte er wenig, spielte dürftig Gitarre, seine Stimme schnarrte und klang immer irgendwie nasal, er traf selten den richtigen Ton, sein Gequietsche auf der im entsprechenden Gestell umgehängten Mundharmonika kann einem heute, wenn man die alten Aufnahmen anhört, das Mark aus den Knochen ziehen – trotzdem ... er hatte das entsprechende Charisma, eine fast hypnotische Ausstrahlung und seine Stimme bohrte sich förmlich in die Gehörgänge. Und vor allem – er war gegen fast alles – gegen den Krieg, gegen den »schnöden« Mammon, gegen das Establishment etc. etc. – dieses Zusammenwirken und seine eher grantige, spröde Persönlichkeit (heute würde man wohl »cool« sagen) machten ihn zu einem Helden seiner Zeit. Viele seiner Songs wurden zeitlose Klassiker, wie z. B. »Blowing in the Wind«, das für das Folk-Trio Peter, Paul and Mary ein Riesenhit wurde (die Hollies konnten Anfang der 70er damit noch einmal »charten«), »Mr. Tambourine Man« wurde ein Welthit für die → Byrds, → Jimi Hendrix schuf eine fantastische Coverversion von »All along the Watchtower«, → Julie Driscoll schoß in die Hitparaden mit »This Wheels on Fire«. – Vor allem war er mehr in diesen Tagen, als

»nur« ein Folksänger: Er schaffte es, auch außerhalb dieses illustren Kreises die Leute zu begeistern. Er drang zu den Jugendlichen durch, zu den Teenies – eine Publikumsschicht, die sich bis dahin nur wenig mit der eher traditionellen und intellektuell »angehauchten« Folkmusik auseinandergesetzt hatte. Das machte letztendlich seine Bedeutung aus. Daß er dadurch auch eine Unmenge an Schallplatten verkaufte und anfing, richtig »Mäuse« zu verdienen, nahm er anscheinend billigend in Kauf. Dylan wurde zum Idol einer ganzen Generation, er war der Lautsprecher der unzufriedenen Jugend, er artikulierte das, was die Kids fühlten. Aus der Oberflächlichkeit amerikanischer Popmusik stieg er auf wie ein Rachegott, die Gitarre als Schwert und seine Texte von biblischer, prophetischer Tragweite. Er war zumindest zum öffentlichen Wortführer einer Revolte geworden – das machte in den 60ern seine Bedeutung aus. Der einsame Held, der die Massen führt und begeistert, aber in seiner »künstlerischen« Einsamkeit gefangen bleibt. Später sollte sich daran einiges ändern – doch das ist für die Hippie-Ära kaum noch von Belang. Sein Einfluß auf die zeitgenössischen Musiker war gewaltig: Plötzlich trauten sich viele, Songs mit wirklichen Texten, mit Aussage zu komponieren. Von diesem Einfluß waren auch die »genialen« Beatles nicht ausgenommen. Bob Dylan veränderte die Popmusik maßgeblich, in gewissem Sinne mehr noch als der einfache Lastwagenfahrer Elvis, der seine Bedeutung intuitiv gewann (und als Sexsymbol, davon war Herr Zimmermann weit entfernt) – Dylan steuerte sie intellektuell. Er wurde der erste weltweit bekannte Intellektuelle des Pop-Biz. Das macht auch heute noch seinen Stellenwert aus, obwohl er sich in den Jahrzehnten maßgeblich wandelte (was nicht bei allen Fans aus den 60ern auf Beifall stieß), er entwickelte sich, wechselte die mentalen Farben wie ein Chamäleon – sein Leben gesamt zu würdigen sollte aber Inhalt eines anderen Buches sein.

Bob Dylan: Intellektueller des Pop-Biz und wechselhaft wie ein musikalisches Chamäleon.

E

Eagles

Anspieltip: Eagles (LP – 1972)

Hervorragende Band, deren einzelne Mitglieder schon vor der Gründung 1971 viel Erfahrung bei diversen anderen Gruppen gesammelt hatten. Sie entwickelten einen sehr kompakten, homogenen Gemeinschaftsklang, wobei ihre Bandbreite von Country- und Bluegrass-Elementen bis hin zu harten Rock'n Roll-Riffs reichte – sie waren sicherlich die Westcoast-Group der »Posthippie-Ära« und andrerseits auch Protagonisten des Southern Rock, wenn man hier Schubladen aufmachen will. Ihr Debüt-Album 1971 wurde ein Bestseller. Hits wie »Take it Easy« laufen sogar heute noch in allen »formatierten« Radiostationen, – was nicht weiter verwundert, sie gestalteten sich und ihre Musik sehr »mittig« und waren mit die Wegbereiter für den »Mainstream«, der Amerikas populäre Rockkultur letztendlich so unbeweglich, langweilig und austauschbar machte. Der Vorwurf ist aber (auf ihre aktuelle Zeit gemünzt) auf Grund ihres brillanten musikalischen Könnens und ihrer sehr guten ersten Alben unfair. (Trotzdem schienen sie mir in ihrer Wirkung immer etwas überbewertet. – Anm. d. Verf.)

Easy Rider

Der Kultfilm der Hippie-Zeit – der Film kam 1969 in die Kinos, war im gleichen Jahr amerikanischer Beitrag bei den Filmfestspielen in Cannes und wurde prompt zum besten Film gewählt. Der heutige Weltstar Dennis Hopper führte hier zum ersten Mal Regie und spielte neben Peter Fonda (der ja 1998 auch ein bravouröses Comeback feierte) gleich auch noch die Hauptrolle. Und auch für Jack Nicholson war dieses Road-Movie der Start zu einer Weltkarriere (»nick nick«). Easy Rider ist in den Südstaaten ein Begriff, der den Liebhaber einer Hure bezeichnet – nicht der Zuhälter ist gemeint und auch nicht der Kunde. Später versuchte Fonda dem Titel des Films Tiefsinnigkeit zu verleihen, indem er verlautbarte: »In Amerika ist die Freiheit eine Hure geworden und wir alle versuchen es mit dem easy ride.« Ob das bei den Dreharbeiten so beabsichtigt war, bleibt dahingestellt. Filmisch hatte das Werk etliche Schwächen und erhebliche Längen und traf trotz oder gerade deswegen haargenau den Nerv der (Hippie-)Zeit bei den Jugendlichen: Freiheit, »On the Road« auf Motorrädern (natürlich die legendäre Harley Davidson), → LSD und Pot, freizügige Mädels, – all das ergab die richtig gemixte Melange des Zeitgeistes, ließ den Film aber auch zu einem Schwanen- bzw. Abgesang auf diese Ära werden. Dadurch wurde dieses Road-Movie zu einem filmischen Meilenstein. Der Film transportiert Träume – manchmal sentimental, manchmal ein wenig kitschig – und eben so ganz typisch amerikanisch. Die beiden Hauptprotagonisten werden bzw. sind die klassischen Außenseiter. – Nach einem erfolgreichen Rauschgift-Deal wollen Wyatt und Billy ihr Geld im Tank versteckt auf ihren »Choppern« von LA nach New Orleans zum Karneval »Mardi Gras« fahren. Die großartigen Landschaftsaufnahmen unterstreichen das Gefühl einer großen »imaginären« Freiheit. Ihre »Mitmenschen« begegnen ihnen zunehmend mit Mißtrauen wie allem Ungewohnten, Unverständlichem. Deshalb suchen sie ihre innere Freiheit durch Drogen und finden schließlich die endgültige Freiheit, überraschend – Der Trip endet tödlich, gewaltsam! Die beiden »Langhaarigen« werden am Ende von amerikanischen Saubermännern, richtig anständigen US-Bürgern, gelyncht. Weil das Fremde, Unbekannte irritiert, Angst erzeugt. Und so macht man Helden – Outsider – und Outlawlegenden. Kein Wunder, daß sich die Jugend der Welt mit diesem in manchen Teilen eher schwach wirkenden Film derart enthusiastisch identifizieren konnten. Übrig bleibt Resignation und ein unübersehbares Signal – »Freedom is just another Word for nothing left to loose« (→ Kris Kristofferson – → Janis Joplin). Der Streifen ist das wichtigste Filmdokument der Hippie-Ära (neben »Alice's Restaurant« mit → Arlo Guthrie, der aber bei weitem nicht das Format von ER hat). Der Streifen lebt natürlich auch in erster Linie von seinem grandiosen Soundtrack (→ Electric Prunes, → Steppenwolf, → The Band, → The Byrds u. v. m.).

Einwerfen

- Auch Einschmeißen, Einpfeifen – bezeichnete in der Hauptsache das Einnehmen von Pillen (→ Uppers oder → Downers) oder das Schlucken eines → LSD-Trips.

Electric Flag

Mike Bloomfield (g), Harvey Brooks (b), Marcus Doubleday (tr), Barry Goldberg (keyb), Nick Gravenites (voc), Buddy Miles (dr), Herbie Rich (g), Peter Strazza (sax)

Anspieltip: A Long Time Comin' (LP – 1968)

→ Mike Bloomfield hatte lange mit → Paul Butterfield gespielt und wollte endlich eine eigene Band, die seinen Vorstellungen von einem modernen, elektrischen Großstadtblues mehr entsprach. Die der Electric Flag war denn auch vom Feinsten, Musiker, die mit Rock- und Soulgrößen von → Dylan bis → Redding gespielt hatten. Die Besetzung versprach eine → Supergroup. Die Gruppe mixte alle möglichen Stilrichtungen, von Blues über Rock hin zum Soul und wurden dadurch (insbesondere durch den Bläsersatz) zu einer Fusion-Gruppe, die als eine der ersten unter dem Label Jazz-Rock firmierte. Sie gaben auch Gruppen wie → Blood, Sweat & Tears und → Chicago entscheidende Impulse. Im Frühjahr 1967 entstand die Formation und begeisterte u.a. auf dem → Monterey Pop Festival. Die 1968 aufgenommene LP »A long Time comin'« schaffte es sogar in die Top 20. Der »Rolling Stone« (wichtiges amerikanisches Musikmagazin) beschrieb die Gruppe als Hoffnung des »New Soul« – damit waren die Erwartungen aber deutlich zu hoch gesteckt. Wie es immer ist, wenn eine Anzahl brillanter Musiker zusammentrifft und jeder einzelne unheimlich viele kreative Ideen hat, wurden die Spannungen immer größer. Mike Bloomfield wollte sich nicht derart in der Öffentlichkeit vereinnahmen lassen, das Image der »Good and All American Band« gefiel ihm wenig – so verließ er die Gruppe bereits 1968 und überließ → Buddy Miles die musikalische Führung (daraus entwickelte sich dann der »Buddy Miles Express«). Miles propagierte einen harten, eher aggressiven Soul-Rock, mit dem sich die Erfolge eher bescheiden ausnahmen. Das Album »The Electric Flag« konnte zwar auch noch einmal die Charts entern, die Bandmitglieder warteten das aber nicht mehr ab und trennten sich Anfang 1969. Die Band umgibt, zumindest was Musikfans in Deutschland betrifft, eine Art magischer Aura wie bei so manchen hierzulande wenig bekannten Gruppen dieser Zeit.

Electric Prunes

Anspieltip: Mass In F-Minor (LP – 1968)

Die »Prunes« ließen es am Anfang ihrer Karriere so richtig krachen: heulende, verzerrte Gitarren, stampfendes Schlagzeug, erhebliches Tempo – nicht gerade verkaufsfördernde Attribute. Trotzdem oder gerade deswegen wurden sie auch zu Vorreitern des → psychedelischen Rock und hatten erstaunlicherweise 1965 und 1966 auch noch erhebliche Charterfolge. Die erste Single, heute ein Klassiker der Ära, »I had to much to dream last Night« und die Folgenummer »Gotta get me to the World on Time« rasten die amerikanischen Hitparaden hoch – der Erfolg in »Good Old Germany« blieb aber sehr bescheiden (das war denn doch zu viel für Liebhaber gediegenen Schlagermaterials – Anm. d. Verf.). So ging's nicht kontinuierlich weiter, das 1967er-Album »Underground«, mit lautem Promotion-Getöse angekündigt und mit

The Electric Prunes 1968er LP: Mass in F-Minor

reichlich Vorschußlorbeeren versehen, floppte total. Die Gruppe unternahm Umbesetzungen und eine deutliche Stilwende. Die kam in einem äußerst ungewohnten Gewande einher – die »Prunes« zelebrierten eine Messe, eine wahrhaftige und sakrale Andacht, komponiert von Dave Axelrod. In dieser Platte liegt neben den ersten Single-Hits die wahre Bedeutung der »Prunes« für die Zeit – ein sehr gewagtes Experiment und gleichzeitig doch nicht, die Ohren waren offen für Neues, Außergewöhnliches und Religiös-Mystisches. »Mass in F-Minor« wurde von Kritikern als Pionierarbeit gewürdigt, aber es gab auch andere Stimmen, die das sakrale Werk als »manierierte Rockmelange, die ein bißchen zu sehr nach Kultur schmeckt«, bezeichneten. Trotz dieser Antipoden, die heftig öffentlich diskutiert wurden (ältere gläubige Menschen in den USA sprachen von Frevel und Blasphemie), wurde die Messe in F-Moll das kommerziell erfolgreichste Werk der Band. Für → Acid-Ausflüge und Potheads natürlich ein erhebender, überdimensionaler Musikausflug (der zu so manchem klerikalen → Horrortrip führte). Der Track »Kyrie Eleison« aus der »Mass in F-Minor« gehörte übrigens auch zum Soundtrack des Hippie-Kultfilms → »Easy Rider«. Axelrod wollte auf dieser Masche weitermachen – den durch die Messe eingeleiteten »God-Rock-Boom« weidlich ausnützen und komponierte eine hebräische Liturgie. Die Platte erschien unter dem Titel »Release of an Oath« – dieses Werk konnte an das vorangegangene nicht im entferntesten anknüpfen, fiel auch kommerziell total durch und führte zunächst zur Auflösung der Gruppe. Wiederbelebungsversuchen der »Prunes« war wenig Erfolg beschieden.

Elvin Bishop Group

→Elvin Bishop.

Embryo

Anspieltip: Opal (LP – 1969)

Eine der ausgeflipptesten deutschen → Krautrockbands, die die psychedelische Musik und das Flair der 60er richtig inhalierten – im wahrsten Sinne des Wortes, lange Reisen nach Afghanistan, Nepal und Indien unternahmen und das Lebensgefühl dieser Zeit ausgiebig auskosteten und transportierten. Allein der Gruppenname sorgte in Deutschland für erheblich negative Reputation. Dieses Image als Bürgerschreck verstärkten sie noch mit den LP-Titeln wie »Embryos Rache«, »Embryo-Killer« oder »Vagabundenkarawane« – das machte sie weder hitparadentauglich noch salonfähig für den konservativen deutschen Musikbetrieb dieser Zeit. In Insiderkreisen genossen sie aber höchste Fanverehrung, obwohl der Sänger Franz Böntgen eher dünn und nervig seine Stimme über den Soundwirrwarr legte.

Erickson, Roky

Amerikanischer Sänger, Gitarrist, Songschreiber, geb. als Roger Kynard Erickson am 15.7.1947 in Dallas, aufgewachsen in Austin, Texas. Der Vater von Roky Erickson war Däne und die Mutter Evelyn Erickson (deutscher Abstammung) eine Operettensängerin, die 1958 eine private Weihnachtssingle mit Roky Erickson einspielte. 1964 wurde Roky Erickson in Austin Mitglied von The Spades. Er tat sich 1965 mit der jetzt legendären blues- und surf-inspirierten Rockgruppe The 13th Floor Elevators zusammen. Die Gruppe spielte 1965/66 u. a. in San Francisco, im Avalon Ballroom. Von 1966 bis 1968 wurden die ersten LP's, aber auch eine Reihe von Singles veröffentlicht, u. a. → Underground-Klassiker wie »Roller Coaster« und »Fire Engine« sowie der einzige Hit der Gruppe, die Single »You're Gonna Miss Me« (1966). Die Gruppe spielte in dieser Zeit ein Mammutprogramm an der Westküste. Im Februar 1969 wurde Roky Erickson wegen Drogenbesitzes verhaftet. Die Jahre von 1969 bis 1972 verbrachte er teils im Krankenhaus, teils in einem Gefängnis in Texas. 1972 wurden The 13th Floor Elevators neu formiert, aber erst 1974 fing Roky Erickson wieder an zu singen, jetzt mit Unterstützung von Doug Sahm. 1975 gründete Roky Erickson »Bleib Alien«, mit der er eine Zeitlang zusammen mit dem Sir Douglas Quintett tourte. Er spielte u. a. mit Doug Sahm als Produzenten eine Reihe von Platten ein, die auch seine erste Scheibe unter eigenem Namen beinhaltete.

Establishment

»Wer zweimal mit der gleichen pennt, gehört schon zum Establishment« – gewagter, provokanter, anarchistischer Slogan der Endsechziger in der BRD. – Unter Establishment verstand man weitläufig die Gesellschaft – die Industriellen, Profitgeier, Spießer, Reaktionäre, die reichlich übriggebliebenen Faschisten, das Bürgerliche und natürlich auch das »Kleinbürgerliche« – alle Variation, die einen von innen heraus faulenden Staat am Leben erhalten. Impliziert alle Spielformen der Verlogenheit, der Moral und ihrer doppelten Ausführung, der Repressionen, der Karrieregeilheit und der kranken Kälte und Unfähigkeit zu kommunizieren. – Also alles beim Alten! (Wo hat er hingeführt, der Marsch durch die Institutionen – letztendlich in die konservativen 90er, die in den Grundsätzlichkeiten den frühen 60ern prinzipiell wieder sehr ähneln. – Eben alles beim Alten! – Und immer noch und wieder kriechen Nazis aus ihren Schlupflöchern ...) Weniger politisch eingegrenzt war das Establishment alles das, was man ablehnte. Die biederen, verspießerten Eltern, die Schule und die Autoritäten. Eben diejenigen, die alles haben, viel verschweigen, nix erlauben und Schwierigkeiten mit dem Motto: »Augen zu und durch« zu »bewältigen« versuchten. – Eine Gesellschaft von perfekten Verdrängern – da kam Laune auf! – Die Jugendrevolution ließ denn auch nicht lange auf sich warten – die kleinen Schritte waren schon tendenziell im kriminellen Bereich angesiedelt, wie z. B. sich die Haare wachsen zu lassen, bunte Klamotten zu tragen oder Rockmusik wichtiger zu empfinden als die Schule – und kam dann noch Rauschgift ins Spiel, dann war der Ofen aus bei der Generation der seelisch Schwerbeschädigten – die es nie gelernt hatten, Gefühle zu artikulieren. Dumpfe Stimmung in der Republik. (Vom einleitenden Satz ausgehend, war ich auch ein Mitglied des verachteten Establishments, denn in der Provinz auf seine Kosten zu kommen mit Dauerpartnerwechsel erwies sich bei allen partiellen Erfolgen als äußerst schwierig! – Will sagen, ich habe mit der einen oder anderen Gespielin in dieser Zeit auch zwei- bis mehrfach sexuelle Freuden genossen. Der Satz erfuhr denn auch seine Modifikation durch → Stephen Stills: »If you can't be with the one you love, love the one you with!« – Anm. d. Verf.)

F

Factory

→ Andy Warhol bezeichnete die drei Ateliers, die er zu Lebzeiten in New York betrieb, als »Factories«. Jedes dieser Ateliers war ein Zentrum innovativer Ideen und Umsetzungen – und zugleich ein Ort, an dem sich Starlets, Musiker (→ Nico, → Velvet Underground) und »Famous Persons« aus der New Yorker Szene einfanden. Warhol und die in seinen »Fabriken« Mitwirkenden bildeten eine künstlerische und kreative → Kommune und brachten eine Vielzahl von Werken in den Bereichen Kunst, Fotografie, Film, Mode, TV, Video und Musik hervor. Musentempel, → Happening-Zentrum, Musikstudio und Galerie – alles quasi unter einem (bzw. 3) Dach/Dächern.

Fahey, John

Anspieltip: Yellow Princess (LP – 1968)

Geboren am 27.7.1936, orientierte er sein Gitarrenspiel zunächst am Blues, entwickelte sich aber auf der akustischen Gitarre zu einem wahren Virtuosen. Er spürte alte Bluesveteranen auf, lernte ihren Bottleneck-Stil zu kopieren und spielte diese Technik mit vertrackten Riffs vor studentischem Publikum in → Berkeley. Er beeinflußte mit seinem Stil etliche jüngere Kollegen, wie z. B. Leo Kottke, → Arlo Guthrie und auch Ry Cooder. Selbst die → Rolling Stones wußten seinen Einfluß zu würdigen – besonders deutlich zu hören auf dem Song »No Expectations« von der LP »Beggars Banquet«.

Fairport Convention

Anspieltip: Fairport Convention (LP – 1968)

Die englische → Folk-Rockgruppe schlechthin. 1966 gegründet, erlebten sie eine Unzahl von Umbesetzungen und brachten eine erstaunliche Anzahl von Ableger-Combos hervor. Unter anderem → Matthews Southern Comfort, Steeleye Span und Fotheringay. Sie fühlten sich streng der englischen Folklore verpflichtet und schufen durch teilweise Elektrifizierung ihrer Musik eine ganz besonders (britische) Form des Folk-Rocks.

Faithfull, Marianne

Anspieltip: North Country Maid (LP – 1966)

In der zweiten Hälfte der 60er sicherlich die Pop-Queen Londons: Sie hatte ein Techtelmechtel mit Brian Jones und bis 1970 ein Verhältnis mit Mick Jagger – vor → Julie Driscoll war sie die ungekrönte Königin im »Swinging London«. Ihr Lotterleben machte sie aber recht schnell sogar in diesen Kreisen zur Femme Fatale – mit der Stones-Komposition »As Tears go by« gelang ihr ein Top-Ten-Hit im U.K. – In den Siebzigern hatte sie mit enormen Drogenproblemen zu kämpfen, schaffte aber in den 80ern ein vielbeachtetes Comeback mit dem ausgezeichneten Album »Broken English«. Heute tourt sie gerne mit Brecht/Weill-Liedern durch ganz Europa und die Staaten. Als einziges Suchtmittel bevorzugt sie nowadays nur noch Nikotin.

Family, The

Anspieltip: Music In A Doll's House (LP – 1968)

Die Gruppe hatte ein erstaunliches musikalisches Potential und eine röhrende Heulboje als Sänger, die einen live von den Stühlen reißen konnte – Roger Chapman. Sie konnten aber im Studio ihre Qualitäten leider nicht unbedingt konservieren und zeigten auf ihren LP's sehr oft Formschwankungen und -schwächen. Dazu kam ein äußerst chaotischer Lebenstil, Chapman trank gerne und ausgiebig und pfiff sich sonst noch so allerlei Ungesundes rein. Das verhinderte in den 60ern einen kontinuierlichen »Karriereaufbau« (welch ein Wort in Zusammenhang mit Rock). Diese Widersprüche ließen die Band ein breites Publikum verfehlen. Die Arrangements von Family waren oft reichlich kompliziert, wirkten artifiziell und blutleer, was heftig mit dem tierischen Gebrülle Chapmans kollidierte. RC war der Sänger mit dem penetrantesten vibrierenden »jodelnden« Tremolo in der Rockgeschichte, was seine Qualitäten als Rock'n Roll-Shouter aber nicht unbedingt mindern soll. Auf seine Hände hatte sich Chapman, der auch gerne mal mit der Motorradkette um die Häuser zog, »Love and Hate« tätowieren lassen, sein Äußeres erinnerte einen Kritiker an den kalifornischen Satanisten und Mörder → Charles Manson – all das trug zum schlechten Image der Gruppe bei. Love and Peace schienen bei Chapman in dieser Zeit nicht gerade persönlichkeitstragende Gedanken gewesen zu sein. Erst mit dem Album »Bandstand« (1972) stabilisierte sich die Gruppe wieder musikalisch – das Konzept war nun eindeutig und ausschließlich auf Chapman zugeschnitten. 1973 kam es aber auf Grund interner Zerwürfnisse zur Auflösung. RC spielte ab da mit wechselnden Besetzungen (u. a. Streetwalkers) und gilt auch als eines der nicht tot zu kriegenden Stehaufmännchen des Rock-Circus. Ein geflügelter Satz verfolgt ihn seit Jahren/Jahrzehnten – »Chapman ist wie Cognac – je älter desto besser« (was ich allerdings nicht nachempfinden kann – Anm. d. Verf.).

The Family: Roger Chapman ist die röhrende Heulboje.

Far Fucking Out

Deftiger Ausspruch aus der Hippie-Zeit, der so ziemlich alles ausdrücken und beinhalten kann – wie es dem »Amerikanisch-englisch« so eigen ist. In erster Linie aber Abheben, Begeisterung und grenzenloses Erstaunen signalisierend. Auf eine Person bezogen, bedeutet er »durchgeknallt« sein. Der Urheber des »Slogans« bleibt im Dunkeln – Copyright wurde nie angemeldet.

Fat Mattress

Anspieltip: Fat Mattress I (LP – 1969)

1968 stieg Noel Redding (b) bei der »Experience« von → Jimi Hendrix aus und gründete Fat Mattress mit einigen Begleitmusikern von E. Humperdinck. Resultat waren zwei ausgesprochen »nette« Alben. Fans hatten erwartet, er würde eventuell in ähnlicher Soundart weitermachen wie Jimi Hendrix. Weit gefehlt – den übergroßen Schuh wollte er sich denn doch nicht anziehen. Redding wechselte wieder zur Gitarre und präsentierte einen relaxten → Kiffsound in durchaus phantasievoller Bandbreite. Die Gruppe überzeugte durch ansprechende Musikalität, instrumentelles Können und komplizierten mehrstimmigen Satzgesang. Die Alben fanden allerdings kaum Käufer und auch das putzige »Magic Forest« scheiterte am Charteintritt äußerst knapp – irgendwie war die Gruppe in eine Art »Zwischenzeit« oder Zeittunnel geraten und konnte sich bei den Musikfans leider nicht etablieren. Schon während der Aufnahmen zur 2. LP verließ Redding die Gruppe wieder.

Fehmarn

Fehmarn, schleswig-holsteinische Ostseeinsel, vom Festland durch den 1.500 m breiten Fehmarnsund (mit der 1963 eingeweihten Fehmarnsundbrücke der Vogelfluglinie), von der dänischen Insel Lolland durch den 18 km breiten Fehmarnbelt getrennt, 185 qkm, 14 000 Einwohner; Hauptort Burg. – So weit die nüchterne Geografie. – Einmal war die Insel Schauplatz eines »wirklich« wichtigen Ereignisses der Rockgeschichte: Am 4., 5. und 6.9.1970 fand dort das berühmt-berüchtigte Open Air von Fehmarn statt. – »Woodstock war Woodstock, Fehmarn wird Fehmarn«, so lautete das Motto der Veranstalter. Ein → Horrortrip – Dauerregen, Sturmböen, Matsch knöchelhoch, Mißorganisation, unpünktlicher Ablauf, abgesagte Auftritte und schikanöse Rocker (→ Hells Angels aus Hamburg) als Ordnungstruppe, – Hippieherz, »was willste mehr«? Fehmarn wurde Fehmarn – unvergeßlich für alle die dort waren. Spätestens hier hätte man kapieren sollen, daß es Leute

gab, die wie alle anderen Hippies aussahen, aber nichts mit Love and Peace am Hut hatten, sondern nur kassieren wollten. Nachdem das Festival vollkommen aus den Fugen geraten war, saßen die Veranstalter recht hilflos in ihrem Wohnwagen und versuchten, ihre Kohle in Sicherheit zu bringen, geschützt von den Hells Angels, die teilweise wahllos um sich schlugen. → Altamont war anscheinend nicht Erfahrung genug gewesen, um von solchen Ordnungstruppen Abstand zu nehmen. Die deutsche Übersetzung von Hippie hieß anscheinend »Money«. Auf Fehmarn hatte → Jimi Hendrix übrigens einen seiner letzten Auftritte vor großem Publikum.
Weitere Gruppen des Festivals – deren Sound vom Wind verweht wurde – waren Renaissance, Ten Years After, Fairport Convention. (Ich war damals auch auf diesem Festival und kam drei Tage kaum aus dem Schlafsack raus – bedingt durch die Kälte, das Sauwetter und den tiefen Morast. – Anm. d. Verf.) Wer auf Fehmarn dabei war, mußte kapieren, daß die Sache mit den Pop-Festivals längst ein Riesengeschäft geworden war, aber anscheinend hatten die Veranstalter selbst es noch nicht mal gemerkt, da sie weiterhin ihren eigenen Parolen aufsaßen.

Ferlinghetti, Lawrence

Geboren 1919 in Yonkers, New York. Autor der → Beat Generation, der erheblichen Einfluß auf die → Underground-Literatur der 60er hatte. Er machte sich verdient um die Autoren der Beat Generation, indem er ihre Bücher verlegte. Seine zweite Leidenschaft neben der Poesie war die Malerei. Er war stark von französischer Dichtung beeinflußt, hatte u. a. seine Doktorarbeit über den Existentialisten Jacques Prévert geschrieben. Veranstaltete bereits in den 50ern Lyriklesungen an kalifornischen Unis mit Jazzbegleitung.

Auszug aus dem Gedicht
»Christus kletterte herab«:
Christus kletterte dies Jahr
Von seinem kahlen Baum herab
Und rannte fort – dorthin
Wo es keine wurzellosen Christbäume gab
Mit Zuckerstangen und zerbrechlichen Sternen behängt
Christus kletterte dies Jahr
Von seinem kahlen Baum herab
Und rannte fort – dorthin
Wo es keine vergoldeten Christbäume gab
Und keine Flitterkram-Christbäume

Und keine Lametta-Christbäume
Und keine rosa Glas-Christbäume
Und keine goldenen Christbäume
Und keine schwarzen Christbäume
Und keine kobaltblauen Christbäume
Mit elektrischen Kerzen behängt
Und von blechernen elektrischen Zügen umkreist
Und von der Schlaumeier-Mischpoke ...

Fifth (5th) Dimension

Anspieltip: Stone Soul Picnic (LP – 1968)

1965 gegründetes Gesangsquintett aus Los Angeles. Nach einem klassischen Fehlstart kümmerten sich → Jimmy Webb und John Philips (→ Mamas & Papas) um sie und 1967 kam er dann, der Hitparadenerfolg. »Up, up and away« traf bereits den Hippiegeist, mehr noch aber der Song »Aquarius – Let the Sunshine in« (1969 – aus dem Musical → Hair – → Aquarius, das Zeitalter des Wassermanns), der quasi zur ewigen Pop-Hymne der → Flower Power-Zeit wurde. Die Gruppe kassierte 5 Grammys, was natürlich auch ihre enge Verbundenheit mit der Musikmaschine in den USA dokumentierte – das machte sie bei »Hippie-Hardlinern« eher unglaubwürdig, dazu tat der poppige, durcharrangierte Sound noch ein übriges. Im großen und ganzen blieb ihre Musik durch Rhythm & Blues-Strukturen auch für eingefleischte Rockfans einigermaßen akzeptabel. Kommerziell war die Gruppe, die sich 1973 auflöste, enorm erfolgreich – allein von »Aquarius« verkauften sich in den ersten Wochen fast 2 Millionen Exemplare.

Fillmore (West & East)

Anspieltip: The Last Days Of Fillmore (Triple-LP – 1972)

Tanz- und Konzerttempel, von denen es zwei gab, einen in → San Francisco und einen in New York. 1965 gründete der deutschstämmige → Bill Graham das Fillmore West. Später kam das Fillmore East im »Big Apple« dazu. Die beiden Clubs wurden die Kultkonzertbühnen der Rockwelt. In den beiden Fillmores wurden unzählige Live-Platten aufgenommen. In erster Linie das »West« wurde Sprungbrett für viele → Hippie- und Psychedelic-Rock-Gruppen, die hier langfristige Verträge von Graham erhielten und fast täglich im Bündel oder Wechsel auftraten: Zu den bekanntesten gehören → Quicksilver, → Jefferson Airplane, → The Doors, → Grateful Dead etc. – 1971 schloß Graham beide Etablissements, da die Musikgruppen meist hochdotierte Schallplattenverträge bekommen hatten, eine Menge Kohle verdienten und ihr Marktwert, sprich ihre Gagenforderungen, in astronomische Höhen geschnellt waren. Das konnte und wollte Graham in Zusammenhang mit den Betriebskosten (teure Lichtanlagen, Personal, Mietkosten) nicht mehr bezahlen. Wieder starb ein Stück Hippie-Kultur und wieder war ein Flower Power-Luftballon zerplatzt. »The last Days of Fillmore« gibt es als Dreifach-Album und als Film (Warner Bros. – 1972). Die Hippiemaschine begann immer hörbarer zu stottern – kapitalistischer Sand (bzw. schnöder Mammon) im Getriebe.

First Edition

Anspieltip: The First Edition (LP – 1967)

Man soll es nicht für möglich halten, wer 1967 zu den schrägen, verzerrten Klängen von E-Gitarren mit → psychedelischen Verfremdungen »Progressiv-Rock« sang, der erdig-biedere Countrysänger und Westerndarsteller Kenny Rogers. Lange hielt diese Phase aber nicht an, da besann er sich wieder irgendwelcher Wurzeln. Jedenfalls schmetterte First Edition mit ihrem Superhit »Just dropped in« derart in die Charts, daß sie im Billboard (wichtiges US-Musikmagazin) von Platz 78 auf Platz 3 sprangen. Auch das Album lief gut über die Ladentheken. – Das sollte es dann aber schon gewesen sein mit Kenny Rogers elementarem Beitrag zur Hippie-Kultur. »Just dropped in« war allerdings wirklich ein ausnehmend guter Song.

Fixer

Drogenabhängiger, der sich Rauschmittel mit Spritze und Injektionsnadel zuführt. → Junkie. Stark gestörte soziale Identität, Abgleiten in die Kriminalität fast immer zwangsläufig. Kommt natürlich auch daher, daß es in Europa in den wenigsten Staaten eine vernünftige Suchtprävention gibt – bzw. entsprechende Einrichtungen und Programme, um Suchtkranken zu helfen. Ursachen für diese Form der Drogenabhängigkeit sind Neugier, der fatale Wunsch, Drogenerfahrungen zu sammeln (hier ist auch immer wieder von → Haschisch als Einstiegsdroge die Rede), aber auch eine Prädestinierung zu Suchtverhalten, depressive Verstimmungen oder eine selbstdestruktive Veranlagung durch mangelndes Selbstbewußtsein oder gesellschaftliches Scheitern. (In diesem Zusammenhang ist explizit darauf hinzuweisen, daß es sich bei Abhängigkeit jeglicher Art um Krankheitsbilder handelt! – Anm. d.Verf.)

Flash

Engl. – Blitz, aufblitzen lassen. – Begriff für das Hochgefühl, das bei Einnahme oder Injektion von → harten Drogen entsteht.

Fleetwood Mac

Peter Green (voc, g), Danny Kirwan (voc, g), Jeremy Spencer (voc, g), John McVie (b), Mick Fleetwood (dr). Anspieltips: Then Play On (LP – 1969) – Peter Green: End Of The Game (LP – 1970)

Singles: Oh Well, Green Manalishi, Man of the World, Albatross.

Die Gruppe spielte elektrischen Chicago-Blues auf höchstem Niveau. Dies entstand in erster Linie durch die außergewöhnlichen Fähigkeiten Peter Greens, der eine besonders sparsame Art der Tonsetzung bevorzugte und unglaublich klare, schwingende Töne spielen konnte. B. B. King (den er sicherlich nachdrücklich kopierte) bezeichnete ihn als besten weißen Bluesgitarristen überhaupt. Green hatte → Clapton bei → John Mayalls Bluesbreakers ersetzt, verließ die Gruppe 1967 und nahm gleich die ganze Besetzung mit. Fleetwood Mac begann als Bluespuristen mit kleinem Publikum. Das Revolutionäre an der Formation war die Besetzung mit 3 Gitarristen (ab 1968), die alle drei melodieführende Soli zusammen oder abwechselnd spielen konnten. Das war rigoros neu. 1969 wandelte sich der »straighte« Bluesstil in eine mehr rockbetonte Spielform – Blues-Rock. Auf Druck der Plattenfirma schlossen sie allerdings einige kommerzielle Kompromisse, die nicht unbedingt weit gingen, aber ein breites Publikum anderes von der Gruppe erwarten ließ. Songs wie »Albatross« (jeder → Kiffer begann zu schweben) und »Man of the World« entstanden. Das eine ein gefühlvolles, manchmal fast kitschiges Instrumental mit Tiefgang, das andere eine sentimentale Ballade mit leichter Depressionsgarantie. Herausragender Höhepunkt ihrer (Blues-)Laufbahn war ohne Zweifel der Meilenstein »Then Play On« im Jahre 1969 (vielleicht eine der besten Rock-LP's überhaupt – Anm. d. Verf.). – Weitere Großtaten waren das überlange, komplizierte »Oh Well« und der »Green Manalishi« (1969). 1969 waren FM laut einer Auswertung des Melody Maker (wichtiges englisches Musikblatt) erfolgreicher als die Beatles und Stevie Wonder (wen »wonderts«), obwohl ihre Musik letztendlich (von »Albatross« abgesehen) doch nicht hörbar hitparadenkompatibel war. Der sensible Green war auf die Dauer dem Rummel des Popstar-Daseins, dem massiven Druck durch Plattenfirmen und Tourneen nicht gewachsen und schied bereits 1969 aus. Was aus Fleetwood Mac in den späten 70ern weiterhin wurde, ist allgemein bekannt: eine der erfolgreichsten Bands der

Popgeschichte (wobei die Betonung eher abwertend auf Pop liegt – Anm. d. Verf.). Green bekam massive Drogen- und Alkoholprobleme, verschwand fast ganz aus der Öffentlichkeit (lebte zeitweise in München), arbeitete vorübergehend als Totengräber (wie bezeichnend) und hatte mit einer Serie von softbluesigen Alben Anfang der 80er ein respektables Comeback. Dann war wieder Funkstille, in der zweiten Hälfte der 90er griff er erneut zur Gitarre, nahm eine Live- (1996) und eine Studio-LP auf, in denen er dem originären Blues (meist akustisch – leider), wieder deutlich näherrückte. Konzerttermine hält er manchmal nicht ein, da er des öfteren immer noch in psychiatrischen Anstalten in Behandlung ist. Er wirkt heut manchmal erheblich verwirrt, was aber seinen instrumentalen Fähigkeiten kaum einen Abruch tut. (Einer der schönsten Bluessongs mit Green an der Leadguitar ist »Love that Burns«, in dem er ein wahrhaft »seelenzerschneidendes« Solo spielt, ebenso wie das mit Mayall eingespielte »Out of Reach« – 1967. – Anm. d. Verf.)

Fleetwood Mac 1969er LP: The Pious Bird of Good Omen.

Flippig
Von → Ausflippen – aber nicht das eventuell extreme Resultat meinend, sondern eher eine Persönlichkeitshaltung und äußerliche Erscheinungsformen: ausgefallene Kleider, coole Sonnenbrillen, extravagante Frisur, üppiger Modeschmuck, grelle Schminke etc. – abgefahrene Einstellung und Lust auf Außergewöhnliches. Eben nicht der Konvention oder bürgerlichen Vorgaben entsprechend, was natürlich auch die psychische oder emotionale Einstellung betraf bzw. betrifft. Heute würde man Worte wie »geil« oder »kraß« verwenden.

Flipsville
So wurde San Francisco in den 60ern genannt, nachdem sich das Zentrum der → Subkultur von → Los Angeles hierher verlagerte. Hier trafen sich → Ausgeflippte, → Tramper, Aussteiger, Musiker und Dichter aus ganz Amerika und der gesamten Welt. Zudem war Frisco, neben → Greenwich Village und London der Mittelpunkt zeitgenössischer Underground-Kultur und -Musik (vor allem in der zweiten Hälfte der 60er).

Flo & Eddie
Howard Kaylan (Flo) und Mark Volman (Eddie). Sänger und Komödianten. → Turtles, → Mothers of Invention, beeinflußten → Cheech & Chang maßgeblich.

Flock, The
Anspieltip: The Flock (LP – 1969)
1966 gegründete, recht außergewöhnliche Formation, bekam Ende der 60er das Attribut einflußstarker Progressiv-Rocker. Das war sicherlich im nachhinein gesehen ein wenig hoch gegriffen. Das Exotische an der Musik der Gruppe war in erster Linie der Geigenvirtuose Jerry Goodman. Durch die Geige und einen Bläsersatz geeicht, Elektronikelemente verwendend, verschmolz die Gruppe alle möglichen Stilrichtungen zu einer wuchtigen Soundmasse mit filigranen Einschüben. Jazz, Rock, Klassik und Blues fügten sich zu einer teilweise strapaziös anzuhörenden, aber auf höchstem Niveau dargebotenen Musik. Die brillante Geigenarbeit von Goodman unterschied The Flock von intellektuellem Jazzrock-Gedudle und gab ihrem Sound etwas ungemein Energetisches. Sie waren ein Aushängeschild des → avantgardistischen Chicago-Rock und betrieben Fusionsmusik im Stile von → Chicago oder → Blood, Sweat & Tears. Unbestrittener Star der Truppe war »Teufelsgeiger«

Jerry Goodman, der seine Bandmitglieder vor allem auf dem ersten Album »Flock« massiv in den Hintergrund drängte. Live bekam die Gruppe ihren komplizierten Sound nur sehr schwerfällig in den Griff, was besonders bei einer Deutschlandtournee 1970 auffiel: In Berlin kam es bei einem disaströsen Konzert zu massiven Schlägereien, trotz oder wegen penetranter Hippie- und Love-Botschaften, mit denen das Septett sein Publikum nervte. War das erste Album wegen seiner Komplexität, den interessanten Rhythmuswechseln und der instrumentellen Schärfe und Perfektion noch sehr aufregend und innovativ gewesen, scheiterte sie am Publikumsgeschmack bereits gehörig mit ihrer zweiten LP »Dinosaur Swamps« – und wohl auch am eigenen Anspruch. Zu kompliziert, zu wenig dynamisch und vor allem bei der Bläserarbeit recht bieder (trotz der extremen Tempiwechsel) kam ihre Musik nun rüber – jegliche Spontaneität fehlte. Goodman verließ die Gruppe 1971 und ging zu → John McLaughlins Mahavishnu Orchestra – da war der Saft endgültig raus. Der 1975er Comebackversuch (LP »Inside Out«) verzichtete auf allen Schnickschnack und dümpelte auf langweiligen Mainstream-Soundpfützen einher, was die Fans entsprechend quittierten. Das war's, die »Herde« (The Flock) stob auseinander. Bei Musikern und Intellektuellen waren sie (anfänglich) sehr gut angekommen, ein breites Rockpublikum vermochte ihnen aber kaum zu folgen.

Floh de Cologne

Anspieltip: Fließbandbabys Beat-Show (LP – 1970)

Wie der Name suggeriert – in »Kölle« am Rhein gegründet und zwar bereits 1966. Die Rheinmetropole bewies damit, daß sie auch Jahrzehnte vor der Gründung von BAP kein unbeschriebenes Rock-Notenblatt war. Ursprünglich traten »Floh« als Politkabarett auf, ließen sich aber vom → Underground sozusagen dazu inspirieren, sich instrumentell zu verstärken bzw. zu hinterlegen. Anstoß dazu gab den Jungs aus Köln ein Konzert der Gruppen → The Fugs und → Mothers of Invention bei den Essener Songtagen 1968. (Wenn man damals Kohle gehabt hätte, in der Jugendzeit, die so schnell vorbeirauscht, was hätte man auch in Deutschland für tolle Konzerte sehen und hören können. – Anm. d. Verf.) Nach elektrischer Verstärkung ging's so richtig los – Floh de Cologne wurden neben Ton, Steine, Scherben zur härtesten Agit-Prop-Combo Deutschlands. Sie schufen eine neue Form der Agitation, die durchaus ein breites studentisches Publikum fand. Denen kamen auch solch literarische Sätze wie »die Herren der Wirtschaft schaffen nicht, sie lassen schaffen« durchaus revolutionär und apokalyptisch wahr vor. Waren sie ja auch!

Flower Pot Men

Anspieltip: Let's Go To San Francisco (LP – 1967)
Entstanden aus der Beat-Combo Ivy Legue. Die Gruppe FPM wurde allerdings erst zur festen Einrichtung formiert, als sie bereits ihren Hit hatten – »Let's go to San Francisco«. Kam immerhin bis auf Platz No. 4 der GB-Charts. – Auch die Briten wollten am Flower Power-Fieber teilhaben, kurz zuvor hatte → Scott McKenzie seinen Megahit »San Francisco« gelandet, da hechelte man schnell mal dem vermeintlichen Trend (wurde ja wohl mehr als ein Trend – Anm. d. Verf.) hinterher und präsentierte ein mehrstimmiges, flott gesungenes Liedlein mit raffinierten Tempiwechseln, das wie eine aufgepeppte, chromatische Endlosschleifenkopie von McKenzie's definitiver Hippie-Hymne wirkte. Das war es dann eigentlich schon – außer, daß Jon Lord und Nick Simper (→ Deep Purple) der Vokalgruppe u. a. instrumentellen Rückhalt gaben – soll man es denn glauben ...! – viel mehr brachte die Gruppe nicht zustande (außer einigen mit Studiosängern »getürkten« TV-Auftritten).

Flower Power

Sammelbegriff und Synonym für die gesamte Hippie-Bewegung. Entstanden war dieses Zeitphänomen 1966 in Kalifornien. Studenten steckten sich als Symbol ihrer Friedfertigkeit und Gewaltlosigkeit Blümchen ins Haar. Bei den Campus-Revolten in der Universität von → Berkeley schoben Jugendliche den Schergen der Nationalgarde Rosen in die Gewehrläufe – eine Initialzündung für eine Bewegung, die sich die Begriffe → Love, Peace & Happiness zum Lebensinhalt machte. Mit abgehobenen Drogensongs und gewaltfreien Protesten versuchte diese Generation das rigide Amerika in seinen Grundwerten in Frage zu stellen und bestenfalls zu erschüttern – friedlich und ohne Aggressionen (so die Idealvorstellung). Der blutige → Vietnamkrieg, die spießige Doppelmoral der amerikanischen Mittelschicht, die korrupten Mechanismen der Oberschicht – all das sollte durch diese friedfertige Revolution geändert werden. Die amerikanische Gesellschaft neu schaffen mit einem menschlicheren Antlitz war das erklärte Fernziel. Wie es ausgegangen ist, wissen wir alle. Der Begriff »Flower Power« bekam relativ schnell einen inflationären Beigeschmack, da die Unterhaltungsindustrie, wie in den USA üblich, äußerst professionell auf die bereits kräftig in Fahrt gekommene Lokomotive aufsprang.

Flying Burrito Bros., The

Die Gruppe versuchte etwas Gewagtes – sie wollten → Hippies und Hillbillies (eher konservative und reaktionäre Hörer von Countrymusik, die sehr intensiv an Blut und Scholle klebten) verbrüdern. 1969 entstand die Gruppe u. a. aus Splittern der → Byrds (Gram Parsons, Chris Hillman, die hier ihre ländlichen Folklore-Wurzeln wiederfinden wollten). Resultat war durchaus peppiger Country-Rock, der aber mehr der Künstler-Schickeria aus Film und Fernsehen gefiel. Inhaltlich hatten sie wenig zu bieten – gute Musikalität, aber belangloses Resultat. Laufende Umbesetzungen verhinderten auch eine musikalische Stabilität. Bei dieser Gruppe merkte man deutlich ein bereits wieder »rückwärts«-gewandtes Konzept mit Schwerpunkt auf romantischer Lagerfeuerunterhaltung plus einen Schuß »Lonesome Rider«-Mentalität. 1973 löste sich die Band wieder auf, weil sie keiner hören wollte – auch die »Rednecks« (konservative Country-Anhänger/Hillybillies) nicht, diesen waren sie denn doch wohl »noch« zu progressiv. Reunions scheiterten ebenso. Eher eine Pop-Marginalie.

Folk

Folklore, Folkmusik – folkloristische Liedform, vom Sänger meist selbst auf der Gitarre begleitet. Dieser sollte seine Songs allerdings selbst schreiben und die Intention der textlichen Aussage sollte auch eine (mehr oder weniger) soziale Relevanz haben. Inhaltlichkeit mit poetischen, aber realen Momenten waren das Grundgerüst der Texte (Pete Seeger, Woody Guthrie – der klassische Arbeitersänger, Vorbild von Bob Dylan). Aus dem Folk entwickelte sich der Protest-Song à la → Bob Dylan und später durch die Elektrifizierung der → Folk-Rock.

Folk-Rock

Folksongs, die bereits von verstärkten Instrumenten begleitet wurden. Folk und Rock'n Roll galten als zu konträr, um eine kreative Einheit (musikalisch und inhaltlich) eingehen zu können. Folk-Puristen betrachteten es schlichtweg als Sakrileg, die beiden Formen zu verbinden. Folk war natürlich, erdig, sozialkritisch, naturverbunden – Rock'n Roll war roh, laut, kapitalistisch und korrupt, nach Meinung der »Folkies« eine abwertende Bezeichnung. Die Rocker wiederum betrachteten die Folkmusiker als weltfremd, naiv und antiquiert – also als höchst unmodern und »Werte bewahrend«. Mit dieser Todsünde wartete → Bob Dylan auf dem Newport Folk Festival im Jahre 1965 auf und legte den Grundstein für eine erfolgreiche Symbiose. Die Puristen der Folkmusik verfluchten ihn allerdings seit diesem Tage. Der Folk-Rock hatte äußerst erfolgreiche Exponenten, wie die → Byrds, → Lovin Spoonful, → Crosby, Stills & Nash (obwohl diese schon wieder weit darüber hinausgingen). Die Trennung zur konservativen Nashville-Countrymusik fiel allerdings enorm schwer in manchen der Mischformresultate musikalischer Vermengung. Letztendlich klang es überzeugend (und penetrant – Anm. d. Verf.) »amerikanisch«. Natürlich gab es auch englische Folk-Rock-Bands, die ihre Basis mehr in der britischen oder irischen Volksmusik suchten und hier deutliche Abgrenzungen zum American Way schafften, beste Beispiele → Fairport Convention, → Matthews Southern Comfort, → Steeleye Span. Deren Erfolg blieb denn auch meist auf Europa beschränkt, wenn nicht gar nur auf GB.

Fonda, Peter
Schauspieler – Sohn des berühmten Hollywoodmimen Henry Fonda. Wurde durch die Hauptrolle in dem Film → Easy Rider (schrieb auch das Buch – Drehbuch von → Dennis Hopper) weltberühmt – konnte sich aber jahrzehntelang nicht mehr von dieser »Hypothek« erholen. Er war ewig auf die Hauptfigur in diesem Film (Wyatt) und auf rebellische Jugendlichkeit abonniert und geeicht. Das gefiel natürlich auch dem schnöden Hollywood und seinen arroganten Produzenten nicht besonders. Außer etlichen meist zweitklassigen Actionstreifen im B-Movie-Format konnte er sich von dieser Vorgabe, trotz oder gerade wegen des berühmten Vaters, nicht erholen. Dieser und der »Rider« schwebten wie unheilvolle Schatten über ihm. Er feierte allerdings 1998 ein vielbeachtetes Comeback in Hollywood.

Formentera
Formentera liegt quasi auf einer Höhe mit Alicante. Sie ist die südlichste der vier Balearen-, und die kleinere der beiden Pityuseninseln. Bis zum afrikanischen Kontinent (Algerien) sind es etwa 250 Seemeilen. In den 60ern ein bevorzugtes Reiseziel für Hippies aller Nationen. Was der deutschen Hausfrau Mallorca, war den langhaarigen Freaks ihr Formentera. (Auch Ibiza hatte damals schon Konjunktur.)

Freaking out
Völlig aus der Kontrolle geraten, durchdrehen, absonderlich werden.

Freaks

Besonders → ausgeflippte, durch Äußerlichkeiten, Habitus und Geisteshaltung auffällige Personen, mit der deutlichen Tendenz zum gesellschaftlichen Außenseiter. Im Rock'n Roll-Business besonders exaltierte und verrückte Personen – → Janis Joplin, Alice Cooper, → David Bowie, Johnny Winter, Ozzy Osborne – um nur ein paar Beispiele zu nennen und → Frank Zappa, der angeblich für den Begriff in der modernen Form verantwortlich gemacht wird – seine LP »Freak Out« begründete das Idiom und war als Synonym für das Aussteigen aus der Bürgerlichkeit, aus der spießigen Gesellschaft gedacht. – Ursprünglich aber mißgebildete, verkrüppelte und abnormale Personen, die ihr Dasein am Rande der Gesellschaft fristeten, evtl. als fragwürdige Objekte der Begierde und Sensationen in Schaustellerbetrieben und Varietés. Berühmter Film: »Freaks«.

Free City

Unter Free Cities verstanden die Hippies die Utopie, Städte zu gründen, die nur von Gleichgesinnten bewohnt werden und sich aus allen Mechanismen der Gesellschaft ausklinken sollten. Eigene Versorgung, soweit es ging, eigenes Strom- und Wasserwerk – Zulieferung natürlich kostenlos. Aufwendungen sollten durch den Austausch und Verkauf von Naturalien oder Kunsthandwerk bewältigt werden. Geld sollte abgeschafft werden. Nur noch den notwendigsten Kontakt zur »Außenwelt« – und derart nette, spinnerte Ideen mehr, die eine frühe Ökobewegung vorwegnahmen. Klappte natürlich nicht. Im günstigsten Falle bauten oder okkupierten Hippies ein paar Hütten in den Valleys von Kalifornien oder in der Wüste Arizonas und fristeten da ein eher kümmerliches Leben – die meisten kehrten denn auch bald wieder in die verpönte Zivilisation zurück.

Free-Concerts

Meist → Open Air-Concerts mit kostenlosem Eintritt. → Grateful Dead und später andere Gruppen propagierten diese Form von Musikdarbietungen als politischen und antikommerziellen Protest. Die wilde englische Polit-Rock-Combo → The Edgar Broughton Band war das europäische Pendant dazu. Das erste inzenierten GD 1966 in einem Park in San Francisco. Legendäre oder berüchtigte Free-Concerts waren der Auftritt der → Stones 1969 im Londoner Hyde Park oder das Fiasko-Konzert in → Altamont. Politische Aktivisten und Musikfans forderten Ende der 60er des öfteren von verschiedenen Gruppen ihre kritische Einstellung gegenüber den Marktmechanismen der Gesellschaft durch häufige Free-Concerts zu dokumentieren. Hierbei konnte es dann schon mal zu heftiger Randale kommen, wenn bei einem Konzert der Edgar Broughton Band entgegen der Ankündigung von den Veranstaltern doch Eintritt verlangt wurde.

Freedom

Freiheit, aber auch Ungezwungenheit. Der Begriff transportierte in den 60ern inhaltlich eines der Endziele des → Hippie-Movements. → Richie Havens. Wurde aber auch als subjektive und objektive Utopie erkannt – Freedom is just another Word, for nothing left to loose. (→ Kris Kristofferson, → Janis Joplin).

Frisco

Landläufige verkürzte Bezeichnung für San Francisco. Ähnlich dazu L.A. für Los Angeles.

Frustration

Enttäuschungs-, Mißerfolgs- und Verzichtserlebnis aufgrund unbefriedigter oder nicht zu befriedigender Bedürfnisse. Die Fähigkeit, mit Frustrationen fertig zu werden, wird Frustrationstoleranz genannt. – Soweit das schlaue Universallexikon. – Mit der Wirklichkeit der 60er hat das enorm viel zu tun. Das war eines der absoluten Lieblingswörter der 60er-Generation, egal aus welchen ideologischen Löchern sie gekrochen kamen – lief's nicht wie erwartet und gehofft – und das tat es meistens nicht, war man »frustriert« – Mein Gott, was war man damals dauernd frustriert ... »Der → Shit hat gar nicht richtig getörnt, das hat mich ziemlich frustriert ...« oder »Immer dieser Leistungsdruck beim Sex, das ist wirklich frustrierend ...« War ein bevorzugter Ideologie-Terminus des linken Lagers, um alle Repressionen und Willkürlichkeiten der Gesellschaft auf einen zugespitzten Nenner zu bringen – es war einfach alles frustrierend.

Fugs, The

Anspieltip: The Virgin Fugs (LP – 1968)

Den Namen könnte man mit Langweiler oder Stubenhocker übersetzen – die Gruppe praktizierte das extreme Gegenteil. Gegründet wurde sie 1964 von den → Beat-Poeten → Tuli Kuperberg, → Ed Sanders und Ken Weaver. Da sie literarisch Schwierigkeiten hatten, ein breiteres Publikum zu finden, – kein Geld und kaum ein Verleger wollte ihre

radikalen Texte drucken, – versuchten sie es mit Musikhintergrund, um ihre Inhalte zu transportieren. Diese waren denn auch meist mehr als deftig, anarchistisches Gedankengut, politischer Kahlschlag mit jeder Menge Drogenphilosophie und als Würze noch pikante pornografische Elemente. Musikalisch war die Band eher unterdurchschnittlich, für die beginnende Hippie-Bewegung durch ihre provokanten Botschaften und das Ablehnen jeglicher Konventionen aber von enormer Bedeutung. Zudem auch noch → Beatnikgrößen wie → Allen Ginsbergh und Gregory Corso die Formation als Plattform für ihre Lyrik-Shows nutzten. Dies geschah damals meist in New Yorker Underground-Theatern, wie dem Brigde- und dem Players-Theatre. Zwischen 1965 und 1967 gaben sie hier mehr als 900 Musik- und Literatur- → Happenings. Kritiker bezeichneten sie anfänglich als das einzig »authentisch Neue«, das die amerikanische Subkultur nach dem 2. Weltkrieg hervorgebracht hattte. Das war natürlich deutlich überzogen – die Fugs brillierten zwar durch bissigen Witz und agitative Polit-Lyrik, was aber durch mangelhafte Instrumentierung und eine typisch amerikanische Naivität, die Dinge sehr plakativ darzustellen, auf die Dauer schnell an Wirkung verlor. Sie traten auch des öfteren im legendären → Fillmore East auf. Zu ihren berühmt-berüchtigten Musik-Sketchen gehörten u. a. »Johnny Pissoff meets the Red Angel« und → »Turn on, Tune in, Drop out«. Dieser Kupferberg-Spruch (wird aber von den meisten eher → Timothy Leary zugeschrieben) sollte die Hippie-Generation bis zu ihrem sang- und klanglosen Ende begleiten. Die Fugs waren auch ganz schön heftige Drogenköpfe, und bei all ihren politischen Aussagen mußte man leider auch konstatieren, daß → Kiffer und → Acid-Heads eigentlich inhaltlich kaum etwas mit einer linken Bewegung zu tun hatten. *Auszug aus einem Fugs-Text: Coloss Marx nothing / Engels nothing / / Bakunin Kropotkin nothing / Leonid Trotzki a lots of nothing / Stalin less than nothing*
Wegen dem letzten Satz soll sich angeblich → Country Joe McDonald (der von seinen Eltern nach Joseph Stalin benannt worden war) mal mit → Ed Sanders geprügelt haben. Und das in Zeiten von Friede, Freude, Eierkuchen. So verbissen konnte es auch bei Hippies zur Sache gehen, die Evolution macht ja nur langsame Schritte. – 1969 löste sich das Ensemble auf.

G

Gammler

Clochard, Berber, → Hobo, »ungepflegter« Mensch, asoziale Erscheinung, Arbeitsloser. In den 60ern mit seiner »Langhaarmode« und den Vollbärten wurden in Deutschland alle, die sich außerhalb der gesellschaftlichen Normen ansiedelten, von den braven Bürgern und Spießern als Gammler bezeichnet. Die auffällige und lockere Kleidungsmode tat natürlich noch ein übriges, um diese Sichtweise zu verstärken – es lief darauf hinaus, derartige Leutchen als »unnütze Mitglieder der Gesellschaft« zu diffamieren. Die Kriegsgeneration war in der Breite nicht fähig, auch nur ein bißchen zu differenzieren und dazuzulernen. (Mein Vater bezeichnete mich bei guter Laune gerne als »Rasputin«, bei schlechter als »asoziales Subjekt«. – Anm. d. Verf.) Der Ausdruck wurde auch gerne pauschal auf Studenten angewandt, die in den Augen der »Normalos« allesamt Taugenichtse waren – andererseits sollte die Nachkriegsgeneration »es ja mal besser haben« – somit wurden viele Kinder auf höhere Schulen mehr oder weniger »geprügelt«. Das Resultat gefiel dann aber ganz und gar nicht!

Garcia, Jerry

Geboren am 1.8.1942 in San Francisco – gestorben nach langer schwerer Krankheit 1995. Gitarrist und Kopf einer der wichtigsten Westcoast-Bands – → Grateful Dead, die als lockere Musikkommune in der → Bay-Area zusammenlebte. Er war der Hippie schlechthin, der Musik-Guru und Captain → Trip. Berühmter Ausspruch: »Als ich die Erwachsenenwelt mit 15 Jahren verließ, ging ich auf Urlaub, und da befinde ich mich immer noch!« In seinem Urlaub war er allerdings ungemein kreativ – er war quasi Begründer des San Francisco-Sound. Aufgepeppte volksmusikalische Elemente mit → psychedelischen Experimenten gaben dieser Musik ihren Sound. Er gründete seine eigene Plattenfirma und inszenierte die → Free-Concerts, um zu zeigen, daß man der Plattenindustrie in den USA auch eine lange Nase drehen kann – mit Erfolg. Er war ein ausgesprochener Freund von Live-Konzerten, Studioarbeit machte er nicht so gerne. Seine 20minütigen Soloexkurse in nirwanische Traumklänge sind heute legendär. Bereits 1986 brach Garcia mit einem Insulinschock zusammen, von da an zeichnete sich seine Krankheit ab. Er hatte allerdings auch so ziemlich alles geschluckt und geraucht, was der Drogenbasar so hergab – und das über Jahrzehnte hinweg. Von den politischen Radikalismen der 60er distanzierte Garcia sich in den 80ern, an den musikalischen Hippieträumen hielt ein Leben lang (im wahrsten Sinne des Wortes) fest.

Garfunkel, Art

→ Simon & Garfunkel.

Genehm

Vom Adjektiv »angenehm« abgeleitet, wurde meist adverbial gebraucht. Sollte einen angenehmen bis optimalen Zustand beschreiben. Steigerungsform »saugenehm« – entspricht etwa den heutigen Mode- »hohl«-worten geil, kraß, cool. Wenn das Haschischpfeiferl schmeckte, war das genehm, wenn der → Shit dann auch noch → »törnte«, war das saugenehm, quasi ein »saugenehmes → Gerät«. Bevorzugt im → Kifferslang benutzt, da anscheinend sehr ausdrucksstark und größere rhetorische Exkurse auf → Haschisch offensichtlich zu anstrengend waren.

Gerät

Heute Synonym für alles Mögliche. Damals wurden in erster Linie → Joints, → Chillums und Haschpfeifen als Gerät bezeichnet. – »Hey, fahr mal das → genehme Gerät rüber« – nach dem Motto »Don't Bogart the → Joint, my Friend ...« (Soundtrack zu → Easy Rider, Fraternity of Man – »Don't bogart me«).

Geronimo

Deutsche 3er Formation der härteren Gangart – die mit »Heya Heya« auch einen passablen Charterfolg hatten. Spielten hauptsächlich in Clubs Stücke von → Vanilla Fudge, → Cream etc. nach.

Gift, The

Anspieltip: Gift – A German Legend (Double-CD – 1995)

Legendäre Augsburger Rockformation, die durchaus überregionale Reputation genoß – eine der klassischen Rock-Bands Deutschlands der frühen 70er. Lebten in einer → Musik-Kommune in Friedberg/Bay. – Spielten einen psychedelischen → Krautrock, der relativ schwerfällig wirkte, aber brillant instrumentiert war. Zwei Sologitarren im Wechselspiel mit Keyboards (Dieter Frei) prägten den Sound der Gruppe, anfänglich der Ausnahme-Saitenkünstler Dieter Atterer (der von → Jimi Hendrix bis Alvin Lee alles draufhatte) mit Reiner Baur, später dann Nick Woodland und Reiner Baur (oder umgekehrt!), Baß spielte Uwe Patzke, Schlagzeug Mandy Lange, der die Gruppe auch managte, der Shouter im Vordergrund hieß Helmut Treichel. Die Gruppe veröffentlichte zwei LP's, die heute als Doppel-CD wieder erhältlich sind (Gift I, Gift II – Blue Apple). Durchaus empfehlenswert für diejenigen, die an musikalischem deutschem Zeitgeist und »Hippie-Krautrock« interessiert sind. (→ Krautrock ist keine Abwertung, sondern heute eher ein Markenzeichen.)

Giftler

Person, die Rauschgift, egal in welcher Form zu sich nimmt. Umgangssprachlich. → Szenegebräuchlich.

Ginsbergh, Allen

Geboren am 3.6.1926 in Paterson, New Jersey – war wohl einer der einflußreichsten Nachkriegsdichter (der → Beat-Generation) Amerikas. Er war der klassische → Beatnik, jahrelang »on the road«, als → Hobo in den ganzen USA unterwegs, schlug er sich als Gelegenheitsarbeiter durch. Er war ein absoluter → Hipster mit der Utopie der besseren Welt im Herzen. Seine berühmtesten Gedichte – »Amerika« und »The Howl« vertonte er auch mit diversen Rockgruppen oder trug sie mit hoher, weinerlicher Stimme (einer Art Singsang) seinem Auditorium vor, indem er er mit Tambourinen rasselte, Trommeln schlug, auf Trillerpfeifen pfiff und die Maultrommel oder das Kazoo malträtierte. Kam in den 80ern als Professor für Literatur zu späten gesellschaftlichen Ehren. – »Ich sah die besten Köpfe meiner Generation vom Wahn zerstört, hungrig, hysterisch, nackt«, so begann Ginsbergh 1955 seine Lesung in der Six Gallery von San Francisco. Was er da anstimmte, hymnisch und exaltiert, war sein berühmtestes Gedicht »The Howl«, das in 25 Sprachen übersetzt wurde. »Haltet eure Röcke fest, Ladies –

wir fahren durch die Hölle!« warnte sein Freund W. C. Williams im Vorwort zu diesem Gedichtband. – Ginsbergh provozierte die Gesellschaft auch früh mit einem Geständnis, das man heute »Coming Out« nennen würde, er bekannte sich zu seiner Homosexualität – im prüden Amerika der 50er eine unerhörte Obszönität und Verwerflichkeit. – Ginsbergh schrieb in den 60er auch Songs für → Dylan und die → Fugs. → Timothy Leary hatte nachhaltigen Einfluß auf ihn und er begann intensiv mit → Halluzinogenen zu experimentieren. Er fuhr auch nach → Indien und entdeckte den Buddhismus für sich. Er war ein Motor der Hippie-Bewegung und soll angeblich auch den Begriff → Flower Power geprägt haben (nicht nachhaltig belegbar – Anm. d. Verf.). 1997 starb er in New York im Alter von 70 Jahren, nicht ohne sich von all seinen Freunden, und das waren generationsübergreifend hunderte, persönlich zu verabschieden. Er war ein → Beatnik im klassischen Sinne und trug diesen Namen mit Stolz. Ein Name, der ja vom etablierten Bürgertum als Schimpfwort gebraucht wurde, ähnlich wie in Deutschland z. B. → Gammler.

Auszug aus dem Gedicht »Amerika«:

Amerika, ich habe dir alles gegeben und jetzt bin ich nichts. / Amerika zwei Dollar siebenundzwanzig am 17. Januar 1956. / Mein eigener Kopf reicht nicht aus. / Amerika wann machen wir Schluß mit dem Menschenkrieg? / Steck dir deine Atombomben in den Arsch. / Ich fühl mich nicht wohl laß mich in Ruh. / Ich schreib meine Gedicht erst wenn ich bei Sinnen bin. / Amerika wann wirst du engelhaft sein? / Amerika wann ziehst du dich nackt aus? / Wann schaust du dich selbst durchs Grab an? / Wann wirst du deiner Million Trotzkisten würdig? / Amerika warum sind deine Bibliotheken voller Tränen? / Amerika wann schickst du Eier nach Indien? / Ich habe deine wahnsinnigen Forderungen satt. / Wann kann ich in die Markthalle gehen und mit meinem guten Aussehen kaufen was ich brauche? / Amerika schließlich sind du und ich vollkommen, nicht die andere Welt. / Deine Maschinen wachsen mir über den Kopf. / Deinetwegen wollte ich Heiliger werden. / Es muß doch auch anders gehen mit dir ins reine zu kommen ...

Goa

Goa, ehemalige portugiesische Niederlassung an der mittleren W-Küste Indiens (1510-1951 Kolonie, 1951-61 Überseeprovinz), 1962-87 mit Diu und Daman ein indisches Unionsterritorium, jetzt Bundesstaat. In den 60ern und 70ern zog es junge Leute verstärkt nach → Indien. Raus aus dem europäischen und amerikanischen Mief – Reiselust, Selbsterfahrung, religiöses Erlebnis, Drogen und Mystik waren die treibenden Kräfte. Beliebtes Ziel war die indisches Provinz Goa. Weite, weiße Strände, Schilf- und Bambushütten und ein schönes »Piece« → Haschisch zum Rauchen, – was wollte das Hippie-Herz mehr. In Goa verschmolzen europäische Lebensart und fernöstliche Mentalität zu einem angenehmen, relaxten Lebensgefühl, das Aussteigern und Hippies natürlich sehr entgegenkam. Zudem waren die Lebenshaltungskosten in dieser Zeit in Goa geradezu lächerlich gering. Da konnte man mit seinem bescheidenen Ersparten schon mal ein halbes Jahr den Hippie Hippie sein lassen. Inzwischen wird Goa immer mehr zu einem allgemeinen Touristenziel und die Strandhütten müssen für 3-Sterne-Hotels weichen. Heute gibt es einen lauten, elektronischen Musikstil, der sich Goa nennt und ein Mischmasch aller möglichen Stilformen ist. Goa-Parties sind in der 2. Hälfte der 90er absolut »in«. (Hat mit der Hippiementalität aber eigentlich gar nichts mehr zu tun. – Anm. d. Verf.)

Good Vibrations

Songtitel von den → Beach Boys (1966), der musikalisch ein besonderes Lebensgefühl widerspiegelte. »Gut drauf« sein – alles ist »easy«, Spaß am Leben haben – naive, oberflächliche Variante der Hippie-Mentalität. → Vibrations.

Goodman, Jerry

Anspieltip: Introduction (LP – The Flock 1969)

Virtuoser Geiger, der die Violine (elektrisch verstärkt) im Rock »salonfähig« machte. → Flock, → Mahavishnu Orchestra. Wurde von amerikanischen Musikblättern als der »Paganini des Rock« bezeichnet.

Graham, Bill

Legendärer Konzertveranstalter – gründete und betrieb die beiden Rocktempel → Fillmore West und Fillmore East, die zur berühmtesten Rockadresse der Welt wurden. Graham wurde als Wolfgang Grajonca 1931 in Berlin geboren, wanderte mit seinen Eltern früh nach Amerika aus. Wolfgang Grajonca war natürlich kein Name für amerikanische Kehlen, deshalb nannte er sich schlicht Bill Graham. Graham kam Mitte der 90er bei einem Unfall ums Leben.

Grand Funk Railroad, The

Anspieltip: Live Album (Doppel-LP – 1970)

Grand Funk Railroad (der Name wurde später in Grand Funk verkürzt) – »Die große elektrisierende Eisenbahn« war eher eine primitive Krach-Combo, die anscheinend → Blue Cheer an Schlichtheit und Lautstärke noch überflügeln wollte. Sie genossen aber durchaus die intensive, fast unterwürfige Verehrung »ihres« meist minderjährigen Publikums. Die Presse verriß die Gruppe regelmäßig nach Strich und Faden. Das schien die Popularität noch zu steigern, wie es oft vorkommt. Negativwerbung ist die beste Promotion. Ihre Platten verkauften sich millionenfach und auch in Deutschland hatten sie ein fanatisches Publikum (heute im Rückblick eher unverständlich – Anm. d. Verf.). Ihre Studioaufnahmen ließen sie nachträglich oft noch verzerren, damit sie der »Qualität« des Sounds der 6000-Watt-Türme bei ihren Livekonzerten entsprachen. Viel Effekthascherei, bescheidenes musikalisches Können und erhebliche Phantasielosigkeit machten sie allen Gesetzen zum Trotz zu einer Kultband. Ihre Doppel-Live-LP (1970) besitzt sicherlich auch heute noch gewissen Rockkuriositätenwert. Im New Yorker Shea Stadium, in dem ja seinerzeit die »Fab Four« aus Liverpool ihr Konzert mit 1000 Ohnmachten gaben, übertrafen sie bei den Einnahmen die → Beatles, die bis dahin den ungebrochenen Haus-(Stadion) Rekord gehalten hatten.

Grass Roots, The

Nette Post-Beat-Combo, die durch gefällige Zeitgeist-Liedchen auf populärem Niveau die Hippie-Bewegung goutierte. – Hits waren »Let's live for today«, »Midnight Confession« und »Sooner or Later«.

Grateful Dead, The

Jerry Garcia (voc, g), Mickey Hart (perc), Bill Kreutzmann (dr, perc), Phil Lesh (b, voc), Brend Mydland (keyb, voc), Bob Weir (g, voc)
Anspieltip: Anthem Of The Sun (LP – 1969)

»Prinzipiell ist der Greatful Dead-Trip nicht nur eine reine Abwicklung von Konzerten, Rock'n Roll Musik spielen und was sonst noch damit verbunden ist – sondern es ist in erster Linie ein Trip, um → high zu werden«, sagte → Jerry Garcia, und der mußte es ja wissen. Grateful Dead sind sicherlich die Gruppe, die mit der Love-Generation und ihrer Musik am stärksten identifiziert werden – trotz → Jefferson Airplane, → Quicksilver etc. – 1965 wurde die Gruppe, die sich immer als Musiker-Kommune verstand, in San Francisco gegründet – Mütter des Zeugungsaktes waren verschiedene Bands – und die Warlocks. GD sind der Nukleus, die Basis, der Beginn des San Francisco-Sounds. Teilweise wuchs der Troß um die Gruppe bis auf 70 Personen an, eine Großfamilie, die sich im weitesten Sinne im → antiautoritären Lebensstil probierte (was immer das auch sein mag? – → Autorität – Anm. d. Verf.) Der »Dankbare Tod« , ihren Namen hatten sie so ganz zufällig dem Oxford-Dictionary durch »Stechen« entnommen (nach dem Motto: Schlag mal eine Seite auf und tippe mit dem Finger irgendwo hin), war bei den → Berkeley-Unruhen mit dabei, unterstützte die Studenten und ihre Ideen durch → Free-Concerts und Diskussionsrunden. Sie schafften es auch, sich aus dem Theater im Show-Biz rauszuhalten, produzierten ihre Platten zum großen Teil selbst, organisierten ihre Tourneen und Konzerte auf eigene Rechnung und waren auch bei den Gagenforderungen sehr gemäßigt (wie bereits erwähnt, gaben sie auch jede Menge Free-Concerts). Garcia brauchte das einmal auf einen trockenen, kurzen Nenner: »Andere Rockgruppen scheffeln Millionen, wir machen Schulden« – man kann in den Menschen nicht hineinblicken, aber anscheinend hat er das so lapidar ohne Larmoyanz gemeint. Vielleicht lag es aber auch an der Unfähigkeit der Gruppe, mit Geld umzugehen und sich profitträchtig zu organisieren (für diese Bemerkung würde mich jeder → Dead-Head sicherlich mit Blumen steinigen – Anm. d. Verf.). GD experimentierte ausgiebig mit hallzinogenen Drogen wie → LSD, → Mescalin, → Peyote etc. und setzten das in ihren Soundcollagen entsprechend um, teilweise mit 3 Elektrogitarren, Keyboards und permanent 2 Schlagzeugern. Ihre Wurzeln waren durchaus schlichter gewesen, ein bißchen → Folk, Rockelemente und Erhebliches aus dem amerikanischen Countryidiom waren die Grundbestandteile der musikalischen → Acid-Küche. Bei Studioaufnahmen würzten sie das manchmal auch noch bis ins Unerträgliche mit Elektronikbeimixungen. Zu GD muß man auch ganz klar sagen, entweder man mag sie oder man mag sie nicht, wie das bei Musik auch im allgemeinen so ist. (Ich gestehe, mir waren sie meist ein bißchen zu langweilig und zu amerikanisch. – Anm. d. Verf.) – Sie waren jedenfalls die Pot- und Acid-Combo der Hippie-Ära, monolithisch starr in ihren progressiven Lebensabsichten und letztendlich in diesem überkommenen Habitus auch ein wenig lächerlich. Interessant war in der Novemberausgabe des Rolling Stone (maßgebliches amerikanisches Musikblatt, erscheint auch in deutsch mit eigener Redaktion) 1998 zu lesen, daß das alles ganz anders gewesen sein soll: Sie wären nie wirklich politisch gewesen, waren einfach nur faul und von ihren Acid-Trips ein bißchen wirr im Kopf, in der Hauptsache wären sie für Sachen vereinnahmt worden, die sie so substantiell gar nicht unterstützt hätten. Späte Relativierung einer fragwürdigen Illusion, hätten sie sich eigentlich sparen können.

– Erst 1972 kamen sie zu ihrer ersten großen Europa-Tournee auch nach Deutschland – der Melody Maker (maßgebliches englisches Musikblatt) urteilte damals: »das Rockereignis des Jahres«. Von ihren Psychedelic-Übertreibungen kamen sie auch recht schnell wieder runter (obwohl Live- Improvisationen von 20 bis 30 Minuten durchaus drin sein konnten). Bereits auf ihrem Album »Workingman's Dead« (1970) präsentierten sie sich sehr erdig, mit Mandoline, Banjo und akustischer Gitarre – sehr countryangehaucht, was auf Garcias Faible für Bluegrass Music zurückzuführen war. Er spielte im Laufe seiner Karriere ja in diversen Formationen und leistete sich den Luxus einer »Relax-Band«, den »Dead-Ableger« The New Riders of the Purple Sage, mit denen er grottenkrumme Hillbilly-Musik mit starken Bluegrass-Elementen spielte, wobei Garcia egoman auf seiner 1970 erstandenen Pedal Steel Guitar rumtobte. Beide Gruppen wurden ihm denn doch schnell zuviel und er konzentrierte sich ab 1972 wieder in erster Linie auf GD. Grateful Dead, eine Legende, die auch nach dem nicht so sehr überraschenden Tod von Jerry Garcia zusammenblieb und weitermachte. Alles den Fans zuliebe, wie es heißt. (Aber vielleicht wollten sie doch noch mal in ihrer langen Karriere ein bißchen Geld verdienen, nachdem der Oberguru zum Rock'n Roll-Gott übergewechselt war. – Anm. d. Verf.)

Great Society, The

→ Grace Slick.

Green, Peter

Außergewöhnlicher Blues-Rockgitarrist. Vorbild B. B. King, sein Gitarrenspiel bestach durch seine sparsamen, kristallklaren, langgezogenen Töne. Er spielte wohl die »tiefsinnigste« und manchmal auch »depressivste« Gitarre aller Rock-Gitarreros. → Fleetwood Mac.

Greenbaum, Norman

Ein sogenanntes »One-Hit-Wonder« – einmal »gechartet« und dann so gut wie nichts mehr von Norman gehört. Sein 4. Versuch auf Single (die ersten drei kosteten nur ihn selbst Geld und brachten keines) wurde aber zu einem absoluten Klassiker. In der Folge wurde auch das erste Album äußerst erfolgreich. Weitere Versuche floppten aber gnadenlos. Greenbaum war von einem gewissen Sendungsbedürfnis beseelt und zog von der Großstadt aufs tiefste Land. Resultat dieser Selbsreinigung war der religiös motivierte (seltsam verschleppt und zäh klingende)

Titel »Spirit in the Sky« – der für schlichtere Gemüter auch so etwas wie eine Hymne der Hippie-Zeit wurde.

Greenwich Village
Das Viertel in New York, in dem sich Künstler, Studenten, Intellektuelle und Nichtstuer trafen oder wohnten. An jeder Ecke gab es Kaffehäuser (Coffee-Houses) in denen die → Folksänger der 50er und frühen 60er ihr Liedgut zur Wandergitarre zum Besten gaben. → Bob Dylan startete seine Weltkarriere in dem Bohéme-Viertel des »Big Apple«. In der zweiten Hälfte der 60er verlagerte sich das musikalische Geschehen mehr in Richtung »Lower Eastside« (→ Fillmore East).

Greger, Max
Der Sohn des berühmten Münchner Big Band-Leaders und Saxophonisten Max Greger, zog damals (1969/70) in Dreierformation durch die deutschen Clubs und Discos. Dabei brachte er → psychedelischen Krachrock à la → Vanilla Fudge im »Kraut-Gewande« zu Gehör. Er selbst saß an den Keyboards. Durchaus beeindruckend in jener Zeit, da außergewöhnliche Konzertereignisse zeitgenössischer Rockmusik rar gesät waren (vor allem im süddeutschen Raum – München mal ausgenommen). In den 90ern wohl eher weniger konsumierbar. Heute spielt Söhnchen brav bei Papa im Orchester die Orgel.

Groovy
Bezeichnete einfach alles, was eine positive, relaxte Stimmung beinhalten mußte – Musik/Sound konnte groovy (Groove) sein, aber auch ein tolles Mädel. → Haschisch erzeugte ein »groovy feeling« – einfach angenehm. → Genehm.

Groupie
Meist junge Mädels, die in glühender Verehrung für ihre bewunderten Stars unglaubliche Beschwernisse auf sich nahmen, den Gruppen zu jedem Konzert hinterherreisten, nichts unversucht ließen, hinter die Bühne zu gelangen (Backstage), um nah genug an die Musiker ranzukommen. Mit einem konkreten Ziel: mit einer der Berühmtheiten ins Bett zu springen oder sonstwo »aktive Liebe« zu machen. Im höchsten aller Fälle »staubten die Musiker die Mädels ab«, manchmal mußten auch die Roadies (Bühnenarbeiter) genügen. Es gab durchaus etliche Groupies, die es zu erheblichem Ruhm brachten, siehe das »Edelgroupie« → Marianne Faithfull – oder die Trophäensammlerinnen »Plaster

Casters«, zwei »Girls« aus Chicago, die mit Vorliebe Gipsabdrücke von den Geschlechtsteilen ihrer Eroberungen fertigten und diese fanatisch sammelten. Das Phänomen hat ja auch heute noch Bestand, wenn auch vielleicht in abgemilderter Form. Die Verehrung der Teenies für die aktuellen Boy-Groups hat in 90 % der Fälle eher platonischen, wenn auch hysterischen Charakter und erschöpft sich im Kreischen und Teddybärenwerfen. Da gingen die wirklichen Groupies der 60er insgesamt »cooler« vor – die Massenhysterie beim Auftritt der Stars war aber durchaus identisch zu heutigen Massenpsychosen (siehe Auflösung der Boy-Group Take That, wo man im schlimmsten der Fälle mit partiellem Kollektivselbstmord der Fans rechnete).

Gruppensex

Ringelpiez mit Anfassen. Legendäre Kommunikationsform zwischen Männern und Frauen, meist im hetero-sexuellen Bereich angelagert. → Sexuelle Revolution. → Love-In. – (Hatte im provinziellen Sex-Alltag eher Seltenheitswert oder erschöpfte sich in verkrampft, gestelzten Therapieformen, wie: »Wir berühren jetzt den Nachbarn zärtlich an der Brust ...« – Anm. d. Verfassers.)

Guerilla

Kleinkrieg – Kampf irregulärer Verbände gegen eine feindliche Armee oder gegen die eigene Regierung. Auch die Verbände selbst werden so genannt. Ursprünglich der spanische Widerstand gegen die französischen Invasoren von 1808 bis 1814. Im 20. Jahrhundert vor allem Kampf afrikanischer und asiatischer Völker gegen europäische Kolonialmächte für nationale Unabhängigkeit (→ Vietnam, Algerien), aber auch für sozialrevolutionäre Ziele (China, Kuba, Nicaragua). – Ein Guerillero ist ein Kämpfer im Guerilla-Krieg. – Der berühmteste ist wohl die 60er-Ikone → Che Guevara, Ernesto mit bürgerlichem Vornamen. Wurde von bolivianischen Regierungstruppen erschossen (ermordet). Nach seinem Tod wurde er zum Idol der revolutionär gesinnten Jugend in der westlichen Welt. – In den späten 60ern und frühen 70ern bildeten sich in vielen westlichen Industriestaaten sog. Stadtguerilla-Trupps, die z. T. auch mit Gewalt herrschende Prinzipien beseitigen oder verändern wollten (RAF).

Guess Who

Anspieltip: American Woman (LP – 1970)

Die Formation wurde 1965 in Winnipeg, Kanada gegründet. Der etwas »rätselhafte« Name sollte anscheinend die Minderwertigkeiten kompensieren, die kanadische Bands zu amerikanischen verspürten. Sie wollten ihre Herkunft kaschieren, um sich auf dem kontinentalen Markt besser durchsetzen zu können. Zudem war das Marktangebot an angloamerikanischen Gruppen derart üppig, daß auch in Kanada kaum Interesse an regionalen Gruppen bestand – man konnte aus dem Vollen schöpfen. Die »Rat mal wer«-Gruppe veröffentlichte als Erstes den Klassiker »Shakin' all over«, der Promotiontrick zog, das Lied wurde Tophit in der Heimat. Weitere international erfolgreiche Hits folgten, wie z. B. »These Eyes«, »No Sugar tonight« – alles sehr brav und hitparadentauglich. Richtig durchschlagenden Erfolg hatten sie dann mit dem rauhen »American Woman«, dessen LP-Langversion auch in Hippie-Kreisen durchaus Anklang fand. Die Gruppe löste sich 1973 auf – eine bekannter Splitter war Bachman Turner Overdrive, die mit rauherem Rock punkten konnte (»You ain't seen nothing yet«).

Guru

Geistiger oder religiöser Führer – meist fernöstlicher Religionslehren (Brahmanismus, Mantraismus, Buddhismus).

Guru Guru

Mani Neumeier (dr, voc), Uli Trepte (b, voc) – ab 1970 Lothar Meid (b), Ax Genrich (g, voc)

Anspieltip: Hinten (LP – 1969)

Der Inbegriff aller → Krautrock-Bands. Zählten in dieser Zeit zu den wichtigsten Gruppen Deutschlands. Guru Guru spielten eine extremen → Space-Rock mit verwirrendem Melodieaufbau. Sie nahmen sich anglo-amerikanische Rockbands zum Vorbild, kopierten diese Musik aber keineswegs stupide, sondern erarbeiteten sich ein eigenes, aber typisch deutsches Soundbild. Alle drei Musiker bestachen durch mehr als solides instrumentelles Können. Mani Neumeier ist auch heute noch mit unterschiedlichen Combos auf Tour und spielt sehr oft auf Benefizveranstaltungen und für behinderte Kinder (Felsensteinschule).

Guthrie, Arlo

Anspieltip: Alice's Restaurant (LP – später auch Soundtrack zum gleichnamigen Film – 1967/1969)

Am 10.7.1947 geboren – hatte er in den Staaten zumindest ein Leben lang bis heute eine schwere Hypothek zu tragen. Sein Vater war »der« amerikanische Arbeiter- und Folksänger → Woodie Guthrie. Aus diesem Schatten konnte er sich in den 60ern nur sporadisch und zeitweise lösen. Seine Musik schien eine Mixtur aus den Liedern seines Dad und den Kompositionen von → Bob Dylan (der Woody hymnisch verehrte und sogar an dessen Totenbett – 1967 – gesessen hatte). Arlo war der ideale Hippie, lockig langhaarig, speckigen Hut auf der Birne, Afghanmantel und schrille Klamotten. Man sollte sein Talent keinesfalls unterschätzen (bei dem! Vater) – er hatte einen schrulligen Humor, den er liebenswert süffisant auf dem Album »Alice's Restaurant« zelebrierte. Diese Geschichten als Vorlage, entstand der zweite von drei wirklichen (auch in Deutschland bekannten) Hippiefilmen (→ Easy Rider, → Hair – Musicalverfilmung) »Alice's Restaurant«, in dem Arlo praktischerweise gleich die Hauptrolle spielte. Gedreht wurde das Kabinettsstück 1969 vom »Bonnie & Clyde«-Regisseur Arthur Penn. Das unterhaltsame Lichtspiel hatte aber bei weitem nicht die Auswirkungen und die Tragweite des »Easy Rider« – die Geschichte aber war annähernd authentisch, sogar biografisch – lauter schräge Typen, eine illegale Müllabfuhr in Stockbridge, Massachussetts, eine Kneipe in einer nicht mehr genutzten Kirche, Ärger mit der Obrigkeit, doofe Polizisten, ein blinder Richter, der die Falschen verurteilt und eine Menge schlitzohriger Renitenz und Spießerverarschung – auf jeden Fall nette filmische Unterhaltung, wenn man mit dem Zeitgeist dieser Jahre etwas anfangen kann. Der Soundtrack tat ein übriges dazu. Dadurch gewann Arlo Guthrie eindeutig auch an eigenem Profil, mit seinem berühmten Vater ging er sowieso kaum hausieren. 1972 hatte Arlo seinen größten Charterfolg mit der hintergründigen Reise- und Drogenballade »The City of New Orleans«.

Guthrie, Woody (Woodrow Wilson)

Anspieltip: Ballads of Sacco & Vanzetti (LP – 1961)

Geboren 14.7.1912 – wurde zu einer Legende als Arbeitersänger, Sozialpoet und politischer Kämpfer für die Rechte der Unterprivilegierten. Er war überzeugter Sozialist, zog jahrelang durch die USA als → Tramper und → Hobo, schrieb über 1000 Lieder und war maßgebliches Vorbild und direkter Einfluß für viele → Folksänger und → Beatpoeten der 50er und frühen 60er (u. a. auch für → Bob Dylan und seinen Sohn → Arlo Guthrie).

H

Haight Ashbury

→ Ashbury Haights.

Hair

Anspieltip: New York Shakespeare Festival Cast (LP – 1967)

Siehe Titelbild. – Erstes Musical das das Lebensgefühl der Love-Generation zu Inhalt hatte. Am 26. 4. 1968 am New Yorker Broadway uraufgeführt – und das im Rahmen des Shakespeare Festivals (man stelle sich vor – aber das nehmen die Amis nicht so genau bei der Kultur. – Anm. d. Verf.) – Clive Barnes, Kritiker an des Big Apple Kulturmeile schrieb damals: »Das erste Broadway-Musical, das nicht von vorgestern ist. – Gerome Ragni schrieb die Songs, James Rado zeichnete für die Texte und Galt McDermot arrangierte die Musik. – Und da ging´s denn auch ganz deftig zur Sache – das Zeitalter des Wassermanns brach herein (→ Aquarius) mit allen Konsequenzen. Nackte Darsteller mit langem wirrem Haar sangen obszöne Liedtexte und rebellierten gegen die Tabus der konservativen, prüden amerikanischen Gesellschaft – die im Parkett saß und angewidert und fasziniert zusah. Es wurde zu freier Liebe, zu → Marihuanagenuß, zu Orgien und am schlimmsten – zu Rassenvermischung aufgerufen. Das war ein gerüttelt Maß Anarchie für das biedere Amerika. Es kam noch schlimmer – das geheiligte Sternenbanner, daß damals auch schlapp über einem vom Krieg zerrütteten Süd → Vietnam wehte, wurde eindeutig und frevelhaft geschändet. Die Flower Power-Botschaft »Let the Sunshine« in durchzog als roter Faden das Geschehen und das Kamasutra erlebte seine »Auferstehung«. – Und vor allem – es wurde ein Riesenerfolg (was es natürlich schon wieder fragwürdig machte – was sie nicht verstehen oder akzeptieren, absorbieren sie einfach, die Amis. Gute Methode, den Dingen die Schärfe zu nehmen. – Anm. d. Verf.). Regisseur Tom O´Horgan hatte das alles sehr überzeugend und raffiniert in Szene gesetzt – der Grenzfall zwischen künstlerischem Ausdruck und Politik (ohne das letztendlich naive Machwerk hier überbewerten zu wollen – wir sind in den 60ern! – Anm. d. Verf.) – Die Produktionskosten beliefen sich auf knapp 150 000 Dollar – allein wöchentlich spielte der Plot 310 000 Dollar am Broadway ein. Jeder amerikanische Unterhaltungskünstler von Andy Williams, Trini Lopez bis zu → 5th Dimension ("Aquarius – Let the Sunshine in") bediente sich aus dem Musical, was die Glaubwürdigkeit der ursprünglichen Intention nicht unbedingt erhöhte. Von der Original-LP wurden in 2 Jahren mehr als 3 Millionen Exemplare verkauft – auch in der BRD gab es eine Goldene dafür. – Bereits hier begann das Hippie-Movement in den Sümpfen des Kommerziellen zu versinken ... ! Es gab sogar eine rein religiöse Version unter dem Titel »Divine Hair«. Das Musical begann seinen Siegeszug und eroberte Europa, Japan und Australien. Diverse Mitschnitte erschienen, darunter auch Platten mit Songs, die für das ursprüngliche Musical ausgemustert worden waren. In den späten 70ern wurde es ruhiger um das Stück – und gerade zu diesem Zeitpunkt als das Interesse am geringsten war, verfilmte der tschechische Meisterregisseur Milos Forman ("Einer flog über das Kuckucksnest") das in die Jahre gekommene Musical. Mit viel Esprit und Aufwand – aber der Wind des Zeitgeistes hatte es bereits heftig eingestaubt – so daß der Film floppte. Das New York Magazine schrieb 1979: »Dieses archetypische Stück der 60er läuft einfach nicht in den 70ern (Zudem Hochblüte von Punk und New Wave – Anm. d. Verf.). Es kommt zu spät, um noch irgendeinen Schockwert zu haben und ist zu jung für Nostalgie-Gefühle. – Dieser Nostalgie-Effekt greift anscheinend in den 90ern wieder, das Stück fühlt heute wieder die Theater und Musentempel in der Provinz – vor allem in Deutschland (als echter und wahrer Hippie, der der echten und wahren → psychedelischen Rockmusik zugetan war, hat man das »Kaschperle-Theater« Hair sowieso nicht ganz ernst genommen – ein Musical über den Aufbruch zu neuen Ufern, da fehlte eindeutig die Ernsthaftigkeit, die wahre Intention – hier wurde aus Ideologie Unterhaltung gemacht. Das konnte der friedenskampferprobte Hippie nicht verknusen. – Anm. d. Verf.)

Haare

Waren sehr wichtig in den 60ern. Je älter die 60er wurden, desto länger die Zotteln – bei den männlichen Kindern der Hippie-Schöpfung.

Dafür hatte man allerlei zu erleiden. Diskriminierungen und Repressalien im Elternhaus und an der Schule – »mentales« Spießrutenlaufen im Stadtviertel und der Straßenbahn – Bemerkungen wie »Ist das jetzt ein Bub oder ein Mädel?« waren noch die harmlosesten. In der zweiten Hälfte des Jahrzehnts ergänzte meist noch der Vollbart das sympathische Erscheinungsbild. Worauf Geschlechtsverwechslungen selten, die Kategorisierungen aber oft sehr eindeutig wurden: Asozialer, → Gammler, Clochard, arbeitsscheues Gesindel, langhaarige Affen, Zigeuner – um wiederum nur die noch sozial verträglichen zu nennen. – Auch bei Frauen wurde das Rapunzel-Outfit von den männlichen Altersgenosse sehr geschätzt – je länger die Mähne, desto → hipper. (Ich durfte im Kampf um die Haare in den 60ern öfter mal im Keller Logis nehmen, da Papa drauf bestand, daß ich zum Friseur ging – ich seinem Wunsch aber leider nicht entsprechen konnte – daraufhin erließ er den Befehl: Strafübernachten im Keller – im Winter sehr angenehm ...! Mit altem Berufsmantel als Decke und Holzklotz als Kopfkissen! – Aber für seine Überzeugungen nahm man die härtesten Repressionen in Kauf. Die meisten jedenfalls. Man wollte ja schließlich nicht zum Verräter an sich selbst und an seinen Idealen werden. War schon auch eine fragwürdige Art von Heldentum. Das war sozusagen die Basisarbeit im Kleinen, in der Familie, der erste Schritt, der dann auch zur Zerrüttung der Familienverhältnisse führte – nach dem Motto: »Mutter, Dein Sohn sieht aus wie ein Penner!« – Antwort: »Ja dann tu doch was dagegen, sprich einmal ein Machtwort!« – danach konnte man die Revolution nach außen tragen ...! – In der Schule konnte das zu freundlich diskriminierenden Konfrontationen führen, wie: »Na, Du langhaariges Monstrum, wohnst wohl in einem hohlen Baumstamm oder bist wohl gerade aus einer hohlen Felsspalte gekrochen ...?« – Der Mann der diese ahnenforschenden Worte lässig über die Lippen brachte, war immerhin Doktor der »Schönen Künste« und Studienrat! – Deutschlehrer seines Zeichens. – Auf die Spitze trieb es allerdings der Kollege aus der Sparte Biologie, der die Abschreckung als Abschreckung vor einem verpfuschten Leben sah: »Morgen kommst Du ins Lehrerzimmer und zeigst Deinen Kolrabi vor. Wenn dann die Haare nicht geschnitten sind, schreibst Du das ganze Biologiebuch ab! Brotzeit hast Du dabei, ja? Gelernt hast du nichts! Setzen! Sechs!« – Der so gepeinigte Verfasser schrieb das Biologiebuch ab – das war keine Frage. Durch solch plumpe Repressalien ließ man sich in seinem Aufbruch nicht behindern. Was ist ein Biologiebuch im Leben eines Hippies? – Anm. d. Verf.)

2. Haare – Deutschsprachiger Titel des → Musicals Hair – Uraufführung in Deutschland 1969. – Das Tondokument/LP erschien unter dem Titel: Deutschsprachige Uraufführung/Haare – Polydor 1969.

Halluzinogene

Rauschmittel, deren Wirkung in erster Linie in der Veränderung oder Intensivierung der Sinneswahrnehmungen besteht und die dadurch Halluzinationen hervorrufen können, → LSD und → Mescalin.

Happening

Künstlerische Gemeinschaftsaktionen, die meist in einem »kreativen Chaos« ausarteten – da wurden Farben an die Wand geklatscht, Menschen und Tiere bemalt (dazu gab es Töne oder Näherungswerte zur Musik zu hören, laut und am besten atonal), Gedichte kreischend vorgetragen, Kleider zerschnitten und viele Spielarten mehr. Happenings bekamen dann zusätzlich eine sexuelle und manchmal auch politische Dimension – öffentliche → Bed-ins, friedliche Demonstrationen mit Musik, Blumen verteilen und ekstatischen Tänzen durften sich in den 60ern ebenfalls mit diesem Attribut schmücken. Hauptsache »Was los«! Heute würde man wahrscheinlich »geile Party« sagen, in Intellektuellenkreisen wäre es wohl eine »Vernissage mit Showprogram« (und Häppchen).

Hardin, Tim

Anspieltips: Tim Hardin 3 – Live in Concert (LP – 1968),
The Homecomin' Concert (CD-Line – 1981)

Eine der wirklich tragischen Figuren und Verlierer (but not a beautiful Looser – → Leonrad Cohen) der Rockgeschichte. Er wurde am 23.12. 1941 als Kind äußerst musikalischer Eltern in Eugene/ Oregon geboren. Zudem hatte Tim einen illustren Vorfahren, den Desperado und Outlaw John Wesley Hardin (LP-Titel von → Bob Dylan), der bereits mit seinen melancholischen bis depressiven Folksongs in die Tiefen des Blues eintauchte. Diese Wesenshaltung sollte Tim Hardin sehr bald zu eigen werden. Er kämpfte als GI in Indochina, die Eindrücke dort führten zu einer lebenslangen Drogensucht, die er immer wieder zu bekämpfen suchte – vergeblich. Er ließ sich Anfang der 60er in → Greenwich Village nieder und schockte die puristischen »Folkies« (→ Folk), indem er auf einer elektrischen Gitarre rumzupfte. Sogar für das intellektuelle Greenwich des Guten ein bißchen zuviel. Damals gab dort Dylan den rein »akustischen« Ton an (was sich 1965 ja radikal ändern sollte

– nicht zuletzt durch Hardins Einfluß). Als sich dann alle »elektrifizierten«, kehrte er größtenteils wieder zu akustischer Bescheidenheit zurück. Hardin schrieb in den 60ern einige der schönsten Balladen der Rockgeschichte, darunter »Misty Roses«, »Reason to Believe« (u. a. von Rod Stewart und → Brainbox gecovert), »Hang on to a Dream« (The Nice), »Lady came from Baltimore« und »If I were a Carpenter« (Four Tops, Tim Rose). Alle möglichen Zeitgenossen, Sänger und Gruppen, hatten mit Hardin-Songs zum Teil Welthits oder kamen zumindest in die amerikanische Top Ten und machten erheblichen Reibach – nur er selbst hatte so gut wie nichts davon. Der kranke, depressive Einzelgänger hatte kein Talent, sich öffentlich zu vermarkten, war sehr launisch und künstlerisch unstet – manche seine Live-Auftritte gerieten zu unfreiwilligen Selbstpersiflagen. Andere hatten allerdings eine Intensität, daß es einem kalt den Rücken runterlaufen konnte (empfehle in dieser Richtung das Album »Homecomin' Concert«, von der deutschen Plattenfirma Line, die sich gerne unterrepräsentierter Künstler mit erheblichem Risiko annahm, als CD auf den Markt gebracht. Das Album läßt einem die Seele gefrieren. – Anm. d. Verf.). Manche seiner Alben aus den 70ern konnten einem mit ihrer Weinerlichkeit, ihrem exzessiven Selbstmitleid und ihrer Sentimentalität, alles mit gedeckter Stimme vorgetragen und oft überarrangiert, ganz schön auf den Wecker gehen. Offensichtlich verkraftete er die Trennung von seiner Frau nicht, und wenn man ein »gebrochenes Herz« hörbar machen will, sind Hardins Lieder das intensivste Beispiel dafür, das man sich nur vorstellen kann. Letztendlich starb er daran – die wirkliche Todesursache war eine Überdosis → Heroin. Dieses Ende war anscheinend in einer exemplarischen Selbstdestruktion seit seiner Kindheit vorprogrammiert. Tim Hardin war unentwegt auf einer schmerzhaften Suche, er wußte aber nicht, was er finden wollte ... – Er wurde am 29. Dezember 1980, nur 6 Tage nach seinem 39ten Geburtstag und nur wenige Wochen, nachdem er das grandiose »Homecomin' Concert« (und gerade da schien er wieder Hoffnung geschöpft zu haben) gespielt hatte, in einer Wohnung in Los Angeles tot aufgefunden. Tim Hardin war ein reichbegabter Songwriter und Dichter, an guten Tagen auch ein hervorragender, wenn auch larmoyanter Interpret seiner Lieder – am Ende aber einer, der nicht loslassen und verzeihen konnte, und dem der Rock'n Roll und Amerika nicht verziehen haben. Heute ist er, aber nicht seine Lieder, fast vergessen. (Für mich bleibt er einer der »wahren« Menschen und Künstler des Rock – Anm. d. Verf.).

Harpers Bizarre

Anspieltip: The Secret Life of Harpers Bizarre (LP – 1968)

Kleine Verballhornung des Modemagazin-Titels »Harpers Bazare« – nette, fröhliche Vokal-Combo, die in einem lockeren, leichten Westcoast-Stil alte, amerikanische Schlager und Show-Melodien trällerten. Rockiges Material griffen sie erst auf ihrem 4. Album auf. Für die Hippiezeit lediglich von Interesse, da sie eine ganz nette Cover-Version von → Simon & Garfunkels »59th Street Bridge Song« in die Charts brachten.

Harris, Don »Sugarcane«

Anspieltip: Fiddler On The Rock (LP – 1970)

Hervorragender farbiger Geiger – geboren am 18.6.1938. War → Jerry Goodman der intellektuelle Virtuose mit der klassischen Ausbildung, so konnte Sugarcane Harris mit »nacktem Gefühl« überzeugen. Er spielte eine »Emotions-Fiddle«, daß es einem die Schuhe auszog. Eine Zeitlang wurde er mit Superlativen überhäuft wie – »in Feeling, Phrasierung und Timing unerreichbar«, »der einzig wahre Rockgeiger« (allzu viele gab es ja nicht). → Frank Zappa arbeitete auf seinem Album »Hot Rats« mit ihm zusammen, der englische »Papi« des Blues → John Mayall ging mit ihm auf Welttournee. Seine 1970er-LP »Fiddler on the Rock« spielte er mit brillanten Musikern, wie Harvey Mandel und der Rhythmussection von → Canned Heat ein, die auch John Mayall im Jahr zuvor begleitet hatten. Seine größte Medienpräsenz erreichte er auf den Berliner Jazztagen 1971. Da trat er mit einer eigenen Gruppe auf, machte aber auch in Verbindung mit dem legendären »Violin Summit« (zusammen mit Jean Luc Ponty, Nipso Brandtner und Michal Urbaniak – alles Geigenvirtuosen der verschiedensten Stilrichtungen) von sich reden. Danach wurde es rasch still um ihn (keine Ahnung warum – vielleicht ist er gestorben. Nicht zynisch gemeint, nur nie mehr was von ihm gehört. – Anm. d. Verf.).

Harrison, George

Anspieltip: Wonderwall (LP – 1968)

Der »stille« 4. Mann der → Beatles. Geboren wurde er am 25.2.1943 in ... na, Preisfrage ... jawoll, in Liverpool/GB. Wegen seiner abstehenden Ohren soll er angeblich gehemmt gewesen sein (kann ich ihm nachfühlen – Anm. d. Verf.). Aber auch mit Schlappohren kann man ein ultimativer Weltstar werden. 1958 hatte er eine Elektrikerlehre begonnen, wechselte dann aber doch lieber zur Elektrogitarre (so kann einen die Berufswahl doch künstlerisch beeinflussen) und übte sich die Finger blutig. 1959 kam er zu den Quarrymen, die → John Lennon 1955 gegründet hatte. Dort, so wie bei den Beatles, blieb er allerdings lange der Mann im Hintergrund bzw. wurde in den Hintergrund gespielt. Alles weitere ist in unzähligen Büchern über die Beatles beschrieben worden. Für die Hippie-Ära hatte Harrison allerdings auch eine Bedeutung, die losgelöst ist von der »Fab Four«. Relativ ungewollt wurde der introvertierte »Georgie« zum Trendsetter. Er interessierte sich früh für fernöstliche Mystik und Musik (vor allem für die Sitar). Diese setzte er auf dem Song »Norwegian Wood« (LP Rubber Soul – 1966) zum ersten Mal im Studio ein. Das löste, (obwohl die → Yardbirds solche Experimente bereits ein Jahr vorher unternahmen – die waren nur nicht so populär wie die Beatles) eine Indien-Hysterie bei den Plattenbossen, Produzenten, Musikern und letztendlich bei den Konsumenten dieser Musik aus. Plötzlich wollte jedermann nach → Indien. Die → Transzendentale Meditation (TM – → Maharishi Mahesh Yogi) und das beginnende Hippie-Fernweh trugen ihr Teil dazu bei. Harrison machte Nägel mit Köpfen, fuhr bereits 1966 nach Indien und nahm Unterricht bei dem Sitarvirtuosen → Ravi Shankar. Den brachte er denn auch gleich mit nach Europa (wenig später nach Amerika) und ebnete dem weltabgewandten Inder den Weg zum »Popstar«. Plötzlich steuerte Harrison die Richtung der Beatles. Er blieb auch nach dem Intermezzo der Beatles mit dem → Guru der indischen Weltanschauung treu. (Das jenseitige »nirwanische« Miteinander mit dem Yogi endete bekanntermaßen im Diesseits mit Zoff. Den bärtigen, weihevollen Inder machte es aber »ruckizucki« zum Multimillionär – die indischen »Halbgottheiten« hatten gemerkt, daß man mit Zaster auch in diesem schnöden Jammertal so manch transzendierten Gefühlschub bekommen konnte – daraufhin »wackelte« die nächsten Jahre und Jahrzehnte eine wahre Gurukarawane durch den Orient, was so manchem heiligen Mann einen bis 30 oder mehr Rolls Royce bescherte – → Baghwan.) Als die »Fab Four« sich trennten, startete Harrison umgehend eine Solokarriere und brachte gewagterweise bereits 1970 (die Beatles waren musikalisch noch gar nicht verwest) ein Triple-Album (→ Album) heraus – »All Things Must Pass« (wie sinnig – Anm. d. Verf.). Darauf präsentierte er sich als recht arroganter Besserwisser mit Predigerallüren und hoch erhobenem Weltverbesserungs-Moralzeigefinger – und landete einen absoluten Hit. Sein »My Sweet Lord« wird sogar heute noch von allen formatierten Weichspül-Radiosendern gedudelt. Sein Faible für den »Fernen Osten« unterstrich er nachdrücklich mit seinem → Concert for

Bangladesh. Die Einnahmen sollten den dortigen Kriegsopfern und Kindern zugute kommen – der Livemitschnitt dieses Konzerts (man ließ sich nicht lumpen – wieder ein Triple-Album) verkaufte sich millionenfach, nur wo die ganzen Mäuse im nachhinein so hingekommen waren, ließ sich buchhalterisch nicht mehr genau belegen. Das machte derartige Projekte zumindest zweifelhaft und brachte sie nachhaltig in Verruf (obwohl der gute, alte Harrison da wahrscheinlich am wenigsten dafür kann, da wird sich schon jeder entsprechend bedient haben – Peace! – Anm. d. Verf.). – So zerplatzte ein bunter Hippie-Luftballon nach dem anderen. Die nächsten Jahre wurde es dann still um GH, sein künstlerische Oeuvre der 70er war eher künstlerischer und geistiger Dünnschiß. Erst Ende der 80er langte der »vierte Beatle« wieder so richtig markig zu – zum einen mit den Travelling Wilburys, zum anderen mit einigen durchaus knackigen Solo-Alben (ohne Sitar und religiöse Verzückung).

Haschisch

→ Cannabis, auch Pot, Shit, Dope oder Gras genannt. Es gibt noch etliche Szenebezeichnungen mehr, aber das waren die gebräuchlichsten in Deutschland.

Hashbury

So wurde San Francisco in den 60ern auch »liebevoll« oder »verächtlich« genannt – vor allem die Ecke → Ashbury/Haights, da dort die → Haschischwolken wie Smog über den Dächern schwebten. Es wurde gekifft, was das Zeug hielt – entsprechende Kultur mit dem dazu passenden Kunstgewerbe machte sich schnell breit und ist heute noch in diesem Viertel zu bestaunen – allerdings nicht mehr in der Präsenz wie in den späten 60ern.

Havens, Richie (Richard P.)

Anspieltip: Woodstock (Triple-LP – 1969), Stonehenge (LP – 1970)
Auch einer der »Überzeugungstäter« und sicherlich heute noch ein Hippie mit Leib und Seele. Er ist der Sänger der wahren Nationalhymne der → Flower Power-Bewegung – »Freedom«! Geboren wurde Richie Havens am 21.1.1941 in New York. 1962 ging er aus den Slums seines Vorortes nach → Greenwich Village, dem Zentrum des → Folk, und ließ sich von Peter, Paul & Mary dazu inspirieren, Balladen zur Gitarre vorzutragen. Gesang wie Gitarrenspiel sind recht eigentümlich – die Gitarre schrubbt er oft mit atemberaubenden Tempo, daß die Sai-

ten nur so scheppern, die tiefe E-Saite greift er von hinten mit dem Daumen (Klosettdeckel von Pratzen). Sein Gesang ist brummelig monoton und fällt manchmal in tiefen Sprechgesang zurück – seine Stimme hat nur eine beschränkte Modulationsbreite. Das gleicht er durch gefühlsmäßige Intensität, motorische Präsenz und seine eigenwillige Interpretationsform locker aus. In den 60ern und auch später übernahm er gern Material von Sangeskollegen (u. a. von den → Beatles, den Bee Gees und von → Bob Dylan). Über reine Cover-Epigonalität setzte er sich hinweg, indem er den Liedern eine düstere Schlichtheit verlieh bis zur Unkenntlichkeit des Originals. Die (Musik-)Welt wurde durch das → Woodstock-Festival 1969 auf ihn aufmerksam, als er dort (fast zahnlos – heute hat er eine blitzendweiße Prothese) immer wieder das gleiche Wort zu einer atemberaubend derb und schnell geschlagenen Akustikgitarre wiederholte – »Freedom« ... der Song bestand eigentlich nur aus diesem plakativen Slogan. Ab diesem Moment war er Kultfigur für die Hippiegemeinde auf der ganzen Welt. Mit dem

Richie Havens: Schrubbt seine Gitarre mit atemberaubenden Tempo.

schweißtriefend und emotional berstend vorgetragenen Stück traf er den Lebensnerv der Blumenkinder haargenau, in die tiefste Seele, ins Mark – um »Freiheit« ging es, und die kann man bekanntlich nicht verlieren, da man sie auch nicht besitzt! – Dieser Auftritt brachte ihm auch in Westdeutschland und Europa gute Plattenumsätze. Nach der gröbsten Hippie-Welle wurde es aber bei uns wieder sehr ruhig um ihn. In den USA hat er seit 1966 fast 30 Platten veröffentlicht, die bis heute ihre kleine Fangemeinde finden. Der »sanfte Riese mit dem freundlichen Lachen« wird aber immer eine der herausragenden Symbolfiguren der 60er bleiben. (Ich habe R. H. 1987 für einen Radiosender live interviewt. Es war eines der nettesten und freundlichsten Gespräche, die ich in diesem Bereich geführt habe. Vor lauter Aufregung und Rührung – die Woodstock-Legende saß ja schließlich einen halben Meter vor mir – vergaß ich glatt, Richies Antworten auf meine Fragen ins Deutsche zu übersetzen, bis mir ein Techniker über das Head-Set ins Ohr brüllte: »Mensch, übersetz endlich!« – Nach dem offiziellen Teil der Begegnung saßen wir noch zwei Stunden zusammen, und R.H. komponierte auf die Schnelle ein kleines Liedchen für mich persönlich. Darauf bin ich heute noch fast kindlich stolz. Die Begegnung mit ihm – seine ruhige, freundliche Ausstrahlung, sein fröhliches Lachen, seine gelebte Überzeugung ließen mich auch wieder – jedenfalls kurzzeitig – »Hoffnung« schöpfen, daß diese Welt doch noch mal »besser« wird. – Thanks, Richie!)

Hawkwind

Anspieltip: Hawkwind (LP – 1970)

Die einen schworen auf die Gruppe, die anderen hielten sich die Ohren zu (wie es ja oft so ist!). Mit der Arroganz von Dilettanten entwarfen sie Songs, die einem die Fußnägel hochkrempeln konnten, erst recht, wenn man vielleicht die eine oder andere Substanz zu sich genommen hatte. Eigentlich waren die Jungs Roadies (Bühnenarbeiter und Techniker), die es irgendwann satt hatten, den Stars die Verstärker und Boxen hinterherzutragen. Keiner beherrschte sein Instrument wirklich gut – aber sie machten eine Menge wirrer und lauter Geräusche – waren also prädestiniert für die → »Psychedelic-Ära«. Ihre Weltraumklänge mit teilweise harter Rhythmusführung fanden aber ein begeistertes, wenn auch kleines Publikum. Die Hawkwind-Crew war denn auch selbst am meisten überrascht, als ihr Song »Silver Machine« plötzlich in den Charts auftauchte. Mit diesem Erfolg im Rücken inszenierten sie auf der Bühne einen »Space-Rock«, daß die Lichter nur so flackerten. Monumentale Lightshow, verrückte Kostüme, jede Menge Elektronik und dazu noch eine zuckende »Bewegungstänzerin« (Stripperin) auf der Bühne ließen ihre Auftritte so richtig »kultig« werden. Ihr Publikum bestand meist aus → Kiffern und → Acid-Heads, denen es vollkommen wurscht war, in welcher Qualität Hawkwind sein Musik ablieferte – Hauptsache wirr, laut und heftig. Eigentlich hatten sie mit der Hippiezeit nur diese etwas dekadenten Fans gemein und für den Punk war es noch deutlich zu früh. 1975 lösten sie sich nach mehreren Alben (darunter auch Konzeptalben mit literarischer Grundlage) auf – vor allem auch, weil sich ein Eklat an den anderen reihte. Drogenbesitz, ihre Single »Urban Gorilla« rief angeblich zur Gewalt auf, die Plattenfirma zog sie daraufhin zurück (nachdem bereits etliche Sprengsätze in London hochgegangen waren). In Deutschland konnten vor allem → Amon Düül-Fans etwas mit der Gruppe anfangen, diese hatten derartige Space-Experimente in »krautiger« Form ja bereits vorweggenommen. Wiederbelebungsversuche von Hawkwind waren dann ab 1976 durchaus erfolgreich, und die Gruppe quietsche, piepste und schepperte noch munter in den frühen 80ern herum, obwohl sie ihren Space-Rock nur noch selbst kopierten und beim kritischen Hörer eher Schlafanfälle oder nervöse Unruhe hervorrufen konnten. Aber wie → Grateful Dead in USA hatten auch Hawkwind eine eingefleischte (wenn auch weit geringere) Fangemeinde, die ihnen zu jedem Konzert, oder sollte man besser »Sound-Zeremonie« sagen, nachreisten.

Hells Angels

Rockergruppierung, teilweise mit militanter Ausrichtung. Gegründet in Los Angeles. Waren unter anderem auf dem Rockfestivals von → Altamont (mit fatalen Folgen) und → Fehmarn als Ordnerpersonal (Hamburger Rocker) engagiert. Machten von ihrem Gewaltpotential des öfteren rigoros Gebrauch.

Hendrix, Jimi (James Marshall)

Anspieltip: Electric Ladyland (Doppel-LP – 1968)

Geboren am 27.11.1942 in Seattle/Washington. »Der« Gitarrist der Flower Power-Zeit! Damit soll den vielen anderen ausgezeichneten Saitenkünstlern nicht unrecht getan werden, aber Hendrix verkörperte das Lebens- (und Todes)gefühl dieser Umbruchszeit wie kein anderer, neben → Jim Morrison und → Janis Joplin. Alle drei hatten natürlich etwas forciert Legendenbildendes gemeinsam: Sie verbrämten ihre irdische Anwesenheit durch einen frühen Tod, den Rock'n Roll-Tod nach dem → Who-Mod-Motto – »will die before get old« (»My Generation« – 1965). Mit auftoupierten Haaren, schrill-bunten Klamotten, behängt mit allerlei Ketten und Klimbim, verziert mit bunten Seidentüchern (eines davon trug er oft als Stirnband) präsentierte er sich auf der Bühne als musikalischer Hexen- und Zeremonienmeister, als 6-Saiten Dämon, als Rock-Wizard. Er wurde letztendlich nicht glücklich damit, ein Rock-Gott geworden zu sein – Drogenexzesse, Pillensucht und dazu Alkohol zermürbten Hendrix zusehends. Seine musikalische Präsenz unterlag oft erheblichen Reibungsverlusten und Qualitätsunterschieden. Auf dem → Monterey Festival (1967) benetzte er seine Gitarre mit Benzin und steckte sie in Brand, auf dem → Woodstock Festival (1969) zerstückelte er die amerikanische Nationalhymne mit verzerrten Gitarrentönen und zerriß Amerikas Heiligtum quasi musikalisch. Er war ein musikalischer Brandstifter, und diese Hymne wurde sein Schwanengesang für den »American Way of Life«. Das brachte ihm natürlich in der breiten US-Öffentlichkeit wenig Sympathien ein. Die Medien schütteten all ihre routinierte Feuilleton-Gülle über ihm aus – und er war trotz seiner anarchistischen Purzelbäume auf der Bühne sensibel genug, sich solche Dinge zu Herzen zu nehmen. (Apropos sensibel – Jimi Hendrix litt, was damals niemand wußte, unter extremer Höhenangst. Jeder Auftritt kostete ihn also auf Grund der erhöhten Bühne massive Überwindung. Um so bewundernswerter war sein berserkerhaftes Agieren on stage so nah am »Abgrund« des Bühnenrandes.) Frauenverbände und religiöse Eiferer verteufelten seine Show als obszön und pervers, Soziologen sahen in seinem Gehabe die sinnlose Gewalttätigkeit einer verlorenen Generation. – Der Aufstieg zu einem derart »gefährlichen« Künstler vollzog sich aber auf durchaus steinigen Wegen. Jahrelang spielte er die »letzte Geige« (Gitarre) bei Gruppen wie den Isley Bros. oder bei der Combo von Little Richard. Im berühmten → Greenwich Village in New York, wo er unter dem Pseudonym Jimi James in einem kleinen Club spielte, wurde der ehemalige Animals-Bassist Chas Chandler auf ihn aufmerksam und nahm ihn augenblicklich unter Vertrag. Eine Entscheidung, die er, retrospektiv betrachtet, nie bereuen sollte. Die alte Geschichte mit dem Propheten, der im eigenen ... mehrfach erwähnt. Chandler nahm ihn mit nach England, verpaßte ihm das entsprechende Outfit und produzierte sein erstes Album. Schon war der Mythos geboren. »Hey Joe« und »Purple Haze« knallten förmlich in die Top Ten in GB (mit starker Verzögerung schwappte die Welle dann auch wieder zurück nach den USA) und schon ein Jahr später wählten ihn die Leser des »Melody Maker« in dem sog. jährlichen Pop-Poll zum besten Rocksolisten der Welt. Atemberaubendes Tempo, nachdem es anfänglich so schneckenhaft vorangegangen war. Er wurde auch einer der ersten wirklichen Großverdiener des Rock-Circus. Ob er von der Kohle aber auch entsprechend was sah, liegt eher im Dunkeln. Diesen plötzlichen kometenhaften Aufstieg schien er nur schwer zu verkraften: Drogen und davon immer mehr, Groupies und davon auch immer mehr – er zerschlug schon mal das Mobiliar in adretten Hotelzimmern unter dem Motto »egal, was es kostet« – das konnte auf die Dauer nicht gut gehen. Zum Superstar hochstilisiert und teilweise auch mit üblen Diffamierungkampagnen konfrontiert, verlor er die Bodenhaftung, die ohnehin nicht sehr stark bei ihm ausgeprägt war. Er hob immer mehr ab und trieb Raubbau mit Psyche und Körper. Er wurde der → »Gypsy«, das → »Voodoo Chile« (Songtitel) der Szene. Nachdem sich auch noch die Aufnahmen zu »Electric Ladyland« als sehr spannungsreich erwiesen, trennte sich Hendrix einfach ratzfatz von zwei Dritteln seiner »Experience«. Er verließ England wieder, das sein Sprungbrett in den Rock-Olymp zu Lebzeiten war und ging nach New York, wo er sein eigenes Studio »Electric Lady« einrichtete. Verhaftungen wegen Rauschgiftbesitz folgten (Heroin wurde bei Hendrix gefunden, es ist aber relativ sicher, daß Hendrix kein → Junkie war), strapaziöse Tourneen schlossen sich an, mit dem explosiven Höhepunkt auf Woodstock (seine Gruppe für diese Auftritte nannte er Sky Church). Die nächste Station war die »Band of Gypsies«, mit → Buddy Miles am Schlagzeug und Bill Cox am Baß. Auch nur ein kurzes Intermezzo mit einem Livekonzert im → Fillmore East. Miles ging wieder, Mitchell kam wieder – ein Durcheinander, und Hendrix Gesundheitszustand wurde immer mieser. Er lieferte teilweise katastrophale Konzerte ab, verfiel immer öfter in Depressionen (vor allem deswegen), weil er den Funken nicht mehr so zünden konnte auf seiner »Machine Gun« (Gitarre). 1970 spielte er seine letzte Studio-LP ein »The Cry of Love«, die wieder ein Bombenerfolg wurde. Jetzt hätte es wieder aufwärts gehen können, so schien auch Hendrix zu empfinden (laut Aussagen von Zeitgenossen) – nur konnte er diese Impulse nicht konservieren. Festivals folgten, → Isle of Wight, da lief es noch, → Fehmarn – ein Disaster. Er war am Ende, fertig, kaputt, ausgelaugt, nervlich zerrüttet. Er floh wieder nach London, schmiedete Pläne, → jamte ein wenig mit Kollegen in Clubs – in der Nacht zum 18.9.1970 fand ihn seine damalige Freundin, die Deutsche Monika Dannemann, nachdem sie nur kurz das Haus

Jimi Hendrix: Gitarren-Gott und Sound-Satan.

verlassen hatte, in seinem Erbrochenen liegend in seinem Bett auf. Hendrix, der immer eine riesige Menge Barbiturate (Schlafmittel) konsumiert hatte, war im Schlaf erstickt. Noch heute rätselt man, ob er hätte gerettet werden können, wenn die Ambulanz früher gekommen wäre. Monika Dannemann behauptete jedenfalls, er hätte noch geatmet, als er auf die Trage gelegt wurde. Müßige Spekulationen – mit Jimi Hendrix starb der Gitarrist der Rockmusik, der alles hatte, um die Attribute dieses Show-Biz zu verkörpern. – Zynisch muß man ergänzen, kaum war er tot, schlug der Kommerzgeier seine Krallen in den noch warmen Leichnam. Alben erschienen unter dem Namen Hendrix, das konnte man fast nicht mehr fassen – es war unglaublich, wer alles absahnen wollte. Und wenn er nur 3 Rhythmusakkorde bei irgendeiner Wald- und Wiesencombo geschlagen hatte, kam das gnadenlos auf den Markt – natürlich unter seinem Namen. Livemitschnitte erschienen, da konnte man nur noch erschrecken – aber Fans machen ja vor nichts halt, wenn es um ihr Idol geht. So verkauften sich auch diese miserablen posthumen Werke großartig. Schade! Die Leichenfledderei nahm jahrelang

kein Ende. Das Bild, das dadurch von Hendrix skizziert wurde, wird ihm in keiner Nuance gerecht. War er eine tragische Figur seiner Zeit – oder war es die zwangsläufige Folge einer gewissen Hybris unter dem Motto »The good Ones die young«? Die Popmaschinerie jedenfalls hatte Jimi Hendrix in unverschämt rücksichtloser Art ausgebeutet. – Eine äußerst empfehlenswerte Kompilation für Fans und solche, die es etwas verspätet werden wollen, erschien 1997 unter dem Titel »First Rays of

the New Ring Sun« auf CD – alle Titel wurden neu bearbeitet und im AAD-Verfahren digital überspielt. F. Schöler schrieb in »Stereo« 7/97: »The real experience.«

Heroin

Heroin wird aus Opiumrohmasse (Schlafmohnkapsel-Saft) durch mehrfache chemische Umsetzung des Morphins gewonnen. Neben Morphin enthält die Schlafmohnkapsel weitere Stoffe, die zum Teil eine ähnliche Wirkung haben. Heroin wurde praktisch erfunden und hergestellt, um Morphiumsüchtige von ihrer Sucht zu heilen – daß Heroin bei weitem schneller süchtig macht als → Morphium, hat man erst gemerkt, als es schon zu spät war. Traditionell wurde in den Ländern, in denen Schlafmohn angebaut wird, auch die Rohmasse selbst geraucht. Siehe China zur Zeit des Opiumkrieges. Heroin ist die zur Zeit in der Drogenszene noch am meisten konsumierte Droge, verliert jedoch gegenüber dem → Kokain (Cocain) an Boden. Seit etlichen Jahren ist eine Kombination zwischen Heroin und Cocain (unter den Namen: Speedballs oder Cocktail) im Vordringen. Diese Kombination hat besondere Bedeutung, weil sie sehr aggressivitätssteigernd ist, mithin vermutlich auch an der zunehmenden Gewaltbereitschaft innerhalb der »Scene« beteiligt ist. Bei der Einnahme wird meist die Injektion in die Venen bevorzugt (bringt schnelle und starke Wirkung). Außerdem kann es geraucht, gesnieft oder geschluckt werden. Opiate haben schmerzstillende und euphorisierende Wirkung. Die stärkste Euphorie erzeugt Heroin. Sämtliche negativen Empfindungen wie Schmerz, Leeregefühle, Sorgen, Unwillen oder Angst werden schon kurz nach der Einnahme zugedeckt, hinzu kommt ein momentan spürbares Hoch- und Glücksgefühl (»Flash«). Schon ein kurzzeitiger, regelmäßiger Konsum kann psychische und körperliche Abhängigkeit erzeugen. Es treten Entzugserscheinungen auf, wenn kein Stoff zugeführt wird. Akute Gefahren sind Bewußtlosigkeit und dabei Erstickungsgefahr durch Erbrochenes, Atemlähmung mit Todesfolge bei Überdosierung oder giftigen Beimengungen. Besondere Risiken sind Infektionen (Geschwüre, Hepatitis, Aids) durch unsterile Spritzen, Leberschäden, Magen- und Darmstörungen. Weitere Gefahren kommen durch Beschaffungskriminalität und Prostitution hinzu. Für die Suchterzeugung sind spezielle Rezeptoren im Nervensystem verantwortlich, die vermutlich in ihrer Anzahl durch den Drogengebrauch erheblich zunehmen und – wie beim

Jimi Hendrix: Explosiver Höhepunkt in Woodstock.

Gesunden auch – durch Substanz befriedigt werden müssen. Beim nichtsüchtigen Menschen reichen die körpereigenen Mengen an Substanz (Endorphine) aus, der Süchtige muß wegen dieses unstillbaren Verlangens Morphine – egal welcher Art – zu sich nehmen.

Herr der Ringe

Gesamtausgabe: Klett-Cotta (6 Bände)

Märchentrilogie von J.R.R. Tolkien, mit dem Prologband »Der kleine Hobbit«. War der Beginn der bis heute »boomenden« Fantasywelle, und im Rückblick konzeptionell und literarisch das reichhaltigste und beste Epos diese Genres. Als die Märchen- und Traumwelt der Hippies Risse und Sprünge bekam, tauchte man gerne in derart fiktive Welten ein und ließ sich in längst vergangene oder nicht existente Zeiten entführen. »Der Ringkrieg« war ein Märchen von archaischer Gewalt, mit liebenswerten (Bilbo und Frodo Beutlin) und gar fürchterlichen Personen (allein schon »Sauron, der Dunkle«, da konnte man förmlich ins

Herr der Ringe: Fantasy-Epos der Guru-Generation.

Schlottern kommen), mit enormer Spannung, unglaublich akribischer Recherche und einer Menge (britischen) Humors. Die Entstehungsgeschichte des »Herr der Ringe-Kosmos« ist in dem streng genealogischen Werk »Das Silmarillion« beschrieben. In der Folge gab es Hobbitfiguren, -kalender, -gesangsbücher, -landkarten, -duftkerzen und Sekundärliteratur stapelweise, außerdem literarische Exponate von Tolkien, von denen er nicht mal wußte, daß er sie geschrieben hatte. (Sehr spannend zu lesen, empfehlenswert – auch für »Erwachsene« – Anm. d. Verf.)

Hesse, Hermann

Der deutsche Nobelpreisträger für Literatur (1946) hatte einen enormen Einfluß auf die Hippie-Generation (wird auch heute noch auf der ganzen Welt gelesen und ist einer der meistverkauften Autoren weltweit – nur im eigenen Lande galt und gilt der Prophet mal wieder recht wenig! – Sein Kollege Alfred Döblin bezeichnete ihn sogar als »langweilige Limonade«.). Hesse beschäftigte sich intensiv mit indischer Mythologie, Philosophie und Religion. Seine Werke waren somit prädestiniert, einer nach Selbstfindung und Identifikationssymbolen gierenden Jugend den Weg (zumindest ein Stück weit) zu weisen. Das »Glasperlenspiel«, »Siddharta« und vor allem der »Steppenwolf« erreichten in den 60ern ungeahnte Auflagen (der Verleger ist immer noch am Zählen ...) und hatten nachhaltigen geistigen Einfluß auf viele Hippie-Protagonisten. Bekanntestes Beispiel ist die Rockgruppe → Steppenwolf, die der Deutschamerikaner John Kay ins Leben rief, offensichtlich nachhaltig von HH inspiriert.

High

Beschreibt den Zustand nach der Einnahme von bestimmten Drogen – → Haschisch, → LSD, aber auch → Heroin und → Speed. Das konnte bis zu ekstatischen Momenten führen. »High sein« bedeutete aber nicht zwangsläufig, daß es einem »gut« gehen mußte, im Prozeß der Drogenwirkung konnte sich die Stimmung und das psychische wie physische Empfinden radikal ändern. Es konnte zu Platzangst, Paranoia, Schweißausbrüchen, Angstzuständen diffuser Art, Halluzinationen und Schreckensvisionen plastischer Ausformung kommen. → Horrortrip. Man kann aber auch allein durch Musik oder ein Naturerlebnis »high« sein.

Hip

War ursprünglich ein Begriff aus der → Beat-Terminologie. »Hip sein« bedeutete Bescheid zu wissen, durchzublicken, tiefgehende Erfahrungen zu haben, also »cool« zu sein, weil man die Welt sieht, wie sie ist und sich keine Illusionen macht.

Hippie

Singular: der Hippie oder ein Hippie (kommt heute meistens allein)
Plural: die Hippies oder eine Horde

Hippies, ['hipi:z] Blumenkinder, Bez. für die meist jugendl. Anhänger einer Protestbewegung, die Mitte der 1950er Jahre in den USA ihren Ausgang nahm u. – bes. zw. 1965 u. 1968 – in den westl. Industrienationen ihren Höhepunkt hatte (Gammler, Provos u.a.). Die H. bildeten eine Art Subkultur u. setzten sich durch unkonventionelle Erscheinung (lange Haare, bunte Kleidung) Lebensweise von der Gesellschaft ab! – So steht es im Bertelsmann-Universal-Lexikon! Da muß man ja kaum was hinzufügen, außer vielleicht die Lebensart der 60er. Mit dem Wort Hippie verwiesen die jungen Leute auf das Lebensgefühl und die Geisteshaltung der → Hipsters in den 40er und 50er Jahren. Sie wollten also Leute sein, denen man nichts vormachen kann, die die (politische wie gesellschaftliche) Realität erkennen, wie sie ist und sich folglich abwenden von gesellschaftlichen Normen und Zwängen, Konsumterror, Kriegsgewinnlern, verlogenen Politikern usw. – nicht nur an der Oberfläche kratzen, tiefer blicken, die wirklichen Zusammenhänge verstehen – sich von der biederen, lackierten, aber verlogenen Bürgerlichkeit nicht an der Nase herumführen lassen. – Bei Otto-Normalverbraucher war das Wort Hippie allerdings ein abwertendes Wort, ein Schimpfwort für Nichtstuer, → Gammler, Langhaarige und sonstiges arbeitscheues Gesindel. –

Hippy

Außerlich kühl, innerlich aber intensiv und emotional tiefgehend mitempfindend und miterlebend sein.

Hipster

Ein Hipster hat den Durchblick. Ist einer, der Bescheid weiß, dem man nichts vormachen kann. Ausdruck der → Beat-Generation. Einer, der sein Leben und sein Erleben selbst steuern kann, quasi der »amerikanische« Typus des Existentialisten.

Hitch-Hike

Per Anhalter fahren – → Trampen. In den USA gang und gäbe. Erlebte in den 60ern auch weltweit, sogar in Deutschland einen Boom. Obwohl der Deutsche an sich ja etwas Probleme mit einer derartigen Lebenseinstellung hat, – vor allem als Autofahrer sieht er meist nur den schmarotzenden Gedanken der Ambition – und schließlich könnten ja die Autositze durch solch einen schmuddeligen → Gammler Schaden nehmen. Möglicherweise hat der auch noch Ungeziefer und will einen vielleicht sogar berauben und umbringen (als → Manson die Hippies in Mißkredit brachte, ging es mit dem Mißtrauen los), was aber respektive der Autositze nicht die finale Angst des Wagenlenkers war. Schüler und Studenten wollten einfach was von der großen weiten Welt sehen, Kohle war Mangelware, also hielt man den Daumen raus und wartete bis jemand geneigt war, anzuhalten und einen mitzunehmen. Erlebnisreisen zu geringen Kosten. Die weniger Mutigen und finanziell Bessergestellten (meist Töchter aus gutem Hause) bevorzugten das sog. »Inter-Rail-Ticket«. In Amerika soll es ja angeblich flutschen, in europäischen Ländern ist laut dokumentarischer Statistiken von Vieltrampern ein sehr unterschiedliches Mitnahmeverhalten festzustellen – England (gut), Deutschland (geht so), Frankreich (mies), Italien und Griechenland (hervorragend), Schweden (katastrophal). – (Ich stand einmal in Schweden vor einer Ortschaft namens Örkelljunga 19 Stunden und der erste, der anhielt war bezeichnenderweise ein Australier. Ursprünglich wollte ich ans Nordkap, vor Stockholm brach ich die Reise dann ab und entschied mich für Griechenland. Seitdem habe ich so das eine oder andere Ressentiment gegen das Land der Wikinger, vor allem, nachdem ich feststellen mußte, daß an den Tankstellen »labberiges« Toastbrot etwa 6 DM kostete, ein dickes Pornoheft aber schon für 1,80 DM zu haben war. Und das Rauchen konnte man ebenfalls vergessen bei den Preisen (Tabaksteuer) in Europas erstem Wohlfahrtsstaat. – Anm. d. Verf.)

Ho Chi Minh

Spitzbärtiger Spitzbube, der in den 60ern die Amis ganz schön ärgerte und auf Trab hielt. (Unter dem Trauma, dessen Vater er war, leiden sie heute noch – Anm. d. Verf.) – Vaterfigur des → vietnamesischen Freiheitskampfes und Galionsfigur des studentischen Widerstandes in USA und vor allem in Europa. – Der berühmte Schlachtruf »Ho Ho Ho – Ho Chi Minh« gellte bei → Demos lauthals durch saubere westdeutschen Straßen und Alleen. – Ho Chi Minh, eigtlich Nguyen Ai Quoc, geboren 1890, gestorben 1969, vietnamesischer Revolutionär und Politiker mit legendärem Ruhm; organisierte die → Guerillatruppe Viet-Minh, mit der er zuerst gegen die Japaner, dann gegen die Franzosen und seit 1954 gegen das mit den USA verbündete Süd-Vietnam erfolgreich kämpfte; rief 1945 die Republik Vietnam aus und wurde deren Staatspräsident. – Viel im Munde geführt, doch wohl kaum verstanden von denjenigen, die seinen Namen am lautesten brüllten. – War aber eine ungemein praktische Integrationsfigur, um der Studentenrevolte den ideologischen Unterbau zu liefern (Neben Lenin, Mao und Marcuse). Nie war er so wertvoll wie in den 60ern ... wurde zum erklärten Feindbild der bürgerlichen Elterngeneration.

Hobo

Nichtseßhafte (selbst nennen sie sich Berber), teilw. diskriminierend Landstreicher, Obdachlose, Penner, Stadtstreicher, Tippelbrüder, in den USA Hobo. Bezeichnung für Personen, die ohne gesicherte wirtschaftliche Lebensgrundlage umherziehen oder sich in einer Einrichtung für Nichtseßhafte aufhalten. Hobos reisten in den USA oft illegal mit den großen Überlandzügen, indem sie während der Fahrt auf- und absprangen. Dabei kam es immer wieder zu Todesfällen. Auch das Zugpersonal war von den blinden Passagieren meist nicht begeistert und entwickelte perfide Methoden, die Tramps aufzuspüren und dann meist zu verprügeln oder verhaften zu lassen. Die schlimmste Methode war das »Chaining«, mit langen Eisenketten schlugen die Zugarbeiter unter die Waggons, in deren Gestänge sich die Hobos oft versteckt hielten.

Hoffman, Abbie

Amerikanischer Studentenführer der 60er. Entwickelte sich zu einem Mentor für die Hippies. Prägte nach dem Konzert auf Yasgurs Farm (→ Woodstock) den Begriff der »Woodstock Nation«. Damit waren all die Menschen gemeint, die gemeinsam, miteinander, den Slogan → Love, Peace & Happiness auf den Lippen, aus dieser eine bessere Welt machen wollten, eine Welt der Liebe und des Verstehens – ohne Kriege und ohne Rassenhaß. Peace Forever! – → Jerry Rubin.

Hopkin, Mary

Das Fotomodell Twiggy hatte sie an die → Beatles weiterempfohlen. Diese nahmen sich ihrer an und Paul McCartney produzierte eine Platte mit ihr – die Singleauskoppelung war das ellenlange »Those were the Days« – eine alte russische Volksweise im Popgewande. Die Mammutsingle wurde ein Riesenwelthit. Die Presse überschlug sich – »Größte Vokalistin seit Edith Piaf« und solchen Schmonzes mehr – war maßlos übertrieben, die 2. Single floppte bereits mäßig und McCartney verlor das Interesse an ihr (ja ja, auch die Beatles waren böse Buben – und das in der Hippiezeit!) Das »Pop-Aschenbrödel« mit dem pubertären Sopran geriet denn auch bald wieder in Vergessenheit.

Hopper, Dennis

Heute ein Weltstar als Regisseur, Schauspieler (Blue Velvet) und auch als Maler und Bildhauer. Am Beginn seiner Karriere zeichnete sich ein derartiger Erfolgaber durchaus noch nicht ab. Es lief eher zähflüssig an. Die Wende kam, als er das Drehbuch zu → Easy Rider schrieb und auch einen der beiden Titelhelden mimte.

Horrortrip

Extreme Wirkung eines → LSD-Trips. Der Trip gerät außer Kontrolle (nicht unbedingt die Regel, aber durchaus häufig). Dabei können wirkliche Horrorvisionen auftreten, Panikanfälle, massive Angstzustände, Verzerrung der Optik bzw. des räumlichen Empfindens, gestörtes Wärme- und Kälteempfinden, wilde Halluzinationen, Paranoia und sonst noch ein paar nette Psychofilmchen. Deshalb kam Ende der 60er bei LSD-Schluckern die Neigung auf, den Trip nur mit einem Tripführer zu nehmen. Eine Person, die durchaus LSD-Erfahrung haben mußte, blieb sozusagen nüchtern und versuchte die schlimmsten Eskapaden (falls notwendig) durch beruhigendes Zureden oder Körperkontakt aufzufangen. – (Ich habe einmal auf → Acid literweise Blut aus dem Kleiderschrank tropfen sehen und eine Seite der → King Crimson-LP »In the Court of the Crimson King« erschien mir subjektiv wie mindestens 12 Stunden lang. Die Seite bot übrigens lächerliche 21 Minuten Musik. Dabei fühlte ich mich bewegungslos ans Bett gefesselt – 12 Stunden! Real war es, wie erwähnt, vielleicht eine halbe Stunde. – Anm. d. Verf.)

Hot Tuna

Anspieltip: Hot Tuna (LP – 1970)

Ableger von → Jefferson Airplane (Jack Casady, Jorma Kaukonen und einige andere Musiker, unter anderem auch der Blues-Fiddler »Papa« John Creach, der nicht eine einzige Note kannte, aber aufspielte wie ein Bayou-Teufel), spielten schlichten Country-Blues, sozusagen als Relax-Programm zu den anstrengenden musikalischen → Acid-Ausflügen der Muttergruppe.

Hunt, Marsha

Sie war der Star der englischen → Hair-Inszenierung. Die schwarze Schönheit mit der → Afro-Look-Frisur erregte massives Aufsehen. Sie war Modell für Modezeitschriften, in englischen Fernseh-Shows dieser Zeit Dauergast und auch in den Plattenstudios laufend präsent. 1966 war sie nach England gekommen, (geb. in USA, Studentin der Anthropologie u. a. in → Berkeley) sang bei Alexis Korner, dem Urvater der englischen Bluesbewegung, machte nach ihrer Musical-Karriere einige Soloplatten, ließ die Sangeskunst dann aber schnell sein, als sie ein Baby erwartete. Sie versuchte später ein Comeback, das allerdings nicht besonders ausfiel, obwohl sie eine talentierte Sängerin war. 1972 machte sie noch einmal Schlagzeilen durch die Behauptung, Mick Jagger sei der Vater ihres Kindes. Wird ja gerne genommen, der alte Stone, auf der Suche nach dem entsprechenden Vater, wenn man es nicht mehr so genau weiß (ob Jagger die Vaterschaft anerkannte, ist mir leider nicht bekannt.- Anm. d. Verf.)

Hunter, Meredith

→ Altamont. Wurde auf dem Rockfestival mit den → Stones von Ordnern erstochen.

Huxley, Aldous

Huxley, Aldous Leonard, geboren 1894, gestorben 1963, englischer Schriftsteller. Lebte in Kalifornien. Er schrieb satirische Romane, fortschrittskritische Utopien wie »Brave New World« (Schöne neue Welt), »Islands«, aber auch Kurzgeschichten, Lyrik und Essays. Seine eher subjektiv-wissenschaftliche Betrachtungen »The Doors of Perception« (»Die Pforten der Wahrnehmung«) und »Heaven and Hell«, in denen er von seinen Erfahrungen mit bewußtseinserweiternden Drogen wie → Meskalin und Psilocybin berichtete, machten ihn für die 60er äußerst interessant und verschafften ihm einen ungemeinen Popularitätsschub. Leider ein paar Jahre zu spät, da er bereits 1963 verstarb.

I

Ian, Janis

Anspieltip: Janis Ian (LP – 1967)

Sie wurde am 7.4.1951 unter dem putzigen Namen Janis Fink in New York geboren und machte aus ihren Pubertätserlebnissen einfallsreiche, originelle Texte. Ihren größten Erfolg hatte das neurotische Mädel 1967 mit ihrer Teenager-Ballade »Societys Child«, in der sie eine junge Liebe beschreibt, die sich auf das gefährliche Wagnis einer interrassischen Beziehung einläßt, die von den sie umgebenden Erwachsenen nicht gebilligt bzw. aufs Niederträchtigste bekämpft wird. Viele Radiostationen in den USA setzten den Song auf den Index, da man enorme Proteste der braven, prüden, puritanischen Bürger befürchtete. Die Blumenkinder aber identifizierten sich voll mit dem Song, Rebellion gegen die Eltern, Liebe kennt keine Rassengrenzen etc. – so daß er sich gut über eine Million Mal verkaufte. Wenn man ihre Texte heute kritisch reflektiert, lesen sie sich oft wie aus dem »Psychiatriebuch für Laien«.

Ihre Kinder

Nürnberger Gruppe, die anfänglich recht in Sack und Asche daherkam – mit dem hocherhobenen, moralinsauren Zeigefinger. Chansonartige Lieder mit Märchenadaptionen, flache, etwas unbeholfene Popsongs über mehr Liebe auf dieser Welt und schlagerhafte Ausrutscher prägten die 1. LP der Formation. – Änderte sich später deutlich in Richtung politisches Engagement und später noch mal in eine humorige und selbstkritische Form. Die Mitglieder scharten sich um den Songschreiber und Multiinstrumentalisten Sonny Henning. In den frühen 80ern Wiederbelebungsversuche mit durchaus erfreulichen Ergebnissen.

Incredible String Band

Anspieltip: The Hangman's Beautiful Daughter (LP – 1968)

Gegründet 1965 in Glasgow/Schottland. Die musikalische Basis der Gruppe war ursprünglich schottische und andere britische Folkmusik. Später entwickelten sie sich zu einem sehr vielfältigen musikalischen Ensemble mit Inspirationen aus dem amerikanischen Blues, Country und Folk bis hin zur Musik der dritten Welt. The Incredible String Band integrierten in ihrer Musik auch Elemente des Rock und Pop und erarbeiteten sich somit eine Anhängerschaft im Folk- und im Rock-Lager, und dies nicht zuletzt mit der Flower Power-Bewegung der späten 60er. Sie erzählten in ihren Liedtexten nette, märchenhafte Geschichten über Magier und Hexen oder historische Begebenheiten aus der Geschichte der Kelten und trafen damit für eine intellektuelle Hörerschaft, die auf ruhige, wenig adrenalin-anhebende Musik stand, genau den richtigen Ton. Die Instrumentierung ihrer Lieder umfaßte ein breites Spektrum, von Blockflöten, Mandolinen über Dudelsack bis hin zur Sitar war in ihrem Ensemble alles vertreten. Man kann sie als Urheber der → psychedelischen Pantomime bezeichen, da sie für ihre Bühnenauftritte Ausdrucksformen entwickelten, die sich von purer Konzertdarbietung loslösten, und theatralische Sequenzen in die Darbietungen einbauten. Die Zeitschrift »Time« bezeichnete ihre Musik als ein Klangsubstrat, das sich so anhörte, als würden die Beatles mit der Stimme des mystischen Dichters William Blake sprechen.

Indien

Mitte der 60er wurde der Subkontinent zu einem bevorzugten Wallfahrtsort für Sinnsuchende, Mystiker und Hippies aller Länder. Vor allem die fernöstlichen Religionen faszinierten die westlichen Zivilisationsüberdrüssigen. – Die → Beatles waren an dieser Entwicklung maßgeblich beteiligt, indem sie Kontakte zu → Maharishi Mahesch Yogi knüpften und diesen denn auch in den bildungshungrigen Okzident lotsten, was nicht zu seinem Schaden war, wie man nachträglich weiß, da er den Genüssen der schnöden materialistischen Welt doch einiges abgewinnen konnte. Im Zuge dieses Austausches wurde fernöstliche Musik, insbesondere Sitar- und Tablaklänge in die westliche Popkultur und Rockmusik integriert (→ Ravi Shankar). Bereits → Hermann Hesse hatte in den 60ern ein unstillbares Fernweh in der sich in Konsum und Gesellschaftskälte unwohl fühlenden westlichen Jugend ausgelöst. Dieser Trend hält bis heute in mehr oder weniger großen Schüben an (→ Baghwan).

Internet

Das World Wide Web gab es damals natürlich noch nicht – aber heutzutage tummeln sich die Liebes-Freaks von damals auch im Internet. Hier einige interessante Adressen:
www.delerium.co.uk/archive (Underground-Music)
www.bildung.swf.de (Hippies in Frisco)
www.privat.schlund.de-frunobulax (Geheimnisvolles)
www.rzserv.2fn-lueneburg.de (Infos zu LSD)
www.angeldust.de (Trip-Infos)
www.privat.schlund.de (Magisches)
www.redhouse-books gallery (Zeitgeist)
LSD-Microsoft-Internet
Falls Sie Webseiten zum Thema des Buches – Hippies, Rauschgift, Musik etc. suchen – geben sie einfach übergeordnete Begriffe in einer Suchmaschine ein (Yahoo, Fireball, Dino) – wie z. B. Haschisch, LSD, Pop Art, Hippie, Underground etc. –Erstaunlicher Fundus an »Geheimbünden und Logen« der Liebe und der Drogen, die man längst für ausgestorben gehalten hätte. Sehr spannend und vielfältig.

Irgendwie und Sowieso

Ausgesprochen putzige und unterhaltsame Fernsehreihe des bayerischen Rundfunks, die in deftiger Weise die Probleme und Lebensart von Jugendlichen und Möchtegern-Hippies Ende der 60er in irgendeinem Kaff in Oberbayern schildert. Überzeugt auch durch den atmosphärisch dichten Soundtrack, der mit allen wirklichen Knallern dieser Zeit bestückt ist. Die Serie, 1988 erstmals im Bayerischen Fernsehen gezeigt, fand nach jeder der bisher drei Wiederholungen (1992 und zweimal 1996) immer noch weitere Fans und hat mittlerweile wahren Kultstatus erreicht. Mehrere Fanclubs aus Bayern treffen sich ein- oder zweimal im Jahr und feiern mit Schlafsack und Zelt ausgerüstet, »Irgendwie und Sowieso«-Nächte: Bei Einbruch der Dunkelheit startet auf der Großleinwand die erste Folge, im Morgengrauen endet die letzte. In der Serie wird der Lifestyle und Zeitgeist noch einmal so vorgeführt, wie »Sir Quickly« und seine Kumpane das alles auf dem »flachen« Land erlebt haben. Dabei kann man Schauspieler erleben, die Ende der 90er bundesweit sehr populär wurden, wie z. B. Ottfried Fischer (»Der Bulle von Tölz«).

Iron Butterfly

Anspieltip: In-A-Gadda-Da-Vida (LP – 1968)

Gegründet 1967 in Los Angeles – bleiben Iron Butterfly durch ihr monumentales Mammutstück »In-A-Gadda-Da Vida« (»Im Garten des Lebens«) in Erinnerung. Der Song wurde zu einem echten Diskothekenhit in den Hippieschuppen rund um die Welt und war bei seiner Länge natürlich auch bei den DJ's äußerst beliebt, da man sich exakt 17 Minuten gemütlich zurücklehnen konnte, während es auf den Tanzflächen brodelte. Das Stück mit feierlichem Gesang, wabernder Kirchenorgel, angezerrten Gitarrentönen und einem wuchtigen Schlagzeug, dessen Höhepunkt das relativ simple, aber eindrucksvolle Solo auf der Schießbude ist, hinterließ auch nachhaltigen Eindruck bei allen Drogenliebhabern, da es anscheinend die richtigen Saiten im Empfinden anklingen ließ. Das Schlagzeugsolo war zudem elektronisch verstärkt – eine Novität für die Zeit. – Das Album hielt sich erstaunlich lange in den LP-Charts und schaffte es auch in den 80ern nochmals, darin aufzutauchen. Diesen Glückstreffer konnte die Band allerdings nicht mehr wiederholen – weiteren Alben blieb der große Erfolg versagt, da sie immer durch dieses eine Musikstück definiert wurden und jeder anscheinend auf eine nochmalige Steigerung wartete. Damit waren die 4 Musiker allerdings hoffnungslos überfordert. Ihr recht schwerfälliger, teilweise sakraler Sound schien sich in ihrem Masterpiece restlos erschöpft zu haben. 1972 stürzte der »Eiserne Schmetterling« dann laut scheppernd ab – obwohl die Truppe auch in den späten 90ern ab und an Clubtouren unternimmt. Diese dürften natürlich nicht nur die reine Freude sein, da die Musiker ja genau wissen, was ihr mittlerweile ergrautes Publikum hören will. Mit einem zweistündigen »In A Gadda Da Vida«-Medley kämen sie wahrscheinlich am besten an. Dieses Rockepos wird allerding für alle Zeiten ein Kultklassiker bleiben.

Isle of Wight

→ Open Air auf einer der walisischen Küste vorgelagerten Insel. Im Zuge von → Woodstock griffen Mammut-Festivals auch auf Europa über. → Jimi Hendrix spielte auf der Insel einen seiner letzten Auftritte vor großem Publikum. → Fehmarn.

It's a Beautiful Day

Anspieltip: It's A Beautiful Day (LP – 1969)

Die Formation wurde 1967 in San Francisco gegründet. Sie haben eines der klassischen Flower Power-Alben hinterlassen, das allerdings, wie es häufig so ist, von der Kritik alles andere als wohlwollend aufgenommen wurde. Man unterstellte ihnen süßlichen Valium-Rock mit mangelndem Tiefgang. Das werden vor allem Späthippies, die die Platte zu ihrem Heiligtum erkoren haben, sicherlich nicht bestätigen. Die Kritik ist denn auch ein wenig zu herb, verfügte die Gruppe doch mit David LaFlamme über einen hervorragenden sinfonischen Geiger und ein paar weitere hervorragende Musiker. Ihre Songs »White Bird« und »Bombays Calling« sind Kulturgut der Hippie-Ära, wobei dem geschulten Ohr auffällt, daß sich → Deep Purple in »Child in Time« ähnlicher Harmonien und Akkorde bedienen, wie es das letztere der beiden Stücke vorgab. Damit soll aber keinesfalls ein Plagiat unterstellt werden, dazu waren Deep Purple musikalisch zu autark. Das folgende Album »Marrying Maiden« plazierte sich noch ganz ordentlich in den Charts, weitere LP's floppten aber zusehends. David LaFlamme war mittlerweile ausgestiegen und versuchte sich in Soloprojekten. Mit ihm war das kreative Feuer aus der Gruppe gewichen, obwohl bei Umbesetzung die Instrumentierung nicht geändert wurde. Der »wundervolle Tag« war denn auch nur einen langen Tag und eine noch längere Nacht in die Hippie-Zeit so ungebrochen schön. Die erste LP bleibt aber ein Meilenstein für Mentalität und Musikempfinden dieser Zeit.

J

James Gang, The

Anspieltip: The James Gang Rides Again (LP – 1970)
Amerikanische Rockgruppe, die 1966 von Joe Walsh in Cleveland gegründet wurde. Die größten Hits der Gruppe waren Singles wie »Funk 49«, »Walk Away«, »Midnight Man« und »Must Be Love«. James Gang waren zu Anfang ein energiegeladenes und melodisches Rocktrio. So gehörten sie beispielsweise zu den Lieblingsgruppen der → Who. Nachdem jedoch → Joe Walsh die James Gang verlassen hatte, wurde ihre Musik recht ungleichmäßig. Umbesetzungen folgten – qualitativ unbeständige Alben auch. 1976 gingen sie auseinander.

Jam-Session

Jam. – Jammen. – Nicht einstudiertes, spontanes Zusammenspiel verschiedenster Musiker und Instrumente. Geschah und geschieht oft bandübergreifend und wurde gerne in der zweiten Hälfte der 60er an der Westküste, vornehmlich auch im → Fillmore West praktiziert. Dabei sind des öfteren hervorragende Alben mitgeschnitten worden, die vor Spielfreude nur so strotzen.

Jefferson Airplane

Paul Kantner (g, voc), Jorma Kaukonen (g, voc), Marty Balin (g, voc), Skip Spence (dr), Spencer Dryden (dr), Jack Casady (b), Grace Slick (voc), Davd Frieberg (voc)
Anspieltip: Surrealistic Pillow (LP – 1967)
In einem Rocklexikon ist unter dem Begriff »San Francisco Sound« nur eine einzige Gruppe zu finden: die Formation Jefferson Airplane. So einfach darf man es sich natürlich nicht machen. Sicherlich stehen JA

für diesen Sound und sind bestimmt eine der markantesten Verkörperungen des musikalischen Zeitgeistes mit allen Konsequenzen – von der Konzeption der Lieder, von ihren politischen Inhalten und von ihrem Habitus und ihrer Bühnen-Show. Sie wurden zum Top-Act des psychedelischen Sounds, des → Acid-Rock. → Grateful Dead und → Quicksilver, um nur zwei zu nennen, dürfen dabei natürlich nicht vergessen werden – aber vor allem erstere stickten gewiß an einer anderen Art von Legende. Gegründet wurde die Band 1965 in einem kleinen Lokal an der Fillmore Street in Frisco. Sie spielten bei Studentendemonstrationen und auf dem Campus von → Berkeley, verherrlichten die Drogenmentalität als bewußtseinserweiternde Erfahrung, kamen dadurch laufend mit der Obrigkeit in massive Konflikte und beschrieben in ihren Lieder u. a. unverblümt Geschlechtsakte unter Einfluß von → LSD. Das waren nicht gerade die ehernen amerikanischen Werte. Ihr erster heftiger Charterfolg wurde die Hymne »Somebody to Love«, ihr zweiter lockte unzählige in andere psychische Erfahrungsformen, als es Bier und Whisky bis dato bei der breiten Bevölkerung getan hatten – »White Rabbit« verkündete in verklausulierter, aber kaum mißzuverstehender Märchenform die unglaubliche Wirkung von LSD.

One pill makes you larger, one pill makes you small,
and ones that Mother gives you, don't do anything at all.
Go ask Alice, when she's ten feet tall
And if you go chasing rabbits
And you know, you're going to tall ... Feed your head. (»White Rabbit«)

Auch dieser Song wurde ein Charterfolg, sogar in Deutschland – wobei man wieder unterstellen darf, daß es mal wieder kein Verantwortlicher so richtig kapiert hat (sonst wäre der Titel sicherlich auf den Index der Radiostationen gesetzt worden). Die Lieder des Drogen-Flugzeuges sprühten vor Zynismen der amerikanischen Gesellschaft gegenüber, betrieben in gewissen Sinne Versuche zur sexuellen Liberalisierung (sie hatten Homosexualität, Dreierbeziehungen und freie Liebe zum Inhalt), was ja gerade im freizügigen Amerika nicht unbedingt frohe Mienen bei den Moralwächtern erzeugt, und sie hatten konkrete, wenn auch utopische, politische Inhalte, die auf eine grundlegende Veränderung der morbiden Zwangsgesellschaft aus pflichtbewußten Neurotikern abzielte. Sie wollten den Umsturz und transportierten diese Ideologie in ihrer Musik. → Freedom – war die Botschaft, und alle, die hören wollten, vernahmen sie wohl, und niemandem fehlte der Glaube. Nur, wie sollte man da hinkommen, erste Irritationen traten auf.

It's a wild time
I see people all around with changing faces
It's a wild time
I'm doing things that haven't got a name
Yet ... (»Wild Tyme«)

Grace Slick, die Sängerin von JA, gab 1967 in einem Interview zum besten: »Es spielt eigentlich keine Rolle, was die Texte sagen, unsere Lieder bedeuten eigentlich alles dasselbe – Seid frei, frei in der Liebe, im Sex, im Leben.« Durch diese forcierte Intellektualität beinflußte die Gruppe natürlich die hungrigen Hirne der auf Ich-Suche befindlichen Jugendlichen maßgeblich. Das macht sicherlich in der agitativen Wirkung ihren Stellenwert in diesem Zusammenhang vor Grateful Dead und anderen Gruppe aus der → Bay-Area dieser Zeit aus. Trotzdem sie in allen subversiven Kanälen rumrobbten, die Amerika zu dieser Zeit

Jefferson Airplane: »Seid frei, frei in der Liebe, im Sex, im Leben!«

anzubieten hatte, waren sie die erste Band dieser Art, die einen hochdotierten Plattenvertrag bekam. Allerdings wandte die Plattenfirma so einige Tricks an, um ihre Musik zu allgemeinem Gebrauchsgut zu machen: gewisse anstößige, obszöne Worte wurden einfach unkenntlich gemacht. JA, nicht faul, ging vor Gericht und setzte es erstaunlicherweise wahrhaftig durch, daß auf ihrem Album »Volunteers« die Worte → Shit, Fuck und sogar Motherfucker erscheinen durften. Ein Sieg über Prüderie und falsch verstandenen Jugendschutz. Dieses Theater bewog sie aber dazu, 1971 ihre eigene Plattenfirma »Grunt« zu gründen. Um 1970 aber gab es immer mehr Umbesetzungen, Turbulenzen traten auf im »Plane«. Kaukonen und Casady frönten mit → Hot Tuna ihrer Vorliebe für den Blues, Kantner und Slick vergnügten sich mit diversen anderen Musikern aus der → Bay-Area (unter anderem mit den Kollegen von Grateful Dead), mit anderen Musikern bei → Jefferson Starship, einem weiteren Ableger. Das »Flugzeug« flog aber noch eine geraume Weile weiter und existierte mit unterschiedlichem Personal unter dem verkürzten Namen Starship bis in die 90er. Allerdings bedienten sie da längst den US-Mainstream. Ob sie die wichtigste Formation dieser Spielform und ihres Zeitgeistes waren, darüber läßt sich diskutieren – nachhaltige Wirkung auf Zeitgenossen und andere Gruppen hatten sie ohne Zweifel.

Jefferson Starship

Anspieltip: Sunfighter (LP – 1971)

Ableger der Gruppe Jefferson Airplane Anfang der 70er. Eine Projekt- und Jamformation verschiedenster Musiker aus der San Francisco-Ecke, brachten 3 Alben mit teilweise sehr experimentellen Spielformen und futuristischen Texten heraus u. a. »Blows against the Empire«.

Jesus Christ – Superstar

Die Passion Christi als Rockmusical. 1969 von Tim Rice (Text) und Andrew Lloyd Webber (Musik) komponiert, 1970 bereits ein Millionenseller. Wurde für die Bühne adaptiert (natürlich am Broadway – eine Katastrophe), ein Film wurde produziert, Sonderausgaben der Platte folgten (Original Broadway Cast – 1971 Original Soundtrack – 1972, Deutsche Originalaufnahme, 1972) – neben → Hair das zweite erfolgreiche Pop-Musical der Zeit. Die Jesus-People hatten endlich eine tönende Bibel, ein Evangelium auf Schallplatte – eine Euphorie sondergleichen folgte, die aber genauso schnell wieder abebbte. Erstaunlicherweise fand aber die gehobene Gesellschaftsschicht gerade im kitschanfälligen Amerika ausgesprochenen Gefallen an dem kruden Mischmasch verrückter Hippie-Symbolik, banalisierter Bibel-Epik und transsexueller Grellheit. Gute Rockmusik war es jedenfalls nicht, von ein paar ansprechenden Liedlein abgesehen.

Jesus People

Nach Drogenerfahrungen und den damit durchaus verbundenen Verwirrungen (was in erster Linie → halluzinogene Drogen betrifft), wandten sich viele etwas verwirrte junge Leute diversen Sekten zu. Ein Teil davon suchte sein Hirn- und Seelenheil im christlichen Glauben, es gab Ende der 60er Jesus-Festivals, auf denen dann ausgiebig → Jesus-Rock zu Gehör gebracht wurde.

Jesus-Rock

Auch God-Rock genannt, eine Variante, die Ende der 60er vor allem durch prominente Musiker wie → George Harrison enormen Auftrieb erhielt. Resultat: der Welthit »My Sweet Lord«. Die Jesus-People hatten endlich auch ihre Nische gefunden. Die Texte waren meist religiös und etwas monoton, um nicht zu sagen – banal, die Musik erschöpfte sich in einfachen Rockmustern. Etliche Gruppen ritten auf dieser allerdings nur befristet hochschwappenden Welle – → Electric Prunes, → Quintessence.

Jesus-Sandalen

Praktische Latschen für den Sommer. Eine einfache Sandale mit Lederriemen, die bis zum Knie hochgeschnürt wurden. Waren in den 60ern durchaus ein Blickfang, der nicht immer Bewunderung erregte, sondern oft in Mißfallen bekundendem Kopfschütteln mündete. (Ich hatte auch solche Dinger, und in der Verbindung mit langen Haaren konnte ein Auftritt in meinem Stadtviertel zu einem psychischen Spießrutenlauf werden – meinen Spitznamen hatte ich natürlich weg, sie werden darauf kommen, welcher gemeint ist ..., dieser wurde dann bald von Rasputin abgelöst, als ich mein Styling noch durch einen Vollbart abrundete. – Anm. d. Verf.)

Jethro Tull

Anspieltip: Stand Up (LP – 1969)

1967 von Ian Anderson gegründet, hatte die Combo mit der Geist der Hippie-Ära nicht viel zu tun. Sie sahen zwar aus wie die Inkarnation des klassischen Clochards, waren aber eindeutig auf das Show-Biz fixiert und mischten Rock, Folk und britische Barockelemente zu einer virtuosen Mixtur, die aber einen sehr artifiziellen Unterbau hatte. Der Rolling Stone schrieb damals über Anderson & Co: »Sie klingen wie eine elektrisch verstärkte Heilsarmee-Kapelle« – was die Grundkonzeption der Band präzise trifft. Vaudeville-Elemente, Comedy-Einlagen, die Querflöte als Lead-Instrument – von einem oft einbeinig auf der Bühne balancierenden Anderson geblasen – und sehr antiquierte britische Geschichten machten sie zu einer Programm-Musikgruppe, die zwar musikalisch einiges drauf hatte – aber in ihrer Repetition der Themen und mit Andersons meckerndem Ziegengesang schon auch sehr langweilig und penetrant werden konnte. Klang oft, als würden mittelalterliche Ritter beim gemeinsamen Musizieren auf der Laute und Leier die Steckdose entdecken. Jethro Tull war von enormem Fleiß und brachte eine erkleckliche Menge an LP's heraus, die zum Teil echte Klassiker wurden – wie die Alben »Aqualung« oder »Thick as a Brick«. In Deutschland hatten sie eine unverbrüchliche Fangemeinde, die auch heute noch jede zweijährige Reunion der Gruppe mit Begeisterung quittiert und ihnen immer noch zu ausverkauften Konzerten verhilft.

Jethro Tull

Jimi Hendrix Experience

3-er-Formation mit Jimi → Hendrix an der Gitarre, Mitch Mitchell am Schlagzeug und Noel Redding an der Baßgitarre. Erste Gruppe von Jimi Hendrix (1966 gegründet).

Joint

Schwer zu drehen, leicht zu rauchen. Dicker Selbstdreher – meist aus 3 oder 4 Efka-Blättchen gedrehtes → Gerät, dessen Inhalt aus Zigarettentabak und fein zerkleinertem (vorher angewärmtem und zerbröseltem) → Haschisch oder → Gras (→ Marihuana) bestand. Um dem Ding eine erhöhte Stabilität zu geben, wurde meist noch ein Mundstück aus Pappe mit eingerollt. Das → törnte → saugenehm! Es gab wahre Meister in der Herstellung der Rauchgeräte, die produzierten bis zu 20 cm lange »Eumels«. (Ich bin heute noch ein Dilettant im Zigarettendrehen, blamabel für einen aus den 60ern – und von Joints habe ich »arbeitstechnisch« immer die Finger gelassen, das überließ ich den wirklichen Profis. – Anm. d. Verf.). Weitere landläufige Bezeichnungen: Spliff, Gerät, Eumel, Rakete, Schornstein, Roll, Peacemaker, Törnschuh.

Jones, Brian

Anspieltip: Brain Jones Present The Pipes Of Pan Of Joujouka (LP – 1971)

Geboren am 28.2.1942. Mitglied der Rolling Stones und erstes prominentes Todes- bzw. Drogenopfer der Rock-Szene. Jones setzte durchaus markante Akzente in der Gruppe, er spielte als einer der ersten in England eine Sitar (→ Ravi Shankar) und beeinflußte auch den Beatles-Epigonen »Their Satanic Majesties Request« maßgeblich. Für die Experimentalphase der Stones war in erster Linie er verantwortlich. Als man merkte, daß sich die Resultate zu sehr vom ursprünglichen Rock'n Roll entfernten, schwenkte man wieder um. Sein kreativer Einfluß in der Band begann zu schwinden, da sich Jagger und Richards immer mehr profilierten. Jones zog sich zusehends in eine Schmollecke zurück und machte erhebliche Schlagzeilen durch seine Drogeneskapaden. 1968 arbeitete er an einem Album mit marokkanischer Volksmusik (ja, wie ist er denn auf so etwas gekommen?). – Am 9.6.1969 stieg er bei den Stones aus und wurde kurzfristig durch Mick Taylor ersetzt, der aber auch nur ein Interims-Stone wurde. Am 3.7.1969 wurde Jones tot aus dem Swimming-Pool seiner Villa gefischt – offizielle Todesursache laut Obduktionsbefund: Leberversagen. Was angesichts der Umstände etwas makaber wirkte. Der Tod war wahrscheinlicher durch einen Asthmaanfall in Verbindung mit starkem Drogenkonsum eingetreten – Ertrinken dürfte in diesem Zusammenhang auch eine erhebliche Rolle gespielt haben. Für die Stones flog der gute Brian manchmal zu weit, er hatte ohne Zweifel eine tiefe Musikalität, die er in progressiven Weltmusikprojekten umsetzen wollte – seine Solo-LP (1971 posthum erschienen) beeinflußte eine ganze Generation von E-Musikern und wurde als Trance-Musik kategorisiert (damals schon!). Für viele Jugendliche der damaligen Zeit war Brian Jones durch sein Äußeres und sein Exaltiertes Auftreten der Stone schlechthin, sogar noch vor Mick Jagger. (Als die Todesnachricht damals im Radio kam, vereinbarten meine Freunde und ich den nächsten Monat Trauerflor zu tragen – was in der Schule zu erheblichen Mißverständnissen führte, wie man sich vorstellen kann. – Anm. d. Verf.)

Joplin, Janis

Anspieltips: Big Bros. & The Holding Co. (LP – 1968), Cheap Thrills (LP – 1968), Kozmic Blues (LP – 1969), Pearl (LP – 1971)

Die Ikone der Hippie-Ära – neben → Jim Morrison und → Jimi Hendrix und vielleicht noch ein bißchen mehr als diese beiden. Sie leistete der Mystifizierung ebenso wie die Genannten durch ihren frühen Tod erheblichen Vorschub. Janis Joplin wurde am 19.1.1943 als Tochter eines steinreichen Vaters geboren (dieser war Manager bei Texaco). Ihr Leben war mehr als turbulent, und sie strickte zu Lebzeiten intensiv und auch äußerst gesundheitsschädlich an ihrem Mythos. Die Oberflächlichkeiten beschränken sich auf Bourbon, → Trips und unzählige Bettgeschichten. Damit würde man ihr und ihrem expressiven Talent massiv unrecht tun. Sie war an guten Tagen eine außergewöhnliche Sängerin, eine begnadete Blues-Shouterin, die sich in einen ekstatischen, schier hemmungslosen Stil hineinsingen konnte. Um ihr eigenes Tempo nicht zu verlieren, verinnerlichte sie wohl den Slogan der → Beatnik-Generation: »Live fast, Love hard, Die young«! – So lebte sie, ohne Kompromisse. Man interpretiert seit ihrem Tod alles Mögliche in sie hinein, manches mag richtig sein, manches ist Unsinn. Natürlich war sie sensibel, natürlich fühlte sie sich oft einsam, wie jeder Mensch und vor allem jeder Rockstar. Wer sich in die Öffentlichkeit begibt, kann darin umkommen – sie ließ sich von dieser tragen, nur hatte sie ihre eigene psychische Schwere nicht im Griff. Aber all diese Deutungen könnten ihr letztendlich unrecht tun. Sie wurde eines der großen Leitbilder der Hippie-Generation und sie ist vielleicht auch heute noch »The Queen of Rock« (nein – nicht vielleicht, sie ist es. – Anm. d. Verf.).

– 1966, nachdem sie ein bißchen durch die USA getrampt war, ab und zu ein wenig studiert hatte, schloß sie sich in Frisco der Band Big Brother & the Holding Company an. Den ersten fulminanten Auftritt lieferte die Gruppe auf dem → Monterey Festival. Daraufhin schleppten sie Talentsucher sofort in die Plattenstudios, und die zweite LP wurde mit großem Aufwand produziert – »Cheap Thrills«, ein lukrativer Plattenvertrag folgte im Schlepptau. Die Musikpresse überschlug sich, »eine der ungewöhnlichsten Frauenstimmen diese Jahrhunderts«, »eine weiße Billie Holiday«. Kein Superlativ schien groß genug. 1968 verließ sie allerdings ihre Begleitgruppe wieder und stellte sich ein neues Backing-Ensemble zusammen – die Full Tilt Boogie Band. – Europatournee,

zweites Album – »Kozmic Blues«. Das Erscheinen ihrer dritten LP »Pearl«, so wurde sie liebevoll von ihren Musikerkollegen genannt, erlebte sie allerdings nicht mehr. Am 4.10.1970 wurde sie tot in ihrem Hotelzimmer aufgefunden, sie hatte etliche Einstiche von Injektionsnadeln im Arm, dazu mußte noch eine erhebliche Menge Alkohol gekommen sein. Freunde reagierten damals durchaus verwundert, da sie immer getönt hatte: »Wer harte Drogen nimmt, muß verrückt sein, wenn er sich doch mit Bourbon besaufen kann.« Kurz vorher hatte sie ihren bekanntesten Song, den → Kris Kristofferson-Song »Me and Bobby McGhee« aufgenommen, in dem sie die geflügelte Textphrase sang: »Freedom is just another word, for nothing left to loose ...!« – Eine weitere Aufnahme, die unter dem Titel »Buried in the Blues«, blieb ihr versagt, sie hatte sich ihr Bluesgrab selbst geschaufelt – frühzeitig – und wurde so zu einem weiblichen Rock-Heroe. Die Plattenindustrie trieb auch bei ihr extreme Leichenfledderei, die aber nicht so extrem wie bei Jimi Hendrix ausfiel, da bei weiten nicht soviel Songmaterial zur Verfügung stand. – Die 2500 Dollar, die sie bar hinterlassen hatte, versoffen ihre Freunde bei einer Riesenfete in San Anselmo – so hatte sie es sich angeblich gewünscht. Ihre sterblichen Überreste wurden verbrannt und die Asche über dem Pazifik verstreut. Janis Joplin ist eine Legende dieser Zeit und noch ein bißchen mehr – die Verkörperung einer Hoffnung, die sich selbst zur Illusion degradierte. – Es wurde ein Film über ihr Leben gedreht, mit Bette Middler in der Hauptrolle, der allgemein von Kritik und Publikum als gelungenes filmisches Manifest ihres Lebens gewürdigt wurde. (Ich fand ihn dünn, reißerisch und einfach schlecht. – Anm. d. Verf.). Janis Joplin war vulgär, vielleicht auch ein bißchen billig in ihrer Art – aber »saugut«!

Janis Joplin: Das Photo-Standardwerk vom Schirmer/Mosel Verlag

K

Katmandu

Hauptstadt des Himalayastaats → Nepal, 350 000 Einwohner Universität, Bibliotheken; Königspalast (17. Jh.), zahlreiche Tempel, Paläste und Klöster. Beliebtes Ausflugsziel der Hippies. → Nepalesischer → Shit hatte einen exzellenten Ruf und eine noch intensivere Wirkung.

Kennedy, John F.

John Fitzgerald Kennedy (JFK) wurde am 29.5.1917 in Brookline/Massachussetts als Sohn eines schwerreichen Mannes geboren, der seine Millionen während der »Golden Twenties« durch Spekulationen und illegalen Schnapshandel gescheffelt hatte. 1960 gewann JFK, der sich vorher schon als Kriegsheld profiliert hatte, die Präsidentschaftswahlen gegen Nixon. Als bislang jüngster Präsident, hochstilisiert zu dem Hoffnungsträger schlechthin, setzte er sich hohe politische Ziele: Er strebte eine Entspannung zwischen den Machtblöcken – und damit ein Ende des Kalten Krieges – an durch ehrenvollen Ausgleich mit der UdSSR. Außerdem plädierte er für die Verteidigung der Freiheit (worunter leider auch der → Vietnamkrieg fiel) und die Stärkung der Demokratien in aller Welt mittels amerikanischer Entwicklungshilfe. Innenpolitisch brachte er die Integrationsgesetze für Farbige auf den Weg, die allerdings an der realen Lage der »Coloured People« in den USA wenig änderten. Auch außenpolitisch mußte Kennedy Schlappen einstecken: Die Kuba-Krise nach dem berühmten Massaker in der Schweinebucht und die Berlin-Krise (Mauerbau!). Berühmt wurde in diesem Zusammenhang sein Ausspruch »Ik bin ein Börliner«, womit er Solidarität mit allen demokratisch (also nicht-kommunistisch!) gesinnten Menschen bezeugen wollte. Um das Vordringen des Kommunismus einzudämmen, engagierte sich JFK militärisch in Vietnam. – Das Trauma des Vietnamkrieges sollte die 60er (inklusive folgender Generationen) überschatten. Bis heute haben sich die Amis von dieser Schlappe psychisch nicht erholt. – Intensive Kontakte zur Mafia paßten außerdem schlecht zum Image des demokratischen Saubermanns (der ja angeblich auch am Tode Marilyn Monroes nicht unbeteiligt gewesen sein soll – er hatte ein Verhältnis zur ihr, dessen Beendigung sie sich anscheinend sehr zu Herzen nahm. Bruder Bob K. mischte ja angeblich auch noch mit.) John F. Kennedy, der ausgezogen war, die Welt zu retten, fiel am 22.11.1963 in Dallas/Texas einem Attentat zum Opfer.

Kerouac, Jack

Einer der einflußreichsten Autoren der → Beat-Generation. Geboren wurde er 1922 in Lowell, Massachusetts. Besuchte die Uni, diente in der Marine während des 2. Weltkrieges, war 6 Jahre als → Hobo »on the road«, bis er mit seinem Buch »On the Road«, das diese Erfahrungen rekonstruierte, einen Bestseller landete (wie oft das Buch bis heute verkauft wurde, läßt sich vielleicht gar nicht mehr auflisten). Er vereinigte etliche philosophische Strömungen in sich, fühlte sich zum Christentum wie zum Buddhismus hingezogen – was in seinem nächsten Erfolgsbuch »Gammler, Zen und hohe Berge« Niederschlag fand.
1955 erhielt er ein Stipendium der National Academy of Arts and Letters und konnte sich nun sorgenfreier dem Schreiben widmen. Kerouac ist sicher der meistgelesene Autor der Beat-Generation (vor allem in Europa). Er starb 1969 in Florida. Posthum erschien sein »Traumtagebuch« in den späten 70ern im Augsburger Maro-Verlag, das noch einmal einen Kerouac-Boom in Deutschland auslöste. Seine Bücher beschreiben die typischen Beatnik-Inhalte – Flucht aus oder vor dem Establishment, Drogenerfahrungen, Wanderschaft, Repressionen durch spießige Mitbürger, Jazzmusik und Sexualität – das alles in unkonformem Prosastil, der etliche Adepten fand. Die Hippie-Generation erhob seine Werke in den 60ern quasi zu Evangelien der nonkonformen Lebensart.

Mexiko City Blues
Als Jazzdichter sollte man mich nehmen
Einen langen Blues blasend in einer
Samstagnachmittag-jam-session
Ich nehme 242 Chorusse
Meine Ideen schwanken und manchmal
Wechseln sie rüber von Chorus zu Chorus oder

Von mittendrin in einem Chorus bis hinein in die Mitte
Des nächsten ...

Kesey, Ken

Wichtiger Literat und geistiger Führer der Hippie-Generation. Er wurde in Oregon geboren, studierte Dramaturgie und ging Anfang der 60er nach San Francisco. Und wurde dort zum Literatur- und Drogenguru. Kesey inszenierte unter andem die sog. → Acid-Tests, Parties, auf denen die Wirkung von → LSD in allen Auswirkungen getestet und beobachtet wurde. In der Studentenbewegung engagierte er sich nachhaltig und vor allem mit schrillen Auftritten in abgehobenen »Space-Kostümierungen«. In Europa ist er einem breiten Publikum durch die Romanvorlage für den Milos Forman-Film »Einer flog über das Kuckucksnest« bekannt geworden. – 1965 war Kesey nach → Berkeley eingeladen worden, dem damaligen Zentrum der Anti-Vietnam-Demonstrationen und der Anti-Kriegs-Bewegung. Er sollte dort eine politische Rede halten, wie einige vor ihm. Er besetzte mit Freunden das Podium. Bei seinem Auftritt oder besser seiner Inszenierung trug er einen orangefarbenen Umhang, eine Uniform mit Rangabzeichen und Epauletten und auf dem Kopf hatte er einen Stahlhelm. Mit ganz weicher Stimme, keine agitatorische Schärfe, nichts – beginnt er zu reden – vor 15 000 Leuten: »Ihr wißt doch, daß ihr diesen Krieg nicht mit dieser Kundgebung beenden könnt ... auch nicht mit Marschieren ... Marschieren, das machen die doch ... die machen Kundgebungen und marschieren ... seit zehntausend Jahren haben sie Kriege geführt ... und auf diese Tour werdet ihr das nicht stoppen können ... zehntausend Jahre und das ist das Spiel, wie sie es spielen ... Kundgebungen veranstalten und marschieren ... und das ist das Spiel, das ihr mitspielt ... nämlich deren Spiel ...!« – Dann zog er eine Mundharmonika aus der Tasche und fängt an, ein altes Volkslied zu spielen »Home home on the range« – das Publikum schaut bedröppelt und braucht lange, sehr lange, bis es kapiert, was Kesey ihnen damit signalisieren wollte. »Home« – ja, dieses Zuhause, diese Heimat – dieses verrottete Amerika! Dieses »Vietnamerika«!

Kick out the Jams, Motherf...

Synonym für eine Lebenshaltung, die auf alle Hemmungen spuckt und alle Konventionen beiseite läßt. Kategorische Aufforderung, allen Ballast über Bord zu werfen. Bekannt geworden durch die Gruppe → MC5

(Motor-City-Five), die den radikalen Texten des → White Panther-Führers → John Sinclair ein Forum verschaffte.

King Crimson

Anspieltip: In the Court Of The Crimson King (LP – 1969)

Waren sie die Band, die den Rock'n Roll in die Sackgasse schickten – vielleicht zuviel der Ehr! Maßgeblichen Anteil hatten sie sicherlich daran (neben Genesis, Yes und anderen gigantomanischen Überformationen). King Crimson war die Gruppe mit dem Überraschungsmoment – eine liebliche Melodei konnte urplötzlich chaotisch auseinanderbrechen und ein markerschütternder Bläsersatz wischte mit mächtigem Einsatz bis hin zurAtonalität den friedlichen Eindruck radikal hinweg. Crimson war Schocktherapie, die nicht immer gut bekam, vor allem auf Drogen (→ LSD) konnte die Gruppe nachhaltig bösartige Wirkung bis hin zum → Horrortrip erzielen. Ihre musikalischen Konzeptionen verschmolzen Rock, Free-Jazz und klassische Elemente zu einer furiosen Soundmixtur, die als fröhliches Hörerlebnis – mal so nebenbei – äußerst gewöhnungsbedürftig war. Schrille Gitarren-Stakkati, schwer lastendes → Mellotron und grauenvoll zuschlagende Bläser konnten diese Form von Kunstrock (→ Art-Rock) zu einer Strapaze machen. In dieser Zeit gehörten aber derart masochistische Sounderfahrungen durchaus zum progressiven Image. Und das war die Gruppe letztendlich auch – progressiv, mehr als jede andere Band in dieser Zeit. Allein dafür gebührt ihnen ein kleines, aber gepflegtes Denkmal. Geistiger Kopf der Ultra-Combo war der Multiinstrumentalist Robert Fripp, der sich besonders auf der Gitarre kaprizierte. Die Texte der Gruppe schrieb der Lyriker Pete Sinfield, und er wurde mit seinen pathetischen Endzeitmärchen und seinen Wortkaskaden der Musik von KC in jeder Beziehung gerecht. Höchst interessante Formation, die immer wieder bis in die 90er Alben veröffentlichte. Auf Grund des hörbaren Anspruchs blieben aber die Verkaufzahlen immer im eher unteren Bereich, und ihre Fans rekrutierten sich aus Studenten der intellektuelleren Fächer oder aus destruktiven Drogen-Freaks. Ihre 1. LP bleibt aber ohne Zweifel ein Klassiker des Genres.

King, Carole

Anspieltip: Carole King and the City (LP – 1968)

Carol Klein, so war der bürgerliche Name, wurde am 9.2.1943 in Brooklyn, New York geboren. Kritiker bezeichneten sie als »Meistersängerin des jüdischen Blues« – ihre Balladen hatten aber meist eine pianohaft folkloristische Einfärbung, mit rockigen Elementen versetzt. Sehr geradlinig kam ihre Musik daher, in einer Zeit, wo → psychedelische Spinnereien die Musikszene, jedenfalls im → Underground, beherrschten. Bereits 1962 hatte sie einen Single-Charthit, ihr größter Erfolg aber war das Album »Tapestry« (1971), das sich viermillionenmal verkaufte. Sie verschreckte mit ihrer Musik niemanden und wurde sogar für US-Entertainer wie Andy Williams kompatibel, der Titel von ihr aufnahm. Das wiederum brachte ihr in der Underground-Kritik hämische Rezensionen ein, wie »langweilig bis zum Erbrechen« – damit tut man ihren teilweise wirklich liebevoll eingängigen Balladen, die aber einen besonders eigenen Charakter innehatten, mehr als unrecht.

King, Martin Luther

King, Martin Luther, geboren 1929, 1968 ermordet, Baptistenpfarrer und schwarzer Bürgerrechtler in den USA. Er wollte ohne Gewalt, nur durch passiven Widerstand die Rassenschranken zu Fall bringen. – Friedensnobelpreis 1964.

Kinks, The

Sie waren immer ein wenig »schrullig« (»kinky«) – Die Jungs um Raymond Douglas Davies hielten sich in der Hippie-Zeit distinguiert und dezent zurück. Die Band aus der Mittelklasse für die »Middle-Class« war sicherlich »The most British-Group« (als Typisierung) überhaupt – bezüglich der Mentalität und ihrer Musikkonzeption. Die Kinks sind eine Zweifel eine der intelligentesten Gruppen der Rockgeschichte – Ray Davies war fähig, Texte von politischer und sozialer Intensität zu schreiben, von denen andere Gruppen nur träumen konnten. – Er schrieb einen der ersten sozialkritischen Rocksongs überhaupt – die Gesellschaftssatire »Well respected Man«, die Kinks »erfanden« den Hard-Rock mit »Your really got me« und komponierten die »fast« (→ SF Sorrow) erste Rockoper der noch jungen Musikgeschichte – »Arthur – or the Decline and the Fall of the British Empire« – und schufen einen der rätselhaftesten Rockstandards mit ihrerm Mega-Erfolg »Lola«. – In den späten 60ern und 70ern folgten weitere → Konzeptalben, die leider immer sehr unterbewertet blieben und das auch noch völlig zu Unrecht. Hier war der intellektuelle Anspruch an die Käuferschaft von Rockmusik einfach zu hoch, vor allem da es sehr typisch »britische Themen« waren, die R. Davies lancierte. – Er skizzierte sezierend genau die englische Middle-Class, die Arbeiterschaft, den Hang zum Faschismus und die rücksichtslosen Mechanismen der Musikindustrie, in brillanter Form textisch und musikalisch umgesetzt.(»The Village Green Preservation Society«, »Preservation Act I & II«, »Soap Opera«, »Schoolboys in Disgrace«. – Die Kinks haben sich vom Rock-Biz nie korrumpieren lassen, ihren Stil (der musikalisch eher unkompliziert war) über die Jahrzehnte beibehalten und können heute ohne Zweifel als die ehrlichste, geradlinigste Rockformation, die noch aus den 60ern kommt, tituliert werden. – Mit dem Hippie-Movement hatten sie in den direkten Auswirkungen wenig zu tun. (Außer man hält »Waterloo Sunset« und »Sunny Afternoon« für Flower Power-Songs. – Anm. d. Verf.)

Kleidung

Da war in den 60ern so einiges erlaubt (wenn auch nicht von den Eltern) – soll heißen, je unkonventioneller desto → flippiger. Krawatte und Anzug wurden zum Feindbild. Diejenigen, die diese Montur trugen, verkörperten alles das, was man ablehnte – ob nun differenziert oder nicht – man fand diese Ausstaffierung zum Kotzen. Schon in der Beat-Ära (hier ist die Zeit der Beatmusik und nicht die Geisteshaltung gemeint – → Beatniks) kamen provokante Kleidungsstücke auf: Schlaghosen, knallenge Hosen mit seitlichem Beinschlitz oder mit Schlitz vorne, eventuell noch mit Goldkettchen und Knöpfen verziert, Beatstiefel, grellbunte Hemden, breite Gürtel mit Riesennieten, schmucke seidene Halstücher, die immer ein bißchen schwuchtelig wirkten, → Jesussandalen und dergleichen Haute Couture. In der zweiten Hälfte der 60er wurde das alles noch → ausgeflippter und schriller: Kaftans und weite, lange Röcke (Maxi), natürlich auch Miniröcke, durchsichtige Blusen oder Netzunterhemden bei den Damen (sehr gewagt), es war auch die Zeit, in der der Büstenhalter ein Kümmerdasein fristete. Und die Jeans in allen Variatonen war natürlich weiterhin das Kleidungsstück. Ende der 60er waren in Deutschland Cord-Jeans schwer »in« – mit breitem Schlag und in grellen Bonbonfarben. → Mode.

Kokain

Kokain oder auch Cocain wird aus den Blättern des in Südamerika wachsenden Coca-Strauches gewonnen. Es ist als weißes, manchmal graues Pulver oder gepreßt in Platten auf dem Markt. Es gibt auch gefärbte Varianten. Als Medikament wird Kokain außer bei Augenärzten kaum noch verwandt. Meistens wird es durch die Nase geschnupft (häufigste Anwendung). Weitere Möglichkeiten sind Rauchen und Spritzen. Kokain wirkt unter anderem auf das zentrale Nervensystem, es betäubt lokal Nervenzellen und macht sie gegen Reize unempfindlich. Die Hauptwirkung ist die Freisetzung körpereigener Botenstoffe (z. B. Adrenalin, Dopamin) in großen Mengen in Gefäßen und Hirn. Zunächst wirkt es aktivitätssteigernd, euphorisierend und enthemmend. Ein erhöhtes Kontakt- und Redebedürfnis ist sehr deutlich. Nach dem »Hoch« folgt sehr bald ein »Tief«, dabei ist man dann angespannt, müde und mißmutig, Schlafstörungen und schneller Puls können auftreten. Kokain hat hauptsächlich ein sehr hohes psychisches Abhängigkeitspotential, kann aber auch körperlich abhängig machen, obwohl dies aber erst nach längerem Dauerkonsum passiert. Fortlaufend hohe Dosierungen sowie Langzeitgebrauch können zu Depressionen, Verfolgungswahn, Halluzinationen und anderen psychischen Störungen führen. Bei Überdosierung besteht die Gefahr einer Blutdruckkrise mit einem pumpversagenden Herzen – durch Veränderung der Blutversorgung des Herzens besteht Infarktgefahr. Ein Langzeitschaden des Herzens und der Lunge sind sehr wahrscheinlich. Außerdem kann durch vegetative Störungen auch Atemlähmung eintreten. Durch das Kokainschnupfen kann die Nasenscheidewand angegriffen bzw. zerstört werden. – Intensive Kokser haben sich deswegen eine »goldene« Scheidewand einsetzen lassen durch operativen Eingriff. Wer sich Koks (landläufiger Ausdruck) leisten konnte, konnte auch solche korrigierenden Maßnahmen vornehmen lassen. Früher eine beliebte Adelsdroge – dekadente, gelangweilte Stutzer des 19. Jahrhunderts frönten dem Konsum von Kokain. Die berühmten »Wilden Zwanziger« dieses Jahrhunderts waren ebenfalls für ihren exzessiven Koksgenuß bekannt. Vor allem Berlin war die Koks-Metropole (siehe die Romane von Hans Fallada, Klaus Mann, Franz Werfel etc.). Künstler nahmen es als Inspirations- und Kreativitätsdroge. – Die südamerikanischen Indianer kauten die Blätter, wenn sie besonders hohe Leistungen erbringen oder lange Wegstrecken zurücklegen mußten. Die Staffelboten der Inkas, die im Reich die Nachrichten überbrachten, hatten immer einen Beutel Coca-Blätter am Gürtel hängen. – Verkam in den 70ern und 80ern in Deutschland wiederum zur Modedroge der gelangweilten High-Society. Gab der Party den rechten Kick und konnte in sexueller Hinsicht zu Höchstleistungen beflügeln.

Kommerz

Kommerzialität. Ein Produkt so gestalten, daß es eine breite Käuferschicht anspricht. – Das Lexikon erklärt den Begriff folgendermaßen: »Veraltete Bezeichnung für Handel. – Kommerziell, Handel u. Gewerbe betreffend, kaufmännisch.« Für die Rock- und Popmusik bekam er quasi eine neue Bedeutung: Es ging um die Durchhörbarkeit von Schallplatten, um ein Massenpublikum zu erreichen. Formate gewannen an Profil, wie »Middle of the Road« oder »Mainstream« (70er). Radiosender formatierten ihr Programm entsprechend, um eine möglichst große Hörerreichweite zu erzielen. Programme, die ein tendenziell verträgliches Rock-Format anboten, nennt man AC – Adult Contemporary-Radio. Alles andere verschob sich in Richtung → Underground, → Progressiv oder später Independent.

Kommune

Ursprünglich das städtische Gemeinwesen, dann auch der republikanische Stadtstaat im Mittelalter und zu Beginn der Neuzeit – heute allgemein für: Gemeinde. In den späten 60ern bekam der Begriff eine zusätzliche soziale bzw. soziologische Bedeutung: Kommune, Lebensgemeinschaft mehrerer Einzelpersonen oder Paare (Kommunarden) – als neue Form gemeinschaftlichen Zusammenlebens in der Studentenbewegung dieser Jahre entstanden. – Berühmte Kommune K 1 in Berlin (gegründet im Januar 1967 von Rainer Langhans, Fritz Teufel, Dieter Kunzelmann u. a.) oder die Lebensgemeinschaft der Rockgruppe → Grateful Dead in San Francisco. Modifizierte zur Wohngemeinschaft – billiger Wohnraum für eine größere Anzahl Leute. Meist von Studenten begründet in den 60ern und 70ern. Es gab Landkommunen, die in der Hauptsache von gesellschaftlichen Aussteigern bewohnt wurden – teilweise mit dem Versuch, autarke Lebensformen zu entwickeln.

Konzeptalbum

Ein Werk in der Pop- bzw. Rockmusik, das in weitestem Sinne thematisch von einem roten Faden durchzogen wird (→ »Sgt. Peppers«). Engere Spezifizierung in der → Rock-Opera – berühmte Beispiele: »SF Sorrow« von den → Pretty Things (die allererste! – und nicht wie allgemein angenommen wird – »Tommy«), »Arthur« von den Kinks und »Tommy« von den → Who.

Konzerte

Konzerte bekamen in der 2. Hälfte der 60er einen immer größeren Stellenwert – die Dancehalls and Ballrooms wurden immer größer (→ Fillmore, Winterland), die Freiluft-Konzerte sprengten zusehends jeden Rahmen, Stadionkonzerte wurden üblich, um die Menschenmassen aufzufangen, Free-Open Airs wurden immer häufiger (→ Monterey, und nachdem die Organisatoren keine Chance mehr hatten, die Sache in den Griff zu kriegen, auch → Woodstock) und die entsprechenden Mammuttourneen der Gruppen. – Der Rock nahm aber auch erheblichen Schaden durch diese Gigantomanie – immer größerer Aufwand, immer höhere Kosten, erhebliche Logistik und Promotion. Durch die Riesenkonzerte degenerierte der Rock 'n Roll zum Stadionrock und verlor so seine Haftung zur Basis, seine Wurzeln – den Alltag mit all seinen Erscheinungsformen.

Kooper, Al (Allen)

Anspieltip: Supersession (LP – 1968)

Geboren am 5.2.1944 in Brooklyn. Der Melody Maker (wichtiges englisches Musikblatt) bezeichnete ihn einmal als eine »einflußreiche, aber umstrittene graue Eminenz der Rockmusik«. – Bestimmte den Trend zum → Jazz-Rock entscheidend mit u. a. als Mitbegründer der Formation → Blood, Sweat & Tears. Seine Soloplatten gerieten aber meist ziemlich daneben, selbstverliebt, überarrangiert und sacharinsüß. Da fehlte es ihm an Stilsicherheit. – Resultat: sehr unbeständige Produktionen, denen man eine eigene Handschrift anmerkte, aber immer rätselte, welche es sein könnte ...? Schrammte dabei öfter hart am elitären Pop vorbei, falls es solch eine Annäherung überhaupt gibt. – Allerdings hinterließ er auf seinem Weg auch Meilensteine – er gründete die legendäre Blues-Combo Blues Project, begleitete als Organist → Bob Dylan auf seinen herausragenden Werken »Highway 61 Revisited«, »Blonde on Blonde« und »New Morning«. Er arbeitete mit → Jimi Hendrix (»Electric Ladyland«) und den → Rolling Stones zusammen (Begleitung auf »Let it Bleed«). Spielte die legendären → Supersessions mit → Michael Bloomfield und → Stephen Stills ein, die sogar kommerziell erfolgreich waren (No. 1 erhielt Gold-Status in den Staaten). So verzettelte er sich und sein Talent in zu vielen verschiedenen Aktionen. In den späten 70ern wurde es dann auch sehr still um ihn.

Krautrock

Damit wurde von den angloamerikanischen Musikern oder Kritikern die deutsche Spielart der Rockmusik bezeichnet. War abfällig, verächtlich gemeint (so wie uns die Befreier anno 1945 gern als »fuckin'-Krauts« beschimpften – kommt von, falls es etymologische oder semantische Schwierigkeiten macht – Sauerkraut! Ja! Ehrlich! Angeblich fressen wir Deutschen dieses Gericht Tag und Nacht. – Anm. d. Verf.) War die Arroganz des anglophilen Rockraums, da wir in Deutschland keine originäre Blues, R&B und Rockkultur vorweisen können (Dafür haben wir aber den deutschen Schlager und der topt sowieso alles – Anm. d. Verf.) – Sollte eine gewisse Unbeholfenheit, Plumpheit bzw. Primitivität (musikalisch wie textlich) des deutschen Rock unterstellen – Stampf-Rock. Damit waren Gruppen wie → Guru Guru, Jane oder Frumpy gemeint. – Wurde aber in gleichem Atemzug für die überintellektualisierte Musik von E-Musik-Gruppen wie Kraftwerk oder → Tangerine Dream benutzt. – Heutzutage wird es retrospektiv eher wieder als »Ehren-Emblem« verwandt.

Krishna People

Krischna oder Krishna, indische Heroengestalt und hinduistische Gottheit – gilt als eine der Inkarnationen des Wischnu. Die Hare-Krishna-Bewegung, Internationale Gesellschaft für Krishna-Bewußtsein, wurde 1966 durch den Inder Swami Prabhupada gegründet als Jugendreligion auf hinduistischen Prinzipien. – Und diese Hare Krishna People verteilten sich dann auch massiv über der ganzen westlichen Hemisphäre. In Fußgängerzonen zogen sie unter dem Absingen von religiösen Gesängen, die meist aus den Phrasen »Hare Rama, Hare Krishna, Hare Rama« bestanden, in größeren Gruppierungen umher – verteilten kleine Merkblättchen zur geistigen Erbauung und läuteten dabei mit den Glöckchen der Erleuchtung. Die Köpfe meist kahlgeschoren bis auf einen kleinen Zopf oder Schippel, waren sie in lange, wallende pink- bis altrosafarbene Umhänge und Tempelkleider gehüllt. Dazu, auch bei miesem oder kaltem Wetter, die offene Büßersandale. Konnten einem – bei aller unterstellten Toleranz – manchmal schon ganz schön auf den Wecker gehen.

Krishna People

Kristofferson, Kris

Anspieltip: Kristofferson (Me and Bobby McGhee – LP – 1971)
Sänger, Songwriter und Schauspieler. Er wurde am 22.6.1936 in Brownsville, Texas geboren und hatte immer eine starke Affinität zur Country-Music und zum Nashville-Sound. Allerdings grenzte er sich durch etliche anspruchsvolle, rebellische Nuancen von der »Gran Old Opry« (dem Mekka der tumben Country-Fans) ab. Hatte zwar auch den rauhbeinigen Habitus dieser seltsamen Gattung, zeichnete sich aber durch eine gewisse künstlerische, kritische Haltung aus. Ein existentialistischer Cowboy unter geistigen Kuhtreibern – so kam er daher, vital und sehr amerikanisch. Er hatte denn auch noch das glückliche Händchen, ein paar Songs zu schreiben, die er nicht unbedingt zum großen Geld machen konnte (bei einem internationalen Publikum), das besorgten denn auch andere für ihn. Sein berühmtes »Me and Bobby McGhee« wurde zu einem Rockklassiker, zu einer Hymne durch die Kozmic-Blueserin → Janis Joplin, »Help me make it thru the Night« wurde x-mal gecovert u. a. von → John Lennon. Er selbst hatte bei seinen Produktionen schon so ab und an mal das Problem, die richtige Tonlage zu halten mit seinem Grummelbaß. Seine Karriere begann allerdings erst Mitte der 60er, und irgendwie konnte er nie verwinden, daß er bei der Einspielung von → Dylans »Blonde on Blonde« in Nashville noch als Hausmeister und Putzfrau (bzw. -mann) zugange war. Blieb ihm anscheinend als Trauma. (Da sind die Amis ja anfällig und sensibel, wenn sie auch sonst noch so harte Hunde sind!) Seit den 70ern hat er in unzähligen Filmen mitgewirkt, meist Trucker- oder Roadmovies, aber auch Science Fiction-Streifen waren darunter. Herausragend seine schauspielerische Leistung in »The last Movie« (1972) von → Dennis Hopper. Er schrieb Soundtracks u. a. für den Schwanengesang-Western von Sam Peckinpah »Pat Garrett und Billy the Kid« (1973), in dem auch Bob Dylan in einer kleinen Rolle zu sehen ist. Letztendlich blieb er aber der Nashville-Attitüde des »Lonesome Riders« und Außenseiters treu, – harte Drinks und heiße Frauen – , Hauptsache Bodenhaftung.

Kunst

In erster Linie ist in der bildenden Kunst der 60er die Pop-Art zu nennen. Roy Lichtenstein und → Andy Warhol gelten als herausragende Vertreter der amerikanischen Pop-Art-Szene. Der Konsum und seine Objekte, seien es Comics, Zeitungstexte oder -photos, seien es Suppendosen oder Colaflaschen, werden von der Pop-Art als bloße Komponenten der visuellen Umwelt nüchtern benutzt. – Warhol bildete einfach eine Dose mit Tomatensuppe auf einem Poster ab – und die Reflexion des Ästhetischen erfuhr eine neue Dimension. Alltagsgegenstände fungierten als Objekt der künstlerischen Begierde – und wurden so zum Synonym für die Konsumgesellschaft. – Lichtenstein schuf u. a. riesengroße Portrait- oder Körperposter, von Fotografien detailgetreu adaptiert, in extrem großem Raster umgesetzt: Eine neue Darstellungsform entstand.

Kupferberg, Tuli

Mitglied der legendären → Fugs, die versuchten, Poesie, Satire und Gesellschaftskritik mit Rockrhythmen zu einer Einheit zu verschmelzen – heraus kam ein Rock-Circus typisch amerikanischer Prägung, dessen Humor heute (vor allem für Deutsche) nur noch schwer nachzuvollziehen ist. Tuli Kupferberg war einer der populärsten Rock-Poeten und Agitatoren seiner Zeit. Nach dem Ende der Fugs blieb er der Schriftstellerei treu, arbeitete als Journalist und stellte die Fugs in einigen Reunions wieder auf die Bühne bzw. nahm noch einige Alben mit dieser Formation auf. → Ed Sanders.

Lie down ye prisoners of masturbation
Lie down ye horny of the earth
Tho Pope Paul thunders cendemnation
A better pill's in birth.
No more your Maiden Forms shall bind us,
No more blue balls hold us enthralled.
The world will ball of new foundations
We have fucked naught, we shall fuck all.

L

Label

Plattenmarke, Plattenfirma – ursprünglich der Aufkleber, das Etikett auf der Schallplatte. Große Plattenfirmen unterteilten sich oft (meist aus steuerlichen oder spartentechnischen) Gründen in mehrere kleinere Unter-Labels, z. B. spezielle Blues- oder Reggae-Labels.

Leary, Timothy Francis

Literaturtip: Politik der Ekstase. – Flashbacks – denn sie wußten, nicht was sie tun.

Geboren am 22.10.1922 – gestorben 1997 (eines natürlichen Todes!). US-amerikanischer Psychologe, befaßte sich experimentierend mit → psychedelischen Drogen. – Soweit die nüchterne Biografie, wie sie in jedem einigermaßen vernünftigen Lexikon steht. – Leary war wohl einer der wichtigsten Männer und Geister der 60er (und nicht nur dieses Jahrzehnts). Sein »Tune in, turn on, drop out« wurde zum geflügelten Slogan einer ganzen Generation (obwohl es hier Urheberrechtsstreitigkeiten gibt: Angeblich wollen auch → Tuli Kupferberg und → Jerry Rubin diesen Spruch mit Tragweite erstmalig in die Menge geschleuert haben – sei's drum, er paßt am besten zu Leary). – Und er begann etwas Unerhörtes: als ordentlicher Professor an einer braven und hochrenommierten amerikanischen Universität fing er an, mit → LSD zu experimentieren und ließ auch seine Studenten an diesen Experimenten teilhaben. Blasphemie, Wahnsinn, Jugendverderber, Demagoge – was Schlimmeres hätte er in »Bieder-Werte-Amerika« nicht tun können. – Was oder wer war er wirklich? Da gibt es reichlich kontroverse Meinungen. Für manche ist er einer der bedeutendsten Philosophen des Jahrhunderts, andere sage, er hat einfach zuviel Drogen erwischt.

– Er probierte in Mexico 1960 zum ersten Mal Pilze, die → Halluzinogene enthielten: → Peyote, → Mescalin. In Harvard bekam er eine experimentelles Forschungsprojekt zugewiesen und begann, LSD zu nehmen und die Wirkung minutiös zu dokumentieren. Das änderte sich bald, aus wissenschaftlicher Arbeit wurden Parties mit Studenten. Er soll noch versucht haben, im letzten Moment bei Sandoz (Schweizer Pharmakonzern), bevor deren Patent auf die Droge erlosch, 100 Gramm LSD (daraus kann man etwa 1 Million Trips machen) zu ordern. Die Universitätsleitung verhinderte das aber stringent. – Seine Ideen wurden immer revolutionärer: Er wollte LSD zu einer Massendroge konzipieren, in der Hoffnung, die amerikanische Gesellschaft total zu revolutionieren und umzukrempeln. Harvard ließ sich nicht lange bitten und warf den Wertezertrümmerer hochkantig raus. Er wurde in den 60ern zum »Staatsfeind No. 1« in den Staaten. 1966 wird er wegen des Besitzes von 85 Gramm → Marihuana zu 30(!) Jahren Gefängnis verurteilt – ein Exempel. Gefängnis in Texas. Leary setzt sich ins Ausland ab – Mexiko, Marokko, Algerien. Leary schiebt die Kampagne zur Legalisierung von Drogen massiv an. »Legalize it« wurde zu einem Schlagwort, das besonders von der karibischen Reggae-Kultur verinnerlicht wurde. In den 80ern wurde es ruhiger um ihn – in den 90ern erregte er noch einmal massives Aufsehen, da er vorhatte, sein Sterben via Internet übertragen zu lassen. Leary hat etliche Werke über seine Erfahrungen mit Drogen veröffentlicht – die bekanntesten dürften »Politik der Ekstase« und die »Psychedelische Erfahrung« sein (basierend auf dem Tibetanischen Totenbuch). Ohne Leary wäre das Raumschiff LSD in den 60ern wahrscheinlich nicht so hoch in den psychischen Welt- und Wahnraum gestiegen.

Led Zeppelin

Robert Plant (voc), Jimmy Page (g), John Bonham (dr, perc, voc), John Paul Jones (b, org, voc)

Anspieltip: Led Zeppelin (LP – 1969) – Led Zeppelin II (LP – 1969)

1968 in London gegründet. War neben → Deep Purple die wichtigste Hard-Rock-Combo dieser Zeit. Bereits mit ihrem 1. Album katapultierten sie sich in die Charts und in den Olymp der Rock-Spitzenverdiener. Eine äußerst vitale Bühnenpräsenz und nicht unerhebliches, teilweise etwas ungewöhnliches musikalisches Können machten sie zu einer Kult-Band, die diesen Status auch heute noch genießt. Der exzellente Gitarrist Jimmy Page (Session- und Studiomusiker, Gitarrist der → Yardbirds, Steampacket), der teilweise einen sehr unkonventionellen

Stil spielte und der Sänger Robert Plant prägten den einzigartigen Sound der Band (neben Gillian von → Deep Purple war Plant das Vorbild unzähliger Heavy-Metal-Kastraten). Page experimentierte mit allen Geräten, die die Gitarrentechnik damals zu bieten hatte: So strich er seine Gitarre mit einem Geigenbogen, benutzte Fuzz, Echo, Phaser, Wah-Wah und den sogenannten E-Bow, ein kleines elektrisches Gerät, das auf die Saiten aufgelegt wurde und diese geigenartig zum Schwingen brachte. – Led Zeppelin entwickelte in etlichen Bereichen die Rockmusik in eine Richtung, die kompromißloser war als alles bisher Dagewesene. Während Deep Purple sich sehr stark an klassischer Musik orientierten, bauten sie auf einem elektrifizierten Schema des Blues auf, den sie in radikaler Weise dem 12-Ton-Schema entrissen – ihn praktisch »vergewaltigten«. Ihre Texte konnten von lyrischer Sinnlichkeit bis zu obszöner Eindeutigkeit den Nerv des Publikums in besonders penetranter Weise treffen – siehe »Stairway to Heaven«, das zu einem All-Time-Klassiker der Rockmusik wurde. (Ich habe einmal 2 Jahre als Disc-Jockey in einem Rock-Schuppen gearbeitet. Es gab in dieser Zeit kein Stück, das häufiger gewünscht wurde, als dieses. An einem Abend zu vorgerückter Stunde, unter dem Einfluß – wortwörtlich – von etlichen Persico – Berliner Sauerkirsch-Schnaps, der damals »in« war, habe ich die Platte demonstrativ zerbrochen, nicht etwa, weil ich das Lied schlecht fand, sondern weil ich es nachgerade einfach nicht mehr hören konnte. Im Schnitt hatte ich das Vergnügen, es 2 – 3mal pro Abend zu spielen!) »Zep« mußten sich aber von arrivierten Rockkritikern auch massive Kritik gefallen lassen – »Manieriertheit«, war noch ein harmloser Vorwurf. »Plastikblues« war da schon schwerwiegender. Page warf man allzu extreme technische Geläufigkeit vor und teilweise auch plumpe Strukturen in der Figurierung seiner Themen (auf die späteren LP's bezogen). Ihre Kreativität erschöpfte sich denn auch nach ihrem 5. Album – ein bekannter Rockkritiker schrieb damals in der »Zeit«: »Ein Song ist nur noch dazu da, um instrumentales Können zu beweisen. Rockmusik wird zum Ego-Trip!« – Nun gut, war sie das nicht immer in einer gewissen Form. – LZ degradierten aber sicherlich die Intention der Rockmusik zu einer Attitüde, im Spätwerk leider zu einer inhaltslosen ...! 1998 fanden sich Page und Plant wieder für Plattenaufnahmen zusammen – obwohl man ihnen nachsagt, daß sie sich eigentlich nicht leiden können – aber die Rente muß ja gesichert sein, auch bei Rock-Veteranen.

Lennon, John

Anspieltips: The Plastic Ono Band – Live Peace In Toronto (LP – 1979), Imagine (LP – 1971)

Mastermind der → Beatles. Er war ein Jugendidol und ist sicherlich heute noch eine der herausragenden Figuren dieser Epoche. Der Intellektuelle, der Utopist, der Rebell bei den sonst ja so braven Beatles (in Relation zu den → Stones gesetzt). Natürlich waren auch sie, besonders sie, anfänglich der Bürgerschreck par excellence. – John Lennon politisierte sich aber im Gegensatz zu seinen Kameraden nachhaltig (McCartney war der nette, kreative – Harrison der biedere, abgehobene auf Mystiktrip und Ringo einfach nur der Clown). Er kämpfte für Frauenrechte, die Freiheit Nordirlands, machte sich über den Adel lustig, reagierte empfindlich auf jede Art von → Autorität und gab sich gern das Image des coolen Zynikers. Das war er denn definitiv nicht. Als er die japanische Aktionskünstlerin → Yoko Ono kennenlernte, nahm sein Weg eine Wendung, die ihm viele Beatles-Fans nie verziehen. Aber insbesondere verteufelte man Frau Ono, die man für den Split der großartigen Beatles verantwortlich machte (vor allem so früh!). Mit ihr oder durch sie wurde er immer mehr zum Individualisten und inszenierte mit seiner 2. Frau (die erste war ein Britisch-Mädel namens Cynthia) diverse → Happenings und → Bed-ins. Die gemeinsame Plastik-Ono-Band schuf anfänglich durch ihre Minimalismen etliche Irritationen bei den alten Anhängern. Auf der anderen Seite beglückten sie die zerrüttete Welt auch mit Friedenshymnen, wie »Give Peace a Chance« unter dem LP-Slogan »Power to the People«.

Er schrieb Gedichte, Prosa, zeichnete und malte, spielte in dem Richard Lester Film »Wie ich den Krieg gewann« eine Hauptrolle – und er gewann eine neue Anhängerschaft, die Fans waren »erwachsen« geworden, aus den kreischenden Teenies waren kritische Studenten geworden, die aufmerksam lauschten, wenn der Oberguru der populären Unterhaltungsmaschinerie sein Unangepaßtsein dokumentierte. Er hinterließ unsterbliche Songs wie »Imagine« und »Working Class Heroe«. Er überstand Drogen- und Alkoholprobleme und wurde auch noch »Amerikaner« – lange Jahre wurde er in den USA als unerwünschte Person deklariert, ein intellektueller Linker (so was mochte man ja in den USA besonders, pfui Deibel – kommunistisches, arbeitsscheues Gesindel). Man hatte Angst vor seiner nachhaltigen Wirkung auf die Jugend, vor seinen Aktionen und (da war er vielleicht der erste Rockstar) vor seinem gesprochenen Wort. – Letztendlich bekam er doch noch eine »Green Card«, aber das Leben in New York ist gefährlich, um dieses

Klischee weiß ein jeder – am 8.12.1980 wurde John Lennon von einem fanatischen Fan, der sich aus irgendeinem Grund von ihm enttäuscht fühlte und eine perverse Art von Unsterblichkeit erlangen wollte, vor seinem Appartement am Central Park durch 5 Schüsse ermordet. Der Mörder war ein 25jähriger Hawaiianer, der Lennon sechs Stunden zuvor um ein Autogramm gebeten hatte. Man attestierte ihm eine schwere Persönlichkeitsstörung – sein Name war (verflucht sei er!) – Mark Chapman! Leonard Bernstein, eines der größten Musikgenies des 20. Jahrhunderts, würdigte John Lennon als einen der »größten Musiker der Geschichte«. Die »Times« schrieb damals: »Es ist, als verstumme die Stimme einer ganzen Generation.« – Kaum einer hat diesen nachhaltigen Einfluß auf eine ganze Generation gehabt, und er unterstrich ihn unfreiwillig, wie die legendären Toten vor ihm, mit seinem Tod. – Und wie es so ist, siehe Jimi Hendrix oder Janis Joplin, die Plattenfirmen warfen sich ins Zeug und der Leichenschmaus brachte den Konzernen Millionen. – (Ich hatte damals im Radio in den Frühnachrichten von Lennons Tod erfahren und konnte es nicht mal annähernd realisieren – ich dachte zunächst an einen saudummen Joke, einen Publicity Gag, einen verspäteten, makabren Aprilscherz. Danach erstarrte ich innerlich, eine Stunde später liefen mir die Tränen in Strömen runter und in der geheizten Wohnung war es urplötzlich empfindlich kalt geworden. Ich empfand tiefe Trauer, als ob ein naher Anverwandter gestorben sei. – Anm. d. Verf.)

Lightfoot Gordon

Anspieltip: Back Here On Earth (LP – 1969)

Liedermacher – 17.11.1938 geboren in Kanada. Der sanfte Poet überzeugte mit stillen, feinfühligen Songs. Diverse andere Künstler wie z. B. Peter, Paul & Mary bedienten sich seines Liedmaterials. Er sang schlichte Lieder von Sehnsucht und Fernweh, aber auch von kleinen Utopien wie immerwährender Liebe – diese Bescheidenheit machte ihn auch in der Hippie-Ära zu einem stillen Star der ruhigeren Hippies.

Lightshow

Lichteffekte, die ein Rockkonzert optisch untermalen oder verbrämen. Wurde in den 60ern durch den massiven logistischen Aufwand der Bands zu einer tragenden Säule der Bühnenauftritte. Das Spektrum reichte von wechselnden Scheinwerfern, Lichtorgeln, Stroboskoplicht bis hin zu Lasershows (diese wurden allerdings erst in den späten 70ern aktuell). – Die Könige der überdimensionalen Lightshow waren → Pink Floyd.

Literatur

Die nicht etablierte Literatur in Amerika stand in den 60ern stark unter dem Einfluß der → Beat-Generation (→ Ginsbergh, → Corso, → Ferlinghetti, → Kerouac, → Kesey) und ihrer jüngeren Adepten. Aber auch Salinger, → Hesse und religiös motivierte Werke waren en vogue im → Underground. Die Underground-Poeten und -Lyriker waren oft zugleich Comic-Zeichner, Aktions- und → Happening-Künstler. Und auch das Kind Esoterik lag, zwar noch friedlich schlummernd, in seinem Naturholz-Kinderbettchen auf einem atmungsaktiven Dinkelkissen. – Die französischen Existentialisten spielten eine große Rolle, aber auch die düsteren russischen Nihilisten durften von der Endlichkeit der Welt künden, wie man sie bisher kannte. Es sollte ja alles ganz anders werden! → Progressive Autoren wie → Tuli Kupferberg und Ed Sanders (→ Fugs) entwarfen eine neue Wertigkeit der Literatur, die zwar keinen dauerhaften Bestand hatte, sicherlich aber Anreize zu einer modernen, zeitbezogenen Form von Prosa und Lyrik schufen. – In Deutschland bildeten sich Ende der 60er und Anfang der 70er viele unabhängige Kleinverlage – eine richtige Szene der »Underground-Press«, von denen heute die bekanntesten der Maro-Verlag (in Augsburg – gab als erster in großem Stil Charles Bukowski in der BRD heraus, Rechte später an Fischer verkauft) und der Ohnemus-Verlag (verlegte originäre Beatnik- und Hippie-Autoren, u. a. → Richard Brautigan) waren. – Herausragend in dieser Zeit war das »Literarische Informationszentrum Bottrop«, das ein wahnsinniger Idealist namens Josef Wintjes ins Leben gerufen hatte. In den

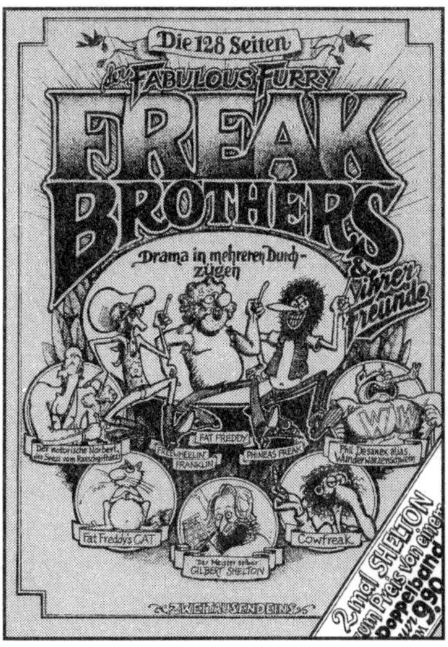

Literatur: Hippies schmökerten bevorzugt skurril gezeichnete Bildgeschichten in denen sich Freaks, Outdrops und Underdogs durchs Leben kifften oder progressive Underground-Poeten.

Literatenkreisen war er als »Bibi, der Würger von Bottrop« bekannt – ein herzensguter Mensch voller Idealismus, der für die Literatur der Subkultur seinen Brotberuf an den Nagel hängte und über 2 Jahrzehnte unter miserablen finanziellen Bedingungen für die Präsenz der alternativen Literatur in Deutschland mit ganzem Herzen und kühlem Kopf kämpfte. Die Zeiten wurden für derartige Literaturforen immer schlechter in der desinteressierten und satten Wohlstandsgesellschaft, die kaum Boden verloren hatte durch die rebellischen 60er. Auch Wintjes mußte diesem Zeitgeist Tribut zollen – Anfang der 90er stellte er sein literarisches Info-Blatt »Ulcus Molle« ein und beschränkte sich auf den Versand seltener Bücher, um über die Runden zu kommen. Bibi Wintjes verstarb leider 1995 – für die meisten seiner Freunde vollkommen überrraschend. (Ich habe ihn sehr bewundert und geschätzt und denke auch heute noch manchmal in tiefer Trauer an ihn, den Menschen und den Mann, der soviel für die alternative Literatur in Deutschland getan hat. Kaum ein »Schwein« hat das jemals wirklich gewürdigt! – Anm. d. Verf.) – Die Szene der Kleinverlage, auch Mini-Pressen genannt, hatte eine Zeitlang in den 70ern und 80ern ihren jährlichen Treffpunkt in Mainz auf dem Marktplatz – drei Tage lang trafen sich Kleinverleger, Dichter, Illustratoren, Maler, Ausgeflippte und Musiker dort im Minipressen-Zelt und tauschten Erfahrungen und Bücher aus, tranken den einen oderen anderen Schoppen miteinander und vermittelten sich gegenseitig das Gefühl, daß man nicht allein war. Eine engagierte, bewegte Zeit mit einer substantiellen Gegen- und Gegenwartskultur – die leider im Abfallkorb der Ideale gelandet ist, da die Kommerzmultis auch nicht die kleinste Konkurrenz dulden. Wer es da »nicht im Kreuz hat« (wie man in Bayern landläufig sagt – Anm. d. Verf.) gibt über kurz oder lang auf. Der Maro-Verlag/Augsburg hat es allerdings durch die kluge und markttechnisch differenzierte Politik seines Begründers Benno Käsmayr bis fast ins Jahr 2000 geschafft und existiert heute noch florierend. Weitere wichtige Autoren dieser Zeit waren Hadayatullah Hübsch, Uli Becker, Christoph Derschau, Fred Viebahn (»Die schwarzen Tauben«), Jörg Fauser, Alfred Miersch, Rolf Brück und Tiny Stricker, der durch seinen Erstling »Trip Generation« in der Szene massiv bekannt wurde. (Hatte selbst mal das zittrige Vergnügen, auf dem Marktplatz von Mainz, inmitten von Marktfrauen und Obst- und Gemüseständen eine Dichterlesung in Multimediaform zu präsentieren, zwischendrin sang ich a capella Textzeilen von → Joe Cocker. Die Marktfrauen waren durchaus angetan, das intellektuelle Publikum weniger ... Anm. d. Verf.) – Aber auch relativ etablierte Auto-

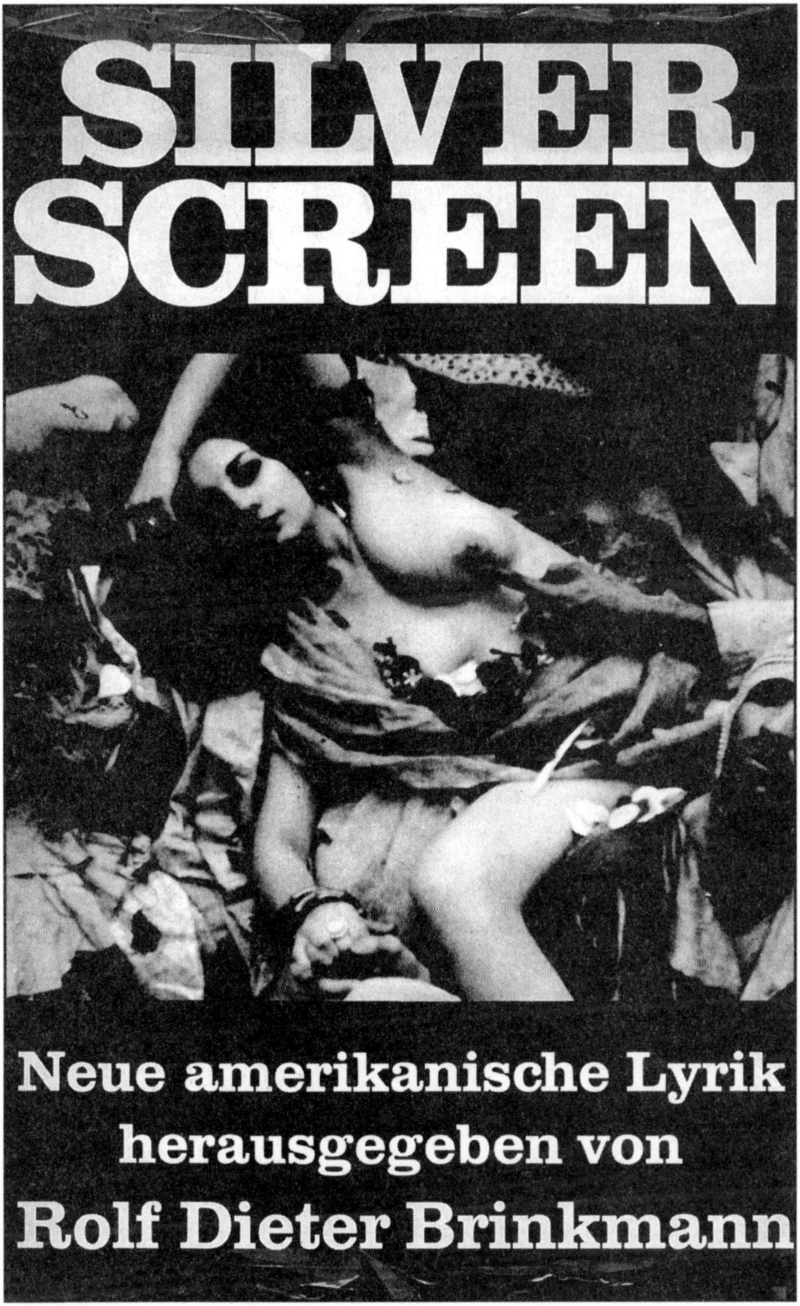

Bewegte Zeit mit einer substantiellen Gegen- und Gegenwartskultur.

ren, soll heißen, in einer breiteren Öffentlichkeit dazu befähigt, Bücher zu verkaufen, hatten an dieser Entwicklung maßgeblichen Anteil, Ernst Herhaus und Wolf Wondratschek z. B. – Ein wichtiger Motor für diese ganze Entwicklung war Jörg Schröder, bereits in den 60ern mit seiner Olympia-Press, später März-Verlag mit dem Sex-Aufklärungsknüller »Sexfront« und dem »Siegfried« Anti-Verlagsbuch. Alles mit der gelbroten Umschlagsgestaltung – unverkennbar. Hatte u. a. die (gute) Idee, gute Pornos für Intellektuelle zu machen. Bestes Beispiel war »Barbara«, es ging um die Jungmädchen-Erlebnisse eben dieser naiven »Schlampe« (es handelt sich um ein unbedarftes, lebenslustiges Mädel vom Lande) in diversen Hippie-Kommunen, an Meeresstränden und auf Großstadtmatratzenlagern, beim → Hitch Hiking und beim gemeinsamen → Joint-Genuß. Sämtliche asiatischen und indischen Liebeskünste wurden ausprobiert. Erstes Porno-Comic in der braven BRD. Das wurde zwar richtig pornographisch detailliert beschrieben, aber eben in einem völlig neuen Stil, wo durchaus noch andere Gefühle Platz hatten und auch einer oder mehrere Erlebnisstränge (und nicht nur Samenstränge) eingebaut waren. Dazu war es eine der besten Milieuschilderungen der US-Hippie-Szene. Es wurde der → Steppenwolf genauso gelesen wie das Kamasutra. Jörg Schröder lebt heute bei Augsburg, hat einen Eigen-Verlag und produziert dort mit dem Maro-Verlag sogenannte Abonnement-Bücher mit dem Titel »Schröders Erzählungen«. Passenderweise hilft ihm beim Leben und bei der Arbeit seine blonde Lebensgefährtin, die den Vornamen – na? – Barbara! hat.

Little Feat

Anspieltip: Little Feat (LP – 1970)

1968 in Los Angeles gegründet – hatten sie auf die Hippie-Ära keinen unbedingt nachhaltigen Einfluß mehr, arrivierten aber für Insider zu einer absoluten Kultband. Sie waren quasi eine Weiterentwicklung von → Canned Heat, propagierten den amerikanischen Traum von Freiheit, dem Leben »on the road«, in einer differenzierten Mischung aus → Folklore, Country-Music und Rockelementen. Dieser Stil machte es ihnen allerding schwer, in Europa ein breiteres Publikum zu finden. Herausragendes Mitglied der Combo war der Slide-Guitar-Spezialist Lowell George. Der mangelnde kommerzielle Erfolg, auch in den USA, zerrüttete die Band aber zusehends. Als sie 1970 dort dann doch noch einen Superhit mit dem Trucker-Song »Willin« landeten, machten sie weiter. Kritiker überhäuften sie mit Lob, mal wieder »die amerikanische Band«, aber die Platten lagen wie Blei in den Regalen – was seltsam war, da sie auf den Punkt das → »Easy Rider«- Lebensgefühl apostrophierten – vielleicht kamen sie mit dieser Mentalität ein bißchen spät für die Ideologie der 60er. Denn normalerweise dürfte das Bedürfnis der Amis nach dieser halbheilen Welt niemals aussterben. Sie hielten noch bis 1979 durch, da trennte sich George von der Gruppe, weil ihm die Hippie-Reminiszenzen langsam auf den Keks gingen.

London-Scene

Swinging London war eigentlich immer → hip. Anfang der 60er bis in die Mitte des Jahrzehnts sowieso – dann kam kurzzeitig ein Koma, eine Leere, als San Francisco der Branchenführer in Sachen Jugendkultur wurde. Das änderte sich ab 1968 aber wieder grundlegend, als die Engländer das Hippie-Feeeling auch breitflächig für sich entdeckten, ein bißchen modifiziert, aber ebenfalls sehr blumig. Berühmte Clubs in dieser Zeit waren neben vielen anderen das → UFO, der legendäre Marquee-Club und das Crawdaddy.

Los Angeles

Neben → San Francisco (→ Flipsville) und → Greenwich Village der wichtigste heilige Hort populärer Antikultur (das swingende London im braven, alten Europa natürlich nicht zu vergessen). Hier entwickelte sich eine Unmenge von Gruppen – die wichtigen und unwichtigen, die weltbekannten und die heute längst vergessenen. Die Beach Boys surften hier ihren Vokalschmelz in die Mikros, Canned Heat sangen sich von hier aus »on the road«, → Love und die → Electric Prunes zelebrierten hier ihre weltlichen oder sakralen Messen – um nur einige zu nennen. Am Ende wurde aber der Metropole L.A. der Rang von Flower Power-City, von »Frisco«, spätestens in der zweiten Hälfte der 60er abgelaufen. Es hieß ja schließlich »Let's go to San Francisco« und nicht »Turn on in L. A.«.

Love

Das Schlagwort der Hippiegeneration. Die Liebe sollte alles richten, den → Vietnamkrieg, den Hunger auf der Welt, sollte die korrupten Politiker verändern und lebenswerte Lebensformen schaffen. Der Begriff war nicht mehr nur auf eine Beziehung beschränkt – die Liebe sollte ein allumfassendes Signal, ja vielleicht sogar Fanal werden – auch ein bißchen strapaziös auf die Dauer. Wie es sich entwickelt hat, wissen wir – oder nicht?

Love

Anspieltips: Love (LP – 1966), Forever Changes (LP – 1968)
Gruppe aus L.A., 1965 dort gegründet. War eine der ersten gemischtrassigen Rockgruppen überhaupt. Ihren ersten Hit hatten sie mit »Littel Red Book«, einem Soundtrackschlager zu dem Film »What's New Pussycat« (Titelsong in England sang der »Tiger aus Wales« – Tom Jones) mit Peter O'Toole, Romy Schneider, Woody Allen und Peter Sellers. Danach machten sie etwas dürftigen Folk-Rock, schmalziger Gesang in netten Liedchen mit Country-Flair – eine krasse Stilwendung setzte mit dem affektierten, aber genialen Album »Forever Changes« ein, da kam viel menschlicher Schrott wie Todessehnsüchte, Drogenprobleme, sexuelle Manien etc. daher auf den Schwingen einer verrückt-obszönen Instrumentierung – Geigen fiedelten gar fröhlich, mexikanische Trompeten schepperten – im Vordergrund eine relaxte → Folk-Gitarre und obsessiver Gesang. Heute ein Kultalbum für Alt-Hippies, damals einem breiten Publikum nur schwer anzudrehen. Um wirklich nachhaltigen Einfluß auf die Zeit und Szene auszuüben, fehlte der »Liebe« bei aller Liebe leider die Beständigkeit – hinzu kamen die obligatorischen Drogenprobleme – und die Gruppe zerbröckelte langsam, aber sicher. – 1970 war dann vorerst mal Ende.

Love Affair

Nette englische Popgruppe, die auf den Flower Power-Train aufsprang und vor allem mit »Ever Lasting Love« einen kommerziellen Welthit hatten. Nicht so wichtig.

Love Generation

So nannte man die Generation der 60er, die sich den Idealen von → → Love, Peace und Happiness verschrieben hatte – mit all ihren Äußerlichkeiten und ihren Inhalten. Die → Hippies, die → Flower Power Generation.

Love, Peace & Happiness

Der Slogan der Hippies und der 60er schlechthin. Dazu zeigte man das englische Victory-Zeichen, Zeige- und Mittelfinger zu einem »V« gespreizt, was in der umfunktionierten Form »Peace, Brother« oder natürlich auch »Sister« bedeutete.

Die Peace-Generation: Make Love not War!

Love-In

→ Bed-In. Die eher profane Zusammenkunft diverser Menschen unterschiedlichen Geschlechts zu einem eindeutigen Unterfangen. In Deutschland wird das heute noch in einschlägigen Clubs gepflegt, allerdings ohne den weltverbrüdernden Aspekt dieser Zeit – man sagt schlicht Gruppensex dazu. Eine Horror- und Alptraumvorstellung für alle braven Bürger, damals, wie wahrscheinlich heute auch. (... ja und dann kriegen sie alle Geschlechtkrankheiten ..., Rudelbumsen und mit Negern vielleicht auch noch, keine Moral mehr auf dieser Welt – und

in die Phantasien unserer Spießer wollen wir ja gar nicht hineinblicken – Anm. d. Verf.)

Lovin Spoonful

Anspieltip: Day Dream (LP – 1966)

Nannten sich nach einem Blues von John Hurt – 1965 in → Greenwich Village gegründet. Waren eine sehr originäre amerikanische Band, die nicht wie viele andere in dieser Zeit über den Teich nach England schielte, um sich an der Beat-Mania zu berauschen. Und sie hatten als eine der ersten uramerikanischen Rockbands auch noch Erfolg damit. Ihr Preßlufthammerhit »Summer in the City« (1965) wurde zu einem Welthit und einem Kultsong der Zeit und dürfte auch dem Schwerhörigsten noch im Ohr wabern. Sie mixten alles zusammen, was ihnen die amerikanische Musikkultur zu bieten hatte – Blues, Country, Bluegrass, Hilly-Billy-Elemente – und das Substrat war größtenteils wenigstens hörenswert. Sie lebten als Musiker-Kollektiv (als East-Coast-Intellektuelle bestanden sie auf dem inhaltsschweren Begriff Kollektiv) in New York und tüftelten akribisch an ihren Songs, keine Rockpower aus dem Bauch jedenfalls. Vor ihrem Smash-Hit hatten sie bereits Charterfolge mit »Do you believe in magic« und »You didn't have to be so nice« – nach dem »Summer« kamen nette countryartige Weisen daher, wie »Daydream«, »Did you ever have to make up your Mind«, »Nashville Cats« etc. – Von dieser Masche konnten sie sich dann leider aber nicht mehr so richtig lösen und stagnierten – wurden kreuzlangweilig. Für das → psychedelische Raumschiff hatten sie versäumt, rechtzeitig Tickets zu lösen. In gewisser Weise waren sie das intellektuelle Pendant zu den → Beach Boys – vor allem durch ihr Mastermind John B. Sebastian, der bald darauf eine Solo-Klampfen-Karriere begann und den wir in → Woodstock wiedertreffen werden.

LP

→ Album. Langspielplatte – im Gegensatz zur Single – wurde mit 33er-Geschwindigkeit abgespielt. 2 Seiten abspielbar (im Gegensatz zur CD) – Länge der Musikaufnahme pro Seite etwa 20-24 Minuten.

LSD

LSD ist eine Substanz mit einer vorher nie für möglich gehaltenen psychogenen Wirkung. Es gibt bestimmte Darreichungsformen, wie → Blue Barrel, → Blue Cheer, Purple Haze, → White Lightning, → Yellow Sunshine etc. – Als »Straßendroge« sehr beliebt, ist die Gefahr durch einen Mißbrauch enorm. Da von staatlicher Seite her keine Aufklärung über die besondere Eigenschaft von LSD gemacht wird bzw. wurde, ist die Informationslücke unter Erstkonsumenten oft groß – was direkte negative Konsequenzen mit sich bringen kann. LSD, oder genauer gesagt LSD 25, steht für »d-lysergsäure-diäthylamid-tartrat« und wurde erstmals 1938 von dem in der Schweiz bei Sandoz arbeitenden Chemiker Albert Hofmann hergestellt. Hofmann arbeitete an der Isolierung von einzelnen Substanzen des Mutterkorns, welches von einem niederen Pilz erzeugt wird und vor allem auf Roggen wuchert. Bei dieser Forschung erhoffte man sich für die Medizin wertvolle Verbindungen zu entdecken. Als 1938 LSD 25 nun zum ersten Mal isoliert wurde, ergaben Standardtests keine besonderen Eigenschaften, woraufhin keine weiteren Untersuchungen durchgeführt wurden. Im Frühjahr 1943 entschloß sich Albert Hofmann, weitere Versuche mit LSD 25 durchzuführen. Er hatte eine merkwürdige Ahnung, dieser Stoff könnte noch andere als nur die bei der ersten Untersuchung festgestellten Wirkungsqualitäten besitzen. Alles weitere klingt fast wie aus einem Roman: In der Schlußphase der Synthese wurde Albert Hofmann von einer ungewöhnlichen Empfindung bei seiner Arbeit gestört. Die merkwürdigen Symptome erweckten bei Albert Hofmann natürlich den Verdacht, daß sie in direktem Zusammenhang mit seiner gerade bearbeiteten Substanz LSD 25 stünden. Er entschloß sich daher zu einem Selbstversuch, den er 3 Tage später durchführte. Als Dosis wählte er vorsichtig nur 0,25 mg, was aber aus heutiger Sicht das etwa Drei- bis Zehnfache einer durchschnittlichen Dosis war. Entsprechend heftig war sein Erlebnis. Er fühlte sich von einem Dämon besessen und dachte, er müßte sterben oder für immer wahnsinnig bleiben. Erst in der Abklingphase kam es auch zu positiven Eindrücken. Damit war LSD geboren. Am Anfang hätte sich keiner träumen lassen, daß LSD mal als Rauschdroge populär werden würde. Das Einsatzgebiet sah man klar in der Psychiatrie und Psychologie. Es folgten viele Versuchsreihen auf der ganzen Welt. Ins Blickfeld der Öffentlichkeit gelangte es dagegen erst Anfang der Sechziger Jahre. Als stärkster Einfluß auf die Verbreitung von LSD als Rauschmittel gilt die Person → Dr. Timothy Leary, damals Psychologieassistent an der berühmten Harvard-Universität in den USA. Dieser war von der Wirkung so angetan, daß seine anfänglichen wissenschaftlichen Versuche mit LSD in Parties ausuferten. Er propagierte LSD unter den Studenten als Mittel, um das Göttliche zu finden und sich selbst zu entdecken. Schnell griff die Begeisterung auch auf andere Universitäten über und LSD rückte in das Interesse der Öffentlichkeit. Die Wirkung von LSD kann nicht einheitlich beschrieben werden. Anders als bei Rauschdrogen wie Alkohol empfindet jeder den Rausch unterschiedlich. Man spricht von dem »Set«, dem inneren Zustand und von dem »Setting«, dem Umfeld, welches den Ablauf bestimmt. Das ist zum Beispiel die persönliche Einstellung zu der Droge, die Erwartung und auch der Gemütszustand zum Zeitpunkt der Einnahme. So kann eine euphorische Grundstimmung den ganzen Rausch lang andauern, oder vorherige Ängste und Depressionen können einen → »Horrortrip« auslösen. Aber auch latent vorhandene Ängste, die einem nicht bewußt sind, können hervorgehoben werden. Genauso kann sich ein als unangenehm empfundenes Umfeld, zum Beispiel Stadt, Schmutz und Autolärm, negativ auswirken. Umgekehrt hat eine schöne, natürliche Landschaft mit angenehmer Musik einen positiven Einfluß. Die Wirkung von LSD dauert ungefähr acht bis zwölf Stunden an. Einer Vielzahl von Erfahrungsberichten gemein ist, daß man sich fühlt, wie als wenn ein Dämon Besitz von einem ergriffen hätte. Man steht neben sich, sieht, was man tut, kann aber nicht wirklich eingreifen. Man fühlt sich nicht mehr wie von dieser Welt, sondern irgendwie abwesend. Das Zeitempfinden ist extrem verändert, alles ist viel langsamer. Dazu kommen optische und akustische Halluzinationen. Reale Gegenstände wirken sehr plastisch und scheinen sich zu bewegen, man meint Töne schmecken zu können und Farben zu hören. Die Einklang- und Abklingphase ist meist von einer als unangenehm empfundenen inneren Unruhe begleitet. Bemerkenswert ist noch, daß alles bewußt erlebt wird und man sich später an jede Einzelheit erinnert. Die beschriebene Wirkung mag auf die meisten wahrscheinlich eine große Faszination ausüben, jedoch sind die Gefahren nicht zu unterschätzen – schließlich spielt man mit seinem Leben. Nein, LSD verursacht keine körperlichen Vergiftungen noch macht es körperlich abhängig. Die Gefahren liegen ausschließlich in der psychischen Wirkung. Unter ärztlicher Aufsicht läßt sich eine Gefährdung nahezu ausschließen. Der Arzt weiß, ob er einem die Erfahrung zumuten kann oder ob irgendwo latente Ängste lauern. Man selbst weiß das aber nicht! Niemand kann für sich selbst mit Sicherheit ausschließen, daß durch LSD ein Psychose freigesetzt wird, oder daß man während des »Trips« außer Kontrolle gerät. Zwar sind so durch die Presse gepuschte Fälle wie »aus dem Fenster springen« eher die Ausnahme, jedoch ist die Gefahr, einen »Unfall« zu erleiden oder sich selbst umbringen zu wollen, vorhanden. Psychisch labile Personen sollten auf keinen Fall LSD einnehmen. Ebenfalls sollte man niemals Personen LSD ohne ihr Wissen geben.

Frühere Experimente haben gezeigt, daß solche Personen besonders anfällig für die o. g. Gefahren sind. Ist also wirklich nicht witzig, sondern eher ein Mordversuch. Jeder sollte sich mal selbst überlegen, was er machen würde, wenn sich alles um ihn herum verändern würde und er gar nicht weiß, wie ihm geschieht – kein sehr guter Gedanke. Eine nicht minder große Gefahr ist, daß LSD nur auf dem Schwarzmarkt erworben werden kann. Das allgemeine Gerücht, LSD sei sehr einfach und für einen durchschnittlichen Chemiestudenten in einem kleinen Labor problemlos herzustellen, ist nicht wahr. LSD »Marke Eigenbau« unterliegt in seiner Qualität meist lebensbedrohlichen Schwankungen. Außerdem ist LSD in sehr geringen Mengen wirksam, die richtige Dosierung deswegen schwer. Untersuchungen haben gezeigt, daß auf dem Schwarzmarkt gekaufte Mittel oft nur wenig oder auch zuviel LSD enthielten und daß leider auch nicht selten andere giftige, wenn nicht sogar tödliche Substanzen als LSD angeboten wurden. Daß oft zu wenig LSD enthalten war, liegt an der Eigenschaft von LSD, sehr flüchtig zu sein, d. h., wenn es Licht oder Luft ausgesetzt ist, verwandelt es sich innerhalb weniger Wochen in einen unwirksamen Stoff. Wegen der starken psychischen Wirkung sah man in LSD Möglichkeiten im Einsatz in der Psychologie und Psychiatrie. Zum einen, um die Wahrnehmungsveränderungen zu erforschen, und zum anderen, um Patienten zu behandeln. Bis zum weltweiten Verbot wurde LSD daher von Sandoz an Wissenschaftler und Ärzte in der ganzen Welt verkauft und eingesetzt. Man war sich sicher, mit Hilfe von LSD viele neue, interessante Entdeckungen machen zu können. Leider ist bis heute überall selbst der sichere, kontrollierte Einsatz von LSD in der Forschung und Psychiatrie verboten, obwohl Forscher und Ärzte ihm ein große Kapazität an neuen Erkenntnissen prophezeien.
Der Massenkonsum in den späten Sechzigern und die damit verbundenen Horrormeldungen der Medien setzten die Behörden unter Zugzwang. Der aber wohl wichtigste Grund für das Verbot war die Bedrohung der alten, konservativen Gesellschaft durch die Hippie-Generation. Deren neue Wertvorstellungen paßten überhaupt nicht in die der regierenden Masse und lösten einen regelrechten Wahn aus. Diese Entwicklung mußte zerschlagen, ihrer Grundlage beraubt werden. Aus der Traum vom freien Amerika – und dasselbe natürlich auch in Europa. Auf LSD wurden drakonische Strafen verhängt – zum Schutze der Gesellschaft natürlich! Und wie in der Politik so üblich, wurde natürlich nicht nur der private Konsum untersagt, sondern später auch jeglicher Einsatz in Therapie oder Forschung.

Lyrics
Songtexte. Entwickelten sich in der zweiten Hälfte der 60er von Fun-Love-, Surf- und Herzschmerztexten zu einer poetischen Inhaltlichkeit der Rockmusik. Reale Gossensprache, surrealistische Trips, Drogenexzesse und literarische Leitbilder werteten die Texte massiv auf und gaben ihnen oft im Verhältnis zur Musik ein stabiles Gleichgewicht. Nicht allein mehr die Melodie, die Nachsingbarkeit, die plumpe Theatralik standen im Vordergrund – die Lyrics wurden zu einem substantiellem Bestandteil des Rock, und seine Helden wollte entsprechend auch etwas mitteilen. Das konnte so weit gehen, daß bei manchen Gruppen die instrumentelle Umsetzung eines Stückes sekundär wurde – und der Text die allein glücklich machende Formel enthielt. Dies war zum Teil bei den → Mothers of Invention oder der englischen Clown-Combo → Bonzo Dog Band der Fall. Es gab psychoanalytische Alpträume zu besingen, wie es → Jim Morrison in »The End« tut – »Father, I want to kill you, Mother I want to ...«, es folgt ein unartikulierter Urschrei — oder ein gesamtes Leben mit dem ganzen Amerika und seinem Schrott, wie es die → New Animals in »New York 1964-Amerika 1968« tun (LP – Everyone of us, 1968). Politische Agitationen wurden in die Texte gepackt (→ The Fugs, → Edgar Broughton Band) oder religiöse Formeln in Verse gebracht (→ Quintessence, → George Harrison) – und natürlich war die Liebe nicht allein mehr nur ein Küßchen (»I remember her last Kiss«), sondern ab dieser Zeit (1966) ging es dann schon deftiger und plastischer zur Sache (Schätzchen). Fuck wurde ein legitimes Wort in Songs, → Jefferson Airplane erstritten sogar gerichtlich, derartige Schmutzworte der Umgangssprache veröffentlichen zu dürfen – und → »Kick out the Jams, Motherf...« löste noch mal den alten Kampf zwischen Brav und Böse aus. Auf der Platte der → MC 5 mußten die »Motherfuckers« durch das weniger Zündstoff liefernde und zeitgerechte »Brothers and Sisters« ersetzt werden. – Aber auch heile Märchenwelten wurden kreiert und → Konzeptalben und Rock-Operas entstanden (»Tommy« – → The Who). – Die Lyrik durfte aber auch rücksichtslos subjektiv sein, ein Privileg, das sich diese Form der Dichtung herausnehmen darf, wie z. B. bei dem Jahrhundertalbum »Astral Weeks« von → Van Morrison.

Lyrik
→ Lyrics. → Literatur. → Beatniks. → Allen Ginsbergh. → Jack Kerouac.

M

Maharishi Mahesh Yogi

→ Transzendentale Meditation. Mit ihm begann das Verhängnis der → Beatles – oder doch erst mit dieser Japanerin Yoko? Ob Yoko oder Yogi, einerlei – es war was im Busch. → George Harrison kam auf seinen → Indien-Trip und karrte die restlichen drei der »Fab Four« ebenfalls in den Orient. Dort erlagen sie dem Kharma Seiner Heiligkeit Maharishi Mahesh Yogi, nahmen ihn gleich mit nach Europa und Amerika – wo dieser nach nachhaltiger Vermittlung des Nirwanas und seiner irdischen Annäherung durchaus auch Gefallen an den irdischen Versuchungen fand. Der eine odere andere Rolls Royce, nette Mädels und ein enormer Hofstaat ließen ihn zu einem orientalischen Geistesfürsten werden, der die verschmähte → Zivilisation durchaus in vollen Zügen genoß. Einer seiner Adepten, → Bhagwan mit Namen, sollte ihn darin allerdings noch weit übertreffen. Er war der Guru der Pop-Szene, die allgewaltige Heilsfigur, der die westliche Dekadenz und ihre Verwerflich-

Maharishi Mahesh Yogi: Orientalischer Geistesfürst genießt westlichen Luxus.

keiten wieder gesunden lassen sollte – in der Theorie zumindest. – Mit seiner Popularisierung durch die Beatles setzte ein weltweiter Trend zur TM ein – und so ein Kurs war nicht billig damals. Der Okzident war reif und hungrig nach spirituellen Werten, nach der Konsumisierung des Lebens durch die Kriegsgeneration.

Mahavishnu Orchestra

Anspieltip: The Inner Mounting Flame (LP – 1972)

1971 gegründet von dem Fusions-Gitarristen John McLaughlin, der sich ebenfalls stark zu fernöstlicher Mystik hingezogen fühlte. Überzeugende, aber teilweise strapaziöse Verschmelzung von Rock und Jazz. Nach einigen experimentellen Alben brach das Orchester 1976 durch die Unvereinbarkeit der brillanten Musiker auseinander. Von religiös-spiritueller Bedeutung für die Post-Hippie-Ära (mein Fall waren sie nicht – obwohl McLaughlin sicherlich einer der besten Gitarristen seiner Zeit ist – Anm. d. Verf.).

Make Love – Not War

Zweiter wichtiger Slogan der Hippie-Ära – nach → Love, Peace and Happiness. Wurde von dem radikalen Studentenführer → Jerry Rubin geprägt, aber auch da gibt es die üblichen »Copyright-Probleme« – wird auch → Abbie Hofmann oder → Ken Kesey zugeschrieben.

Malcolm X

Führer der radikalen Vereinigung von Schwarzen – → Black Panther. Wurde am 21.2.1965 in New York erschossen. Löste 1964 heftige Studentenproteste an der University of → Berkeley aus, da die Rektoren ihm Redeverbot erteilt hatten.

Malerei – (Darstellende Kunst, Grafik)

→ Pop-Art. Signifikantestes Symbol der Ära war eine Dose mit Tomatensuppe von der Firma Campbell – → Andy Warhol.

Mamas & Papas

Dennis Doherty (voc), »Mama« Cass Elliot (voc), Michelle Phillips (voc), John Phillips (voc)

Anspieltip: Farewell To The First Golden Era (LP – 1967)

Das waren die Hippies schlechthin, und noch eine Familie dazu (nicht wirklich) – sie waren aber in einigen Bereich durchaus die Mamas und Papas des Hippie-Booms. »California Dreaming« hatte die kalifonische

Mentalität zum ersten Mal so richtig in den Äther und um die Welt getragen. Sie waren eine Gesangsgruppe neuen Stils (im Gegensatz zu den Folkies → Peter, Paul & Mary), die auch noch überdimensionalen kommerziellen Erfolg hatte. – Man apostrophierte sie als Amerikas Antwort auf die britische Beat- und Rockinvasion. Die Amis bekommen da ja leicht Traumata, wenn sie nicht überall die ersten sind und gewinnen (→ Vietnam, Grenada, Basketball, 100-Meter-Lauf – beliebig fortsetzbar). 1965 wurde die Gruppe gegründet, vorher hatten sie einzeln oder zusammen in → Greenwich Village Folkweisen zur Wandergitarre vorgetragen – in erster Linie war John Phillips dabei aufgefallen. Er schrieb auch fast das ganze Songmaterial der M & P. Sie überzeugten durch einen ausgewogenen, raffinierten Harmoniegesang, der durch zeitliche Versetzung und Mehrstimmigkeit zusätzliche Spannung

Mamas & Papas: Das Flower Power-Quartett beherrschte den raffinierten, mehrstimmigen Harmoniegesang.

erfuhr. Mit diesem Erfolgsrezept, in dem sie fröhliche Flower Power-Mentalität und heitere, optimistische Sunshine-Ideologie mit einem netten Schuß Sentimentalität zu paaren verstanden, stürmten sie Hitparaden auf der ganzen weiten Welt. – Auch in Westdeutschland.
»Monday Monday« wurde zum Mega-Hit und ist heute noch einer der Quoten-Oldies der formatierten Radiostationen. Ein Hit nach dem anderen folgte – der enorme Erfolg rüttelte aber massiv an → Love, Peace and Happiness, und die 4 Hauptmitglieder der Gesangsformation bekamen sich ganz »hippie-unlike« immer öfter in die Wolle. 1968 hielten sie den Streß nicht mehr aus und gingen getrennte Wege, die aber weiterhin mit der ganzen Mischpoke der Hippie-Zunft kollidieren sollten. Für Phillips als Manager, Producer und Konzertveranstalter sogar in mehr als lukrativer Manier. Er war unter anderem Mitveranstalter des → Monterey Festivals. Michelle Phillips ließ sich von Ehemann John scheiden und heiratete kurzentschlossen → Dennis Hopper. Die schwer übergewichtige Mama Cass versuchte eine Solokarriere, die durchwachsen geriet.
Sie heiratete den deutschen Baron Donald (ha ha) von Wiedenmann (trau schau wem! – Sogar Hippies lassen sich von blauem Blute blenden – Anm. d. Verf.) und starb am 29.7.1974, man soll es nicht für möglich halten, an einem Sandwich. Ausnahmsweise mal kein Drogentod. Sie hatte sich an dem Brötchen verschluckt und erlitt in der Folge einen Herzinfarkt. Dennis Doherty versumpfte relativ teilnahmslos vor dem Fernseher.

Man

Anspieltip: 2 Oz Of Plastic With A Hole In The Middle (LP – 1969)
Ganz besonders schräge (»schräg« ist in diesen Zusammenhängen durchaus nicht abwertend gemeint – Anm. d. Verf.) englische Combo. Ein Kritiker schrieb einmal: »Die Jungs kommen zwar aus dem tiefsten Wales, aber ihr Herz schlägt in San Francisco.« – So war es. Was → Psychedelic-Rock anbetraf, konnte man Man nix vormachen. Aber auch ihr → Haschisch-Konsum war legendär in einschlägigen Kreisen. Group-Member Micky Jones verkündete denn auch selbstgefällig: »Wir sind zwar nicht die beste Band der Welt, aber wir paffen den meisten Shit!« – 1968 gegründet waren sie ein Auffangbecken für die gesamte walisische Musikelite. Und nicht nur das, frech wie sie waren, ließen sie auf einer Amerikatournee über Radio verkünden, daß sie gerne → John Cippolina kennenlernen würden, einen der großen Westcoast-Gitarristen. Der traf sich denn auch mit der Gruppe, ließ sich nicht

lange überreden und auch nicht lumpen – und ging stehenden Fußes mit ihnen auf Tour. Die bodenständigen Burschen aus Wales konnten enorm abheben: Sphärenklänge, schrille, überlange Gitarrensoli, Koitusgeräusche und zwischendrin Beatles-Harmonien machten die Formation sicherlich unverwechselbar aber auch mehr als gewöhnungsbedürftig (→ Pink Floyd waren sicherlich nicht ihr Vorbild). Bei allem Psychedelic-Flair klangen sie doch sehr englisch kühl und etwas schwerfällig. (Wie der flockige West-Coastler Cippolina diesen englischen »Brain-Storm« aushielt, ist mir heute noch ein Rätsel – Anm. d. Verf.) Eine besonders große Fangemeinde fanden sie immer in Deutschland vor, wo sie ausgiebig rumreisten und Konzerte gaben. Ihre ersten kommerziellen Erfolge feierten sie denn auch in der guten alten BRD. 1976 fiel die Band nach internen Streitigkeiten auseinander. In der Zeit ihres Bestehens haben sie immerhin 14 (!) Alben aufgenommen, von denen so mancher ein Ehrenplatz im Kuriositäten-Kabinett der Rockgeschichte gebührt. 1983 gab es eine Jubiläums-Reunion mit Live-Mitschnitt.

Manassas

Anspieltip: Manassas (Doppel-LP – 1971)

Nach der Auflösung von → Crosby, Stills, Nash & Young rief → Stephen Stills das Projekt Manassas ins Leben (da haben, glaube ich, die Südstaatentruppen mal einen auf den Deckel bekommen, bei Manassas – oder war es umgekehrt? – Anm. d. Verf.). Das erste Album – eine Doppel-LP – brachte erdigen Westcoastrock und schlichte Country Music zu Gehör. (Ich hatte mir das teure Ding damals gekauft als alter C, S, N & Young-Fan. Was war ich enttäuscht, als eine ganze Platte des Albums nur Country-Gedudel enthielt. Habe sie dann umgehend gegen ein Album der englischen Gruppe IF eingetauscht, das mir leider auch nicht besonders gefiel – Rock'n Roll-Alltag eines Schülers – Anm. d. Verf.)

Mandel, Harvey

Anspieltip: Christo Redentor (LP – 1969)

Geboren 1945 in Detroit. Antistar und Supergitarrist. Er trudelte traumwandlerisch zwischen Blues, Jazz und Rock hin und her und sollte sogar Mick Taylor bei den → Stones ersetzen. Das war ihm dann doch eine Nummer zu groß. Er spielte mit vielen zeitgenössischen Kollegen u. a. mit Graham Bond, → Mike Bloomfield, → John Mayall, Charlie Musselwhite etc. – 1970 schloß er sich → Canned Heat an und tourte mit diesen auch durch Europa. In den 70ern wurde es allerding recht schnell ruhig um ihn, da er keine glückliche Hand bei eigenen Bands hatte. Zudem hielt er sich gerne im Hintergrund und der Poprummel war ihm ein rechter Greuel.

Manson, Charles

Das ist der Kerl, der die ganze liebe, friedfertige Hippie-Gemeinde in schlimmsten Verruf brachte: ein Massenmörder im Hippie-Gewande. Die bestialischen Ritualmorde an Sharon Tate, der Frau von Roman Polanski (polnischer Filmregisseur: »Ekel«, »Rosemaries Baby«, »Tanz der Vampire«), und vier weiteren Menschen, lösten damals auf der ganzen Welt Bestürzung aus. Das Fanal fand im August 1969 statt. Sharon Tate war zu diesem Zeitpunkt schwanger. Als Täter wurde eine Gruppe von Hippies ermittelt, eine Sekte, die sich »The Family« nannte und deren Anführer Charles Manson war. Manson predigte einen apokalyptischen Showdown, bei dem einzig er und seine »Family« überleben würde. Er bezeichnete sich abwechselnd als Jesus Christus und als Satan. Die Tatmotive für die Morde sind bis heute nicht restlos geklärt – eine Mischung aus satanischer Mordlust, perverser Provokation und persönlichen Rachegefühlen ... Manson ist zu einer lebenslänglichen Gefängnisstrafe verurteilt worden und sitzt heute noch im Gefängnis. Um ihn rankt sich ein regelrechter Kult: Es gibt T-Shirts, Platten und Internet-Kontakte. Das inhaltliche Image der vorgeblichen Hippie-Mentalität hatte allerdings einen Knacks erlitten, von dem es sich nicht mehr restlos erholte – und in breiter Öffentlichkeit hatte man ja sowieso die Reputation der langhaarigen → Gammler, bei denen der Schritt zur Kriminalität nur ein minimaler ist. Wer Drogen konsumiert, frißt auch kleine Kinder.

Marcus, Greil

Amerikanischer Musikjournalist und Autor, der einige sehr profunde Werke über Rock, dessen Querverbindungen, Hintergründe und deren politische Dimension schrieb. Sein bekanntestes Werk dürfte sein dramaturgisch äußerst interessantes und spannendes Buch »Mystery Train« sein. Erstmals in Amerika 1976 – 1992 in deutscher Übersetzung erschienen. Unentbehrlich für jeden Fan der damaligen Musik.

Marihuana

→ Haschisch. Marijuana. Szene-Verballhornung: Mary Juana.

Marmalade
Brit-Flower-Pop der frühen Jahre. Englische Beatcombo, die sich mit »Obladi-Oblada«, gecovert von den → Beatles einen Welthit verschaffen konnten und diese Welle weidlich weiterritten. Netter Titel der Gruppe ist u. a. »Reflections of my Life«.

Marokko
Neben → Indien, → Afghanistan, → Nepal und → Katmandu eines der Lieblingsreiseziele der Hippies. Vor allem die Stadt Marrakesh hatte es ihnen angetan (→ Crosby, Stills & Nash – »Marrakesh Express«) und natürlich der »Grüne« (Marokkaner – → Haschisch). Der wurde auch unter hohem Risiko aus Marokko geschmuggelt, eingedenk der Gefahr, etliche Jahre in unkomfortablen spanischen Gefängnissen zu sitzen. Denn dort wurden die Freunde des guten Kiff meist abgefangen.

Mason, Dave
Anspieltip: Alone Together (LP – 1970)
Bassist und Gitarrist – geboren 1947 (Multi-Instrumentalist). – Er war eher ein musikalischer Einzelgänger, der es nie längere Zeit irgendwo aushielt. Gründete mit → Stevie Winwood die Gruppe → Traffic. Schrieb etliche Lieder, die bald Allgemeingut im Rock-Biz wurden, u.a. »Feelin' Allright« (→ Joe Cocker übernahm es für seine erste LP), das auch zu einer Art inoffiziellen Hymne, vor allem der englischen Hippies, wurde. Er produzierte »Music in a Dolls House«, das erste Album von → Family. Seine Platte »Alone Together« war ein erklecklicher kommerzieller Erfolg, darauf assistierten ihm u. a. → Delainey & Bonnie, → Leon Russell und → Rita Coolidge. Er bekannte, nie wirklich ein Popstar sein zu wollen, Rampenlicht war ihm eher lästig. Er empfand sich selbst lediglich als Musikanten und bemerkte lapidar, »das sei genug«. In den späten 90ern war er bei der Concert-Reunion von → Fleetwood Mac wieder zu sehen und zu hören.

Matthews Southern Comfort
Die Gruppe landete ihren einzigen Hit mit der → Joni Mitchell-Komposition »Woodstock«, und das genau zur rechten Zeit, um auf den rasant fahrenden Hippie-Expreß aufzuspringen (1970). Nach → Matthews Weggang hatte die Gruppe aber nicht die Substanz, länger durchzuhalten. Nach 3 LP's war 1972 Schluß.

Matthews, Ian

Anspieltip: If You Saw Thru My Eyes (LP – 1971)

Geboren 1946 als Ian McDonald in Lincolnshire/England. Er wollte aber nicht mit dem Musikerkollegen Ian McDonald von → King Crimson verwechselt werden und änderte deshalb seinen Namen. War 1968 Leadsänger der einflußreichen englischen → Fairport Convention, verließ die Gruppe bald wieder, um seine eigene Formation unter dem Namen → Matthews Southern Comfort zu gründen. Die Gruppe hatte in Europa und Amerka Erfolg – subtile Vokalharmonien und ein eleganter Folk-Rock brachten ihnen viel Kritikerlob ein. Aber als rastloser Perfektionist vertrug er die Gruppenzwänge schlecht und verließ auch MSC bald wieder. Seitdem hat er eine Unmenge von Solo-LP's aufgenommen, übersiedelte nach USA, lebte dort in der Einöde von Arizona und experimentierte mit diversen Stilen – unter anderem sehr stark mit dem amerikanischen Country-Idiom. Seine Musik blieb aber durch seine helle, leichte, hohe Stimme immer identifizierbar. Kommerzieller Erfolg war ihm trotz überzeugender Musikalität leider kaum beschieden. Er ist auch heute noch ein Insidertip.

Mayall, John

Anspieltips: Blues Crusade (LP – 1967) – So Many Roads (LP – 1968) – Blues From Laurel Canyon (LP – 1968) – The Turning Point (LP – 1969)

Geboren am 29.11.1933 in Macclesfield/England. Neben Alexis Korner der zweite, noch einflußreichere Vater des englischen Blues und Rhythm'n Blues. War maßgeblich am britischen Bluesrevival der 60er beteiligt und setzte sich sein Leben lang für die Popularisierung der schwarzen amerikanischen Musik ein (u. a. mit Pressekampagnen, Unterschriftenaktionen, Radiosendungen). – Alexis Korner holte ihn nach London in die damalige Club-Bluesszene. 1963 gründete er im legänderen Marquee Club seine ebenfalls (heute) legendäre Band The Bluesbreakers. Diese Band sollte mit ihren permanenten Umbesetzungen Sprungbrett für viele Musiker zu einer eigenen Karriere und teilweise auch zu kommerziellem Erfolg und viel Kohle werden – unter seinen »Schülern« waren Leute wie → Eric Clapton, → Peter Green, Aynsley Dunbar, John McVie, Keef Hartley, Mick Taylor, Mick Fleetwood, → Jack Bruce, → Harvey Mandel und unzählige mehr. Er selbst konnte nur mit eher bescheidenem Talent aufwarten. Gitarre, Orgel

John Mayall: Magie und Kraft ohne musikalische Kompromisse.

und Piano spielte er durchschnittlich bis ungehobelt, sein Gesang klang wie ein Nebelhorn auf Entzug, seine Stimme hatte eine gewisse heulende Phrasierung – überzeugend dagegen war er am »Fotzenhobel«, an der Mundharmonika. Diese hatte er in einem Patronengürtel, 12 Stück an der Zahl nach Tonarten sortiert, bei Live-Auftritten umgeschnallt. Seine Magie und Kraft gingen von seinem Fanatismus für den Blues und seinem Integrationstalent aus, wesentlich begabtere Musiker, als er einer war, unter seiner Führung unter eine musikalische Kappe zu bringen. Spielten ihn seine Mitstreiter aber zu deutlich an die

Wand, löste er die Combos ruckzuck wieder auf. Aus diesem Grund schloß er auch nie Verträge mit ihnen ab. – Er sagte in aller Deutlichkeit von sich, und das auch noch glaubhaft: »Ich habe nie musikalische Kompromisse gemacht, was ich tue, mache ich ausschließlich für mich selbst!« Im Hippie-Boom spielte er keine nachhaltige Rolle, seine Musik kam denn doch in den 60ern zu konservativ, zu erdig und antiquiert daher – für → Psychedelic Freaks. – In den späten 60ern setzte er einen weiteren Markstein mit dem Album »The Turning Point«, in dem er sich wieder stärker dem akustischen Blues, allerdings mit dominierenden Jazzelementen zuwandte. Diese Richtung propagierte er fast 2 Jahrzehnte lang, wobei sein Ruhm immer mehr verblaßte. Er galt ganz einfach als altmodisch, bevor er sich in den 90ern wieder stärker dem elektrischen Blues, teilweise mit 2 Leadgitarristen zuwandte. Mit diesen Formationen tourt er auch immer wieder erfolgreich durch Deutschlands Clubs und Programmkneipen. Der knorrige Eigenbrötler, der zeitweise in Kalifornien im Laurel-Canyon lebte, überzeugte aber durchaus oft durch seine Texte, die sich vom stereotypen Bluesklischee »My Baby was gone« und »I've been drinking too much« lösen konnten und komplexe Geschichten erzählten: über das Leben im Canyon, → Jimi Hendrix und den Krieg in Korea (an dem er als Soldat teilnahm). Er engagierte sich aber auch deutlich und markant gegen Drogenmißbrauch und die fragwürdigen Güter der Konsumgesellschaft. Der »weiße König des schwarzen Blues« hat seine Schuldigkeit sicherlich getan, ein neues Bluesrevival wird er kaum noch einmal anschieben können. (Ich habe ihn einmal für einen Radiosender interviewt, wobei ich stehend vor seinem Sessel verharren mußte, nachdem er mich streng darauf hingewiesen hatte, daß ich meine Zigarette sofort auszumachen habe, sonst würde er kein Wort mit mir wechseln. Sehr unterkühlt – um nicht zu sagen – ein recht arroganter Schnösel. Als ich ihn dann noch nach Bandmitgliedern aus längst vergangenen Zeiten befragte, hatte ich endgültig »verschissen« – wo die Majestät doch vor mir saß. Abrupt wurde er sehr einsilbig und beendete das Gespräch dann auch umgehend. – Anm. d. Verfassers) – Abschließend bleibt zu subsumieren: Mayalls musikalische Mittel mögen beschränkt sein, seine Begeisterung für den Blues ist es nicht!

MC 5 (Motor-City-Five)

Anspieltip: Kick Out The Jams (Live-LP – 1969)

Die Gruppe wurde bereits 1964 in Detroit gegründet – der Motor-City. Alle großen Autofirmen Amerikas fertigen oder fertigten dort. Eigentlich eine eher krachige, mäßig talentierte Combo, die es aber schaffte, für »einen kurzen gloriosen Moment die aufregendste Band Amerikas zu werden« (schrieb jedenfalls der »Rolling Stone« 1968). – Sie schafften es zusätzlich, eine weitere Schublade in der Kategorisierung aufzumachen – nämlich den → »Guerilla-Rock« (diese blieb aber bis heute relativ leer). Assoziiert waren MC 5 mit dem → White Panther-Führer → John Sinclair, der die Revolution der weißen Amerikaner aus den unterprivilegierten Schichten zu seiner Lebensaufgabe gemacht hatte. Was die Gruppe so magisch machte (für den Moment) war ihr rückhaltloses Bekenntnis zu einer Form naiver, aktueller → Anarchie. Auf dem Parteikonvent der Demokraten 1968 spielten sie ein Konzert in der verbotenen Zone und verkündeten das Programm der 60er lauthals und plakativ: Rock'n Roll, Drogen, Freiheit und Geschlechtsverkehr – das alles zusammen und in Totalität. Ihr rauher, ungeschliffener Sound tat noch ein übriges dazu. Die Revolte schien nahe, der Thrill kam rüber. Detroit sollte brennen. Pustekuchen – es lief alles seinen Gang, wie es in immanenten Strukturen immer laufen mußte. Die Löwen brüllten und das subversive Brüllen wurde zum inhaltlosen Selbstläufer. – Ihre rhetorische Meisterleistung boten MC 5, die Band im Schützengraben der Liebe, mit ihrem Slogan: »Kick out the Jams, Motherfuckers!« (Schmeißt endlich eure Hemmungen über Bord, ihr – na ja, sagen wir mal – ihr Arschlöcher.) Die Plattenfirma machte da allerdings nicht mehr mit – der Ausspruch mußte auf dem 69er Livealbum schön brav korrigiert werden und nahm sich dann bei weitem nicht mehr so revolutionär aus – da hieß es dann, ganz hippielike und friedlich: »Kick out the Jams, Brothers & Sisters!« (Befreit euch von euren Hemmungen, Brüder und Schwestern!) – So bekam die Provokation eher einen seelsorgerischen, psychiatrischen Anstrich. – Der Feuer war schon wieder am Verlöschen. Als sie sich auch noch von Sinclairs »Trans Love Energies«-Kommune trennten, war die Aura des Unberechenbaren, der Nimbus der Gewalttätigkeit, das Flair des radikal Provokativen blitzschnell zerstört. Weitere Platten von MC 5 stießen nur noch auf zurückhaltendes Interesse. Dennoch lebten die 5 Musiker auf großem Fuße, machten Schulden, kauften dicke Autos, Sex, Drogen und protzige Villen – das machte den Absturz perfekt. John Sinclair kommentierte das mit dem berühmten Satz: »Ihr wolltet größer sein als die Beatles – ich wollte, daß ihr größer werdet als Mao!« – Diese Dimension war denn doch in aller Konstruiertheit ihres politisch-radikalen Auftretens (anfänglich) nicht von ihrer Welt. Soll heißen, der Schuh war ihnen ein paar Nummern zu groß. MC 5 löste sich auf und würde mit ihrem wüsten Hard-Rock nur noch als Rock-Marginalie existieren, wäre da nicht dieser eine Satz gewesen ...!

McCoys, The

Anspieltip: Human Ball Blues (LP – 1969)

Hatten 1965 einen Super-Smash-Hit mit »Hang on Sloopy«. Die ganze Welt stampfte den derben Beat mit: »Bum-Tschack, Bum-Bum-Tschack« – mit »Fever« folgte noch ein zweiter. Danach stellte die Band ihren Stil radikal um. Kopf der Gruppe war Rick Derringer, geboren am 5.8.1947 in Celina/Ohio, als Richard Zehringer. Er begann in den 50er Jahren Elektrogitarre zu spielen und nahm 1962 als Rick And The Raiders die Single »You Know That I Love You« auf. 1965 änderte die Gruppe ihren Namen in The McCoys. Nach ihren deftigen Garagen-Beat/Bubble-Gum-Hits wechselten sie ins → psychedelische Lager, allerdings nur noch mit Insider-Erfolgen. Zwei ausgezeichnete Blues-

The McCoys:
Vom Garagen-Beat-Bubble-Gum-Sound über Psychedelic zum Blues-Rock.

Rock-LP's kamen in dieser Zeit auf den Markt: »Infinite« (1968) und »Human Ball Blues« (1969). Derringer war ein superber Gitarrist, der später auch mit Johnny (den er nicht nur einmal an die Wand spielte bei Live-Konzerten und das war nicht so einfach! – Anm. d. Verf.) und Edgar Winter spielte.

McGuinn, Roger

Mastermind der → Byrds. In den 70ern gründete er die Formation Thunderbirds, die an gute, alte Byrds-Traditionen anknüpfen wollte – was aber nur in bescheidenem Umfang gelang.

McGuire, Barry

Stichwort → Protestsong. McGuire wurde am 15.10.1935 in Oklahoma City/USA geboren. Er machte das Genre Protestsong populär, indem er 1965 einen Welthit mit seinem »Eve of Destruction« landete. Kritiker standen dem Song eher ablehnend gegenüber, da sie darin eine ungehobelte Adaption von → Dylans »A Hard Rain's A-gonna fall« (1963) sahen. Sei's drum – »Der Abend vor der totalen Vernichtung« (heute würde man vielleicht sagen: »Kurz vor dem Supergau«!) wurde eine Hymne für das erwachende, kritische Bewußtsein einer Anti-Kultur, der neuen Jugendkultur. Mythosbildend war zudem, daß die meisten Radiostationen das apokalyptische »Endzeit-Epos« auf den Index setzten. Das steigerte das Interesse erheblich – wie ja solche Konsequenzen meist zum Gegenteil dessen führen, was ursprünglich beabsichtigt war. Die amerikanische Jugend ließ sich den Zugang zu freiem Denken, jedenfalls eine gewisse Zeit lang, nicht mehr verstellen. Popmusik, die ja in der Hauptsache unbeschwert daherkam, das »Easy Listening« befriedigen sollte, hatte plötzlich eine düstere, inhaltsschwere Komponente als Gegenpart erhalten – und das auch noch mit Spitzenverkaufszahlen all over the World (abgesehen von der immer schon quengelig aufgelegten → Folk-Musik, die aber keinen breiten kommerziellen Erfolg hatte). – Das war's dann aber auch schon mit Barry McGuire und seinem Erfolg – ein typisches »One-Hit-Wonder« und durch seine effekthaschende, konstruierte Depression sicherlich auch deutlich überbewertet. McGuire blieb ein Szenegänger in Los Angeles, zehrte aber faktisch von diesem einen Lied, das ihn lähmend auf eine Steigerung festlegte, die nicht drin war. Heute lebt er in Neuseeland und singt ab und zu mal seinen Apokalypse-Schlager, wobei er retrospektiv betont, daß der Song heute wichtiger wäre denn je ...! Entertainer-Weisheiten, die wir gerne hören.

McKenzie, Scott

Anspieltip: The Voice Of Scott McKenzie (LP – 1967)

Geboren am 1.8.1944 – ein ähnliches Phänomen wie → Barry McGuire. Ein Superhit – dann nix mehr! Aber dieser Song veränderte für ein Jahr immerhin die Welt (ein bißchen). Er lud in der sanften Pop-Ballade »San Francisco (be sure to wear some Flowers in your Hair)« die ganze Welt dazu ein, alle Suchenden und Fehlgeleiteten, nach Frisco zu kommen. Der Song wurde die Hymne der Flower Power-Generation, obwohl er musikalisch von der Experimentierfreude und psychedelischen Ausrichtung der Zeit Lichtjahre entfernt war. Die Platte wurde etliche Millionen Mal verkauft und stand lange ganz oben in der deutschen Hitparade (obwohl damals kaum ein Schwein wußte, um was es ging – in der BRD). – McKenzie ließ sich denn auch als Prophet, Halbgott und einziger wahrer Repräsentant der Hippies feiern – viel brachte er danach nicht mehr zustande. Der Song war zudem nicht von ihm selbst komponiert, sondern von John Phillips von den → Mamas &

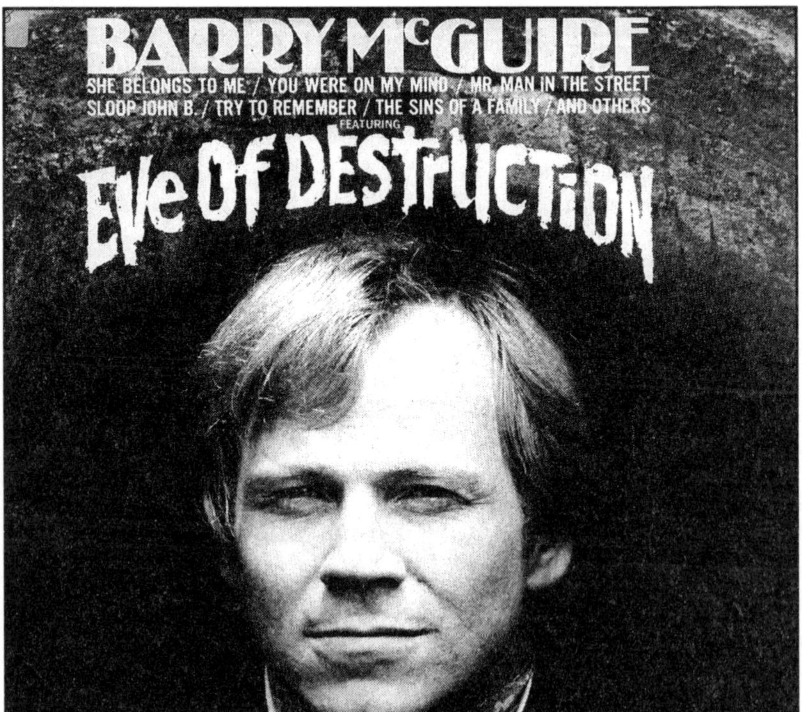

Barry McGuire: One-Hit-Wonder ließ sich als Repräsentant der Hippies feiern.

Papas (in deren Dunstkreis sich der gute Scott laufend aufhielt). Eine Art Reklamefeldzug für → Haight Ashbury, der das Viertel in ein überirdisch romantisches Licht rückte, aber voll einschlug. San Francisco wurde zur emotionalen Heimat der Jugend der ganzen Welt. Comeback-Versuche in den 70ern scheiterten für McKenzie auf der ganzen Linie – der Troubador der Hippie-Kultur war nicht mehr gefragt – zu manieriert und altbacken kam er im Blümchenkleide einher, ein Image, von dem er sich bis heute nicht losgelöst hat. Ab und zu ist er mit einer Remake-Formation der Mamas & Papas in deutschen Oldiesendungen zu sehen und drückt natürlich mit seinem Ultimativ-Hit auf die Tränendrüsen aller sentimentalen Spähippies und derer, die es gern geworden wären. In Deutschland war das Lied von Anfang an eher als netter Schlager eingestuft worden – vom breiten Publikum jedenfalls.

McLaughlin, John

Brillanter englischer Gitarrist, der konsequent eine Fusion zwischen Rock und Jazz propagierte. Er verbrämte dieses Unterfangen Ende der 60er noch mit einem Touch fernöstlicher Mystik und war sicherlich auch daran beteiligt, daß die originäre Rockmusik zu einer kalten, inhaltlosen Phrase wurde, da nur noch eitle Virtuosität im Vordergrund stand. Spielfreude in allen Ehren – Onanie ist was Privates! → Mahavishnu Orchestra.

John McLaughlin: Jazz-Rock-Fusionierer mit fernöstlicher Mystik.

McLean, Don

Anspieltip: American Pie (LP – 1972)

Geboren am 2.10.1945 in New Rochelle/New York. Sein größter Erfolg war die Acht-Minuten-Ballade → »American Pie«, in der er den Schwanengesang auf den Rock'n Roll und auf Jugendträume anstimmte, – in gewisser Weis ein Abgesang auf eine Epoche der weltweiten Hitstatus erlangte. Der Song war zwischen → Woodstock-Romantik und → Altamont-Hölle eingebettet und traf den Nerv der langsam absterbenden Hippie-Kulur gewaltig. Am Lagerfeuer und zur Wandergitarre wurde manch ein Tränchen den verlorenen Illusionen nachgeweint. Don McLean hatte noch ein paar bescheidene Hits in sanftem Folkstil (u. a. »Vincent«), aber ihn ereilte ein ähnliches Schicksal wie → Barry McGuire und Scott McKenzie (die Macs waren da anscheinend eine »verschworene« Gemeinde). 1987 schaffte es ein Remake, ein aufgepepptes »American Pie« noch mal in die US-Charts.

McWilliams, David

Noch ein Mac. Und noch ein One-Hit-Wonder. Die depressiv-düstere Ballade von Pearly Spencer (»The Days of Pearly Spencer«) erreichte

Don McLean 1972er LP: American Pie

so was wie Kultstatus, obwohl niemand so genau wußte, warum. Mag es an der seltsam verzerrten Stimme liegen, die als akzentuierender Refrain immer wieder in das Lied eingespielt wurde?

Melanie

Anspieltip: Born To Be (LP – 1968)

Das Mädel vom Lande, das ihren Namen zum Kultbegriff für eine eingeschworene Gemeinde ältlicher Immer-Noch-Hippies machte. 1947 in Queens/New York geboren, als Melanie Safka (ukrainischer Abstammung), Tochter einer lokal bekannten Jazzsängerin. Sie hatte eine komisch schnarrende Stimme, die manchmal in ein penetrantes Falsett umschlagen konnte, und machte sich für die jüngere Jugend zur Prophetin, indem sie weitreichende Weisheiten von sich gab, wie z. B.:

Melanie

»Eines Tages wird der Frieden kommen.« – Mit diesem altklugen Pathos traf sie den Nerv der jüngeren Kids und vor allem der pubertierenden Mädchen. Sie sang von Einsamkeit und den Problemen des Erwachsenwerdens, von zarter Liebe und von diffusen Ängsten. Kam an. Sie sagte von sich selbst, daß sie nicht singen könne und auf Konzerten dämpfte sie die Erwartungshaltung, indem sie nach längerem Geklimpere auf der Wandergitarre lapidar erklärte – »Ich stimme nur« – um Zweifel auszuräumen. Sie avancierte mit dieser Attitüde zur »Märchentante des Folk-Rocks« und hatte auch in Hippiekreisen eine gewaltige Anhängerschar. Das zeigte sich bei ihrem umjubelten Auftritt beim → Woodstock-Festival und auf der → Isle of Wight. Ihre größten Hits (von ihrer Musik verkaufte sich in dieser Zeit noch die anachronistische Single in Massen) waren der »Nickel Song«, die Stones-Adaption »Ruby Tuesday« und das larmoyante »What have they done to my Song, Ma?«

Mellotron
Dem Synthesizer ähnliches elektronisches Keyboard, das orchestrale Effekte und Solostimmen div. Instrumente wie Flöte, Trompete, Geige, Oboe, Fagott etc. imitieren kann. Dies geschieht durch Cassetten, deren Toninhalt per Taste abrufbar ist. Erstmals von den → Moody Blues eingesetzt. Fand besonders Verwendung bei Gruppen, die dem Klassik-Rock, → Baroque-Rock, → Art-Rock zuzuordnen waren.

Mescalin
Auch Meskalin. – Der Kaktus Peyote wird botanisch als Lophophora Wiliamsii klassifiziert. Das psychoaktive Prinzip des → Peyote ist das Alkaloid Meskalin. Die Ureinwohner Mexikos verwendeten den Kaktus meist bei rituellen Zeremonien, um Visionen usw. zu erzeugen. Außerdem wurde er von Medizinmännern eingenommen, die sich mit Hilfe des Kaktusses in einen Trancezustand versetzten, um so hinter die Krankheit ihrer »Patienten« zu kommen. Peyote ist ein kleiner, rübenförmiger Kaktus, der höchstens die Größe eines mittleren Kürbisses erreichen kann. Sein runder Kopf, der allein über die Erdoberfläche ragt und – abgeschnitten und getrocknet – als »Peyote-Knopf« (peyote button) bekannt ist, ist von Furchen durchzogen. Der Kaktus ist dornenlos. Der Name Peyote wird etymologisch von peyutel abgeleitet, worunter die Azteken weiß schimmernden Stoff verstanden.
Meskalin, mit vollem Namen Meskalin-3,4,5-Trimethoxyphenyl-Beta-Aminoäthan, ist eine bei 35 Grad schmelzende Substanz, die in der

Regel als kristallisches Hydrochlorid bekannt ist. Es verteilt sich im Körper ähnlich wie → LSD. Meskalin ist ein typisches → Halluzinogen, dessen Wirkung kaum von der des LSD zu unterscheiden ist. Im Gegensatz zu dem geschmacklosen LSD hat Meskalin einen sehr bitteren Geschmack, der manchmal auch zur Übelkeit führen kann. Neben optischen Halluzinationen, die beim Schließen der Augen auftreten (man sieht farbenprächtige Bilder, die sich blitzschnell bewegen können etc.), ist die Leuchtkraft von Farben stark gesteigert. Die Konstanz der Umwelt wird aufgehoben, die Wände scheinen zu atmen und die Möbel können verzerrt wirken. Der Zeitsinn wird stark beeinträchtigt. Grundloses Lachen kann in panische Angst umschlagen. Bis heute sind noch keine schädlichen körperlichen Folgen bekannt. In Tierexperimenten lähmten extrem hohe Dosen einiger Peyote-Alkaloide das Atemzentrum und führen auf diese Weise zum Tod. Zuverlässige Berichte über einen Todesfall bei einem Menschen liegen nicht vor. Die psychischen Gefahren sind ähnlich wie die des LSD. Auch hier kann es zu → Horrortrips kommen (akute Angstpsychose). Im Gegensatz zu LSD benötigt man für einen Meskalinrausch ca. 400-600 Milligramm (LSD 0,02-0,06 Milligramm).

Michaels, Lee

Anspieltip: Recital (LP -1968)

1945 in Los Angeles geboren. War der »Ego-Tripper« des gerade erwachsen gewordenen Rock. Er arbeitete im eigenen Studio, sampelte sämtliche Instrumente selbst und sang dazu auch noch mehrstimmig. Er bluffte in seinen Songs raffiniert mit Hippie-Klischees und bauschte sie zur wichtigsten Sache der Welt auf – anscheinend glaubwürdig. Kurzzeitig hatte er erheblichen Erfolg damit. Im großen und ganzen war er aber eher ein mittelprächtiger Rock'n Roll-Entertainer.

Miles, Buddy

Anspieltip: Expressway To Your Heart – The Buddy Miles Express (LP – 1968)

Tausendsassa auf diversen Instrumenten. Einem breiten Publikum wurde er durch seine Mitwirkung bei der Band of Gypsies von → Jimi Hendrix bekannt. Er hatte da bereits eine erkleckliche Karriere hinter sich: Drummer bei Wilson Pickett, → Mike Bloomfield holte ihn zu → Electric Flag, danach folgten etliche Alben mit dem eigenen Buddy Miles Express. Diese zeichneten sich aber durch eine musikalische Konfusität aus, daß man schon Fan und Liebhaber sein mußte, um das über längere Strecken zu ertragen. Seine Egomanie machte es ihm zunehmend schwerer, mit anderen profilierten Musikern zusammenzuarbeiten. Das zeigte sich eklatant in seiner Mitwirkung bei → Santana, → John McLaughlin – aber auch schon in der Episode mit Jimi Hendrix. Die Fachpresse schrieb von »besserwisserischen Getrommle« und bezeichnete ihn als »ungewöhnlich langweilig« (Down Beat, Crawdaddy – zwei renommierte Musikzeitschriften). Seine Popularität schien darauf zurückzuführen, daß er sich als Schwarzer einen gewissen coolen Hippie-Touch zu geben wußte, was ihn von den Motown- oder Atlantic-Musikern, die auch damals unheimlich geschniegelt daher kamen, für die Love-Generation positiv abhob. Er sah so aus, als ob man mit ihm einen → Joint durchziehen könnte. Seine Karriere verflachte in den 70ern zusehends. In den 80ern initiierte er diverse Mammut-Rock-Jazz-Projekte, die aber nur teilweise auf Akzeptanz stießen und nie ganz überzeugend waren in ihrer musikalischen Auflösung. Als Bandleader schien Miles eher ein monomanischer Wirrkopf zu sein.

Miller, Steve

Anspieltip: Children Of The Future (LP – 1968)

Miller wurde am 5.10.1943 in Milwaukee geboren, lernte früh Gitarre, Piano, Orgel – fügte später noch die Mundharmonika, den Baß und die Sitar hinzu. Hatte seine große Zeit erst in den 70ern. Verblüffte aber bereits in den 60ern mit einer differenzierten Form von → psychedelischem Blues. Beginnend mit der Steve Miller Bluesband hielt er sich zunächst in traditionellen Bereichen auf – 1968 aber strich er das »Blues« aus dem Bandnamen und nahm die leider besonders in Europa unterschätzte LP »Children of the Future« auf. Hier zeigte er bereits sein ganzes Können: Blueselemente, Rock und elektronische Spielereien verschmolzen zu einer Art »Future-Blues«, der die 70er-Entwicklung bereits in verspielter Form vorwegnehmen sollte. Auch das Folgealbum »Sailor« landete in den Charts und zeigte eine fast schlichte Richtung und Form von progressivem Blues-Rock. 1969 folgte »Brave New World« – in Anlehnung an → Huxley – und wieder brillierte der eher zurückhaltende Wahltexaner mit einer Mischung von Erdigkeit und sphärischer Abgehobenheit, dezent gemixt. Damit legte er den Grundstein für die Multiseller in den 70ern – »Fly like an Eagle«, »Rock'n me« und »Abracadabra«, die aber letztendlich wieder eine Zurückbesinnung auf kommerztaugliche Mittelmäßigkeit waren. Aber so ist es immer, die guten Sachen bleiben in den Regalen liegen – der reduzierte Mist verkauft sich ohne Ende. (Womit ich diese Hits von Miller keineswegs als »Mist« bezeichnen will – sondern nur einen grundsätzlichen Trend reklamiere. – Anm. d. Verf.)

Mitchell, Joni

Anspieltip: Joni Mitchell (LP – 1968)

Geboren am 7.11.1943 als Roberta Joan Anderson in Alberta/ Canada. Der exemplarische Singer/Songwriter – natürlich als Femininum. Ihre Popularität erlangte sie schrittweise durch die Interpretationen bereits erfolgreicher Musikerkollegen, die ihre Lieder teilweise zu Welthits machten. → Judy Collins – »Both sides now«, → Tom Rush – »The Circle Game« und → C, S, N & Y sowie die englische Folk-Rock-Formation → Matthews Southern Comfort interpretierten ihre Generationshymne »Woodstock«. Ihre Lieder waren sehr persönlich, fast intim, immer ein wenig jazzig angehaucht – um dorthin zu kommen hatte sie eine Entwicklung vom schlichten Folksong über rockintensivierte Projekte bis zu filigranen Jazz-Oden durchlaufen. Als notorische Einzelgängerin hatte sie eigentlich mit den Hippie-Turbulenzen nur wenig zu tun. Sie war es auch, die Lyrik gebrauchsfähig machte in der Popmusik, eine Lyrik, die metrischen Regel unterlag und sich als Kunstform auch ohne Musik hätte behaupten können (wenn man ein Faible für exaltierte, romantische Sprachschöpfungen hatte – Anm. d. Verf.) – Durch ihre hohe Musikalität (p, g, voc) konnte sie diese Gedichte auch in Töne verpacken bzw. transponieren. Ihr Song »Woodstock« resultierte übrigens aus einer massiven Enttäuschung – sie wollte zum Festival, konnte aber nicht hinkommen, da es kilometerlange Autoschlangen in Richtung »Yasgurs« Farm gab – kein Durchkommen möglich. In New York setzte sie sich angeblich vor den Fernseher und notierte den Entwurf zu der späteren Hippie-Hymne. – Sie feierte kontinuierlich in allen Jahrzehnten nach den 60ern vielbeachtete oder auch stille Comebacks. Auch in den späten 90ern macht sie durch fast geniale Aufnahmen wieder von sich reden. Des Wohlwollens der Kritiker-Elite konnte sie zudem immer versichert sein. – (Sie soll übrigens auch den entscheidenden Anstoß zur Gründung von Crosby, Stills & Nash gegeben haben, da sie zu dieser Zeit ein Verhältnis mit → Stephen Stills oder → Graham Nash hatte, oder mit beiden? Oder was jetzt. Oder war das Judy Collins. Bei diesen Hippie-Liebschaften blickt man ja nie durch. Lotterleben! – Anm. d. Verf.).

Moby Grape

Anspieltip: Moby Grape (LP – 1967) – Grape Jam (Live-Doppel-LP – 1968)

1967 in San Francisco gegründet. War eine der unterschätzten Gruppen der Zeit – jedenfalls in Europa. An der Westküste wurden sie (zeitweise) in einem Atemzug mit → Jefferson Airplane oder → Quicksilver genannt. Ihre Plattenfirma Columbia butterte erstaunlich viel Geld, Publicity und Promotion in das Debüt der Formation – Plakate, Radio-Spots, Flyer etc. und etliche 100 000 Dollar Werbeaufkommen sollten Moby Grape den Start erleichtern und sie zu einer → Supergroup machen. Die Musiker wurden auf einer Riesenfete der Öffentlichkeit vorgestellt, die dann etwas peinlich in einer ausgiebigen Rauschgift-Razzia der Polizei endete. – 5 Singles und eine LP kamen gleichzeitig auf den Markt – die Konzerne hatten gemerkt, daß man mit den musikalischen langhaarigen Weltverbesserern und halbpolitischen → Kiffern eine Menge Zaster verdienen konnte. Das erste Album der Gruppe

Moby Grape 1968er Doppel-Live-Album: Grape Jam

geriet etwas fad: solide Mischung aus Country, Rock und → Folklore. Dafür ließen sie es auf den Folgewerken so richtig krachen. Extreme Studiotechnik, elektronischer Firlefanz und alle möglichen Gimmicks veränderten ihre Spielweise zu einer psychedelischen akustischen Achterbahn. Sie betrieben ihre Experimente so exzessiv, daß ihnen nach Abzug der Studiogebühren nach ihrer 2. Platte nur jeweils 180 Dollar übrig blieben. Das hat sich dann doch gelohnt – für die Bosse. 1968 rumorte es aber bereits bei der »Grape«. Es folgten Umbesetzungen, man versuchte wieder näher an die Rockwurzeln zu gelangen – aber mehr als ein biederer, countrylastiger Rock kam dabei nicht heraus. 1969 war dann das schnelle Ende gekommen – ob sich die Investitionen der Plattenfirma gelohnt haben, muß das amerikanische Bundesamt für Finanzen beantworten. Ein Comeback 1972 wurde von der Fachpresse zwar goutiert, aber die Fans waren längst in eine andere Richtung gelaufen. (Ein Titel, neben der starken Live-Doppel-LP von Moby Grape, hat mir immer besonders gut gefallen – das war der Song »Blue Horizon« – Anm. d. Verf.)

Mode

→ Kleidung. Alles war erlaubt – natürlich gab es Modetrends in den 60ern, aber diese wurden sehr individuell ausgeweitet und bis zur Schrillheit persifliert. Hauptsache bunt, → flippig und ausgefallen. Speziell der Schmuck – Fußkettchen, Bauchkettchen, Oberarmreifen, meist orientalisch inspiriert – zeugte von einem neuen Körperbewußtsein. Statt zu verstecken wie in den biederen 50er Jahren sollte die Mode Spaß machen. Weg von Konvention und Krawatte war das Motto. Weg von den Spießeruniformen. Dabei merkte man eigentlich kaum, daß auch diese Generation sich nur uniformierte, obgleich sehr dekorativ.

Mods

Abgeleitet von Modernists. Mods waren Jugendbanden in England, die auf Mopeds die Gegend unsicher machten – Halbstarke hätte man bei uns gesagt. Sie grenzten sich klar bis kraß von den Teddy-Boys (Rockern) ab und lieferten sich mit diesen wahre Schlachten, z. B. am Strand von Brighton. In den frühen 60ern wurden diese Feldzüge der beiden bitter verfeindeten Gruppen zu einem wahren Ritual. Ihre musikalische Entsprechung fanden die Mods in Gruppen wie → The Who und den → Small Faces. Bei den Who faszinierte die destruktive Kompromißlosigkeit, bei den Faces die schnodderige, coole Cockney-Art.

Mondlandung

Das sog. Apollo-Programm – Raumfahrtprogramm der USA mit dem Ziel, bemannte Mondflüge zu realisieren. Die Mondflüge wurden mit der Saturn 5, einer dreistufigen Rakete, durchgeführt. Das Apollo-Raumfahrzeug bestand aus drei Teilen: Kommandokapsel, Versorgungs- und Geräteteil sowie Mondlandefähre. Mit der Fähre konnten jeweils 2 Astronauten landen, während einer in der Kommandokapsel weiter den Mond umkreiste. Zur Erde kehrte nur die Kapsel zurück. Mit Apollo 11 (Start 16.7.1969/ Landung 24.7.1969 – Astronauten: N. A. Armstrong, E. E. Aldrin, M. Collins) landeten die ersten Menschen auf dem Mond (am 21.7. – N. Armstrong, ihm folgte E. Aldrin). Mit Apollo 17 endete 1972 das Apollo-Programm. Neil Armstrong, geboren am 5.8.1930, betrat im Rahmen der Apollo-11-Mission als erster Mensch den Mond. Das Spektakel wurde damals im Fernsehen übertragen und löste eine Begeisterungswelle aus. Für wenige Tage war die Welt in ihrem Interesse für diesen »kleinen Armstrong-, aber großen Menschheitsschritt« (wie man damals glaubte) geeint (zumindest die westliche Welt). – Die Russen betrachteten natürlich in Zeiten des Kalten Krieges dieses Projekt mit äußerster Skepsis und unverhohlenem Neid, nachdem sie den Amis in den 50ern und 60ern mit ihren unbemannten Raumausflügen noch ein Stück voraus waren (Sputnik). Sogar die Hippies waren, obwohl sie sonst alle politischen Intentionen der US-Regierung ablehnten, von diesem Ereignis in Bann genommen – da konnte sich keiner entziehen. Wenig später sollte ja der Höhepunkt des Welt- und Selbstverständnisses der Hippie-Generation folgen – das → Woodstock-Festival.

Monterey Pop Festival

Anspieltip: Twenty Years Ago ... Again/Monterey Pop (CD – 1987)
→ Woodstock war der Höhepunkt – Monterey der Beginn. In seiner nachhaltigen Wirkung auf die Konzertszene ist Monterey dem Woodstock-Festival in seiner Bedeutung sicherlich gleichzustellen. John Phillips von den → Mamas & Papas und der Producer Lou Adler veranstalteten dieses erste große Manöver der Rock-Giganten. Monterey, eher ein verschlafenes Nest südlich von San Francisco an der Monterey-Bucht, lebte in normalen Zeiten von Fischfang und Fremdenverkehr – in diesen 3 Tagen vom 16. bis 18. Juni 1967 muß den Ureinwohnern Hören und Sehen vergangen sein. Ihr kleiner Ort wurde von

Monterey Pop Festival: Erstes Monster-Open Air im Fischernest.

einer Invasion überspült – eine Flutwelle vom Land her und nicht vom Meer. Annähernd 60 000 Leute kamen und hörten ...! so einen Aufmarsch hatte die junge Rockwelt noch nicht erlebt. Und was hörten sie – das Beste, was die amerikanische und englische Szene zu bieten hatte: → The Jimi Hendrix Experience, → The Who, → Jefferson Airplane, Otis Redding, → Eric Burdon & The New Animals, → Ravi Shankar, → The Paul Butterfield Blues Band, Lou Rawls, → Blood, Sweat & Tears, Laura Nyro, → Janis Joplin, → The Byrds, → The Electric Flag, → Mamas & Papas und viele mehr. – Es war das Festival, auf dem Jimi Hendrix die Welt in Flammen setzte, – ein Fanal, das nachhaltige Wirkung auf die Rockszene haben sollte. Er entzündete seine Gitarre und der Funke sprang über, auf die Jugend der Welt (jedenfalls auf einen wichtigen kleinen Teil davon). Janis Joplin sang ihren »Kozmic Blues«, Jefferson Airplane jagte »White Rabbits« und Eric Burdon stimmte seine

Hymne auf Frisco »San Franciscan Nights« an – ein Gemeinschaftgefühl wurde geboren, das seine Klimax in Woodstock und seine bitterste Stunde in → Altamont erreichte. – »Wear some Flowers in your Hair« – die Wiedergeburt einer »geschlagenen Jugend« war eingeläutet bzw. »eingerockt« – so jedenfalls empfanden es die dort Anwesenden. Es war aber auch das Festival, das noch keine elitäre Ausrichtung, Stilbeschränkung oder Abgrenzung von anderen Musikrichtungen kannte: Hier sangen der Soulstar Otis Redding neben dem Sitarvirtuosen Ravi Shankar, der frühe Rock'n Roller Johnny Rivers neben dem Jazzsänger Lou Rawls, es spielte Jimi Hendrix neben Hugh Masekela und das »Surrealistic Airplane« flog über die Trümmern des Who-Auftritts. (Das sollte sich im Zuge einer Art »Fan-Spezialisierung« ändern. – Open Airs wurden ab den späten 70ern neu konzipiert – da die Fans die Vielfalt von Stilrichtungen nicht mehr goutierten – Spartenfestivals enstanden bzw. enstanden wieder – Newport, Monsters of Rock etc. – Anm. d. Verf.)

Monterey
In the beginning ...
The people came and listen
Some of them came to play
Others give Flowers away, yes they did
Down in Monterey
Free days of Understanding
Down in Monterey
Young gods smiled upon the crowd
Their music was born a blow
Children danced night and day
Religion was being born
Down in Monterey
The Byrds and the Airplane did fly
Oh, Ravi Shankars music make me cry
The Who exploded into fire-light
Hugh Masekelas music was black as night
The Grateful Dead – the wind is body might
Jimi Hendrix believe me set the world on fire
Down in Monterey
Down in Monterey ...

- sang Eric Burdon auf seinem Album »The Twain shall meat« in dem Song »Monterey«. – Das Fischernest Monterey war für 3 Tage zum Zentrum der psychedelischen Welt, der aufblühenden Flower Power-

Kultur geworden. Natürlich verdient man auch Geld (halbe Million Dollar wird gemunkelt), natürlich gab es Mitschnitte, die in zig Fassungen und oft miserabler Qualität in die Plattenläden kamen, eine Filmdokumentation von D. A. Pennebaker entstand, Vorbild für den Woodstock-Film – alles in allem aber war Monterey einfach Monterey – der wirkliche Beginn, eine Art rauschhafter Befreiung. Heute liegt der County Fairground verlassen vor den Toren der kleinen Stadt und allenfalls finden dort kleinere Country-Festivals statt. – »Down in Monterey«.

Moody Blues

Justin Hayward (g), Mike Pinder (mel, p, voc), John Lodge ((b, voc), Ray Thomas (fl, voc), Graem Edge (dr)

Anspieltips: In Search Of The Lost Chord (LP – 1967), To Our Children's Children's Children (LP – 1969)

Die Heilsarmee der Rockgeschichte, um es einmal despektierlich auszudrücken. Die Moody Blues wurden bereits 1964 gegründet, hatten ein paar nette Beat-Hits (»Go now«, »Boulevard de la Madeleine«) und plötzlich die musikalische Erleuchtung. Als eine der ersten Gruppen überhaupt setzten sie sich intensiv mit fernöstlicher Mystik auseinander, machten → Acid-Experimente und sangen die Pop-Internationale. Das unterlegten sie mit sphärischer Elektronik (→ Mellotron) und pathetischen Texten – an diesem Konzept halten sie unbeirrbar bis heute fest (1999). Ihre größten Single-Hits hatten sie mit der Edelschnulze, längst ein Klassiker, »Nights in White Satin« und dem Folgestück »Voices in the Sky«. Dann kaprizierten sie sich ausschließlich auf Alben, die des öfteren → Konzeptrahmen annahmen. Sie liebten es, in ihre LP's weise Worte von lyrischer und tiefdeutbarer Wichtigkeit einzuflechten und wurden somit zur »Rätselgruppe No. 1« für eine sinnsuchende Jugend, vor allem auch in Deutschland. Religiöses wurde mit klassischen Elementen zu prätentiös getragenen Klängen verrührt und heraus kam ein unverkennbarer Sound, der aber auch die Gefahr der absoluten Austauschbarkeit in sich barg. Sie errichteten eine Rock-Kathedrale, in die zwar nur jeder vierte (wie Graem Edge einmal sagte) zur Messe kam, aber das schien den Moodies, die mit Blues überhaupt nix am Hut hatten, vollkommen zu genügen. Sie waren es auch, die als erste ein Album mit komplettem sinfonischem Orchester aufnahmen: »The Days of Future passed«. Bei → LSD-Schluckern und → Kiffern mit höherer Schulbildung waren (sie vor allem in der BRD) äußerst en vogue. – »Wenn Gott dich nicht leitet – dann tun es die Moody Blues«, unter diesem Motto fanden die Gralsrocker ein unverbrüchlich treues Publikum, das in der Hingabe durchaus mit den → Dead Heads vergleichbar ist.

The Dream
When the white eagle of the north is flying overhead
The browns reds and golds of autumn lie in gutter dead
Remember then that summer birds with wings of fire flaying
Came to witness springs new hope born of leaves dacaying
Just as new life will come from death love will come at leisure
Love of love love of life and giving without measure
Gives in return a wondrous yearn of a promise almost seen
Live hand-in-hand and together we'll stand on the threshold of a dream.
(Aus dem Album »On the Threshold of a Dream« – 1969)
»An der Schwelle eines Traumes ...«

(und da standen wir dann relativ lange rum – irritiert und ziemlich unentschlossen. – Irgendwann drehten wir auf dem Absatz um und krochen zurück in die Gullys der Gesellschaft, aus denen wir entkommen wollten. – Anm. d. Verf.)

Morrison, Jim

→ Doors. Geboren am 8.12.1943 – gestorben am 3.7.1971 in Paris, angeblich Herzschlag. – Der Rebell und Sinnenfreund – Idolfigur einer ganzen Generation und vielleicht auch noch der nächsten. Er glaubte an die Weltrettung – denn er war der Meinung, daß die Mächtigen der Welt alte Knacker seien, denen werde spätestens 1969 eine fünffache Übermacht an jungen Menschen gegenüberstehen. Das mag wohl rechnerisch stimmen, ging aber als Konzept nicht auf. »Five to One« lautete Morrisons Umsturzlosung. – Und er wiederholte immer wieder: »Wir können gewinnen, wenn wir nur wollen!« – Robbie Krieger, Bandkollege, erinnert sich an die langen Nächte, als Jim seine Überzeugungen immer wieder zementierte und seine Freunde beschwor, daran zu glauben. Heute sagt Krieger lapidar: »Na ja, wir haben eben verloren.« - Mit Jim Morrison verlor der Rock seinen apokalyptischen Streiter für eine neue Welt, einen Instant-Phoenix, dem keine Obszönität zu trivial war, um die Spießerärsche zu erschrecken und zu provozieren. Morrison ist auf dem Friedhof Pere Lachaise in Paris bestattet worden – und jährlich an seinem Todestag pilgern immer noch Hunderte seiner Jünger an das Grab ihres Mentors.

Keiner kommt hier lebend raus / »You know they say, that I'm untrue / you know they say, that I'm a Liar« / Jim Morrison stand auf einem /

Hochspannungsmast / Er war nicht schwindelfrei / Und lallte Verse über die Liebe / Und schrie Verse über den Haß / »ich bin die Liebe und / ich bin der Haß / glaubt an mich oder an nichts!« / Er war der amerikanische Prediger / »I'm an American Prayer« / er breitete seine Flügel aus / denn er war der Engel der Liebe / und er war der Engel des Hasses / setzte zu seinem Höhenflug an / und stürzte ab / »now the Music's over / turn off the Lights ...«
Michael G. Symolka – Co. 1974

Morrison, Van (George Ivan)
Anspieltip: Astral Weeks (LP – 1969)
The Belfast Cowboy, Van the Man, The Voice – der introvertierte Eigenbrötler und Grantler hat viele Wandlungen durchgemacht und blieb sich letztendlich wie kein anderer treu. Geboren wurde er am 31.8.1945 in Belfast/Nord-Irland. Früh bekam er amerikanische Platten von Bluesern und Hank Williams – in einer Hafenstadt wie Belfast kam man leichter an das Zeug ran als im Binnenland. Matrosen brachten die Scheiben aus den USA mit. Seine Beatkarriere startete er mit der Gruppe Them 1963. Hits stellten sich ein wie sein Klassiker »Gloria«, »Here comes the Night« und »Mystic Eyes«. 1966 ging er nach Amerika, trennte sich nach einer Tournee von Them und startete seine bis heute währende Solokarriere. Nachdem sein Manager Bert Berns der ihn zwang, Tin Pan Alley-Mist zu singen, gestorben war, kam er aus dem Knebelvertrag der Plattenfirma raus und konnte endlich seinen Weg gehen. Das erste Resultat läßt sich kaum mit Superlativen beschreiben: »Astral Weeks« war ein Jahrhundert-Coup. (Die Platte taucht regelmäßig seit 30 Jahren in den Polls der Journalisten auf, wenn sie jährlich mal wieder die besten 100 Platten der Rockgeschichte wählen und meist in der Top Ten, nicht selten auf Platz 1.) – Angeblich in 3 Tagen im Studio »live« aufgenommen, mit einer dezenten Jazzformation hob »Astral Weeks« in völlig neue Dimensionen ab. Schlicht, aber virtuos instrumentiert, meist ohne Schlagzeug, schwingt Morrison seine Stimme zum Leadinstrument auf, das in höchsten Höhen verweilt, in stakkatohaften Rezitationen verharrt und in sentimental-grummeligen Stimmreflexionen ungezügelt das Tempo nach Belieben führt. Einmalig. Mit rätselhafter Lyrik, sehr subjektiv gefärbt, beschreibt er seine Erinnerungen an Belfast, sein Erwachsenwerden und Leiden. Larmoyant, selbstmitleidig – ja, aber auf höchstem Niveau, das muß man erst mal können – losgelöst in fast transzendenter Körperlosigkeit. (Was man von dem selten lächelnden Dickerchen heute nicht mehr behaup-

ten kann. – Anm. d. Verf.) Ein Meisterwerk, ein Meilenstein, Rockgeschichte! – Er war so klug, mit seinem erdigeren Folgewerk »Moondance« an diese Konzeption nicht mehr anzuknüpfen (was manchen Morrison-Fan anfänglich enttäuschte, aber rasch begreifen ließ, daß ein solcher Geniewurf nicht multiplizierbar ist – Anm. d. Verf.). – Es folgten weitere Highlights wie »His Band and Street Choir«, mit seiner damaligen Musikerkommune aufgenommen, und »Tupelo Honey«, wo er sich von seinen irischen Wurzeln komplett löste und ins Country-Idiom driftete – aber nie adaptierend, sondern immer auf seine Eigenständigkeit bedacht. Er wohnte lange in der Nähe von → Woodstock, war eng mit den Jungs von → The Band befreundet, nahm in Big Pink auch ein Lied mit ihnen auf (zu hören auf der LP »Cahhoots«), ging mit → Dylan auf Tour, war mit ihm eng befreundet (sofern das möglich ist, zwischen zwei so extrem schwierigen Charakteren – Anm. d. Verf.) und hielt sich aus dem Rocktrubel weitgehend raus. Er haßt Interviews und ist in den oberen Etagen der Plattenfirmen ob seiner Surheit und mangelnden Kompromißbereitschaft nicht gerne gesehen. Trotzdem

Van Morrison 1969er LP: Astral Weeks

oder gerade deswegen wurde er zu einer »Living Legend«. Für manche ist der nur einen Meter sechzig große Sänger heute noch der Größte. John Lee Hooker sagte von ihm, er wäre der größte weiße Bluessänger – nachgerade gibt es kaum einen, der ein derart intensives Feeling in seine Stimme legen kann. Morrisons Musik ist denn auch unnachahmlich, weil sie nicht aus einem Trend entstand, sondern ganz entschieden die Persönlichkeit des Sängers widerspiegelt. The Voice! (Er hat bis 1999 eine Menge hervorragender, aber auch einige schwächere Alben veröffentlicht. Von Van Morrison gibt es über 300 Bootlegs.) Ob er aber in den 60ern so ein richtig netter Knuddel-Hippie gewesen ist, bleibt bei seinem grantelnden, unberechenbaren Wesen eher zu bezweifeln.

Mothers of Invention

Anspieltip: Absolutely Free (LP – 1967)

Neben die Kerle würde sich nicht mal ein Berber, ein → Gammler, auf eine Parkbank setzen – da sahen die → Rolling Stones dagegen aus wie frisch geduschte, jugendlich-dynamische Dressmen. – Eine Ausgeburt aus der psychedelischen Horrorhölle – und trotzdem verkörperten sie die → Avantgarde der reflektiven, intellektuellen Rockmusik. Die Formation wurde 1964 von → Frank Zappa in Kalifornien gegründet. → Zappa.

Mountain

Für viele waren sie eine schlechte → Cream-Kopie, Cream für Arme. Das ist allerdings höchst ungerecht bis unzutreffend. Die Formation um den schwergewichtigen Gitarristen Leslie West (der hatte Pranken wie Klosettdeckel – Anm. d. Verf.) war eine teilweise mitreißende Hard-Rock-Combo. Titel wie »Mississippi Queen« und »Crossroader« sind längst zu Rock-Klassikern geworden. Das Projekt Mountain war von → Felix Pappalardi 1969 als Gerüst für West ins Leben gerufen worden (Spitzname »The Mountain«) – daraus entwickelte sich dann eine feste Formation unter dem Namen Mountain. Pappalardi hatte bereits für Cream arrangiert, produziert und bei einigen Stücken das Cello gespielt. Bei Mountain spielte er einen mächtigen, wabernd grummelnden Baß, der fast wie die Pedaltöne einer Kirchenorgel klang. Darüber spann West seine exzessiven Soli, die zwar ein recht einfältiges Muster hatten, aber durch Mammut-Rückkoppelungen und harte Tonsetzung die richtige Würze bekamen (die wahrscheinlich längste Rückkoppelung – Feedback – der Rockgeschichte ist auf dem Album »Flowers of Evil« vor dem Stück »Roll over Beethoven« zu hören. – Anm. d. Verf.). Ein etwas unterbeschäftigter Keyboarder kam hinzu und der knallharte Drummer Corky Laing. Einige gute Alben – Live und im Studio – folgten, aber Lautstärke und immer die gleichen Patterns können schnell zu Stagnation führen – so erging es auch dem »Rockberg«. Die Gruppe löste sich 1972 auf und man ging eigene Wege – Pappalardi war Miteigentümer der Plattenfirma Windfall, West und Laing taten sich mit einem echten »Creamler« zusammen und formierten West, Bruce and Laing, die allerdings in Konzeption und Resultat in weiten Bereichen enttäuschten. Felix Pappalardi wurde in den 80ern von seiner eifersüchtigen Ehefrau erschossen, West bekam massive Drogenprobleme, hat sich aber wieder gefangen und startet immer wieder Comebacks mit unterschiedlichem, eher bescheidenem Erfolg. Die Zeit für die epischen (auf die Länge der Soli bezogen) Gitarristen ist vorbei.

Muhammad Ali
→ Cassius Clay.

Musical Hair
→ Hair.

Mountain 1972er Live-LP: The Road Goes Forever On

N

Nash, Graham

Anspieltip: Songs for Beginners (LP – 1971)

Geboren 1942 in Blackpool/England. Er begann seine Popkarriere bei den netten Hollies. Die »Stechpalmen« erlebten die Beat-Ära und waren eher fröhliche Sangesbrüder, die nette Kinderhits wie »Carrie Ann« und »On a Carousel« für die Charts lieferten. – Er trennte sich 1968 während einer US-Tournee von der Gruppe und lernte auf einer Party → Joni Mitchell kennen – die brachte ihn mit → Crosby und → Stills zusammen, das Resultat ist in Hippie-Kreisen allgemein bekannt: → Crosby, Stills & Nash – der Engländer und die beiden West-Coastler, schon eine komische Mischung. Nash fügte dem folkloristischen Rock des Trios die süßliche Würze bei – was manchmal ein bißchen zu penetrant rüberkam (er hatte eher eine dünne, hohe, schnelle Stimme). Er war es aber auch, mit seinem Talent zu Vokalharmonien, der die Gesangsperfektion der Gruppe zu Höchstleistungen trieb. Sein Song »Marrakesh Express« wurde ein Charterfolg und eine kleine Hymne der Hippie-Ära. – Nach dem Split der Folk-Rock-Truppe versuchte er sich wie die anderen mal als Solokünstler, mal im Duo mit Crosby. Breiter Erfolg war ihm dabei nicht beschieden.

Nationalgarde

Diese paramilitärische amerikanische Truppe wurde in den 60ern immer wieder eingesetzt, um Demonstrationen aufzulösen oder besetzte Hochschulen zu räumen.

Nektar

Anspieltip: Journey To The Center Of The Eye (LP – 1970)

Schottisches Quintett, das nach einer Deutschlandtournee seinen Wohnsitz hier nahm. Sie hatten kaum Erfolg in England, mäßigen Erfolg in den USA, waren aber bei deutschen Drogenköpfen ein heißer Insidertip. Ihre ausufernden Psychedelic-Märchen, die im Stile von → Konzeptalben aufgebaut waren, boten alles an psychedelischer Glückseligkeit auf, die eine Rockband aus den Instrumenten zu quetschen fähig war. Fast klassische Strukturen mit Overtüre und Coda machten ihre 40-Minuten-Kompositionen zu kleinen Rock-Sinfonien. Dabei kam es allerdings in kurzer Zeit zu erheblichen Reibungsverlusten, da die Originalität rasch nachließ.

Nepal

Land im Himalaya-Massiv. → Katmandu.

New Riders of the Purple Sage, The

Anspieltip: N. R. P. S. (LP – 1971)

1969 formiert, war die Gruppe sozusagen der Spielplatz, der Sandkasten verschiedener Rockmusiker aus der → Bay-Area, die meist fest bei anderen Formationen spielten. Hier relaxte man vom → Acid-Rock und vom stressigen Tour-Alltag und spielte feine, kleine Melodien im Country-Stil. → Jerry Garcia durfte seine Pedal-Steel-Guitar zupfen und treten, die bei → Grateful Dead kaum zum Einsatz kam, David Nelson von → Big Bros. schrubbelte auf der Mandoline und dem Banjo herum, und alle waren glücklich. Als die zunehmenden Konzertverpflichtungen den Jungs von Grateful Dead keine Zeit mehr ließen, ihrem Hobby nachzugehen, etablierte sich die Combo mit neuen Musikern für einige Jahre fest und schloß auch einen Plattenvertrag ab.

Nico

Bürgerlicher Name Christa Päffgen. Geboren am 16.10.1938 in Köln. Schillernde Figur der 60er. Fotomodell in Paris, hatte eine Verhältnis mit Alain Delon. Schauspielerin (Fellini: »La Dolce Vita«) – 1960 geht sie nach New York, um Unterricht an der berühmten Lee Strasberg-Schule zu nehmen. Sie lernt die Musikszene kennen – → Dylan, die → Stones, Jimmy Page. 1964 trifft sie mit ihrem späteren Mentor → Andy Warhol zusammen. Sie spielt 1965 eine Single ein, die allerdings floppt. Warhol produziert 1966 den Film »Chelsea Girl«, in dem sie eine Rolle übernimmt – sie lernt die Band → Velvet Underground kennen und geht mit ihnen auf Tour. Mit ihrem seltsamen Sprechgesang färbt sie die musikalische Richtung von VU maßgeblich. 1967 kommt das erste gemeinsame Album heraus. 1968 nach der Trennung ihr erstes Soloalbum »Chelsea Girl«. Sie wird drogensüchtig und baut körperlich wie geistig schwer ab. In den 80ern lebt sie in Manchester /England, erholt sich langsam wieder ein wenig und tourt ab und an mit wechselnden Musikern in den USA, Europa und sogar Australien. 1988 gibt sie ihr letztes Konzert in Berlin, im Rahmen des Fata Morgana Festivals. Am 18. Juli 1988 stirbt Christa Päffgen während eines Urlaubs auf Ibiza an einem Blutgerinnsel im Gehirn. Sie wird in Berlin beigesetzt.

Nilsson, Harry

Anspieltip: Pandemonium Shadow Show (LP – 1967)

Geboren am 15.6.1941 in Brooklyn/New York. Nilsson-Schmilsson sang nette Popschlager, traurige Balladen und entwickelte einen eigenen sketchhaften, satirischen Stil in seinen Live-Performances. Er bedient sich aus dem Kramladen der Unterhaltungsmusik völlig ungeniert – und hat auch noch Glück damit. Die → Beatles werden auf ihn aufmerksam, da ihnen sein Medley aus gut einem Dutzend ihrer Songs ausnehmend gut gefiel. Auch seine Eigenkompositionen wurden gerne von anderen Künstlern genommen. Hits hatte er mit »Cuddly Toy«, »Everybody's Talkin'« und der Superschnulze »Without her« (von Mariah Carey in den 90ern wieder neu und erfolgreich aufgelegt). Er war ein Pop-Hans-Dampf-in-allen-Gassen – und wandelte sich vom ursprünglich traurigen Clown zu einem selbstgefälligen Rocker. Harry Nilsson ist 1996 verstorben.

Nitty Gritty Dirt Band, The

Anspieltip: Rare Junk (LP – 1968)

1965 begründet in Kalifornien waren sie der Country-Music sehr zugeneigt, banden aber raffiniert Rockelemente in ihr Konzept ein – das machte sie zu Urvätern des Country-Rock bzw. des Southern-Rock. In ihrer Musik war alles drin, was den echten HillyBilly glücklich macht – die Fiddle, eine singende Säge, klappernde Löffel, Pling-Plong auf Glasflaschen. Sie entblödeten sich nicht, das ganze grauenhafte Bluegrass-Arsenal durch ihre rockige Basis zu modernisieren. Wer's mag. (Allerdings gibt es eine hervorragende Aufnahme der Drama-Ballade »Mr. Bojangles« von ihnen. – Anm. d.Verf.)

Notstandsgesetze

1968 verabschiedet. Die Notstandsgesetze in der BRD waren in den 60ern mit massive Initialzündung für die Politisierung der Jugend und die Studentenrevolte. – Unter der großen Koalition von Bundeskanzler Kiesinger gelang es, die Konjunktur wieder anzukurbeln, zudem wurden die Stabilitätsgesetze und die heftig umstrittenen Notstandsgesetze verabschiedet. In der Ostpolitik öffnete sich Bonn mehr als unter den vorhergehenden Kanzlern. Dennoch blieben offene Fragen: Eine Anerkennung der Oder-Neiße-Linie oder ein Überdenken der auf brüsker Distanz basierenden Deutschlandpolitik erhofften sich Beobachter vergeblich. Kiesinger sah sich Vorwürfen ausgesetzt, er habe während der NS-Zeit Distanz zum Regime vermissen lassen. Der CDU-Politiker, von 1933 bis 1945 NSDAP-Mitglied und während des Kriegs bis zum Referatsleiter für Propaganda im Reichsaußenministerium aufgestiegen, hielt dem entgegen, er habe innerhalb der NS-Instanzen auf das Unrechtssystem Einfluß nehmen wollen. Obwohl die Union aus der Bundestagwahl 1969 als stärkste Fraktion hervorging, blieb sie dennoch in der Regierungsbildung außen vor. SPD und FDP hatten sich bereits zuvor auf die Bildung einer sozialliberalen Koalition verständigt, falls die Mehrheitsverhältnisse im Parlament dies zulassen sollten. Dem neuen Bundeskanzler Willy Brandt, SPD, trat Kiesinger als Oppositionsführer entgegen. Wie den CDU-Vorsitz mußte er diesen Posten jedoch bereits zwei Jahre später an Rainer Barzel abtreten. – Die Verabschiedung der Notstandsgesetze aber hatte einen Stein ins Rollen gebracht, der Deutschland Alpträume bereiten sollte und das Land in den sog. »deutschen Herbst« führte. – Eine bleierne Zeit der Introversion, der »neuen« Innerlichkeit, der Resignation – der berühmte Marsch der Studenten durch die Institutionen war gescheitert – nur die RAF (Rote Armee Fraktion) hielt an ihrer Utopie fest und wollte sie mit Gewalt, Brandstiftung und Bomben erkämpfen. – Die Auswirkungen ziehen sich in geschichtlicher Konsequenz und Gnadenlosigkeit bis in die späten 90er. 1998 hat die RAF einen »Waffenstillstand« angeboten. Die Massen konnten nie mobilisiert werden, und das Häufchen Einzelkämpfer mußte zwangsläufig dabei scheitern, die Gesellschaft in ihrem Sinne zu verändern. (Verändert haben sie die Republik ja – allerdings nicht zum Vorteil: Radikalenerlaß, Sympathisantengesetz, Kronzeugenregelung und derart abstrus-überzogene Angstreaktionen der Staatsgewalt mehr ... – Anm. d. Verf.)

NRBQ

Anspieltip: NRBQ (LP – 1969)

The New Rhythm and Blues Quartett, wie es ausführlich heißt. – Die Band mixte alles, was es an Stilen gab, debütierte aber mit einer astreinen, harten Rock-Blues-LP. Sie nahmen im Laufe ihrer Karriere das Business nicht ganz so bier- oder drogenernst und persiflierten sich und andere mit Genuß. 1966 in Connecticut gegründet, spielten sie Ende der 60er vornehmlich in New York (das gab es auch noch – Bands, die nicht magnetisch nach Kalifornien gezogen wurden). Ihre 1. LP erschien aber erst 1969. Sie waren ein Unikum der Rockszene, spuckten auf jeden Modetrend und auf jedes Plattenfirma-Diktat. Ebenfalls 1969 gingen sie mit Altrocker Carl Perkins ins Studio, brachten aber mit ihm nur einen lauwarmen Country-Aufwasch zustande. Sie sahen sich danach aber als Gralshüter des Rock und wollten den ehrlichen, rauhen, schlichten Geist des Rock'n Roll wiederbeleben. – Mit wenig kommerziellem Erfolg. In Deutschland blieb die Band eine von vielen und ein Geheimtip.

Nyro, Laura

Anspieltip: More Than A Discovery (LP – 1966)

Geboren am 18.10.1947 in New York, war die stille »Eminenz« des → Folk und ein großes Kompositionstalent. Sie konzipierte komplizierte Songs mit häufigen Rhythmuswechseln und verlagerten Harmonien und erfand gewissermaßen den emanzipierten Popsong. Sie war ein gar exzentrisches Mädel, trug meist schwarzen Samt, schwarzlackierte Fingernägel und violette Christbaumkugeln an den Ohren. Ein Kritiker schrieb über sie, sie klinge »wie Gershwin auf → LSD und wie Bernstein ohne Sentiment«. – Fast einhundert Interpreten haben ihre Songs für sich adaptiert, darunter Lieder wie »Stoned Soul Picnic« (→ 5th Dimension) und »Eli's Coming« (→ Three Dog Night). Sie war auch eine Protagonistin der »Neuen Zeit«, des → Wassermannzeitalters und trat auf dem legendären → Monterey Pop Festival auf. – Laura Nyro starb 1997 nach langer Krankheit.

Laura Nyro: Protagonistin des Wassermanzeitalters, mit schwarzem Lippenstift und violetten Christbaumkugeln. Erfindet den emazipierten Popsong.

O

Obermaier, Uschi

→ Kommune 1-Mädel No. 1. – Die Uschi mit ihrer berühmten Muschi. – Man könnte sie als die Hippie-Schiffer der Flower Power-Zeit bezeichnen. Deutschlandexport an die → Rolling Stones, wo sie es angeblich mit Mick und Keith trieb oder mit beiden gleichzeitig. Heute lebt sie in den USA und macht Modeschmuck. Kürzlich hat sie wieder von sich reden gemacht, als sie sich im Playboy relativ unbekleidet trotz vorgerückten Alters ablichten ließ. Ist auch gerne in deutschen Talk-Shows zu Gast und erklärt dort unprätentiös in breitem Bayrisch: Mit Politik habe sie nie etwas am Hut gehabt, sie habe das ganze Theater damals in der Kommune 1 gar nicht richtig kapiert. Hauptsache »Äktschn«!

Ochs, Phil

Anspieltip: I Ain't Marching Anymore (LP – 1966)

Geboren am 19.12.1940 in El Paso. Er war glühender Patriot und ebenso glühender Kriegsgegner. »Der singende Journalist« vermittelte mit Zorn in seinen Liedern die Grausamkeit der amerikanischen Kriegsschauplätze, er lamentierte in überlangen Songs über die »Amerikanische Tragödie«. Er beklagte, daß die Erhabenheit der amerikanischen Lebensart keinen Raum mehr hat und das Leben dem Banalen geopfert wird. Ein bißchen überspannt teilweise. Verwickelte sich dabei durchaus in Widersprüche – Protestsongs, die ihm dann teilweise zur Heldenverehrung mißrieten. Heute wohl nur noch schwerlich zu genießen.

Olympia Press

→ Literatur.

Ono, Yoko

Geboren am 18.2.1933 in Tokio/Japan als Tochter eines Bankiers. – Sie emanzipierte sich in einer Gesellschaft, die Frauen solche Bestrebungen nicht zugesteht. Ihre Familie wanderte in den 50ern nach New York aus. Sie entwickelte sich zu einer darstellenden Künstlerin und organisierte bereits Anfang der 60er diverse konfuse → Happenings und – tja – das war denn nun die japanische »Schlampe« (in den Augen vieler erbitterter Fans), die uns die Beatles genommen hat – → John Lennon.

Open Air

Freiluftkonzert – → Woodstock, → Monterey. Wurde zu einem festen Inhalt des Rock-Circus, machte den Rock zu einem Riesengeschäft (allerdings auch mit großem Risiko – siehe → Woodstock, das »zwangsweise« zu einem → Free-Concert wurde). Aber auch Unbill des Wetters kann einen Veranstalter schon mal in den Ruin treiben. Inflationierte das Konzertgeschehen aber auch zusehends – große Rock-Open Airs mit vielen Gruppen verschiedenster Stilrichtungen kamen Ende der 70er langsam wieder aus der Mode, da sich das Publikum lieber zielgerichtet für eine spezielle Musikart entscheiden wollte. Gibt es aber weiterhin jeden Sommer vor allem auch in Deutschland: Loreley, Rock am Ring etc.

Orange Sunshine

→ Yellow Sunshine. → LSD.

Orient

Alles was orientalisch war, erlebte in den 60ern einen gewaltigen Popularitätsschub: Drogen, Religion, Mystik, Kleidung, Philosophie, Musik und Meditation. Vor allem → Indien zog die zivilisationsmüden Kinder der Konsumgesellschaft in seinen Bann. Hauptsache mystisch. → Afghanistan. → Marokko. → Nepal.

P

Pacific, Gas & Electric

Anspieltip: Are You Ready (LP – 1970)

Die Stadtwerke von Los Angeles. Aber mit ganz schön Strom unterm Pony. Gemischtrassige Truppe im Hippie-Milieu, was erstaunlicherweise auch in Zeiten von Liebe und Freiheit äußerst selten war – jedenfalls im Rock. 1968 gegründet, versuchten sie eine Mixtur aus Soul (schwarzer Sänger), Rock, Jazz und Blues mit Bläsersatz, anfangs mit wenig Erfolg. Beim Miami Pop Festival 1968 fielen sie durch eine mitreißende Bühnenshow auf und bekamen einen neuen Plattenvertrag, danach ging es lichtschnell und genauso kurzlebig weiter. Von einer sensationellen Neuentdeckung war 1969 in der Fachpresse die Rede – ihr erstes Album fiel durch kaum zeitgemäße Extravaganzen auf. Das soulige »Bluesbuster« war eher eine Reminiszenz an die Hoch-Zeiten des Soul, 3 bis 4 Jahre zuvor. Und das 17minütige »PG&E Suite« verstörte in seiner filigranen Komplexität wieder genau die Soulfans. Die LP schafft es doch gerade mal so in die Top 100 der US-Charts und machte die Band über Kalifornien hinaus populär. Dann kam der Hammer: die nächste Single »Are you ready« katapultierte sich ruckzuck in die Top ten und wurde zu einem Mega-Bestseller. Ein Stück, das einen unheimlich heftigen, mitreißenden Groove zum Besten gibt, der jeden Fuß mindestens zum Wippen bringt. Jetzt hätte es richtig losgehen können – Pfeifendeckel, wenige Monate nach ihrem Welthit zerbrach die Gruppe.

Pappalardie, Felix

Produzent, Cellist, Bassist, Arrangeur und Mitinhaber der Plattenfirma Windfall Records. → Mountain. → Cream.

Parks, Van Dyke
→ Van Dyke Parks.

Parsons, Gram
Pionier des Country Rock, gab den → Byrds wichtige Impulse, allerdings in eine Richtung, die sie vom Folk- bzw. Psychedelic-Rock entfernten. War Mitglied der → Flying Burrrito Bros. und schob die Karriere der Country-Tante Emmylou Harris gewaltig an. Hatte seit den 60ern permanente Drogen- und Alkoholprobleme und kam nicht ganz damit zurecht, daß er nicht der Superstar geworden war, der er vermeinte zu sein. Im Grunde war er stinkfaul und trieb sich gerne im Jetset rum – u. a. hing er lange bei den → Stones rum. Die große Karriere wäre wohl drin gewesen, wenn er nicht so gesoffen hätte – ein Schicksal, daß er mit vielen talentierten Menschen teilt. Der »unerreichte Prinz des Country-Rock« (wie der »Billboard« einmal schrieb) wurde nie zum König gekrönt.

Paxton, Tom
Anspieltip: Ain't That News (LP – 1965)
Geboren am 31.10.1937 in Chicago, ging er nach New York, studierte Schauspiel und entdeckte in der Armee sein musikalisches Talent. Er wurde einer der einflußreichen → Folkies in → Greenwich. Mit seinen Songs wollte er protestieren, bis der Krieg ausgestorben ist – ist ihm nachweislich leider nicht gelungen. Der »Lieder-Prediger«, wie ihn die Presse nannte, war aber kein blinder Weltverbesserer ohne Bezug zur Realität, sondern er beschrieb eher sezierend genau das, was er sah. Er hatte einiges auf der Pfanne oder auch alles in einem Sack. Ein Lied handelte von romantischer Liebe und Trennungsschmerz, das nächste von menschenverachtender US-Politik. Auch einer der ewigen Heiligen der Folk-Szene und Vorbild für viele Adepten. → Bobby Dylan schätzte ihn sehr. – Zum großen Durchbruch fehlte ihm aber das Charisma, und seine Platten pendelten laufend zwischen prima Liedern und ziemlichem Schrott. Das hielt die kommerzielle Karriere in überschaubaren Grenzen. Er erlitt das Schicksal einiger ebenfalls hochtalentierter Zeitgenossen (→ Tim Hardin, → Tim Rose): Die anderen machten mit seinen Songs die Kohle.

Peace
Friede. → Love, Peace and Happiness. Das beherrschende »Schlagwort« der 60er (neben Love und Freedom). Wurde auch als Begrüßung unter

»Eingeweihten« gebraucht – das englische Victory-Zeichen, Zeige- und Mittelfinger der rechten Hand, wurden zu einem V gespreizt und dazu ertönte die Grußformel: »Peace, Brother« oder auch »Sister«. Ritual meist nur unter Hippies gebräuchlich – um aber die Gesinnung zu demonstrieren, wurden auch »Spießer« mit diesem Gruß konfrontiert bzw. beglückt.

Pearls Before Swine

Anspieltip: One Nation Underground (LP – 1967)
Ganz coole Truppe. Obskure Kapelle mit nihilistischem Avantgarde-Touch. Tom Rapp (nahm mal an einem Talentwettbewerb für Sänger teil und schlug dabei sogar → Bob Dylan) – Maler, Aktionskünstler, Dichter, Musiker, Sänger, Komponist, Bildhauer, Filmemacher (sonst nix mehr ...?) gründete den »Lebensbewältigungsversuch« Pearls Before Swine 1965. Anfänglich brav der Folkmusik zugewandt, entwickelte sich die Combo zu einer Mischung von → psychedelischem West-Coast-Sound in textischer → Beatnik-Tradition mit Horror-Visionen, Drogenphilosophie und einem Schuß Perry-Rhodan-Science-fiction. Sie wurden oft mit den berühmteren → Fugs verglichen, gingen aber über politisches Agit-Prop-Kabarett weit hinaus. Verkaufen ließ sich das Substrat daraus nur schwerlich – ein Massenpublikum war damit nicht zu erreichen, auch nicht in den intellektuellen 60ern –, aber ihre Fans feierten sie als Kultspektakel frenetisch. Sie waren wahrer → Underground und besetzten sogar eine Schublade in der Rockgeschichte, die allerdings nur äußerst selten aufgezogen wird: Sie erfanden den Art-Folk-Rock (was immer das auch sein mag – Anm. d. Verf.).

Peel, David

Anspieltip: The Pope Smokes Dope (LP – 1972)
Unikum der → Folk-Szene. Er fühlte sich immer als Straßenmusiker und blieb dieser Tradition auch treu. Er inszenierte Kampagnen für die Legalisierung von → Marihuana und gab in New York unzählige → Free-Concerts mit seinem Kollektiv The Lower East Side. Sein erstes Album wurde in den Straßen des »Big Apple« aufgenommen und reflektierte ungeschminkt das urbane Treiben der Millionen-Metropole. Er konzipierte mit viel Selbstironie → Be-ins, auf denen er die Zuhörer davon überzeugen wollte, Bananen zu rauchen. Er machte John Lennon auf sich aufmerksam durch sein Lied »The Pope smokes Dope« und bekam daraufhin sogar einen Plattenvertrag bei der → Beatles-Plattenfirma Apple. Die nächste LP von Peel hieß denn auch entsprechend

despektierlich »The Pope smokes Dope« – der große Reibach ließ sich damit allerdings nicht machen. Peel machte in seiner schrägen Art weiter, persiflierte die Beatles, nahm die frühe Punk-Bewegung auf den Arm und erarbeitete sich dadurch Kultstatus über die Generationen hinweg – ein kurioses Relikt der 60er, der auch heute noch irgendwo die Straßen unsicher macht.

Peel, John

Berühmter Disc-Jockey und Rock- → Guru. Zeichnete für legendäre Radiosendungen bei der BBC (London) verantwortlich, als es noch Minoritäten-Programme gab und das Wort »formatiert« ein Fremdwort in der Radiolandschaft war. Schob die Karriere unzähliger Rock- und Bluesgruppen durch sog. Air-Play-Präsenz an – soll heißen, er spielte die Scheiben, obwohl sie voraussichtlich kein breites Publikum finden würden, immer wieder, bis sie den berühmten Wiedererkennungswert hatten.

Per Anhalter

→ Hitch-Hikin', Trampen.

Pet Sounds

→ Beach Boys.

Peter, Paul & Mary

Das → Folk-Trio schlechthin. Die guten Menschen der Folk-Szene, und da gab es fast nur gute Menschen. Gegründet 1961 in – na, wo wohl – in → Greenwich Village. Sie hatten Riesenhits mit Songs wie »Lemon Tree« und »If I had a Hammer«, später mit dem John Denver-Song »Leaving on a Jet Plane«. Sie verkörperten in der Hauptsache die naive, langweilige Seite der Folkmusik mit kommerziellem Unterbau in konservativer Tradition.

Pforten der Wahrnehmung, Die

→ Aldous Huxley.

Phillips, John

→ Mamas & Papas. Sänger, Komponist, Produzent und Konzertveranstalter – cleverer Geschäftsmann. Brachte das → Monterey Pop Festival zusammen mit Lou Adler auf die Beine und versetzte die Jugend der Welt mit seiner Komposition »San Francisco – be sure to wear some

Flowers in your Hair« in sehnsuchtsvolle Trance und überschäumende Verzückung. → Scott McKenzie. Er löste wenigstens in Europa den ganzen Hippie-Circus aus und zeichnet für den nachfolgenden Flower Power-Rummel maßgeblich verantwortlich. Das Fremdenverkehrsbüro in Frisco wird ihm heute noch dankbar sein (obwohl, viel Kohle hatten sie nicht gerade – die Liebeshungrigen und Tramper aus aller Welt – Anm. d. Verf.).

Phillips, Shawn

Anspieltip: Bright White (LP – 1971)

Der esoterisch angehauchte kanadische Hippie hatte eine kleine, aber feine Fangemeinde. Für diese wurde er eine Nippes-Kultfigur der Nach-Dylan-Ära. Ob er was zu sagen hatte, ist relativ unklar – durch sein eremitenhaftes Dasein umhüllte er sich aber mit einem Mäntelchen, gewebt aus Geheimnisfäden, die er durch sibyllinische bis trivial-metaphorische Texte noch weiterspann. Von der bösen Welt irgendwo da draußen wollte er nicht allzuviel wissen. Eigentlich nur, wenn er den Scheck der Plattenfirma einlösen mußte. Seine Melodien hatten aber etwas ungemein suggestiv Melodiöses, schwebend und leicht – im Gegensatz zu seiner ultimativen Studienratlyrik. – *I know where you find / Lasting peace of mind / Life is full of trial / Don't let yourself / Be defled / You know in your heart / There is a secret part ...* usw. – Das konnte einen schon erbauen und vor allem ermutigen, da man ja selbst keinen Scheck von der Plattenfirma bekam, um so intensiv nachdenken zu können. Irgendwie kam er daher wie eine Jungfrau: The Folk-Rock-Virgin (ein bißchen prüde, ein bißchen verklemmt), dazu noch sein meterlanges blondes Haar, eine asketische, ja astralhafte Erscheinung. Immerhin konnte er diese Fragilität in seine Musik umsetzen.

Piece

→ Haschisch – damit wurde ein handel – und rauchbares Stück → Shit bezeichnet. Lag im Schnitt bei einer Untergrenze von 2 Gramm (das war dann eher ein »Brösel"). Größere Mengen wurden als Platten oder Kuchen bezeichnet.

Pink Floyd, The

David Gilmour (g, voc), Nick Mason (dr), Roger Waters (b, voc), Richard Wright (keyb, voc) – Syd Barrett (keyb, voc – verließ die Band 1967)
Anspieltip: Ummagumma (Doppel-LP 1969)

Die Dampf-Lok des elektronischen Rock – die → psychedelischen Götter überhaupt. Allerdings die englische Machart – und die hatte bekanntermaßen viel mehr Tiefgang und intellektuelle Substanz wie die kalifornische (sagten die Briten, ohne Meriten). Manche nennen die Gruppe die größten Langweiler der Rockgeschichte – andere wiederum halten ihre Musik für ein geniales Substrat aus Wagner, Stockhausen, Schönberg und den Beatles. – 1965 von vier Schulkumpels in Cambridge/England gegründet, experimentierten sie früh mit Elektronik und erhoben den »Sinuston« zum Credo ihrer Musik. Mitte der 60er kamen zwei Songs in die Charts, die ungefähr andeuteten, wo die Reise hingehen sollte: »Arnold Lane« und »See Emily Play«. Bald darauf packten sie die wirkliche Psycho-Axt aus – ihre Musik (oder waren es akustische Hörspiele, Hörbilder?) hob ab von dem Grundfesten des Rock und schwebte mit Getöse ins Rock-All. LP's wie »A Saucerful of Secrets«, die legendäre Doppel-LP »Ummagumma« und das halbsinfonische

Pink Floyd 1969er Doppelalbum: Ummagumma

»Atom Heart Mother« entstanden. Der brave und solide Durchschnittskiffer war entzückt, der → Acidkopf erschüttert (auf Acid empfahl es sich nicht unbedingt, allein oder mit bösen Buben den Klängen von PF zu lauschen, da konnte man ganz leicht auf einen → Horrortrip geschickt werden, vor allem wenn man es an der nötigen → »Tripgerfahrung« mangeln ließ. – Anm. d. Verf.). – Ihre Bühnenshow sprengte jeglichen Rahmen, sie entwickelten eine spezielle → Lightshow, für die man allein 5 Sattelschlepper benötigte. Ihre gesamte Logistik konnte nur von einem Konvoi von Lastwagen herumgekarrt werden. – Sie stießen die Türe zu einer neuen Musikepoche auf. Erfanden den sog. »Azimuth-Generator«, der ein unglaubliches Spektrum an Tönen und Geräuschen erzeugen konnte: Vögel kreischten, Bomben explodierten, Düsenjets donnerten über den immer kleiner werdenden Fan hinweg. Es war ein furioses Spektakel. Und es gibt kaum jemand, der sich damals davon nicht beeindrucken ließ – ob man es mochte, war die andere Frage. Die Rock-Gigantomanie hatte Einzug gehalten in die Konzerthallen und Stadien dieser Welt. Die E-Musik hatte sich eine breite Nische geschlagen und ist bis heute nicht wirklich totzukriegen, sie überstand sogar den Blitzkrieg der Punk-Ära – und Pink Floyd sind eigentlich nicht von dieser Welt, denen konnte das alles nichts anhaben. (Ich mochte sie in den 60ern kaum – das war mir zu steril, heute find ich's klasse – Anm. d. Verf.)

Piratensender

Radiostationen, die ohne Lizenz, also illegal, Radioprogramme abstrahlten. Häufig auf Schiffen beheimatet, die meist außerhalb der der 3-Meilen-Zone vor den Küsten dümpelten und sich Kontrollen oftmals durch »volle Kraft voraus« entzogen. Berühmtester europäischer Piratensender war »Radio Caroline« vor der englischen Küste. Dort verdiente sich auch der heutige Privatfunk-Guru Ad Roland aus Holland seine Sporen als Musikmoderator.

Plastic Ono Band, The

→ John Lennon. Das war die Chaos-Anarcho-Combo, die uns alle schunkeln machte, auf die Hymne »Give Peace a Chance«.

Politik der Ekstase

→ Timothy Leary – Hauptwerk des berühmt-berüchtigten → Acid-Propheten in den 60ern. Ein Leitfaden, wie mit → LSD umzugehen ist, welche Erkenntnisse man dabei gewinnen kann, wie man seine Persönlichkeit umpolt, um von der Chemie nicht in den Alltagsabgrund gezogen zu werden, und wie man sich erhebt, um an die Grenzen des Verstehens zu gelangen. – → Tune in, Turn on, Drop out.

Polnareff, Michel

Netter Versuch der Franzosen – die zwar das Chanson ihr eigen nennen, aber von Rockmusik keine Ahnung haben, auch einen Quoten-Hippie aufzustellen. In Frankreich und vor allem in Deutschland hatte er auch enormen kommerziellen Erfolg mit seinen sehnsuchtsvollen Weichspül-Songs, wie »La Poupée qui fait non« und »Love me, please, Love me«. Die Mädels mochten ihn, das konnte ganz schön nerven, wenn man → Hendrix auflegen wollte und da jemand stand mit einer Platte in der Hand und verklärt hauchte: »Leg doch mal auf« – da mußte man sehr verknallt sein ...

Pop, Iggy

Anspieltip: The Stooges (LP – 1969)

Geboren am 21.4.1947 als James Newell Osterberg in Ann Arbour/Michigan. Der Todesderwisch des Rock und der Wegbereiter des neuen Rock zwischen Glam und Punk – so empfand er sich jedenfalls selbst. Prominente Unterstützung bekam er von → David Bowie. Unter dem Motto »der Rock ist tot, es lebe der Rock« sagte er dem zu purem Selbstzweck degenerierten Stadion-Rock der frühen 70er den Kampf an, wollte ihn wieder in die Arenen holen, wo er hingehörte: in die Clubs, Kneipen und Kaschemmen, wieder zurück auf den erdigen Boden, auf den er gehörte – weg von der Abgehobenheit der Rock-Götter. »Nur noch Heilige und Gurus, nicht auszuhalten«, sagte er Mitte der 70er. Und ließ es dann so richtig motorisch krachen. Mit seiner Begleitgruppe The Stooges zerlegte er so manchen Saal und demonstrierte damit, daß der Rock wieder seine Basis gefunden hatte – den Alltag. Die hatte er durch die Gigantomanie der Pink Floyds, Emerson, Lake & Palmers und div. mehr endgültig verloren. Wenn 20 Sattelschlepper notwendig sind, um das Equipment einer Rockgruppe zu transportieren, war das eine Dimension, die dem schlichten Kinde Rock nicht guttun konnte. Es (das Rock-Kind) war verzogen und mit Süßigkeiten vollgestopft worden, und lag nun fett und behäbig in seinem Bettchen. – »Not everything is Rock'n Roll!« – Ein wahrhaft verrückter Hund, der heute noch gerne in durchsichtigen Plastikhosen auftritt und der trotz gefährlichen Lebenswandels die Jugend gepachtet zu haben scheint (jedenfalls körperlich – das Antlitz wirkt schon ein wenig verwelkt).

Pop-Art
→ Kunst. → Andy Warhol.

Popol Vuh
Anspieltip: Affenstunde (LP – 1970)
Da schwirrten Klänge durch den psychischen Äther, bei denen sogar Pink Floyd vor Neid erblaßt wären, wenn sie es jemals gehört hätten ...! (Vielleicht haben sie ja – Anm. d. Verf.) – Die Elektronikgruppe aus München benahm sich tontechnisch derart exaltiert, daß die Erfinder der 12Ton-Musik ihre wahre Freude daran gehabt hätten. Und trotzdem hatten sie immer eine gerade Linie in ihrer Musik, nicht so verspielt, wie → Pink Floyd, rationaler – irgendwie ... eben teutonischer. Kalt wirkte das Klangkonglomerat selten, trotz des Moog-Synthesizers. Es war elitär, versponnen und durchdringend, was die Münchner fertigten, aber es hatte Stil. Es rückte deutsche zeitgenössische (Unterhaltungs-) Musik von dem damals allzu abfällig gebrauchten Emblem → Krautrock weg.

Poster
Plakate. Motive waren Rockstars, Gruppen, politische Helden (→ Che Guevara, Lenin usw.), Comics, Tiere und Pflanzen oder nur irisierende oder fluoreszierende Farben in Spiralen oder Kreisen angeordnet. Letztere hingen in Kifferwohnungen – ansonsten war in den 60ern, 70ern in jedem Kinderzimmer und in jeder WG die Poster-Mania ausgebrochen. – Unter dem Motto: »Zeige mir deine Poster und ich sage dir, wer du bist ...!« (Letzteres war natürlich auch auf die Schallplattensammlung oder den Bücherschrank übertragbar. – Anm. d. Verf.)

Preston, Billy
Anspieltip: I Wrote A Simple Song (LP – 1971)
Eine Zeitlang nannte man ihn auch den 5. Beatle. Der farbige Pianist und Organist wurde 1946 in Houston/Texas geboren, begann früh die Kirchenorgel zu spielen, wurde von Nat King Cole protegiert, ging mit Mahalia Jackson auf Tour und lernte 1967 → George Harrison kennen. Der nahm ihn für die Plattenfirma Apple unter Vertrag. Der erste internationale Hit stellt sich ein – das gospelrockige »That's the way God planned it« – zugleich wurde er als erster »bandfremder« Musiker zeitweiliges Ensemble-Mitglied bei den → Beatles. »Get back« und »Let it be« sind mit seinen Orgelakkorden verziert. Er wirkte auch im Film »Let it be« mit und folgte Harrisons Einladung umgehend, auf dem →

Concert for Bangladesh aufzutreten. Nachdem er sich so einen Namen gemacht hatte, wurde er ein begehrter Studiomusiker für viele Stars dieser Zeit (→ Delainey & Bonnie, → Joe Cocker, → Lennons Plastic Ono Band etc. etc.). Seine Soloprojekte waren ebenfalls weiter erfolgreich und er landete einen Hit nach dem anderen (»Outaspace«, »Will go round in Circles«, »Space Race« und noch einige »spacige« Stücke

Poster: Subkultur im Flower Power-Look für die Kommunen-Klos und WG-Küchen.

mehr). – 1971 wechselte er das Lager und stellte seine Dienste den → Rolling Stones für die LP »Sticky Fingers« zur Verfügung, 1977 ging er mit ihnen auf Welt-Tour. Der hervorragende Keyboarder fing danach an, es in allen Bereichen etwas zu übertreiben (Projekte mit 18 verschiedenen Keyboards und ähnliche Gags mehr), das wirkte sich auf seine eigenen Platten nachteilig aus, die eine Zeitlang eher unterdurchschnittlich und steril wirkten, ab den 80ern mischte er alle Stile derart konfus durcheinander, daß ihm die Fans scharenweise davonliefen.

Pretty Things

Anspieltip: SF Sorrow (LP – 1968), SF Sorrow (Live-CD – 1998)

Die hübschen Dinge – wie nett. Wenn einem die → Rolling Stones in den frühen 60ern vom Aussehen nicht gefielen, dann konnte man bei den »Pretties« einen Gruselschock erleiden, da nahmen sich Jagger und Co. wie brave Chorknaben in Schuluniformen aus. – Die Jungs wirkten schmuddelig, hatten die längsten Zotteln und Gesichter wie kalt gewordenes Hühnerfrikassee. Sie spielten bei weitem den lautesten und wildesten Rhythm & Blues im Lande, machten durch Suff- und Drogenexzesse von sich reden, waren in Schlägereien verwickelt und waren doch eine verdammt gute Beat- und später Rockcombo. – Sie setzten sogar Marksteine in der Musik (fiel aber niemandem besonders auf) und schafften es leider durch ihr Image, eine der unterbewertetsten Rockgruppen aller Zeiten zu werden. – Und dabei hatten sie verdammt viel Potential und Wandlungsfähigkeit. Ihre Drogenhymne → »LSD« schockte 1966 die britische Nation und wurde bei der BBC sofort auf den Index gesetzt. → Radio Caroline dudelte sie rauf und runter. In Deutschland hatte man keine blasse Ahnung, um was es sich handelte, da durfte er schon mal im Abendprogramm laufen, bei Radio Luxemburg. – Etliche Umbesetzungen folgten. Sie nahmen für ihre LP »Emotions« einen kompletten Bläsersatz hinzu, eine Novität 1967, und sie schufen (die Gelehrten streiten sich) die erste Rockoper mit ihrem psychedelisch-schrulligem Werk »SF Sorrow« (1968): eine Offenbarung (jedenfalls für deutsche Fans). In England nahm man ihnen den Stilwechsel vom harten Beat zum geistig-verbrämten Rock anscheinend nicht ab – oder auch übel. »SF Sorrow« war ein → Konzeptalbum, das die Geschichte eines Außenseiters erzählte, geschrieben und getextet von Phil May, dem Mastermind und Sänger der Pretties – eine Platte, die bei → Acid-Heads ganz besonders gut ankam, aber auch ungeahnte Depressionsschübe auslösen konnte. Ein weiteres Highlight folgte mit dem Album »Parachute« (1970). Danach gings ein bißchen kreuz und quer, zu viele Stilnuancen durcheinandergewirbelt, um noch im positiven Sinne festgelegt werden zu können – immer gutes Material dabei, aber etwas unentschlossen zusammengestellt. Unverkennbar blieben die Pretties aber durch den eigenartig schleifenden Gesangsstil von May, der ein ungebändigter und wilder Rock-Shouter war. 1998 wurde »SF Sorrow« zum ersten Mal im Rahmen eines Internet-Broadcastings (ja, so was gibt es heute) live von der Gruppe gespielt und in limitierter Anzahl auf CD gepreßt – mit dem Untertitel: »SF Sorrow died 1968, reborn 1998 – The Resurrection«. 30 Jahre danach! (David Gilmour von → Pink Floyd half an der Gitarre aus.) Bleibt noch anzuhängen, daß die Pretty Things in den 60ern etliche Alben unter dem Gruppen-Pseudonym Electric Banana herausbrachten, wo sie u. a. Songs sampelten, die sie für Filme oder englische Fernsehserien eingespielt hatten. May bezeichnete Electric Banana als die avantgardistische Alternative zu den Pretty Things, hehre Worte, da die Pretties in vielem

The Pretty Things 1968er LP: SF Sorrow 1. Rock-Oper

bahnbrechend waren, und EB sich eher ein bißchen bieder ausnahm. – Heute sind sie fast vergessen, haben aber ein unüberhörbares Lebenszeichen auf dem X-Mas-Concert des Rockpalastes, Weihnachten 1998, von sich gegeben. Hoch leben die Pretty Things! (Und noch was – Gitarrist Dick Taylor hatte ursprünglich mit Mick Jagger und Brian Jones seine musikalischen Gehversuche unternommen – heute sagt er lächelnd und mit einem Augenzwinkern, daß er es nie bereut hat, zu den Pretty Things zu wechseln. – Anm. d.Verf.)

Procol Harum

Anspieltip: Shine On Brightly (LP – 1968), A Salty Dog (LP – 1969)

Bach meets Rock oder wie finde ich die Antwort hinter den Dingen. Das soll der Name Procol Harum angeblich bedeuten (Hinter den Dingen – wer's große Latinum hat, kann's ja mal nachprüfen – Anm. d. Verf.). Mit dieser Formation verbindet man in erster Linie einen ewigen Klassiker des Klassik-Rock – »A Whiter Shade of Pale« (nach einer Bachkantate komponiert) und vielleicht noch den Folgetitel »Homburg«. Danach waren die Klassik-Esoteriker von PH eher Hauskapelle für eine edle Minderheit. Nik Cohn (Musikkritiker) bezeichnet sie als das »Langweiligste, was der Rock der 60er zu bieten hatte«. Das ist denn doch ein bißchen sehr undifferenziert. Sie waren zumindest Begründer des Klassik-Rock und schufen in der Folge etliche LP's, die

Procol Harum: Begründer des Klassik Rock mit Schiffsuntergang.

durchaus mehr als interessant waren, wenn man Inhalte mochte ...! Ähnlich wie die → Moody Blues transponierten sie diese sehr hintergründig philosophisch (allerdings nicht mit der »Heils-Armee-Attitüde« der Moodys) und beeindruckten durch das kraftvolle Orgelspiel von Matthew Fisher, die grauenvoll gezerrte Gitarre von Robin Trower und das diffizile Piano von Gary Brooker. Zudem hatten sie mit BJ Wilson einen der besten »Melodieschlagzeuger« der Rockszene. Die erste Gruppe übrigens, die mit 2 Keyboards arbeitete. Die Lyrics stammten allesamt von Keith Reid, der der Gruppe lediglich als Texter angehörte, und verschmolzen Märchensequenzen, Katastrophen, Depressionen, Schiffsuntergänge (»A Salty Dog«), Drogenhorror, Todessehnsüchte und Friedhofsspaziergänge zu einem derart intensiven Konglomerat von Dichtung, daß einem angst und bange werden konnte – beruhigend, wenn man es als Deutscher nicht so ganz verstand. Sie hatten auch wie Moody Blues ihre treue Gefolgschaft in Deutschland. Allerdings wagten es nur ganz mutige oder selbstzerstörerische Menschen, sich PH unter Einwirkung von → Acid anzutun. Da konnte man schon einen derartigen Horror kriegen, daß man die Engelein im Himmel heulen hörte.

Progressiv

Bedeutet »fortschreitend«, »fortschrittlich«. – Wurde in den 60ern auf Strömungen angewandt, die sich keinem kommerziellen Diktat unterwarfen – → Progressive Rock. – Galt aber auch für eine Geisteshaltung, die sich Konventionen widersetzte und nach neuen Ausdrucks- und Lebensformen suchte. Irgendwie und sowieso war alles in den 60ern progressiv, was von Jugendströmungen ausging. Wurde jedenfalls gerne so betitelt, unter dem Motto: »Ich habe mein Studium abgebrochen!« – Antwort: »Endlich, find ich progressiv!« – oder: »Ich laß mir jetzt die Haare wachsen bis auf die Schultern!« – Antwort: »→ Genehm – echt progressiv!«

Progressive Rock

Formen des Rock, die sich von der ursprünglich schlichten Machart dieser Unterhaltungsmusik lösten und Wege suchten, sie zu konzeptionieren, in künstlerische Bereiche zu führen und aus der Teenie-Kultur eine anerkannte Form der Darbietung abzuleiten und zu entwickeln. → Avantgarde. → Art-Rock. → Psychedelic-Rock etc.

Prosa
→ Dichtung. → Literatur.

Psilocybin
→ Mescalin, Meskalin.

Psychedelic
Das Zauberwort der Hippie-Ära. Alles mußte psychedelisch sein, also wie in Trance, wie im Drogenrausch. Und das wurde durch psychedelische Musik, → Lightshows in Verbindung mit div. halluzinogenen Drogen erreicht. Abgehoben sein, Outspacen, auf → Trip gehen, → Antörnen. → LSD.

Psychedelic-Rock
Besondere Spielart des Rock, die sich durch verzerrte oder verfremdete Gitarren, elektronische Spielereien, lastende oder schwebende Keyboards und diverse kleine oder größere psychische Schockmomente auszeichnete. Musikalische Phantasien oder Konzepte, die unter der Einwirkung von → Halluzinogenen,wie → LSD, → Mescalin oder auch Haschisch entwickelt wurden. → Acid-Rock. → LSD.

Psychedelisch
Die Psyche nachhaltig beeinflussend oder verändernd. Halluzinogene Wahrnehmungen – optisch wie akustisch. → LSD.

Purple Haze
Hit (1967) von → Jimi Hendrix. Auch Darreichungsform von → LSD.

Pusher
Der → Dealer verkaufte die Drogen – illegal versteht sich, im Untergrund, in der Szene – der Pusher war der Mann, der die Drogen erzeugte, bearbeitete oder streckte. Oft wurden Stoffen noch weit gefährlichere Stoffe beigemengt, um beim Konsumenten ein Suchtverhalten zu erzeugen. Haschisch wurde z. B. mit Salben oder Pflanzenfett unter Beimengung von Opium gestreckt. Heroin (mit Essigsäure kraß verdünnt) oft mit → Speed versetzt (Captagon) oder mit Analgetika verstärkt (Valoron), das konnte zum Tod durch Atemlähmung führen. – Die Gruppe → Steppenwolf sagte dem Panscher mit ihrem Schmählied »The Pusher« den Kampf an. – »God damn the Pusherman!« – Hat aber auch die Bedeutung Rauschgiftschieber/-verschieber.

Q

Quadrophonie

So, wie Stereo die Zweikanaltechnik etablierte – mit teilweise getrennten Einspeisungen, sollte die Quadrophonie das mit 4 Kanälen anbieten. Hi-Fi-Anlagen kamen auf den Markt, die entsprechend ausgerüstet waren – nur, es gab keine Platten für diese neue Technik. Man hörte luxuriöses Doppelstereo, wenn's funktionierte. Es sind bestimmt nicht mehr als 100 Schallplatten mit dieser Aufnahmetechnik herausgekommen. Setzte sich nicht durch, war auch aufnahmetechnisch zu teuer. – Mißglückter Vorläufer des heutigen »Surrounding«- Systems.

Quicksilver

Anspieltip: Happy Trails (LP – 1969)
→ Quicksilver Messenger Service.

Quicksilver Messenger Service

Eine der wichtigsten Gruppen der Westküste in der Hippie-Ära. Sie mischten das San Francisco-Feeling mit psychedelischen Splittern und verkörperten musikalisch wohl am eindeutigsten das Lebensgefühl dieser Stadt in den 60ern. Sie lebten als Rock-→ Kommune (ähnlich wie → Grateful Dead) und spielten einen erdigen Rock-Blues, der aber Eitelkeiten wie semi-jazzige Einflüsse und psychedelische Tricks durchaus zuließ. Besonders geprägt wurde ihr Sound durch das exzellente Gitarrenspiel → John Cippolinas, des Mannes mit der »Wimmerkralle.« In ihrem Spiel kommunizierten sie assoziativ in langen Improvisationen, die mit einer erstaunlich bekifften Leichtigkeit einherschwebten (wen wundert's?). Sie gaben wie die »Deads« Unmengen von → Free-Concerts unter freiem Himmel sowie in den berühmten »Ballrooms« der

Stadt, wobei sie ihr geneigtes Publikum mit Mammut-Instrumentals unterhielten, die in dieser Zeit Hochkonjunktur hatten. – Auf ihren Studioaufnahmen konnten sie diese Spontaneität und Originalität leider nie reproduzieren. Diese präsentierten sich eher etwas ungelenk und einfältig. Quicksilver war eine ausgesprochene Live-Gruppe. Der »Magic Touch« war im Studio wie weggeblasen. Auf ihrem Misch-Studio-Live-Album »Happy Trails« liefen sie allerdings noch einmal zu großer Form auf. Spätere LP's litten in der Qualität unter Umbesetzungen, und nachdem der Pianist Nicky Hopkins (→ Jeff Beck, → Stones) das Ruder in die Hand genommen hatte, war das fröhliche Improvisationsleben leider zu Ende und strenge Arrangements zwängten die Musik der Gruppe in ein wenig lebendiges Konzept. Die Fans fanden es auch nicht toll und ließen die Platten der legendären Frisco-Combo in den Regalen stehen. Von einer ungehobelten, aktiven Virtuosität fiel die Gruppe in ein segmentiertes Tin Pan Alley-Gewäsch, das jedem echten Hippie die Zehennägel hochkrempelte. Ihr Niedergang bzw. das

Quicksilver Messenger Service 1969er LP: Happy Trails

Unvermögen, rechtzeitig aufzuhören, führte zu einem peinlichen Auflösungsprozeß – zu einer Degeneration der eigenen Fähigkeiten. Schade.

Quintessence

Klingelingeling – nicht der Eiermann kam –, die Krishna People bahnten sich sanft in ihren Latschen schwebend den Weg in den nirwanischen Äther und die Glöckchen klangen und die Gebetsmühle leierte. Die Musiker stammten aus aller Herren Länder – sie legten für das Gruppenprojekt auch gleich ihre bürgerlichen Namen ab und nannten sich standesgemäß Shiva, Shambu, Maha Dev und solch exotischer Feinsinn mehr ...! So kam denn auch ihre Musik wie aus dem Bauche Buddhas an das sensibilisierte Ohr des zivilisationsmüden Westlers geschlichen. Hare Krishna und auch Rama – und der »Seer« wurde gesucht und falls gefunden, eilte man ihm nach zu höheren Weihen. Schön war's. Meditativ und vor allem anders. Krishna-Rock mit E-Gitarre und Zimbeln. Konnte einen schon berühren – wenn man auch kaum eine Ahnung hatte, worum es ging. – In ihrem nicht allzu umfangreichen Spätwerk wandten sie sich poly-religiös auch Jesus, dem Herrn, zu und schaukelten ein bißchen auf der God-Rock-Welle, um kurz danach zu kentern. Ihr erklärtes Ziel war aber, die Menschen nicht zu verwirren, sondern zu bekennen: »Es gibt nur einen Gott – und Gott ist für uns alle da!« (In welcher Tiergestalt sie wiedergeboren wurden, ist mir leider nicht bekannt. – Ihre ersten beiden LP's mochte ich aber trotz des schlecht verhohlenen Spottes doch sehr gern – paßte gut in diese Zeit der Suche nach Identität – unter dem Motto »Alles mal ausprobieren«. – Anm. d. Verf.)

Quintessence 1970er LP: The Seer Dive Deep

R

Paul Revere & The Raiders

Mischten schon in Beatzeiten kräftig mit, landeten einige Top-Ten-Hits in den 60ern, »Steppin Out«, »Kicks«, »Hungry« und »Good Thing«. – Als die Blümchen in → Frisco sprossen, versuchten sie ihren Stil zu ändern, was aber gründlich mißlang, wie das Publikumsecho bewies. Im Grunde waren sie eine rumpelnde Krach-Combo, die mit ihrem Saubermann-Image in den → Psychedelic-Times keinen → Kiffer mehr hinter dem Ofen hervorlockte.

Radio

Da waren uns die Amis natürlich meilenweit voraus – die kannten bereits in den 60ern Spartenradios, die ihr Format auf die etwaige Zielgruppe hin genau ausrichteten – entweder durch Umfragen, durch Minoritäten oder Spezialprogramme. Bei uns war alles in öffentlich-rechtlicher Hand und das Medium Radio, das damals noch weit mehr als heute ein unverzichtbarer Informant und Unterhalter war, entwickelte erst so langsam seine Strukturen. Das Fernsehen hatte zwar in die meisten Privathaushalte Einzug gehalten, aber das Radioprogramm war damals noch eine echter »Hinhörer«, nicht wie heute meist ein Sekundärmedium, das im Hintergrund dudelt – Hauptsache, der Stille ein Schnippchen geschlagen. Die einzelnen Sendeanstalten der ARD lieferten mit verschiedenen Zielprogrammen bereits eine Rundumversorgung – hatten aber mit keinem Konkurrenzdruck im eigentlichen Sinne zu kämpfen, da sie ihren Unterhalt aus den öffentlichen Gebühren bezogen und keine Werbungs- oder Marketingstrategien befolgen mußten, um sich zu positionieren. – Allerdings waren die Unterhaltungsprogramme noch nach dem Kraut- und Rübenprinzip gestrickt. Da gab es extreme Stilbrüche, die heute kein Privatsender mehr verkraften würde, ohne enorm an Stundenreichweite und folglich an Hörern zu verlieren. Immer Freitag abends zwischen 19 Uhr und 20 Uhr präsentierte der bayerische Rundfunk seine legendäre Hörer-Hitparade (B III). Da konnte das Gerangel in der Top Ten schon zu abstrusen Plazierungen führen: No. 1 – The Beatles mit »I should have known better«, No. 2 – Roy Black mit »Du bist nicht allein«. Ein fröhlicher Mischmasch von grauenvollen deutschen Schlagern und Schnulzen und angloamerikanischen Beats – und Musik brodelte damals täglich über den Äther ... hochspannend, sich die Frage zu stellen, was kommt als nächstes – davon hing die Regulierung der Lautstärke ab. Besonders wichtig war das Radio natürlich für die Teenies, die noch zu Hause lebten und nicht unbedingt bei ihren spießigen Eltern im Wohnzimmer hocken wollten, um »Was bin ich« mit Robert Lembke anzuglotzen. – Da war das Radio die einzige Rettung. Plattenspieler hatte man meist noch nicht, Tonbandgeräte waren viel zu teuer (Ich hatte als Radio noch so eine Riesenkiste von Telefunken, die etliche Kilo wog und wo man noch das gute alte »Goldfischchen« drehen mußte, um den Sender zu justieren, meist Kurzwelle – mit spacigen Nebengeräuschen. »Let the Goldfish go!« – Anm. d. Verf.). Langsam gewann das Transistorradio an Boden. Ein Kofferradio kostete aber auch Mitte der 60er noch gute 280,— DM, und da war deutsches Geld noch was wert! – Radio Luxemburg war damals einer der Favoriten – natürlich nicht das deutsche Programm mit Dieter Thomas Heck und Frank Elstner – sondern ab 22 Uhr waren die Engländer dran, und die ließen es vor allem ab 24 Uhr so richtig krachen. Der legendäre Kid Jensen (aus Kanada) präsentierte On Air seine Kultsendung »Kid Jensens Dimensions« und traute sich, ganze LP's von einzelnen Künstlern vorzustellen – heute bei vorgegebenen Playlisten in den Radiostationen gar nicht mehr vorstellbar. (In dieser Sendung hörte ich auch zum ersten Mal die »Astral Weeks« von → Van Morrison und wußte, die Platte muß her!- Anm. d. Verf.) – Aber auch tschechoslowakische Sender knallten über Kurzwelle in Bayern rein, und die spielten ja das härteste Programm – von Animals bis Pretty Things war da alles zu hören, unter dem Motto: »Wir werden den Klassenfeind mit seiner eigenen dekadenten Musik so lange zermürben, bis seine Volkswirtschaft zusammenbricht!« – Radio war unverzichtbar für die Kids (und ist es ja heute oft noch): Man lief stolz durch die Viertel seiner Heimatstadt, den Transistor in der Ellenbeuge und drehte auf, was die Batterien hergaben, die entrüsteten Blicke der guten Passanten arrogant ignorierend. (Und diese Radios hatten bei weitem kein Ghettoblaster-Format und auch nicht annähernd deren Leistung zu bieten.)

Radio Caroline

→ Piratensender. Radio Caroline war der berühmteste (und berüchtigste) Piratensender in Europa. Er war auf einem Schiff außerhalb der 3-Meilen-Zone vor Englands Küste stationiert – und absolvierte seinen Sendebetrieb ohne gültige Lizenz, also illegal. Quasi einer der ersten Privatsender (nur dürfen diese ja heute nur noch formatierten »Mainstream« senden, was die Radiolandschaft sehr breit, aber dafür um so monotoner macht! – Trotz Stereoempfang).

Rare Earth

Anspieltip: Get Ready (LP – 1969)

Einzige weiße Erfolgs-Kapelle, die das berühmte Motown Label je hervorbrachte. Wo sonst die Supremes ihren flockig leichten Soulsound sangen und die Four Tops »in Schatten der Liebe standen« (»Standing in the Shadows of Love« – 1965) kam plötzlich eine schwerfällige Soul-Rock-Maschine ins Laufen, die einen mit ihren kompakten Riffs fast plattwalzen konnte. Ihren ersten Riesenhit hatten sie 1969 mit dem Endlos-Hammer »Get Ready« – ging über eine ganze LP-Seite und dauerte 21 Minuten. Wurde einer der Super-Diskothen-Hits der nächsten Jahre. Der Tänzer wiegte sich in der Unendlichkeit der Zeit und der DJ hatte Muße, Mädels anzubaggern oder einen »durchzuziehen«. – Die Gruppe hatte ein Fanpublikum in den USA, das sich fifty/fifty aus Schwarzen und Weißen zusammensetzte. Als sie ihre Musik Anfang der 70er subtiler, weniger dampfend, mit immer mehr Studiotricks spielten, sank der Anteil der schwarzen Hörer rapide.

Rascals, The

Anspieltip: Once Upon A Dream (LP –1968)

Die Teenie-Band begann 1965, hatte etliche Top-Ten-Hits unter dem Namel Young Rascals (Junge Windhunde) wie z. B. den Millionseller »Good Lovin«. Ihr Sound klang soulig, schwarz und kam doch mit weißer High-School-Hipness daher. Das machte den Erfolg aus. Als die Songs komplexer wurden, taten sie sich etwas schwer, machten aber aus der Not eine Tugend und alterten von einem Tag auf den anderen maßgeblich: Aus den Young Rascals wurden die Rascals, sie wandten sich vom Soul ab, ergingen sich in psychedelischen Großexperimenten, wie auf dem Album Freedom Suite (1969) und hatten plötzlich alles von ihrer mitreißenden Kraft verloren. Ein Beispiel für eine schlecht gelungene musikalische Metamorphose. Da man sie Mitte der 60er mit den Beatles verglich (in den USA) machten sie deutlich, daß mehr dazu gehört, als ein paar Chartbreaker, um so eine Wandlung mit Substanz durchstehen zu können – siehe → Beatles. Mit dem ruhig-relaxten Zwitscherliedchen »Groovin« gelang ihnen aber so was wie eine Mini-Hippie-Hymne für bescheidene Gemüter. In Deutschland wird dieses Lied jedenfalls immer mit der Hippie-Zeit in Verbindung gebracht, wenn die TV-Werbung wieder mal einmalige Hits aus einer einmaligen Zeit verkaufen will. Besonders peinlich immer dieser E. H., der sich täglich seine eigenen Lieblingshits dieser Zeit anhört – angeblich. Die ausgelutschtesten Dinger, die die 60er überhaupt bieten können – auf dem Ramschtisch für 5 DM als Super-Oldie-CD zu haben. Da ist ja jedes formatierte Privatradio progressiver ...

Raubpressung

→ Bootleg.

Räucherstäbchen

Um ein »stimmiges« Bild der späten 60er zu skizzieren, brauchen wir ein paar wichtigtuerische Langhaarige, die darüber streiten, wer die beste Sologitarre spielt, flippige Mädels mit Blümchenhosen (der Minirock befand sich schon wieder auf dem Rückzug – für kurze Zeit – Anm. d. Verf.), die sich über antiautoritäre Kindererziehung auseinandersetzen, Matratzen und Sitzkissen auf dem Boden, einen ziemlichen Saustall, einen geschmiedeten marokkanischen Rundtisch, eine Stereoanlage mit deftigem Sound, einen → Joint, grelle → Poster an der Wand und – natürlich: milde vor sich hinglimmende duftende Räucherstäbchen, die einem die Weite fernöstlicher Mystik imaginierten (und zudem den Gestank von Schweiß-

Räucherstäbchen: Weihrauch für die Hippie-Party.

socken und zwei Wochen altem Abfall aus der Küche gut kaschierten – nasal! – Anm. d. Verf.).
Diese gab es in allen Geschmacks- bzw. Geruchsnuancen: z. B. Lemon Grass, Patschouli, Sandelholz, Weihrauch, Opium.

Rauschgift

→ Drogen. Landläufige Bezeichnung für Drogen ohne Differenzierung.

Redbone

Anspieltip: Redbone (LP – 1970)
Newaskeolah – wie der Indianer sagt. Manitu sandte seinen Söhnen die Botschaft, die verfluchten Weißen mit ihrem eigenen Lärm zu nerven. – Hugh! – Das taten sie denn auch in gewisser Weise, die Rockkrieger von Redbone, der ersten ethnisch reinen authentischen Indianergruppe. Die Kriegsgesänge gerieten aber so manierlich, daß sie in die Hitparaden stürmten und weltweiten Erfolg hatten. 1968 kamen sie zum Pow Wow zusammen, stöpselten die Kriegsbeile ein und schlugen die Kriegstrommel mit lautem Ton. Der Chef der »Tribe« war ein Cheyenne, der Pete »Laufender Bär« DePoe hieß und die Trommel schlug, die anderen 3 kamen aus dem sonnigen Kalifornien. Sie bezeichneten sich als City-Indianer. Die beiden Brüder Pat und Lolly Vegas schrieben u. a. Liedmaterial für P. J. Proby, Booby Gentry und die Everly Brothers. – Ihr Stück »Nicky Hokey« war ein Welterfolg für den mozartbezopften Samthosenträger P. J. Proby (der einen gewaltigen Tenor hatte). – 1969 veröffentlichten sie ihre erste LP »Redbone«, die in raffinierten Verklausulierungen all das aufwärmte, was der Weiße Mann den Indianern angetan hatte. Vom Gefängnisfelsen Alcatraz über Reservatspolitik bis zu Erlösungssehnsüchten packten sie alles in einen etwas rumpelnd schleifenden Rock, der mit »The Witch Queen of New Orleans« seinen größten Erfolg verzeichnen konnte. 1973 war ihre Karriere dann auch schon wieder beendet. Ihre späteren Studioproduktionen litten zu sehr unter penetranten Streicher-Arrangements (soviel weiße Kultur in Indianergesängen, das konnte nicht gutgehen – diese Verräter, an den Marterpfahl. – Anm. d. Verf.)

Reed, Lou

Am 2.3.1942 in New York geboren, war er der Repräsentant und Chronist der Außenseiter-Szene des Big Apple. – Der Rock'n Roll-Junkie, der Poet der Triebhaftigkeit, der Homosexualität, des Drogenkonsums (hier ging es aber nicht mehr um »Bewußtseinerweiterung«, sondern um harte Drogen, um »H«. → Heroin – Anm. d. Verf.). – Reed gründete unter dem Einfluß von → Andy Warhol die Gruppe → Velvet Underground (→ Nico) und wurde mit der Musik, die diese Gruppe präsentierte, der Rock-Gott der Underdogs und Gescheiterten, jedenfalls in den USA. Seine Musik mit ihrer zynischen Hoffnungslosigkeit wurde aber auch in erster Linie von → Junkies gehört, Velvet Underground wurde in Deutschland die Kapelle der Fixer.

Regenbogenfest

Sie sind beileibe nicht ausgestorben, die Hippies – es gibt sie noch – sogar im → Internet. Und auch heute treffen sich sanftmütige Träumer und stille Weltveränderer einmal jährlich in den Bergen Nordkaliforniens, um zu diskutieren, zu singen und zu meditieren. Da kommen die Altvordern aus den 60ern genauso wie die Nachwuchs-Hippies zu einem Erfahrungs- und Erinnerungsaustausch zusammen. (Ob sie auch Perspektiven entwickeln, ist mir nicht bekannt. – Anm. d. Verf.) Sie sind also immer noch Bestandteil und Randgruppe der amerikanischen Gesellschaft – nur eben eine von vielen, und in der Majorität der Minorität nur für 3 Tage. Es existiert eine eigene Verfassung, Alkohol trinken ist verpönt, Frauen belästigen im Suff ebenfalls. – Nach Beendigung des Meetings kehren dann die meisten wieder in ihre bürgerlichen Berufe als Anwälte, Psychologen oder Manager zurück. – Bis zum nächsten Jahr ... der Hippie auf Zeit ist die heutige Flower Power-Alternative (etwas kümmerlich und sehr amerikanisch – Anm. d. Verf.)

Reich, Wilhelm

Literaturtip: Die Funktion des Orgasmus (Die Entdeckung des Orgons), Der Einbruch der sexuellen Zwangsmoral (Fischer Verlag)

Geboren am 24.3.1897 im damals ukrainischen Teil von Österreich: Ein Mann fürs 21. Jahrhundert oder ein Scharlatan? Seine Wirkung in den 60ern war jedenfalls ungeheuer (oder ungeheuerlich?). Der in Ungnade gefallene Freudschüler, Zeitgenosse von C. G. Jung und Alfred Adler, war Arzt, Psychiater, Psychoanalytiker, Sexualökonom, Soziologe, Politologe, Biologe, Entdecker des Orgons, Wolkenmacher und Kommunist (und anscheinend verklemmt, – er duschte immer in Unterhosen – so wird jedenfalls behauptet). Er verfaßte weit über 80 Bücher mit Fachliteratur (war also fleißiger noch, als der gute alte Tscharlie May aus Radebeul, wurde aber bei weitem nicht so ausgiebig gelesen, außer vielleicht in den 60ern und 70ern. – Anm. d. Verf.) – In Österreich wurde er nach seinem Bruch mit der klassischen Psychiatrie aus

der psychoanalytischen Vereinigung ausgeschlossen, später auch aus dem Komintern. Als die Nazischatten immer dräuender wurden, emigrierte er in die USA und war dort mit seinen »undurchsichtigen« Aktivitäten den Behörden ein Dorn im Auge. Er wurde rund um die Uhr von FBI-Schergen überwacht und entblödete sich auch nicht, auf diese ungezielt zu schießen. Während eines langen Gerichtsverfahrens und der anschließenden Haft wurde er körperlich und seelisch zermürbt und starb in der Folge im Gefängnis (1957). In den letzten Jahren seinens Lebens führte er allerlei absonderliche Dinge aus: Er entwickelte eine »Wolkenmaschine« bzw. Regenkanone, mit der er karge Gegenden in blühende Landschaften verwandeln wollte (hier wird allerdings auch vieles in übler Weise kolportiert – Anm. d. Verf.).
Sein großes Verdienst aber liegt, auch wenn heute davon nichts mehr in den »Irrenanstalten« zu spüren ist, im Bruch mit der rein »mechanischen« Psychiatrie, die Menschen nur funktionsfähig machen wollte, aber die Symptome einer Krankheit nicht aufzulösen versuchte. Er reformierte die Psychoanalyse, schrieb mit seiner Charakteranalyse und der Studie »Der triebhafte Charakter« bahnbrechende Bücher und zeigte in seinem Werk »Massenpsychologie des Faschismus« die Beziehung von krankhafter Sexualverdrängung zum Faschismus auf. In den USA entdeckte er die Orgon-Energie (kleinste Partikel kosmischer Energie, die einen Heil- oder Wandlungprozeß beim Menschen mit entsprechender psychoanalytischer Entpanzerung hervorrufen können) und baute in der Folge seinen Orgonakkumulator, die »berühmte« Orgonbox. (Ende der 60er haben Freunde und ich versucht, die Kiste ebenfalls nachzubauen, besorgten Bretter und verschiedene Hölzer etc. – Es scheiterte immer daran, daß wir ein bestimmtes energieverstärkendes

Wilhelm Reich: Erläuterte die Beziehung von krankhafter Sexualverdrängung und Faschismus und entdeckte die kosmische Orgon-Energie.

Metallgeflecht nicht auftreiben konnten – so blieben wir verpanzert und verdrängten weiter ...! – Anm. d. Verf.) In der Folge entwickelte er seine ganz spezielle Therapieform, die Orgontherapie. – Klar, daß der prüden, reaktionären Staatsräson in den USA (ausgerechnet während der McCarthy-Ära) dieser Mann, der noch dazu ein Buch mit dem Titel »Die sexuelle Revolution« geschrieben hatte, gefährlich erschien und ihr in der Folge der Arsch auf Grundeis ging. Seine Aktivitäten wurden mit nervöser Akribie beobachtet. – Wilhelm Reich ist sicherlich einer der revolutionärsten und feinsten Geister dieses Jahrhunderts gewesen, wurde aber aus evidenten Gründen immer an den Rand der Ignoranz, in den Bereich der Scharlatanerie gerückt, denn sein Werk hätte die Kraft gehabt, verlogene Gesellschaftsnormen in einer Form zu demaskieren, das dies die entsprechenden Systeme auch nachhaltig erschüttert hätte. Zudem hat er existierende Religionen sehr skeptisch betrachtet (bis auf den Buddhismus) und den Katholizismus als die Pestilenz des Abendlandes bezeichnet, was ihm in dieser Zeit (und vor allem in seiner europäischen Zeit) nicht gerade die Sympathien der mächtigen, Werte bewahrenden kirchlichen Würdenträger zufliegen ließ. Deren Motto lautete: Halte den Menschen klein und gib ihm das Gefühl, daß er es ist (in den Kirchen und Kathedralen auch kein Wunder, sich winzig und minderwertig vorzukommen), dann wird er eine nützliche, unkritische Ameise des Systems sein. – Wilhelm Reich wollte den Menschen in sich, aus sich heraus befreien und versank in sich und in seiner Utopie. (Für einen solchen Lebensweg kann man nur tiefe Hochachtung und Bewunderung empfinden. – Anm. d. Verf.)

Reid, Terry

Anspieltips: Bang Bang – You're Terry Reid (LP – 1968), Terry Reid (LP – 1969)

Er ist an der Superstar-Karriere haarscharf vorbeigeschrammt. Jimmy Page suchte einen Sänger für sein → Led Zeppelin-Projekt und hatte Terry Reid favorisiert – wir wissen wahrscheinlich alle, daß es anders kam. Robert Plant sprang ein, da Reid sich zu dieser Zeit auf einer US-Tournee befand und nicht abkömmlich war (ob der sich heute noch in den Hintern beißt? – Anm. d. Verf.). – Bereits in jungen Jahren eine Art Kultfigur, ging er im Laufe der Jahre mit seinem riesigen Talent etwas schlampig um. Zudem war er introvertiert und versponnen und wollte den ganzen Rock-Rummel nicht mitmachen (also war es doch gut, daß er nicht mit dem Rock-Zeppelin geflogen ist). Geboren am 13.11.1949 in Huntingdonshire (weiß der Geier, wo das Nest liegt) trat er bereits mit seinem Trio im Vorprogramm der → Stones auf und wurde fast mehr gefeiert als der Jager Michel. – Sein erstes Album kaprizierte sich mit langgezogenen Harmonien und langen Stücken (»Bang Bang« von → Sonny & Cher und dem → Donovan-Klassiker »Season of the Witch«). Der Sound wirkte schleppend behäbig und durch das angekratzte Organ Reids trotzdem nervös überspannt, hatte jedoch in seiner Eigentümlichkeit was ungemein Neuartiges. Das Gesellenstück lieferte er aber mit dem zweiten Longplayer ab, schlicht »Terry Reid« genannt – ein Geniestreich. Lange Jahre von Sammlern verzweifelt gesucht – nun endlich auf CD → »remastert«. Auf diesem Album spielte er alle Instrumente selbst und coverte wieder Stücke von berühmten Kollegen wie → Dylans »Highway 61 Revisited« und noch mal Donovan, mit dem ihn eine enge Freundschaft verband: »Superlungs my Supergirl«. Ein fürwahr hervorragendes Werk, das sich aber wohl nicht in jeden Gehörgang schrauben dürfte (besonders gut, fast erschütternd der Song »Stay with me«).Verkauft hat er leider nicht viel von seinen Aufnahmen – und in den 70ern wurde es dann bedauerlicherweise noch ruhiger um den ruhigen »Beinahe-Superstar«. Etliche Alben kamen zwar noch, die aber nur für Eklektiker noch von Interesse waren.

Reifeprüfung

Filmklassiker mit Dustin Hoffman (Soundtrack → Simon & Garfunkel), der mit den Hippies nur sehr am Rande zu tun hat – aber deutlich die Gesinnung, die genervte Langeweile, die Ziellosigkeit und die Lächerlichkeit bürgerlicher Zwänge und Optionen zeigt – und das in einer mehr als unterhaltsamen Form, mit einem blutjungen und brillanten Dustin Hoffmann. War der Startschuß für seine Weltkarriere. – Wollten wir damals mit ihm tauschen, ein Verhältnis mit Mrs. Robinson haben (Anne Bancroft)? – Das Ende des Films ist versöhnlich und vielleicht utopisch. Trotzdem der Streifen einen gewissen Ewigkeitsstatus erlangt hat, sieht man heute doch deutlich, wie naiv sich Hollywood (Amerika!) den Problemen, den Zeichen dieser Zeit angenähert hat – bzw. sie wie immer verdrängt hat. Darin sind die Amis ja Meister.

Remastered

Neu aufgelegt. Neu bearbeitet. Von den ursprünglichen Mutterbändern einer Musikaufnahme eine neue Fassung erstellen bzw. neu mixen. D. h., Bässe, Höhen, Präsenz, Dichte, Räumlichkeit des Tondokuments verändern, bearbeiten. Wurde notwendig, als die digitale CD auf den

Markt kam. Um analoge Vinylaufnahmen auf CD pressen zu können, mußte ein bestimmtes Verfahren angewandt werden: das AAD-Prinzip (Analog – Analog – Digital). Tonbänder wurden nochmals analog »gesäubert«, um dann erst in digitale Signale umgewandelt zu werden.

Renaissance

Anspieltip: Renaissance (LP – 1969)
Baroque-Rock wäre der falsche Ausdruck – die Renaissance bahnte sich an. Mittelalterliche englische Musik, Klassikanleihen, → Folkelemente und Rockharmonien prägten den Sound der Gruppe Renaissance. Gegründet von den ehemaligen → Yardbird-Mitgliedern Keitz Relf und Jim McCarty. Unter Hinzuziehung von Relfs Schwester Jane (sie hatte vorher den Yardbirds-Fanclub betreut) inszenierten sie einen etwas abgehobenen schwebenden Sound mit theatralischen Klassikintermezzi, der im ersten Moment hochinteressant klang, aber bald auch sehr langweilig wirken konnte. Jane Relfs hohe, transparente Stimme schwebte sicher über den Tonkaskaden, wirkte bei längerer Hördauer aber nervig monoton. – Nett anzuhören insgesamt, aber nicht weltbewegend. Wurde eine Lieblingsgruppe strickender Latzhosenmädchen mit Baby im Tragetuch – → Räucherstäbchen und Gemüsesaft dazu.

Rhinozeros

Anspieltip: Rhinoceros (LP – 1968)
In Los Angeles lungerten zu selbiger Zeit viele arbeitslose Musiker herum, die dringend auf ein Engagement warteten, um den großen Wurf zu landen. Der → Doors-Produzent Rothschild stellte aus diesen eine Formation von 7 Jungs zusammen, für die er ein → Supergroup-Image aufbauen wollte. Die willkürlich zusammengewürfelte Truppe schlug sich denn auf ihrer ersten LP überraschend gut – und ihr Instrumental »Apricot Brandy« marschierte bis in die vorderen Bereiche der Charts. Ihr Sound wurde aber immer geleckter und emotionsloser, und somit waren echte Perspektiven nur in mäßigem Bereich vorhanden. Herausragend allerdings auf ihrem Album »Better Times are coming« das dramatische Vietnam-Epos »Rain Child« (1970).

Rivers, Johnny

Gab ja schon Leute, die behaupteten, er hätte den Rock'n Roll erfunden – das hieße aber sein Talent maßlos zu überschätzen. John Ramistella, so sein bürgerlicher Name, mischte klassischen Rock'n Roll mit einigen Blues-Riffs und brachte damit auch Top-Ten-Hits zustande:

»Memphis«, »Seventh Son« und »Secret Agent Man« machten ihn weltberühmt. Später sang er nette Balladen im Großstadt-Flair mit Streicherbegleitung wie »Poor Side of Town«. Er wurde einer der ersten großen Diskothekenstars in den USA, die Hollywood-Promis mochten ihn. Ende der 60er begann der Erfolg aber massiv abzuebben. – Bemerkenswert ist sein Live-Album aus dem Whisky-a-Gogo (1967) mit dem penetrant langen und monotonen Stück »John Lee Hooker«, das wider besseres Hören einen Kultstatus erlangte. Rivers trat auch auf dem → Monterey Pop Festival auf.

Rock'n Roll

Ein weites Feld – viele Spielarten wurden in diesem Buch genannt. Die Musik der »Unterprivilegierten« in all ihren Variationen zu beschreiben, von Elvis bis zu den Beatles, von Deep Purple bis David Bowie, vom Blues, Folk und Country und all den Mischformen, von Classic bis zu Hard-Rock muß Inhalt eines anderen Lexikons sein – da es hier einfach zu weit führen würde. Für die Hippiezeit waren der → Psychedelic-Rock, der → San Francisco-Sound, die → Folkmusik (bzw. der Folk-Rock) bis hin zum Hard-Rock und der → Art-Rock von Bedeutung. All das packte man in eine Kiste und öffnete diese in der Mitte der 60er, und heraus kam der Springteufel → »Underground«. Diese Pauschalierung ist genauso ungenau (da Underground schon wieder mehr mit politischen Inhalten in Verbindung gebracht wurde) wie oberflächlich. – Letztendlich hat der Satz Bedeutung: »Everything is Rock'n Roll!«

Rocker

→ Mods. In diesem Falle sind nicht die »schweren« Rocker gemeint, wie z. B. die → Hells Angels, sondern die Teddy-Boys in England, die sich regelmäßig wahre Schlachten mit den → Mods lieferten. Der Strand von Brighton war meist das Schlachtfeld. »Teddys« fuhren Mopeds, Mods Vespas. Die Teddy-Boys standen für 50er Rock, Schmalztollen, Bill Haley und das »Unmoderne«, das Überkommene an sich. – Die Mods dagegen brachen rasant in das neue Jahrzehnt auf.

Rolling Stones

Mick Jagger (voc), Keith Richards (g), Brian Jones (g) – ab 1969 Mick Taylor (g), Bill Wyman (b), Charlie Watts (dr)
Anspieltip: Their Satanic Majesties Request (LP – 1967)

Die Rolling Stones sind eine wichtige, sehr wichtige Gruppe der Rockgeschichte. Sie artikulierten ihre Unzufriedenheit und den Frust am spießigen Bürgertreiben – und das kompromißlos. Sie sangen von der Überfluß- und Konsumgesellschaft, von der sie die Schnauze voll hatten, von Ersatzbefriedigungen und Werbelügen (»I can't get no Satisfaction«) und sie führten sich, wo immer sie hinkamen, auf wie der Rotz an der Stange. – Aber was haben sie mit der Hippie-Zeit zu tun? – Eigentlich nichts – und auf der anderen Seite waren sie maßgeblich an einer oder mehreren Entwicklungen beteiligt, die letztendlich nicht erfreulich und noch weniger konstruktiv waren. – Über die Beatles weiß man sehr viel, wenn man sich ein bißchen für die 60er interessiert, bei den Rolling Stones dürfte es ähnlich sein. Deswegen soll es nicht Aufgabe diese Buches sein, eine Biografie der Gruppe en détail zu entwerfen – sondern die Momente, die allenfalls für die 2. Hälfte des Jahrzehnts wichtig waren, sollen hervorgehoben werden. – In die Flower Power-Zeit paßten die Stones irgendwie nicht so richtig rein, mit ihrem »Bad Boys-Image« (und ihren unfreundlichen, harten, kantigen Gesichtern – sie waren einfach zu vulgär für eine Zeit, in der man sich lächelnd das → Peace-Zeichen zeigte und »Love, Brother« hauchte. – Anm. d. Verf.). In die psychedelische Ära starteten die Stones mit ihren LP's »Flowers« und »Their Satanic Majesties Request« – letztere war der Versuch, es der LP → »Sgt. Pepper« der Beatles gleichzutun oder sie möglicherweise zu

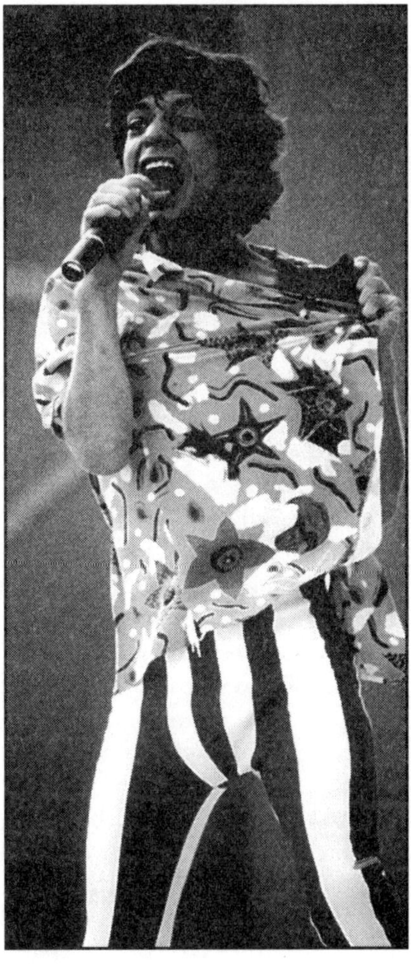

Rolling Stones :
Free-Open Air im Hyde-Park
für ihren toten Gitarristen.

überflügeln. Das gelang nicht einmal annnährend. Das Album hatte und hat einen geweissen liebenswerten Kuriositätenwert, ist aber als Stones-LP vollkommen (2 Lieder vielleicht ausgenommen) zu vernachlässigen. – Der psychedelische Spacerock mit Verfremdungen der seltsamen Art hatte sich so weit von den geradlinigen Ur-Rockern der frühen 60er entfernt, daß man als Fan etwas überrascht schluckte, die 20 Märker doch auf die Ladentheke blätterte und das Machwerk mitnahm, da man als Fan ja erstens unkritisch war und den neuen Trend mitbekommen wollte, der da vermeintlich eingeläutet wurde. Schließlich sollte ja die Vollständigkeit der Plattensammlung nicht in Gefahr geraten. – Ansonsten war das Album bis auf »2000 Lightyears from Home« und »She's a Rainbow« einfach daneben. – Das war nix! (Ich höre sie heute wieder sehr gerne, da sie etwas so schön verstaubt Antiquiertes hat und stellenweise trotzdem im Vergleich zu zeitgemäßer Musik richtig »progressiv« klingt. – Anm. d. Verf.) Damals war sie im Vergleich zu »Sgt. Pepper« nur zweite Wahl, und Kritiker bekamen hysterische Anfälle, so erfreut waren sie, sich auf die Platte stürzen zu können, um sie zu zerfetzen. »Wenig glaubwürdig«, war der allgemeine Tenor der Kritikerzunft. Sehr originell war allerdings das → Cover mit dem fluoreszierenden Wackelflimmerbildchen, das auf der kompletten Serie der Erstpressungen aus einem massiven Stück Plastik gefertigt und in die Pappe der Hülle eingefügt war. – Die cleveren Jungs merkten auch gleich, daß das nicht ihr Metier war, das Psycho-Weltraumgedudle, und kehrten denn auch flugs zu ihren klaren Rockwurzeln zurück. Sollte sich als richtig und gut erweisen. – Im Bereich → Psychedelia waren ihnen andere Bands dieser Zeit meilenweit voraus, nicht zuletzt der Meister selbst: → Jimi Hendrix. – Das zweite Ereignis von Bedeutung war ihr berühmtes → Free-Open Air im Londoner Hyde Park. Zwei Tage nach dem Tode ihres Gitarristen → Brian Jones fand das Spektakel im Heiligtum jedes echten Londoners statt. 250 000 Menschen kamen an diesem glühendheißen 5. Juli 1969 zusammen und harrten begeistert auf engstem Raum stundenlang aus, um die Stones zu sehen. Auf der Bühne wurden hunderte Schmetterlinge in die Freiheit entlassen, um an Brian Jones zu erinnern – »Satisfaction« kam und die Menge tobte. Sie inszenierten sich wie immer wirkungsvoll, und als »Street Fighting Man« angestimmt wurde, hätte Jagger die 250 000 sicher dazu motivieren können, durch die Straßen Londons zu toben, um die Revolte anzuzetteln oder wenigsten hunnenmäßig Randale zu machen – er tat es nicht, wohlweislich! Sie waren keine Stadtguerillas, die Stones, ihr politischer Hintergrund erschöpfte sich in Pose, in Attitüde! –

Denn was singt der gute Mick in »Street Fighting Man« im Refrain? »Was kann ein armer Junge schon tun, als in einer Rock'n Roll Band zu spielen ...« Da hat er ganz schnell die Kurve gekriegt, denn die Nummer des politischen Agitators war ihm bei aller anarchistischen Rüpelhaftigkeit anscheinend doch um einige Grade zu heiß! – Keine Straßenschlacht, dafür tanzten 250 000 im Hydepark bei 28 Grad Celcius. Da schwitzte man seine rebellische Aggressivität schon raus aus den Poren. – Rock als Artikulation, Rock als Spiegel gesellschaftlicher Beengungen, aber nicht als Waffe gegen das Establishment. War es ein Versagen oder ein fauler Kompromiß? Diese Frage werden uns die Plattenmillionäre wohl nie mehr beantworten. – Kurze Zeit nach dem Hyde Park kam »Honky Tonk Woman« heraus, und da befand man sich wieder auf vertrautem Terrain: schwüle, laszive Baratmosphäre mit jeder Menge geiler Frauen. – Und das dritte Ereignis, das die Stones für die Hippiezeit zu einem traurigen Höhepunkt werden ließ, war das Open Air in → Altamont! Ein Fanal und der vorweggenommene Abgesang auf eine Bewegung. Hier war der Rock'n Roll zum Kompromiß geworden, aber eher um den Stones den eigenen Arsch zu retten, sonst wären sie eventuell von den → Hells Angels aus L.A. platt gemacht worden.

Rose, Tim

Anspieltip: Through Rose Colored Glasses (LP – 1969)

Noch so ein halbpathologischer Fall des Dauerpechs – wie sein Freund → Tim Hardin war der hervorragende Tim Rose letztendlich nur ein Zulieferer. Andere machten Riesenzaster mit seinen Songs, von ihm nahm kaum jemand Notiz. Geboren am 23.9.1940 in Washington, D.C. war er der klassische Singer/Songwriter, er brachte viele Musiker auf den Weg, die weltberühmt wurden – die → Mamas & Papas, → Lovin Spoonful u. v. a. – Er war einer der typischen Vertreter der → Greenwich-Folk-Kultur in den frühen 60ern und komponierte Songs, die für andere zu Welthits wurden, wie z. B. »Morning Dew« (→ Jeff Beck und Nazareth) ... und wer »Hey Joe« hört, wird dieses Stück sicherlich nur und ausschließlich mit → Jimi Hendrix in Verbindung bringen – weit gefehlt. Tim Rose entdeckte dieses »Traditional«, arbeitete es um, arrangierte es neu, und in dieser Fassung wurde es der Smash-Hit von Jimi. Timi guckte in die Röhre. – Nach etlichen sehr gefühlsintensiven LP's unterschrieb er Ende der 60er leider einen Vertrag beim Playboy-Label und sang verkitschte Liebeslieder. Der Abstieg, dem eigentlich kein richtiger Aufstieg vorangegangen war, folgte auf dem Fuße. Desillusioniert floh er nach England – dort wußte man seine Qualitäten in kleinen, aber feinen Fangemeinden zu würdigen – und trat oft mit Tim Hardin bis zu dessen frühem → Heroin-Tod auf.

Rosy Rosy

Literaturtip: Ulysses box die Kerle raus (MaroVerlag)

Underground-Queen in Deutschland. Szene-Ikone, flippigstes Mädel der End-60er! Machte alles mit – Kommunen, Drogen, Sex und Rock'n Roll. Schrieb Lyrik und Prosa (u. a. für den März-Verlag von Jörg Schröder). → Literatur.

Rubin, Jerry

Führer der mobilisierten und radikalen Studentenschaft in Amerika. → Abbie Hofman. → Berkeley. → Vietnam. Von ihm stammt angeblich der inhaltsvolle Leitspruch der 60er: → »Traue keinem über dreißig!«

Rumpf, Inga

Anspieltip: Frumpy (LP – 1970)

→ Atlantis. Am 2.8.1948 in Hamburg geboren. Wurde als größtes »Individualtalent« im deutschen Rock von der Presse gelobt. Sie begann 1965 ihre Sangeskarriere bei den City Preachers, ab 1970 nannte sich die Gruppe nach Umbesetzungen Frumpy. 1972 verließ sie Frumpy und begab sich auf den verlorenen Kontinent: Sie gründete die Formation Atlantis, die einen technisch perfekten, aber etwas sterilen Kunstrock spielte – typische Vertreterin der → »Krautrock-Szene«.

Rush, Tom

Geboren am 8.2.1941 in Portsmouth/New Hampshire. Er war einer der herausragenden → Folkinterpreten der frühen 60er, sammelte akribisch Bluesmaterial, Arbeiterlieder und Countrymusik und schuf ein Substrat daraus, das man als Country-Folk bezeichnen könnte. In den späten 60ern übernahm er Lieder von anderen Autoren, brachte diese

auch gefällig dar, verlor aber dadurch an Authentizität. Und absolute Luschen zu Hits zu machen, dazu reichte sein Talent auch nicht ganz aus. Seine Eigenkompositionen waren von unterschiedlichem, eher stark schwankendem Niveau.

Russell, Leon

Anspieltip: Look Inside The Asylum Choir (LP – 1968)

Das Enfant Terrible der Los Angeles-Scene. Und der langhaarige Sauhund, der → Joe Cocker in den Strudel des (beinahe)Verderbens riß! – 1942 in Lawton/Oklahoma geboren, war er früh in die Rockszene eingestiegen und hatte als Musiker, Arrangeur und Producer vielen Rockmusikern Start- und Schützenhilfe geleistet. Sein Publicity-Slogan lautete: »Herrscher über Raum und Zeit«, was ein bißchen auf einen sich ausbreitenden Größenwahn hinwies. Er stellte denn auch den bis dahin größten Rock'n Roll-Circus zusammen – das 36köpfige Ensemble Mad Dogs & Englishmen – der Englishman war der gute, naive → Joe Cocker – ausgepumpt von einer langen Tournee, angeschlagen von Suff und Drogen zuckelte er mit dem ganzen Troß wochenlang durch die USA und wußte teilweise gar nicht genau, wie ihm geschah. Auf der Bühne sah er alles nur noch durch einen Alkoholnebel und sagte selbst über das Projekt: »Manchmal waren so viele Leute auf der Bühne, daß ich gar nicht wußte, wo ich mich hinstellen sollte.« Positives Resultat der Zusammenarbeit war der im Mississippi-Stil geschriebene Cocker-Klassiker »Delta-Lady«. Mad Dogs & Englishmen war für Russell der Beginn, das Sprungbrett für eine exaltiert-überspannte Solokarriere. Der Musiker mit dem ausgesprochenen Hang zum Exhibitionismus der besondern Art scharte immer wieder für seine Projekte Weltstars um sich, wie → Eric Clapton, → George Harrison, Ringo Starr oder Bill Wyman. Er selbst trat als uramerikanisches Pendant zu → Dr. John auf – gürtellanges silbriges Strähnenhaar, Vollbart, Phantasieuniformen und riesiger Zylinder mit der amerkanischen Flagge auf der Birne. Dazu brüllte er ungehemmt mit einer quietschigen Vibratostimme – das kam live natürlich an. Im Studio allerdings war der Konservatoriumsschüler und Studiomusiker (Klavier) eher bieder steril. Ab den 70ern machte er sich ein schlaues Leben, verkehrte im Hollywood-Jet-set, ließ sich als Paradiesvogel huldigen und verdiente 'ne Menge Kohle, indem er Lieder für Gelen Campbell und sogar Frankie-Boy Sinatra arrangierte und auch begleitete.

Inga Rumpf

S

S. F. Sorrow

Die erste Rock-Opera der Musikgeschichte, von den → Pretty Things. Fast gleichzeitig mit dem → Konzeptalbum »Arthur« von den Kinks erschienen, aber eben ein klein bißchen früher. Die »rückläufige« Meinung, daß »Tommy« von den → Who das erste Opus dieser Gattung gewesen sein soll, ist also irrig! Hervorragendes Werk der Rockgeschichte – wurde Ende 1998 von den PT im Rahmen eines Internet-Recordings zum allerersten Male live gespielt – exakt 30 Jahre nach der Veröffentlichung des Albums. Gibt es in limitierter Auflage auf CD, »The Resurrection of SF Sorrow«. (Die Möglichkeit, diese CD zu erstehen, bezieht sich auf das 1. Halbjahr 1999! – Anm. d. Verf.)

Sainte-Marie, Buffy

Anspieltip: Illuminations (LP – 1969)

Die Cree-Indianerin hatte maßgeblichen Einfluß auf die → Folk-Szene. Am 20.2.1941 geboren, hat sie bis heute keine Ahnung, wo sie zur Welt kam – ob in Kanada oder im US-Bundesstaat Maine. Sie wurde von Micmac-Indianern adoptiert und studierte später an der Universität von Massachussetts orientalische Philosophie. Sie spielte Theater auf Amateurbühnen und begann als Sängerin mit eigenen Lieder in – na ... klar wie Kloßbrühe, in Greenwich Village im Gaslight-Club aufzutreten. Sie wurde schwerkrank und schluckte Unmengen Kodein, die sie nachgerade süchtig machten. Um sich von der Sucht wieder zu lösen, mußte sie enorme Kraftanstrengungen unternehmen. In ihrem Lied »Cod'ine« schildert sie diese Horrorzeit nachdrücklich. Sie war engagiert auf der Seite ihrer roten Brüder, komponierte Songs über deren Schicksal und Geschichte und schuf damit Standards (jedenfalls in den USA) wie

»Cripple Creek« und »Now that the Buffalo's gone«. Ihr Protest- bzw. Antikriegssong »Universal Soldier« (1963) wurde zu einer Hymne der Bürgerrechtsbewegung in den Staaten und ein erklecklicher Hit für → Donovan Leitch in Europa. Sie setzte sich nachhaltig für die Beendigung des → Vietnamkrieges ein, sang auf unzähligen Protestmärschen und Demonstrationen und krönte dieses Engagement mit dem Song »Moratorium – Bring our Brothers home«. Ihre Folkwurzeln ließ sie im Laufe der Jahre an der Wegstrecke zurück. Mit »She used to wanna be a Ballerina« produzierte sie ein prima Rock-Album und unternahm Experimente mit elekronischer Untermalung und einer Mischung von Gesang und Dichterlesung. In den 70ern zog sie sich aus der Öffentlichkeit weitgehend zurück.

Salinger, Jerome David

Literaturtip: Der Fänger im Roggen (Rowohlt-Verlag)

Geboren 1919 in New York. Amerikanischer Schriftsteller, der in den 60ern auch bei uns durch seine Erzählung »Der Fänger im Roggen« (The Catcher in the Rye) bekannt wurde. Das Buch wurde zu einem richtigen Kultroman. – Eigentlich war dieses Werk eher ein Schlüsselroman der 40er Jahre in den USA gewesen – die Hippie-Generation packte aber gerne alles, was irgendwie brauchbar war und Identifikation versprach, in ihre Zeit hinein und adaptierte die Lebenshaltung von Salingers Helden »Holden Caulfield« (der 16jährige Held des Romans haut von zu Hause ab und treibt sich ein bißchen in New York herum) als Ausdruck frühen Rebellentums. Lesenswert – sehr anrührend und humorig einfühlsam geschrieben.

Sampler

Platten, auf denen verschiedene Interpreten oder die besten Stücke eines Interpreten enthalten sind (Best of). Die Plattenfirmen hauten diese LP's ab Mitte der 60er in Massen raus, unter verschiedenen Mottos: Best of Blues, Ultimate Rock oder That's Underground. Sampler bieten also eine Stilvielfalt, die durchaus interessant sein kann, um sich über die Ausdrucksformen der einzelnen Bands oder über den Zeitgeist zu informieren – streifen das Schaffenspotential der Interpreten aber nur peripher und vermitteln ein oberflächliches Bild. Natürlich konnte man damit immer ein Menge Kohle machen, in der Illusion »so viele Gruppen oder Sänger« für so wenig Geld!« – was natürlich ein Trugschluß war. Ein echter Rock'n Roller verabscheut Sampler und bevorzugt Original-LP's.

San Francisco

Volkstümliche Abkürzung: Frisco, Hafenstadt in Kalifornien (USA), an der San Francisco Bay, südlich des Golden Gate, 800 000 Einwohner, mehrere Universitäten (→ Berkeley). – Geburts- und Brutstätte des weltumspannenden Hippie-Booms. – »Let's go to San Francisco« – in der 2. Hälfte der 60er das absolute Zentrum der → Subkultur und Rockmusik. → Flipsville. → Ashbury Haights/ Haight Ashbury.

San Francisco Sound

Eigentlich gar nicht existent – aber damit wurden alle Strömungen zusammengefaßt, die in den 60ern aus Frisco kamen. Die Stilunterschiede waren denn auch so erheblich, daß man keine dominante Musikform ausmachen konnte – in erster Linie Synonym für ein bestimmtes Lebensgefühl, das der → Love-Generation in Musik und Habitus.

Sanders, Ed

Anspieltip: Sander's Truckstop (LP – 1970)
Literaturtip: Der Sommer der Liebe (Hannibal-Verlag)

Rebellischer → Beat-Poet. Mitglied der legendären Agit-Prop-Rock-Kabarett- und Unsinnstruppe → The Fugs. 1939 in Kansas-City geboren, erhielt etliche Literaturpreise in den USA. Er ist eine der echten → Beatniklegenden, die »Times« belegte ihn mit dem Prädikat: »Der Albert Einstein der Lost Generation«. (Was immer das aussagen soll – Anm. d. Verf.). Er war es, der die Coolness der Beatniks und ihren Nonkonformismus mit der naiven Begeisterung der Hippie-Generation zu einer eigenen Stil- und Inhaltsform erhob, der es schaffte, diese Brücke, ohne in Ressentiments zu verfallen, zu überqueren und nach vorne zu schauen.

Ed Sanders:
Albert Einstein der Lost Generation.

Ed Sanders:
Ich bin ein psychedelisches Wunder / Ich sehe in meiner Lunge
Daß es keine Jakobsleiter gibt / Reißt du mir die Lunge raus
Bin ich einer der 2000 Jesusse aus Acidland
Ich sag's Dir, Ehrenwort, du solltest besser voll einsteigen
Der große J ist doch im selben Schiff
Die 2000 Jesusse sind auf einem Trip ... oder
Schopenhauers Vorstellung von der Andersartigkeit der Geistestätigkeit
Wird von einer Nation, die Napalmbomben produziert, zur Rechenschaft gezogen – Fuck the one you're fucking – yes, yes – Fuck the one you're fucking.
(Auszüge aus »Der Sommer der Liebe – Tales of Beatnik Glory«)
Möglicherweise stammt auch der monumentale, alles aussagende Spruch: → »Far Fucking Out« von Ed Sanders. Ed Sanders versuchte mit den → Fugs eine Taktik zu entwickeln, »gegen das Protoplasma« zu revoltieren, das uns aufgezogen hat (für die, die's nicht kapieren, er meinte die Elterngeneration damit – sorry. Anm. d. Verf.). Er proklamierte: »Wenn es uns gelingt, die Sexualität und Intelligenz der Jugend durch Rock'n Roll, Drogen und öffentliches Ficken und direkte Aktionen freizusetzen, können wir die Macht der Arschlöcher brechen, die uns regieren!« Auf seinem Soloalbum »Sander's Truckstop« verarschte er die Öffentlichkeit mit einem ganz raffinierten Stilmittel – er sang und sprach seine revolutionären Fick- und Fäkaltexte mit dezenter Country- und Hillbillymusik-Begleitung. Dies Musik steht ja für die reaktionären, erzkonservativen »Tugenden« des regressiven US-Bürgers. Ein Schlag ins Gesicht der tumben Ami-Beschaulichkeit und ein gewagtes Stück Zeitgeschichte. Ed war wirklich → hip!

Santana

Anspieltips: Santana (LP –1969), Abraxas (LP – 1970)
Die Formation Santana spielte einen aufregenden Live-Act, da pulsierte das Leben bei den Musikern und bei den Zuhörern. Die unverschämt vielseitige und effektintensive Gitarre von Carlos Santana und die wirbelnde, sich überschlagende Rhythmussection entwickelten oft einen Soundteppich, daß man das Gefühl hatte, die eigenen Füße zucken 10 Zentimeter über dem Boden. – Inhaltlich tat er dem Rock Gewalt an, er ließ ihn zu einer Voodoosuppe hochkochen, die keine wirkliche Identität mehr hatte. Da war alles drin: Rumba, Salsa, Samba, Blues, Zydeco, afrikanische Musik und Rock – heute würde man das vielleicht als Ethno-Music oder Weltmusik verstehen und bezeichnen. Carlos San-

tana wurde am 20.7.1947 in Autlan in Mexico geboren, lernte früh Violine, spielte seit seinem 15 Lebensjahr in Bordells und Kneipen der Grenzstadt Tijuana für die amerikanischen Touristen auf der Wanderklampfe. Mit 18 ging er dann nach Frisco. 1967 stellte er sein Latin-Rock-Septett zusammen, das er wegen der Griffigkeit des Namens gleich nach sich benannte. Das kompakte Rhythmuspeitschen der Formation wurde auf → Woodstock als echter Höhepunkt empfunden – bei dem Stück »Jingo« verrenkten sich Zehntausende in Ekstase und der Fleetwood Mac-Klassiker »Black Magic Woman« wurde danach zum Welthit. – Die Band kopierte sich selbst aber in der Folge allzuoft. Nach dem Höhepunkt, dem Album »Abraxas«, tat der gute Carlos ein bißchen zuviel in Richtung religiöser → Psychedelic-Transzendenz und die Känge mutierten oft zu reinem Selbstzweck – virtuos, gekonnt – aber von der lebendigen Basis des Beginns schon wieder ein Stück entfernt. Ob es eine Weiterentwicklung war, muß der Fan oder Plattenkäufer entscheiden – und die hielten der hochtalentierten Gruppe lange die Treue. Santana konnte einen Rausch erzeugen oder auch leere Tonhülsen produzieren, und manchmal war das in dem Rausch schwer zu entscheiden. An der Gitarre ist er jedenfalls ein Faß, die hat den Klang, den eine E-Gitarre haben muß, und seine Feedbacks sind auch allererste Sahne. Nur unwesentlich gealtert, jedenfalls äußerlich, tourt

Carlos Santana: Ewiger Platz in den Musik-Galaxien.

Santana auch heute noch mit wechselnden Besetzungen rund um die Welt.

Saugenehm

→ Genehm. Die Steigerungsform. Wurde gelassen und cool, oft mit verdrehten Augen bekundet, wenn das Wohlbefinden beim Haschischrauchen grenzenlose Züge annahm oder der → Shit besonders gut → törnte. Fand aber auch Eingang in die nicht drogenspezifische Umgangssprache.

Scene

Damit ist die soziale Umgebung der einzelnen Menschen, aber auch Strömungen gemeint. Die Hippie-Scene, die Rock'n Roll-Scene, die Junkie-Scene. Bei uns wird im allgemeinen der Dunstkreis und das Dunkelfeld der Rauschgiftsüchtigen als »Drogen-Szene« bezeichnet. – In der Scene zu sein, bedeutet aber auch, sich dort aufzuhalten, wo was los ist, wo »der Bär steppt« – »in« zu sein, → hip zu sein.

Schlafsack

Wichtiges und unentbehrliches Utensil der wanderfreudigen Hippies der 60er – war es nun ein Möbel- oder ein Kleidungsstück – auf jeden Fall war es mit der wichtigste Ausrüstungsgegenstand für den mobilen Hippie (neben dem Haschischpfeifchen) – und natürlich dem Tramper-Rucksack!

Schöne Neue Welt

→ Aldous Huxley.

Schröder, Jörg

→ Literatur.

Sebastian, John B.

Anspieltip: John B. Sebastian (LP – 1970)

Geboren am 17.3.1944. Mastermind der Gruppe → Lovin Spoonful. Er spielte Mundharmonika bei Aufnahmen von → Judy Collins, → Tim Hardin u. a. Nach einigen fehlgeschlagenen Bandversuchen in den frühen 60ern gründete er nach ein bißchen Trampen und sogar Arbeiten in den USA (als Fischernetzknüpfer verdiente er sich ein paar Dollar) → Lovin Spoonful. Jede Menge unvergessener Hits folgten. Der bekannteste in Europa dürfte wohl der fröhliche Bauarbeiter-Song

»Summer in the City« sein.– Nach der Trennung von der Formation schlug er eine mittelprächtige Solokarriere ein, komponierte Filmmusiken, war Session-Gast bei vielen Kollegen und trat auch auf dem → Woodstock-Festival auf. Er war ein äußerst talentierter Songwriter, konnte diese Gabe aber alleine nicht mehr nachdrücklich umsetzen, - d.h., seine Platten liefen nur mäßig. Allerdings sangen Kollegen rund um die Welt seine Songs – wie Astrud Gilberto, Pat Boone und etliche mehr. Er kiffte gerne mal einen, das merkte man, und er bemerkte freundlich dazu: »Deswegen hat meine Musik nichts Fanatisches, wenn du sie hörst, wirst du lächeln – vielleicht – und ich schmunzle beim Komponieren auch. Keiner hört zu, wenn du laut schreist!« –

Seeger, Pete (Peter R.)
Der Troubador der amerikanischen Volksmusik. Berühmter Folksänger, bei dem aber im Gegensatz zu → Wooody Guthrie nicht die politische Attitüde im Arbeitermilieu im Vordergrund stand, sondern Seeger war eher ein Linksliberaler. Er wollte mit seinen simplen Lieder zugleich auch immer politische Aufklärung betreiben. Der → Byrds-Hit »Turn Turn Turn« ist von Seeger geschrieben worden. Berühmt wurden seine Kompositionen »Where have all the Flowers gone« und »If I had a Hammer« in erster Linie durch andere Interpreten wie Marlene Dietrich oder Trini Lopez. Mit seinen Wald- und Wiesenliedern verkaufte er in den 50ern immerhin Millionen Schallplatten.

Selbst drehen
»To roll a Cigarette« – und natürlich auch, einen → Joint drehen. Zum einen wurde das Selbstdrehen aus finanziellen Gründen in den 60ern wieder sehr präferiert (der saturierte Wohlstandsbürger zog natürlich die Goldfilter-Kippen aus dem Automaten), der andere Grund war, daß diese Fähigkeit, Papierchen mit Tabak perfekt »kurbeln« zu können, hoch im Kurs stand – liegt auf der Hand, oder? Der weniger geübte »Haschbruder« mußte da auf Pfeife oder → Chillum ausweichen.

Session
Spontanes Zusammenspiel verschiedener Musiker bei einem Live-Auftritt. → Jam-Session. Vorher meist nicht geplant und abgesprochen. Dabei kamen schon Highlights der Rockgeschichte heraus. – Aber auch als Bezeichnung für die Aufnahme eines Tonträgers benutzt: Aufnahmesession.

Sexuelle Revolution
Die kam dann doch, zwar stockend zunächst, in den 60ern gewaltig ins Rollen. Das Credo der Nachkriegszeit hieß Prüderie, in Amiland sowieso und in Deutschland, belastet von all den Schuldgefühlen des Krieges selbstredend auch. »Lern was Gescheites, sei anständig, heirate rechtzeitig, bau dir was auf, werde ja nicht kriminell, sei pünktlich und vor allem immer unterwürfig, wenn einer mit dir spricht, der ein größeres und höheres Arschloch ist als du! Du sollst es ja mal besser haben als wir!« – Gefragt wurde man nicht, und selbst fragte man auch nicht, was die lieben Eltern damit meinten. Ein Mief zog durch die Lande, der stank zum Keuschheitshimmel – aber nur vordergründig – daß er nur so rauchte. Hinter verschlossenen Türen ging es dann schon zur Sache, was die ehelichen Pflichten anbelangte, meist im Nachthemd und bei gelöschtem Licht. So wird es jedenfalls aus den Arbeiter- und Kleinbürgerwohnungen kolportiert (in denen man selbst aufgewachsen ist – Anm. d. Verf.). – Verlogene Moral allerorten. Gehörte man glücklicherweise dem Großbürgertum (→ Bourgeoisie) an, hatte man es nicht unbedingt leichter, da lief es nur subtiler ab, aber nach der gleichen Dampfhammermethode: »Schau dir deinen Vater an, was der geleistet hat, das wirst du, wenn du so weitermachst, nie erreichen!« – In den Arbeiterwohnungen bekam man Prügel, wenn man schlechte Noten brachte – bei den »Großkopferten« wurde man mit kalter Ignoranz bestraft oder mußte seine Suppe auf dem Zimmer alleine essen (was eine Erlösung war). – Das große Vorbild Papi trieb es mit der Sekretärin und hatte ein Geliebte, außerdem nur Zaster im Kopf – schöne Zustände. Und diese Werte sollten einem ein Leitfaden werden fürs Leben! – Sexualität gab es verbal (nicht oral) nicht, darüber wurde geschwiegen – außer man erging sich in schmutzigen Zoten, die dann mit dröhnendem genüßlichen Gelächter quittiert wurden. Vorehelicher Geschlechtsverkehr – eine Todsünde. Sollte es bei reichen Leuten doch zum finalen Disaster kommen, und Töchterchen wurde schwanger oder Söhnchen erklärte, daß er Vater würde – nahm man den diskreten, aber teuren Weg nach Amsterdam. Bei den weniger Gutgestellten hieß es: »Nun hast du dir dein Leben versaut, – heirate!« – Alles auch ein wenig unlogisch in sich, aber das hat herrschende Moral wohl so an sich. (Als ich mit 14 Jahren erklärte, ich hätte im Park ein Mädchen geküßt, stolz auf die langsam erwachende »Männlichkeit«, wurde ich von meinem Vater als Schwein bezeichnet, worauf er meiner Mutter lautstark vorhielt, daß das allein nur ihre Erziehung sei, die einen derartig haltlosen Lotterbuben aus mir machen würde, da ja auch die Leistungen in der

Schule so drastisch absackten. – Bis zum 13. Lebenjahr glaubte ich ja ernsthaft, Kinder entstehen durch Küsse. – Anm. d. Verf.). Aufklärung gab es nicht, höchstens schmutzige Witze – und in dieser dumpf brodelnden Atmosphäre von selbstgefälliger, spießiger Verlogenheit sollte man sich selbst entdecken, das andere Geschlecht und die Sexualität – fröhliche Urständ, wie der Bayer sagt! Da sollte man nicht verklemmt werden (interessant das Wort in diesem Zusammenhang – semantisch – »sich einen abklemmen«!) – Onanie, die verteufelte Selbstbefriedigung, machte einen ja einerseits dumm, andrerseits fraß sie langsam, aber unaufhaltsam das Rückenmark auf! (Ja! Diese lustfreundlichen Sprüche kursierten in den 60ern!) Wen wunderte es, wenn man Beat und Rock'n Roll als Ventil, als akustische Befreiung ansah: Hier wurde viel von Liebe gesungen, anfänglich auch nur in braver Herzschmerzsprache, aber die Doppeldeutigkeiten nahmen zu, die Eindeutigkeiten folgten in der Hippie-Ära. Die Stones sangen »Satisfaction«, die → Pretty Things »Come see me« – alles noch sehr unreflektiert, aber das Unbehagen stieg, das dumpfe Unwohlsein. Da kam die Rockmusik mächtig daher mit → Jimi Hendrix und → Cream, von Drogen war plötzlich die Rede – man las nicht mehr nur Perry Rhodan, sondern → Hesse und Böll (»Ansichten eines Clowns« – der Aussteiger, der zum Aussteigen aus dem Aussteigen gezwungen wird und daran zerbricht!). Und religiöse Themen taten sich auf. Jesus liebt dich – Buddha liebt dich, Krishna auch – bei soviel Liebe ... blieb man ratlos zurück. Seit der Kindheit war man durch den Katholizismus in ein moralisches Zwangskorsett gezwängt worden – du darfst das nicht und das ist eine Sünde, da mußte es einen ja innerlich zusammenziehen, als ob man seelisch in eine Zitrone gebissen hätte. – Die erste Freundin hatte einen vielleicht schon wieder verlassen, weil man sich so ungeschickt anstellte und keinen Zungenkuß beherrschte – da stieß man durch Freunde auf Siegmund Freud und noch schlimmer, auf den Wertezertrümmerer → Wilhelm Reich. Sehr interessant, Hoffnung tat sich auf, die Neurosen der Erziehung vielleicht loszuwerden oder wenigstens zu mildern. Da wurde ein richtiger Kult daraus, man las die Bücher – auch wenn man nix verstand – »Einbruch der sexuellen Zwangsmoral«, »Die Funktion des Orgasmus«, »Der triebhafte Charakter« – und erhoffte sich allen Ernstes Heilung von den Verpanzerungen und Verdrängungsmechanismen der kleinbürgerlichen Moral und ihrer Repressionen. Pustekuchen – bald ging es einem richtig schlecht, Schuldgefühle und Depressionen machten sich breit, man reflektierte und anal-lysierte alles und jeden – und dachte so richtig schön im Kreis, ohne jemals wieder den

Ausgang aus diesem Labyrinth zu finden. Die sexuelle Revolution! Mit den Mädels ging's mal besser – mal schlechter, man durfte sich ja nicht mehr »fixieren«, niemanden mit Besitzansprüchen belasten, einengen, noch weniger die angedeutete, neu entdeckte Freiheit in Denken und Fühlen nehmen. – Dann hieß es noch dazu: »Wer zweimal mit der Gleichen pennt, gehört schon zum Establishment!« – Man sollte revolutionär sein, sich von überkommenen Moralvorstellungen befreien und noch dazu ein guter Liebhaber sein – zärtlich, Machos waren ja nicht mehr gefragt! Vor lauter sexueller Revolution konnte einem da ganz schwummerig werden – das ging bis zur sogenannten »Schreckimpotenz«! (Ich glaube, wir waren damals alle hoffnungslos überfordert durch die eigenen Maßgaben! Da mußte man langsam und schmerzhaft wieder einiges reduzieren. – Anm. d. Verf.) – Das nur zur sexuellen Revolution in Deutschland, in den USA mag das anders gewesen sein, die stecken ja noch tiefer in ihrer stilisierten Prüderei und Zwangsmoral drin – da muß die Eruption (Ejakulation) wohl wesentlich heftiger gewesen sein. In deutschen Landen war es eher der klassische »Praecox!« – Für die breite Öffentlichkeit in den 60ern übernahm der Aufklärungspapst und Vorbumser der Nation Oswald Kolle diese Aufgabe – er erzog den sexuell unmündigen Menschen der Postkriegs-Ära zu einem genußbetonten, liberal denkenden Sozialwesen mit hoher sexueller Akzeptanz, und Beate Uhse gab es auch schon, die knittrige (die sah damals auch nicht wesentlich anders aus als heute – Anm. d. Verf.) Heerführerin der Gummipuppen und Vibratoren ... so war es! War es so? – Die 90er in ihrem neuen pervertierten und inflationären Konservatismus halten einige Antworten parat. Es gilt sie zu finden! (Ja – wo laufen sie denn ...?)

Sgt. Pepper

Epochemachendes Album der → Beatles. → Konzeptalbum. Veränderte die populäre Musik nachhaltig. Oft kopiert, nie erreicht.

Shankar, Ravi

Der gute Ravi – er hat die westliche Popmusik um ungeahnte Nuancen bereichert. – 1920 in Benares in Indien geboren, gelangte er zu nie geahnter Weltberühmtheit, weil der stille Beatle → George Harrison bei ihm Sitarunterricht nahm und ihn praktischerweise gleich mit nach Europa brachte. Shankar lehrte am New Yorker City College und später an der von ihm gegründeten »School of Indian Music and Culture«. Er mußte Ende der 60er Hunderte von Lernwilligen abweisen, da seine

Seminare und Unterrichtsstunden immer total überfüllt waren. Durch seinen Auftritt auf dem → Monterey Pop wurde er mit einem Schlag zur Legende – und plötzlich interessierte sich die ganze Zunft für Sitar, Mystik, Ragamusik und → Indien. Das Indienfieber der Hippies brach aus, das ja bereits durch die → Beatles und ihren Kontakt zum → Maharishi enorme Impulse bekommen hatte. – Das Verständnis für die fernöstliche Musik hatte denn aber manchmal auch so seine Grenzen: Auf einem → Open Air vor zigtausen Leuten, nahm Ravi Shankar auf der Bühne Platz und fing an, dem uralten indischen Saiteninstrument Töne zu entlocken – das klang dann auch so geheimnisvoll, daß die Zuhörerschaft in der ersten Pause frenetisch applaudierte – worauf Shankar mit mildem Lächeln, leicht konsterniert in Pidgin-English antwortete: »Sorry People, it was only tuning« (Tut mir leid, aber das waren nur Stimmtöne ...) – die »Audience« verstummte in stiller Scham. So groß war die unkritische Faszination an allem fernöstlichen Brimborium, daß die Zuhörer das Stimmen des Instrumentes bereits für den Beginn des Konzertes gehalten hatten. – Peinlich!

Shit

Slangausdruck für → Haschisch.

Siddartha

Mystisches Selbstfindungswerk von → Hermann Hesse. Erlangte in den 60ern vor allem in Amerika wieder eine völlig unerwartete Popularität.

Simon & Garfunkel

Anspieltip: Sounds of Silence (LP – 1966)

Die stillen Song-Poeten der Hippie-Ära. Paul Simon (geboren am 13.10.1942) und Art Garfunkel (geboren am 5.11.1942) ergänzten sich wunderbar als Duo durch die Spannung von Tenor und Kontratenor. Sie wurden das erfolgreichste → Folk-Rock-Gespann der 60er. 1964 nahmen sie ihr erstes Album auf – »Wednesday Morning 3 a. m.« – der darauf enthaltene Song »Sound of Silence« hielt sich auch wochenlang in der deutschen Hitparade. Ein Erfolg jagte den anderen: »Homeward Bound«, »I'm a Rock«, »59th Street Bridge Song« u. v. mehr. Für die intellektuelle College-Jugend in den Staaten wurden sie das Haus- und Magenduo, oder besser das »Kopf- und Gefühlsduo« No. 1. Mit amerikanischer Inbrunst erzählten sie Geschichten von einem Amerika, das ihnen nicht mehr gefiel – tendenziös, aber immer sanft, voll Harmonie und metrischem Wohlklang. Schräge Töne waren nicht ihr Metier. Sie schrieben u. a. einen Teil des Soundtracks zu dem ausnehmend putzigen Film → Die Reifeprüfung (The Graduate) mit Dustin Hofmann. Weitere Millionenseller folgten in der zweiten Hälfte der 60er – »Mr. Robinson« (The Graduate), »Bridge over troubled water«, »El Condor Pasa«, »Hazy Shade of Winter«, »Cecilia« und viele mehr. Sie setzten mehr Platten um, als 3 populäre Rockgruppen zusammen – in → Kiffer- und → Acidkreisen waren sie auch nicht gerade angesagt, als Marginalie wahrgenommen, für anrührend empfunden, einfach schön – aber im Rockschuppen wollte man schon lieber wabernde E-Gitarren hören. Besonders beliebt waren und sind S & G bei Sozialpädagogen und ähnlichen Besserwissern, auch bei Naturfreunden und umweltbewußten Weltverbesserern (Vorläufer der dogmatischen Öko-Freaks) – mit theoretischem Überbau rotierten sie gerne auf dem Plattenteller – und natürlich besonders Mädchen und junge Frauen (machmal auch ältere) mochten ihre schmeichelnden, manchmal etwas überzuckerten Melodien. Der richtige »Fetzer« waren sie für den Acid-Hippie allerdings nicht. – 1970 trennten sich die zwei, die sich richtig dick bekommen hatten: Simon startete in eine sehr erfolgreiche Solokarriere, um Garfunkel wurde es etwas ruhiger. Für ein Wahlkampfkonzert der Demokraten traten sie allerdings noch mal 1972 im Madison Square Garden in NY auf – und ihr berühmtes Reunion-Concert im Central Park wurde von 400 000 Fans live gesehen und weltweit im TV übertragen (19.9.1981). Für zwei unscheinbare Jungs aus Queens, die nicht gerade als Sexsymbole durchgingen, eine beachtliche Karriere. Ein Beispiel dafür, daß auch die Sangeskunst allein und das stille Liedgut zu einer Weltkarriere taugen können. – Boshafte Kiffer jedenfalls behaupteten: »Nen guten → Joint und Simon & Garfunkel und man bräuchte kein Valium mehr!«

Simon, Paul
→ Simon & Garfunkel.

Sinclair, John
Ehemaliger Jazzkritiker bei der amerikanischen Musikzeitschrift »Down-Beat«. War eine ganz ausgeflippte Type: Er gründete die »Trans-Love-Energies-Kommune« in Ann Arbour/Michigan – Zugleich Hauptquartier der → White Panther Party, mit der Sinclair die Straßenrevolution aus den Vorgärten, Bürgersteigen und Arbeitersiedlungen der Weißen heraus starten wollte – im Gegensatz zu den → Black Panthern, die in militanter Form gegen Diskriminierung und Rassen-

unterdrückung aus den Ghettos heraus kämpften, obwohl sie Universitäten als Multiplikatoren für ihre Ideologien benutzten. Er hetzte auch die Furcht und Schrecken (jedenfalls bei braven Bürgern) verbreitende Gruppe → MC 5 auf die Öffentlichkeit los. Proklamierte die Freiheit Amerikas durch Rock, Drogen und tabulose Liebe (Geschlechtverkehr sollte auf offener Straße vollzogen werden).

Sinfield, Pete

Der englische Dichter schrieb die Texte für die → Avantgarde-Apokalypse-Combo → King Crimson. Von Märchen, Liebesliedern mit Suizidwürze über Wahnvorstellungen, Horrorvisionen bis hin zu Fantasy-Fiction-Lyrics hatte der begabte Schreiberling alles drauf. – Empfehlenswert die erste King Crimson-LP, um dem Eindruck zu frönen – mit Titeln wie »20th Century Schizoid Man« und »Epitaph« sowie der Titelsong »In the Court of the Crimson King«. Er veröffentlichte 1973 auch eine phantasievolle Soloplatte, auf der er sich als durchaus passabler Sänger präsentierte. Sein Lyrics hatten genau die Tiefsinnigkeit (ob konstruiert oder echt – war völlig Wurst), die den geheimnissuchenden, intellektuellen Jugendlichen der frühen 70er so sehr faszinierte – man konnte alles hineininterpretieren und auch alles herauslesen.

Sinfonischer Rock

→ Klassik-Rock, → Art-Rock. Baroque-Rock. Sinfonischer Rock ist in den genannten Gattungen anzusiedeln. War aber auch auf Produktionen gemünzt, in denen sich Rockbands philharmonischer Orchester bedienten, um ihre Kompositionen in einem stil- und epocheübergreifenden Gewande zu präsentieren. Gruppen, die solche Projekte in den 60ern mit renommierten Sinfonieorchestern durchführten, waren u. a. → Deep Purple (LP – Live Concert in the Royal Albert Hall with the Royal Philharmonic Orchestra – 1970) und The → Moody Blues (LP – Days of Future Passed – 1967).

Sit-In

Gemeinschaftsaktionen, die dazu dienten, Vorgänge zu blockieren oder passiv seinen Willen oder seine Ablehnung kundzutun. Berühmte Sit-Ins fanden z. B. in → Berkeley und Washington D.C. statt. Die Menschen – Sit-Ins wurden in der Hauptsache von Studenten durchgeführt – nahmen auf öffentlichen Plätzen, dem Universitäts Campus, Straßenkreuzungen oder wichtigen Organisationsknotenpunkten auf dem Erdboden Platz und verharrten dort so lange, bis ihrem Begehr Gehör verschafft wurde oder sie von der Polizei oder der → Nationalgarde weggetragen oder weggeprügelt wurden.

Slick, Grace

Die Grand Dame des West-Coast-Rock. → Jefferson Airplane. Geboren am 30.10.1939 in Chicago. Sie kam aus reichem Hause, ging auf ein teures Mädchenpensionat, studierte ein bißchen in Miami (da sieht man es wieder – Bildung macht renitent – Anm. d. Verf.), jobte als Fotomodell und galt in den 60ern neben → Janis Joplin als die Rocklady der Westcoast. Anders als die exzessive Janis war sie cool, intellektuell und provokant in ihrem Auftreten. Sie vermittelte das Bild der emanzipierten Frau, der man solch Kinderkram wie Rockmusik eigentlich nicht zuordnen konnte – wenn man auf der anderen Seite stand und außer »Krach« keine Botschaften vernahm. – Man nannte sie die »Hurengöttin des Rock'n Roll«. (Ich habe sie einmal in München live gesehen im Circus Krone – und ich habe mich auch nicht in die erste Reihe vorgedrängelt, auf Ehre und Gewissen – trotzdem konnte ich eindeutig erkennen, daß sie keinen Slip unter dem knapp bemessenen, bunten Fetzen trug, den meine Mutter vielleicht noch zum Fensterputzen genommen hätte. – Anm. d. Verf.) – Diese Frau wartete nicht darauf, daß sie genommen wurde – sie nahm! 1965 gründete sie mit ihrem Mann Jerry Slick (aber doch verheiratet, immer diese Widersprüche – halt, gleich kommt's ...) The Great Society. – 1966 verließ sie ihren trauten Ehegatten und ging als Sängerin zu → Jefferson Airplane. Diese nahmen sie mit Handkuß und vielleicht auch noch anderen Küssen – vor allem da sie ausgezeichnete Kompositionen mitbrachte wie »Somebody to Love« und »White Rabbit«. Mit ihrer vibrierenden Altstimme, die fast kalt wirkte, sang sie nette, subversive Sachen wie – »Befreit eure Hirne, tretet die Bürger und die Regierung in den Arsch, lebt eure Sexualität frei und ohne Hemmungen, gebt die Drogen frei und den Rock'n Roll. Hört auf zu zensieren und uns vorzuschreiben, wie wir zu denken haben!« Sie strengte einen Prozeß (aha, da versichert man sich dann doch der Staatsräson – Anm. d. Verf.) an, da auf dem JA-Album »Volunteers« die Worte »fuck« und andere umgangssprachliche Obszönitäten von der Plattenfirma einfach zensiert wurden – und sie gewann ihn auch noch.
Das Anarchoweibchen wußte aber die Einkünfte durch die Musik durchaus zu schätzen – teure Autos, schicke Villa, Champagner und Kiff bis zum Abwinken. Ihr erstes Kind wollte sie partout mit dem Namen »Gott« ins Leben entlassen, es wurde ein Mädchen (Götter

waren anscheinend auch bei Hippies nicht weiblich, seltsam – Anm. d. Verf.), so nannte sie es kurz entschlossen »China«!

Sly & The Family Stone

Sylvester »Sly Stone« Stewart, (voc, keyb), Freddie Stewart (g, voc), Cynthia Robinson (tp, voc), Larry Graham (b, voc), Jerry Martini (s), Greg Errico (dr). Anspieltip: Dance to the Music (LP – 1968)
Sly (Sylvester) Stone war ein hochbegabtes Bürschchen – das erkannten Manager und Producer sofort. Und er war einer, der alles bis zum Exzeß ausreizte. Der schwarze Organist und Sänger Sly Stone wurde am 15.3.1944 in Dallas/Texas geboren, war eine Zeitlang Moderator, damals sagte man ja noch Disc-Jockey (heute ein kaum mehr zutreffendes Berufsbild im Radio, da sogar die CD immer mehr verschwindet und die Musik – digital eingespeist, digital abgerufen – von Festplatten eines kompakten Computernetzes kommt und über einen Server gesteuert wird. – Anm. d. Verf.) bei einer Radiostation in Frisco. 1967 gründete er Family Stone und stieß der Soul-Music ein riesiges Tor auf – er machte aus Soul, Rhythm & Blues und → Pschedelia eine derart explosive Mixtur, daß die braven Plattenbosse von Tamla-Motown erschreckt nach ihren Riechfläschchen griffen.

Sly sang bereits im Alter von 4 Jahren mit seinen Geschwistern Gospel in den Kirchen seiner Heimatstadt. Sie traten als The Stewart Four auf. Die Familie zog dann in die Gegend von San Francisco, und Sly studierte Trompete, Musiktheorie und Komposition am Vallejo Junior College. – Er sang in der Doo-wop-Gruppe The Viscanes und war Anfang der 60er Jahre Mitglied von Joe Piazza And The Continentals. Er produzierte zwischen 1964 und 1966 Aufnahmen mit Bobby Freeman, → The Beau Brummels, The Great Society (→ Grace Slick) und anderen. Persönliche Popularität erreichte er als DJ der Radiosender KSOL und KDIA. In Redwood City gründete Sly 1966 The Stoners, die jedoch nur kurze Zeit existierten. Anfang 1967 entstand dann Sly & The Family Stone. Die Gruppenmitglieder unterzeichneten einen Vertrag mit Epic Records. Im selben Jahr erschien die 1. LP. Große Aufmerksamkeit erlangten sie jedoch erst 1968 durch die Hit-Single »Dance To The Music«. Auf dieser und der folgenden LP spielten Sly & The Family Stone einen Psychedelic-Soul, der teils auf dem funky Rhythmus von James Brown aufbaute, teils den College-Rock der → Mothers Of Inventions adaptierte. – Nach dem Top-Hit »Everyday People« folgte die beste, produktivste Phase der Gruppe. Den Höhepunkt erreichten sie mit der Single »Thank You« von der LP – »Falet-

tinme Be Mice Elf Agin«, die mit ihren morbiden, depressiven Gesellschaftskritiken und grellen Funky-Rhythmen zu den herausragenden Produktionen der Soulmusik gehört. Die Formation spielte auch ein heißes Set auf dem → Woodstock-Festival.
In der Zeit von 1970 bis 1971 litt die Gruppe teilweise unter enormen Drogenproblemen.Vertragliche Verpflichtungen konnten nur selten eingehalten werden. – Sly & The Family Stone spielten einen komplexen, dynamischen Soul mit Rock-Strukturen, die wie rotierende Zahnräder ineinander griffen und den dominierenden Wah-Wah-Elektrogitarren angepaßt wurden. Aus diesem Grunde erreichten sie in diesen Zeiten der klaren Abgrenzung (muikalisch) ein weißes, wie auch ein schwarzes Publikum. Ab Mitte der 70er Jahre stand die Gruppe im Abseits, und ihre Rolle als musikalische Erneuerer war ausgespielt. Um 1980 löste sie sich auf.

Small Faces
Englische Gruppe, die 1965 in London von Steve Marriott, geboren am 30.1.1947 in London, gegründet wurde. Marriott debütierte im Alter von 12 Jahren im Musical »Oliver« und nahm später Solosingles für Decca auf. Außerdem erschienen Platten mit ihm, als er in den USA mit The Moments auftrat. Der Durchbruch der Small Faces kam im September 1965 mit der Single »Whatcha Gonna Do About It«, nur wenige Monate nachdem sich die Gruppe zusammengetan hatte.
Die Small Faces hatten von 1966-67 eine Reihe Hits mit »Sha La La La Lee«, »Hey Girl, All Or Nothing« und »My Minds Eye«, die alle bei Decca erschienen. In ihrer Anfangszeit gehörten sie auf Grund ihrer harten, aber pfiffigen Musik zu den Toplieblingsbands der → Mods. Anfang 1967 wechselten die Small Faces nicht nur die Plattengesellschaft, sondern auch ihr Image und ihren musikalischen Stil, den jetzt zunehmend die psychedelische Welle prägte. Es folgten Meisterwerke des Pop-Rock wie »Itchychoo Park«, »Lazy Sunday« und die LP »Ogdens Nut Gone Flake«, die Nummer 1 der englischen Charts wurde und nicht nur durch ihren Inhalt, sondern auch durch ihr Cover auffiel – eine runde Tabakdose aus Pappe. Das erste runde → Cover der Popgeschichte. Eines ihrer Markenzeichen war der exemplarisch »dreckige« Cockney-Slang, in dem Marriot die Lieder sang. – Er trennte sich im September 1968 von den Small Faces und gründete die Heavy-Combo Humble Pie. Der Rest machte mit Rod Stewart als Faces weiter – sie hatten aber keinen besonderen Einfluß mehr auf die langsam ausklin-

gende Hippie-Welle. – Marriott kam am 20.4.1991 bei einem Hausbrand ums Leben.

Smoke, The

Anspieltip: My Friend Jack (Single – 1967)

Im Februar 1967 erschien unter dem Namen »My Friend Jack«. Dieser Song gehört zu den frühen englischen Psychedelic-Klassikern und fällt durch extremen Einsatz des Gitarrenvibratos auf. Die Single war auf dem besten Weg in die englischen Hitlisten, als sie von den Radiosendern wegen ihres Textes, der angeblich zum Konsum von LSD aufrief, auf den Index gesetzt wurde. The Smoke waren allerdings in Deutschland sehr beliebt, da verstand ja auch keiner die Texte. (→ Pretty Things – »LSD«) – Danach dümpelten sie durch Clubs, spielten als Vorgruppe für die Kinks und Manfred Mann, ein weiteres Erfolgserlebnis wollte sich aber nicht mehr einstellen. The Smoke trennten sich Ende der 60er Jahre. Es gab jedoch in den folgenden zehn Jahren verschiedene lockere Gruppierungen gleichen Namens. Unter anderem 1972 eine Neuaufnahme von »My Friend Jack«. Und wieder schoß der Song in die unbedarften deutschen Charts.

Soft Machine

Anspieltip: In The Beginning (LP – 1968)

Soft Machine waren → Avantgarde pur. Die exzellenten Musiker verblüfften das Publikum im Londoner → UFO-Club Anfang 1967 enorm, als sie ein erstaunliches Gebräu von Rock, Free-Jazz und elektronischen Spielereien über die Anwesenden ausschütteten. So was hatte man ja noch nie gehört. Schwere Kost – aber → hip. Klang ganz schön intelligent. Das waren sie auch, die Supermusiker von Soft Machine – und in der Hauptsache wirkten sie kalt, distanziert – nicht unbedingt die Musik für den Hippie-Zeitgeist, aber für all diejenigen, die die Radikalisierung von Tongeflechten als Progression deuteten. Ihren Spitznamen hatten sie bald weg, die »futuristischen Beatles« (und dabei konnten die in der 2. Hälfte der 60er ja schon fast so wirken). Sie inszenierten ein Klangtohuwabohu, daß einem alles vergehen konnte – jagten Töne durch Echokammern, Filter und Verzerrer und stellten die Zuhörer live oft auf eine harte Geduldprobe, indem sie Stücke von bis zu 2 Stunden Länge abfeierten – ohne Pause. Allerdings war man damals sehr geduldig und alles, was anders als die anderen klang, wurde mit staunender Begeisterung quittiert – vor allem, wenn die Musiker gut waren. – »Wir wollen nicht kommerziell sein und in die Hitparaden kommen«, sagte Robert Wyatt, der Drummer der »Leisen Maschine« – echte Musiker eben, Musikidealisten – und die waren ja schon ein bißchen rar geworden, auch in dieser Zeit. (Wyatt sitzt nach einem Unfall seit über 20 Jahren im Rollstuhl und hat einige sehr anspruchsvolle Alben produziert – u. a. das phänomenale »Stalingrad«. – Anm. d. Verf.) – Sie waren die erste »Rockband«, die die hohen Weihen von »Ronnies Jazzclub« genießen durfte und spielten in der Folge öfter auf Jazzfestivals und -meetings als in Rockschuppen oder auf → Open Airs. Allerdings begann man einen Trend zu spüren, den Soft Machine noch übertrieben: Der Rock entfernte sich von seiner Basis, wurde zur Kunstform, allein um der Kunst willen, und entschwebte in ein Exil der Überheblichkeit, der Abgehobenheit. Soft Machine anonymisierten die Rockmusik durch den intellektuellen und emotionalen Bruch zum Publikum.

Sonny & Cher

Anspieltip: The Wondrous World Of Sonny & Cher (LP – 1966)

Das traute Hippie-Liebes- und Ehepaar der 2. Sechzigerhälfte. Sie traten anfänglich im Partnerlook auf, beide trugen die gleichen farbenfrohen Flower Power-Kostüme: Pelzwesten und Hosenanzüge mit überdimensionalem Schlag (sieht heute, obwohl so manches erlaubt ist, doch wieder eher lächerlich aus – Anm. d. Verf.). – Sie gingen den anderen Weg – provozierten nicht mit Anarchosprüchen, sondern hoben die Zweisamkeit, die Liebe auf ein Podest. – Ihr vornehmlich sehr junges Publikum wurde von der Kraft ihrer Liebe sozusagen umarmt, und die beiden gaben Lebensratschläge à la nur die unverbrüchliche Liebe könne die junge Generation vor den reaktionären, geldgierigen, korrupten und rücksichtslosen Erwachsenen retten. – Nett. Aber verlogen. Allerdings fielen enorm viele Kiddies auf die beiden Pseudorebellen rein – Salvatore »Sonny« Bono (geboren 16.2.1940) und Cher LaPiere (geboren 20.5.1946) waren die Entsprechung zu Marianne und Michael im Hippie-Zeitalter – sie landeten mit dieser romantischen Blufferei etliche No. 1-Hits, von denen »I got you Babe« mit Abstand der bekannteste ist. Sie spielten die smarten Außenseiter und klauten in ihren Liedern auch noch auf raffinierte Weise Harmonien zeitgenössischer Kollegen (»The Beat goes on« war eindeutig bei → Donovan geklaut und seinem »Trip-Song« entlehnt). Künstlerisch hatten sie kaum was zu bieten, Sonnys Gesangsstimme umfaßte eine Tonskala von 3 Tönen und Chers seltsam nasale alt-rauchige Zitterstimme war permanent auf der Suche nach der richtigen Balance. Sie waren ohne Zweifel das kommerzielle Superunterhaltungs-Duo der Zeit, das die Zeichen derselben gut in bare Münze verwandeln konnte. Zudem wurde publik, daß beide äußerst enthaltsam lebten, nicht soffen, nicht kifften und keine Trips »warfen« – suspekte Lebenshaltung für zwei Aushänge-Hippies. Der Plattenindustrie war's natürlich recht und sie ritten die Welle, solange es ging – als man die musikalische Langweiligkeit (Cher bot wenigsten optisch noch etwas, mit ihrem exotischen Indianergesicht, ihren pechschwarzen, langen Haaren und ihrer gertenschlanken Figur) der beiden immer stärker spürte, unternahm Cher die Flucht nach vorne. Sie startete eine Solokarriere, die mit einigen Ups and Downs bis heute anhält. Sie drehte Filme, spielte die Femme Fatale des Pop-Business mit gewagten Kleidern, Strapsen und auftoupierter Löwenmähne und war zeitweilig mehr durch ihre angeblichen Schönheitsoperationen in den Schlagzeilen als durch ihr künstlerisches Schaffen. – Auf der Suche nach der ewigen Jugend wirkt sie heute als Megastar deutlich überzeugender als in den 60er, als sie das Hippiemädchen mimte. – Gerade just im Moment (1999) hat sie wieder sämtliche Hitparaden der Welt mit einem Song namens »Believe« gestürmt. Sonny und Cher hatten in den frühen 70ern noch zusammen eine erfolgreiche Fernsehshow konzipiert für diejenigen, denen das Tempo in den 60ern zu schnell gewesen war. Nach ihrer Scheidung gingen sie vollkommen getrennte Wege: Sonny Bono versuchte sich als Producer, als Bürgermeister einer amerikanischen Kleinstadt und war drauf und dran, sich für einen Gouverneursposten zu bewerben, als er 1998 bei einem Skiunfall ums Leben kam. – Nachgefragt bei Cher, warum sie denn denke, daß sich das Teeniepublikum in den späten 60ern nicht mehr für sie interessierte, sagte sie unverblümt: »Wir sind so spießig, daß es einen nachgerade krank macht!« – So ist es! – In einer amerikanischen Talk-Show, in der sie 1997 mit ihrer Tochter auftrat, war sie bekümmert, besorgt und erschüttert darüber, daß sich ihre Tochter als Lesbe geoutet hatte – und sich damit im prüden Amerika ihr Leben unnötig schwer machen würde. – Da konnte auch die pseudo-hippe Cher mit ihrer Straps-Laszivität nichts daran ändern.

South, Joe

Anspieltip: Games People Play (LP – 1969)

Geboren am 28.2.1940 in Atlanta/Georgia, kam aus der Country-Szene und landete 1968 mit »Games people play« einen Welthit, der sich auch zu einem Standard der damaligen Zeit entwickelte. Völlig zu unrecht, denn mit der Hippie-Ära hatte er nichts zu tun. Sein zweiter großer

Erfolg war das nervige »(I nerver promised you a) Rosegarden«, das für die Country-Sirene Lynn Anderson ein Mega-Seller wurde. Dürfte zeitweilig in sog. Middle-of-the-Road formatierten Radiostationen einer der meistgespielten Songs der Popgeschichte gewesen sein (Würg – Anm. d. Verf.). – Er war so eine Art Protest-Lied-Sänger für diejenigen, die sich gut in der Gesellschaft aufgehoben fühlten, sich aber auch mal 3 Minuten über etwas aufregen wollten. – Da kam ihnen der zwar gute Texte schreibende, aber doch sehr konservative Joe gerade recht.

Spector, Phil

Der Mega-Produzent der 60er und das Studiogenie seiner Zeit. Staffierte viele Gruppen mit dem nach ihm benannten »Spector-Sound« aus, die sich daraufhin von blutleeren »Dünnpoppern« zu Chartabräumern mauserten. Er gründete mit 17 die Gruppe Teddy-Bears, schrieb den Evergreen »To know him, is to love him« und landete prompt den ersten Superhit. Die Plattenfirma Atlantik stellte ihn als Producer ein, was sie sicher nicht bereuten. Mit dem Komponisten-Duo Leiber/Stoller schrieb er unzählige Hits, u. a. für die Drifters, Aretha Franklin u. v. m. – 1961 gründete er sein eigenes → Label und war ab dieser Zeit der Großmogul der US-Popmusik. Mit 21 war er Multimillionär – »the American Dream came true« – er produzierte die → Beach Boys und brachte »River Deep – Mountain High« von Ike und Tina Turner heraus. Mitte der 60er war sein Stern im Sinken begriffen, da Beat, Rock und Folk-Idiome den Markt beherrschten und sein Bombastsound überarrangiert und antiquiert klang. Anfang der 70er war er aber wieder dicke im Geschäft, als die neue Soul-Welle losrauschte und er für die → Temptations und Isaac Hayes neue, üppige Soundkollagen entwickeln konnte.

Speed

→ Amphetamine. Aufputschmittel, im amerikanischen Idiom »Uppers« genannt. Gegensatz »Downers«: Barbiturate, Sedativa etc. (→ Drogen).

Spirit

Anspieltip: The Family That Plays Together (LP – 1969)

Etliche stilprägende Gruppen der Westküste sind in diesem Lexikon schon genannt worden, darunter → Jefferson Airplane, → Grateful Dead und → Quicksilver. Spirit gehört auch dazu, nicht in ihrer kompletten Tragweite, aber immerhin. – 1967 in Los Angeles gegründet, verkündeten sie vollmundig: »Wir möchten für unser Publikum die

Brücke zu allen Arten von Musik sein, die in den USA gespielt werden.« Hehres Unterfangen – konnte ja nicht gutgehen! – Die hochbegabten Musiker kamen aus allen Stilrichtungsecken und spielten eine Art Rock mit jazzigen und folkigen Splittern. Anspruchsvoll, aber immer ein bißchen weit weg vom Ohr. Ihre Kompositionen klangen phantasievoll, etwas artifizell und nuancenreich – waren aber irgendwo in der Mitte des akustischen Niemandslandes angesiedelt. Sie nutzten trotz basishaltender Rockstrukturen jede Menge Elektronik, warfen oft die Tempi um, ließen den Rhythmus absacken und klangen dabei noch richtig amerikanisch, was natürlich buchstabentechnisch nicht zu vermitteln ist ...! Deswegen gelang ihnen der Aufstieg in die Champions-League der bereits in diesem Stichpunkt erwähnten Gruppen nicht. Das stilistische Wirrwarr irritierte die Hippie-Lauscherchen, die lieber in schwebenden Eindeutigkeiten schwelgten. Der hervorragende Gitarrist → Randy California ging später Solopfade und etablierte sich als Statthalter und Epigone von → Jimi Hendrix. (Der glatzköpfige Schlagzeuger Ed Cassidy hat mir in den 60ern besonders imponiert, der hatte an seinem Drumset noch 2 Kesselpauken stehen und einen riesigen Gong dahinter aufgestellt und setzte dieses Schlagwerk auch ein. Zudem hatte er eine klassische Ausbildung und war »Pauker« in einem Symphonie-Orchester gewesen, was ihm einen geheimnisvoll exaltierten Nimbus verlieh. – Anm. d. Verf.)

Spooky Tooth

Mike Harrison (voc), Gary Wright (keyb, voc), Luther Grovernor (g), Michael Kellie (dr), Greg Ridley (b)
Anspieltips: Spooky Two (LP – 1969), The Last Puff (LP – 1970)

Der »Geisterzahn« – sie ließen ihre Musik so richtig schwer auf die Ohren losrollen – Basis-Blues, rockten los mit jaulenden und verzerrten Gitarren, schwer nach unten ziehenden Orgelakkorden und der depressiven Suffstimme Mike Harrisons (klang andeutungsweise nach → Joe Cocker), die von Gary Wrights Falsett per-

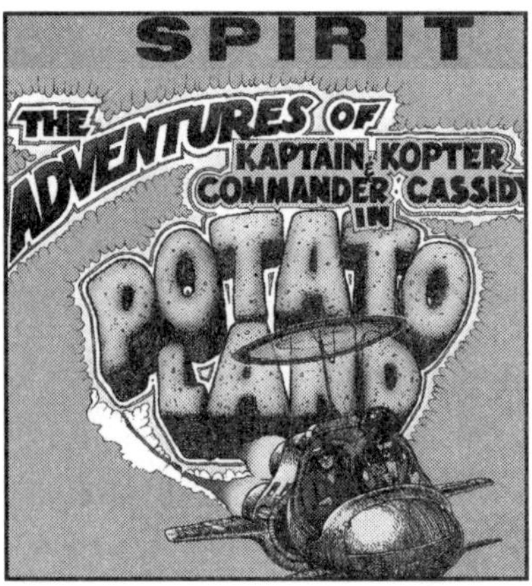

»Wir möchten für unser Publikum die Brücke zu allen Arten der Musik sein.«

manent überschrien wurde, – daß es einem richtig mulmig werden konnte. Heavy und depressiv stampften sie größtenteils einher. Die ersten beiden Alben waren überzeugend, wenn man diese schwere Form von Blues-Rock mochte. 1969 eskapierten sie sich allerdings in ungewohnten Gefilden – sie nahmen mit dem französischen Elektronik-Experimenteur Pierre Henry das Album »Ceremony« auf, das ihre Fans denn doch kräftig vor den Kopf stieß – wofür sie allerdings gar nichts konnten, da Henry ohne Absprache seinen Elektrosmog über die »Tooth«-Basis gelegt hatte. Da konnte man schon Beschwerden im »hohlen Zahn« bekommen. Danach fingen sie sich wieder mit dem exzellenten Album »The Last Puff«, auf dem auch eine Adaption von »I am the Walrus« von den → Beatles zu hören ist. In Deutschland waren sie äußerst beliebt, vor allem ihr massiv stampfendes »Waiting for the Wind« war in den späten 60ern Garant für übervolle Tanzflächen mit obskur zuckenden → »Air-Guitar« spielenden Gestalten. – Die Musik dieser Gruppe (und manch anderer dieser Coleur) lockte erstaunlicherweise fast ausschließlich Männer auf den Tanzboden, was die Frage erlaubt: Ist der Rock nix für Frauen? (– als marxistischer Gebrauchswert oder als Kleidungsstück. – Anm. d. Verf.)

Stadion-Rock
→ Open Air.

Stanniolpapier
Wichtiges Utensil für den routinierten → Kiffbruder – mit Alu oder Stanniol umwickelte man ein Piece → Haschisch und hielt dieses Bällchen dann über ein Feuerzeug oder eine Kerze, um den → Shit entsprechend weich zu machen, damit er sich schön »aufbröseln« ließ. (Auch ein beliebtes Kifferidiom: »Bröseln wir noch eine auf?« – Anm. des Verf.) Wer schon mal ein Stück Haschisch in der Hand gehalten hat, wird wissen, wie steinhart das Zeug sein kann. War es dann zerkleinert, mischte man es mit Tabak und rollte sich seinen → Joint. Besondes coole Zeitgenossen hielten den »Brösel« auch gleich mit bloßer Hand ans Feuer.

Steppenwolf
John Kay (voc), Jerry Edmonton (g, voc), Goldy McJohn (org, voc), Michael Monarch (g), Rushton Moreve (dr)
Anspieltips: Steppenwolf (LP – 1968), Monster (LP -1969)

Amerikanisch-kanadische Gruppe, deren Zentrum John Kay war. Er wurde am 12. 4. 1944 in Tilsit unter dem Namen Joachim F. Krauledat geboren. Seine Familie flüchtete 1958 nach Toronto in Kanada. Dort begann er als Folk- und Bluessänger aufzutreten. 1963 siedelte er mit seiner Familie nach Buffalo in die USA um, und im Sommer 1964 zog er nach Los Angeles, wo er sich regionalen Folkgruppen anschloß.

John Kay von Steppenwolf

Ging aber wieder nach Toronto zurück und begründete dort John Kay & The Sparrows. Er bekam er denn auch einen Vertrag bei der Plattenfirma Columbia, einige Singles ohne besonderen Erfolg folgten. 1967 zurück nach Los Angeles, Auflösung und Neuformierung unter dem Namen Steppenwolf. Anscheinend hatte John Kay in Papas Bücherschrank den »Steppenwolf« (1927) von → Hermann Hesse gefunden, jedenfalls inspirierte ihn dieser Roman zum Gruppennamen. Durch die Rockgruppe Steppenwolf erwachte sicherlich auch zum Teil wieder das mythisch überhöhte Interesse an dessen Werken. Unter dem Namen Steppenwolf erschien im Februar 1968 die erste LP. Der Song »Born To Be Wild« schlug ein wie ein explodierendes Motorrad und kletterte an die Spitze der Singlehitlisten. Das Lied war eine Mixtur aus derbem Hard-Rock mit Jukebox-Elementen und traf anscheinend den Zeitgeist so genau, daß es lagerübergreifend verbrüderte. Die Generation, die geboren wurde, um »wild«, unabhängig, frei zu sein. Das gefiel allen – den Hippies, den Rockern, den Rebellen und Revoluzzern, den → Easy-Ridern (der Song wurde natürlich auch für den Soundtrack des Films → Easy Rider verwendet) und den Truckern. Man war sich einig – und das verwässerte die Ideologie (falls eine dahinterstand) massiv. Der Motor-Psycho-Rock hatte seine Geburtsstunde erlebt. Und kaum ein Lied steht so sehr als oft falsch verstandenes Synonym für diese Zeit – eigentlich pochte es in gewisser Weise nur auf amerikanische Grundrechte und hatte eine konservative Tendenz, will man es in allen Aspekten analysieren. Gesellschaftsverändernd oder ein Aufruf zur Rebellion war es keinesfalls. – Steppenwolf hatten etliche weitere markante Hits, wie z. B. den Anti-Drogen-Song → »The Pusher«, und politisch massiv wurden sie in ihrem Stück »The Monster«, in dem der Held ein Mann namens Richard Nixon war, seines Zeichens Präsident und künftiger Watergateverbrecher der Vereinigten Staaten. Das war dann schon eher starker Tobak. An den Erfolg des mitreißend rhythmischen »Born to be wild« konnten sie allerdings von den Verkaufszahlen her nie mehr anknüpfen. Steppenwolf waren trotz der proklamierten Wildheit, der Belesenheit ihres Sängers John Kay und ihrer Hard-Rock-Statements eine eher biedere Combo, die letztendlich Amerikas »große« Werte als abgängig erkannte, durch Vietnamkrieg, Korruption und Rassengesetze – im Grunde aber stabil an ihnen festhielt. – Keinesfalls waren sie die Umsturztruppe, als die sie gerne gesehen wurden. Der Identifikationswert ihrer bekannteren Songs war allerdings besonders hoch angelagert. Sie machten bis 1972 weiter und hielten sich im guten Mittelfeld der amerikanischen Rock-Unterhaltung – Weltbewegendes kam nicht mehr. In den 80ern und 90ern gab es diverse Reunions und dann zogen die Jungs zwar gealtert, aber immer noch in Leder aus, um das freiheitliche Amerika u. a. auch in Good Old Germany zu besingen. Nostalgiker freuten sich und zahlten im Grunde 30 DM für einen Song, der bereits 20 Jahre in ihrem Plattenschrank stand ...!

Stereo

Stereophonie – Kurzwort Stereo, elektroakustische Tonwiedergabe mit räumlicher Klangwirkung auf Grund der tatsächlichen Laufzeitunterschiede – im Rundfunk (auf UKW), bei Schallplatte, Tonband und Tonfilm möglich. Dazu wird der Ton mit zwei getrennten Mikrophonen (entsprechend den beiden Ohren) aufgenommen und in einem Zwei-Kanal-(Stereo-)Verstärker verstärkt. Jeder Kanal wird über einen eigenen Lautsprecher wiedergegeben. Aus der zweikanaligen Stereophonie entwickelte sich die Vierkanal-Stereophonie bzw. → Quadrophonie. Diese hatte allerdings keine große Zukunft, da es kaum Tonträger für diese Technik gab. Heute werden allgemein zur Verfeinerung und Intensivierung der Räumlichkeit »Surrounding-Systeme« angeboten. – Das war den Hörern der Platten, die ja ab Mitte der 60er in Stereo aufgenommen wurden, ziemlich egal, weil man sich eine solche Vorrichtung (Anlage wäre übertrieben gewesen) nicht leisten konnte. In den meisten Haushalten gab es, wenn überhaupt, Monoplattenspieler. Stereo setzte sich dann aber doch relativ schnell durch – vor allem bei Jugendlichen mit eigenem Einkommen, bzw. wenn man Schüler oder Student war, ging man jobben oder machte Ferienarbeit, um sich solch einen Luxus leisten zu können. Ein Sakrileg, die guten Stereoscheiben auf einem Monospieler mit uralter Nadel abzuspielen – und dann noch das Klang- und Räumlichkeitsdefizit! Auch wenn man Konsum- und Statussymbole ablehnte, das gehörte ja damals zum guten (schlechten) Ton. Eine Stereoanlage mußte einfach her – je »protziger«, desto besser – am besten gleich mit turmhohen 100-Watt-Boxen! Und da gab es bald keine Abspielnadeln mehr, da wurde man Fachmann für Tonabnehmersysteme und Diamanten. (»Hab mir übrigens ein neues System gekauft, 260 DM – Superklirrfaktor!« – Irgendwie war alles doch nicht so anders, wie es manche vielleicht in Erinnerung haben! Man gab halt auf anderer Ebene an wie 10 nackte Neger, mit der Schallplattensammlung oder mit Stereoanlagen. Die wurden denn auch gepflegt wie der einzige Lebensinhalt, während man Papi belächelte und einen Spießer nannte, wenn er seinem sonntäglichen Autowaschzwang nachkam.) – Mein erster Stereospieler war ein »Mr. Hit« von Telefunken, ein unsägliches Ding, in Silber gespritzt, Gewicht vielleicht 2 Kilo, mit zwei quadratischen Lautsprechern dazu, die 10 Watt/Sinus brachten. Enorm! Bei der Tonarmrückführung klackte er, daß man glaubte, eine Eisenbahnschwelle fällt aus 5 Metern Höhe zu Boden. Der Klang war entsprechend exquisit. Bevorzugte Marken waren damals im finanziell erschwinglichen Bereich Dual und Telefunken, – gehoben Lenco und Thorens und – abgehoben Braun, Marantz und Kenwood. Daß das Prinzip der Stereowiedergabe damals auch gründlich mißverstanden wurde, zeigte sich an der kompetenten Äußerung meines Vaters: »Wozu brauchst du Stereo, dein Zimmer ist doch viel zu klein. Das ist doch sicher auch zu laut.« (Lautstärkeregelung und Stereo ergaben zusammen anscheinend keinen Sinn. – Anm. d. Verf.)

Stevens, Cat

Der Verräter! – Bürgerlich: Steven Demetri Georgiu. Er wurde am 1.7.1948 in London als Sohn eines Griechen und einer Schwedin geboren. Er hatte in den frühen 60ern bereits etliche Top-Ten-Hits in England, darunter »Matthew & Son«, »I love my Dog«, »Here comes my Baby«, I'm gonna get me a Gun« und »The first cut is the deepest« (immer wieder gerne genommen – Rod Stewart, P. P. Arnolds) – diese Popkarriere wollte der stille Eigenbrötler eigentlich gar nicht anstreben. Seine Plattenfirma hatte ihn nachhaltig in diese Rolle gedrängt und wollte den schwarzhaarigen, glutäugigen Sänger zu einem Pop-Idol aufbauen. – Sein chansonhaftes, feinsinniges Material mußte in der Schreibtischschublade bleiben. Die frühen Hits waren teilweise dem breiten Musikgeschmack in England Mitte der 60er angepaßt und wurden entsprechend von Violinenschüben, Bläsergescheppere und Mandolinensüßlichkeit verwässert. – Steven erkrankte 1968 an Tuberkulose und zog sich

Cat Stevens: Der vegetarische Folk-Poet nennt sich in Youssouf Islam um und wettert bös gegen Rushdies Satanische Verse.

aus dem rasanten Pop-Biz zurück. 1970, genesen, startete er von neuem und zuckelte durch die Folk-Clubs. Langsam, aber sicher baute er sich wieder ein Fangemeinde auf, die ja dann in den 70ern weltumspannend nach Millionen zählen sollte. Ein Goldalbum jagte das andere. Herausragend dabei die Alben »Tea for the Tillerman« und »Teaser and the Firecat«. Mit leicht klagender Stimme und Sozialpädagogen-Pathos sang Stevens von den Kindern dieser Welt, die keine Zukunft haben werden (»Where do the Children play«), vom notwendigen Frieden (»Peace Train«) und vom Generationskonflikt zwischen Papa und renitentem Sohn (»Father and Son«). – (Zudem sang er noch von einem Morgen, der »gebrochen« hatte – »Morning has broken« – Plattitüde d. Verf.) – Stevens war strenger Vegetarier und hing fernöstlichen Philosophien an. 1977 konvertierte er zum Islam, zu dem er sich 1979 öffentlich bekannte, und wieder zog er sich aus dem Pop-Biz zurück, um sich alsdann ganz der schiitischen Religion zu widmen. Er zog einen krassen Schlußstrich zu der schnöden, korrupten und profitorientierten Welt und nannte sich fortan »Youssouf Islam« – soweit so gut, ein Märchen wie aus 1001 Nacht. – Der Mann entblödete sich aber nicht, in den 90ern den militanten Mordaufruf gegen Salmon Rushdie zu unterstützen, den Schriftsteller, der mit seinen »Satanischen Versen« bei einer ganzen Weltreligion und deren Anhängern in Ungnade gefallen war. Für einen Menschen, der vom »Peace Train« und der alles umfassenden Liebe sang, ein schier unfaßbares, reaktionär-faschistoides Verhalten. Ein unglaublicher und verachtenswerter Schritt! Hier muß der Fanatismus eindeutig die Intelligenz gelähmt haben, sonst würde der feinsinnige Lyriker Stevens den Dichterkollegen Rushdie auf einer anderen Ebene und differenzierter verstehen können. (Seitdem habe ich seine LP's nicht mehr gespielt, und sie wandern demnächst auch in den Second-Hand-Laden, konsequenterweise sollte ich sie in den Müll schmeißen – aber so ideologisch verbohrt will ich denn doch nicht sein, vielleicht bringen sie ja ein paar Märker ... die Welt ist korrupt, sagte Cat Stevens. – Anm. d. Verf.)

Stewart, Al

Anspieltip: Bedsitter Images (LP – 1967)

Schottischer Sänger, Songwriter und Gitarrist, geboren am 5.9.1945 in Glasgow, aufgewachsen in London und Südengland. Al Stewart spielte Anfang der 60er Jahre zunächst R&B- inspirierten Rock, orientierte sich später jedoch mehr an Vorbildern wie → Bob Dylan und → Donovan. Er begann, in englischen Folk-Clubs aufzutreten. Im August 1966 nahm er mit Jimmy Page (g) für Decca die Single »The Elf« auf. Al Stewart unterzeichnete im September 1967 einen Plattenvertrag mit CBS. Im selben Jahr erschien seine Debüt-LP, die er als Solist aufgenommen hatte. Auf »Bedsitter Images«, auf der auch Jimmy Page (g) zu hören ist, arbeitete er mit Elektro-Backing. Diese Platte, deren Titelsong ganze 18 Minuten dauerte, wurde vom Melody Maker (renommierte englische Musikzeitschrift) zum »Folk-Album des Jahres« gewählt. Al Stewart trat häufig in Europa auf. Seine Platten waren besonders bei Studenten beliebt, denn sie spiegelten deren emotionelle Erfahrungen und Erlebnisse wider und nahmen ihren Ausgangspunkt in Themen aus Literatur und Geschichte. 1974 ging er zum ersten Mal in den USA auf Tournee. Er erreichte dort eine Art Kultstatus und zog daher 1976 für längere Zeit nach Los Angeles. Der kommerzielle Erfolg von Al Stewarts Platten hielt sich in den 70er Jahren noch in engen Grenzen. 1977 gelang ihm ein Super-Insider-Hit mit »The Year Of The Cat«. Wurde der Lieblingssong der »Müslis«. – Aus der Distanz betrachtet konnte er einem mit seinem süßlichen, schwebenden Gesang und seiner Wanderklampfe mit diesen manierierten Texten massiv auf den Wecker gehen. Latzhosendamen mit Oma-Dutt und Strickzeug ließen aber nix auf ihn kommen. Ein Langweiler, wie er im Buche stand.

Stills, Stephen

Stephen Arthur Stills wurde am 3.1.1945 in Dallas/Texas geboren. Er lebte lange in New York, bekam dort die Einflüsse der schwarzen Musik mit und natürlich den Folk-Boom im → Greenwich Village. Stills versuchte in den 60ern bei den → Lovin Spoonful einzusteigen, aber → John B. Sebastian wollte ihn nicht (schlechte Entscheidung – Sebastian kennt heute keiner mehr, Stills machte eine Weltkarriere – Anm. d. Verf.). Er lernte → Neil Young kennen, versuchte mit ihm eine Band zu gründen, was aber ebenfalls nach kurzer Zeit fehlschlug. Ihm schien das Pech an den Sohlen zu haften – so packte er Gitarre und Rucksack und → trampte nach → Frisco. Seine erste Plattenaufnahme war ausgerechnet die »Ode an die Freude« von Beethoven in einem Arrangement von Van Dyke Parks. 1965 gründete er die Ausnahmeformation → Buffalo Springfield und von da an ging's bergauf und zwar steil. Stills wurde einer der einflußreichsten und stilprägenden Musiker des Westcoast-Sounds. → Crosby, Stills & Nash. → Manassas. – Von Stills stammt auch ein berühmter Satz aus dem gleichnamigen Lied, der Anfang der 70er gerne zitiert wurde, wenn's bei der Aufreißtour nicht so recht klappen wollte und die Angebetete sich nicht erweichen ließ:

»If you can't be with the one you love, love the one you with!« (No comment)

Stoff

Allgemeine umgangssprachliche Bezeichnung für → Rauschgifte aller Art – insbesondere aber für harte Drogen, wie → Heroin, → Kokain. Wurde jedoch aus dem Szene-Slang sehr bald entfernt, da es eindeutig zu bieder klang – eingedeutschte Amerikanismen wie Dope, H (»aidsch«), Shit etc. beherrschten nun die Fachterminologie.

Stoned

Bekifft sein. Befindlichkeitsausdruck bei Kiffern, wie z. B. → angetörnt, »zu«, high, bedröselt, bedröhnt etc. Bedeutete, daß der → Shit gute und heftige Wirkung zeigte (»Mensch Brother, was bin ich → saugenehm stoned …«). – Die Kiffersprache hatte eine durchaus raffinierte, radikal verkürzende, höchst genaue Synthax zu bieten. »Nüchtern« sich mit Kiffern zu unterhalten, hatte oft einen »hohen« Unterhaltungswert, weil nur in Schlagworten gesprochen wurde. Kam der Redefluß des Angetörnten ins strömen und blubbern, konnte man den hanebüchenen Assoziationen sowieso nicht mehr folgen. Spaßig! – Stoned wurde aber auch bezüglich der Wirkung anderer Drogen angewandt – → Alkohol, → LSD, → Heroin

Stoneground

Anspieltip: Stoneground (LP – 1969)

Riesen-Hippie-Kommune aus Frisco, die auch tierisch Musik machte – oft 20 Leute auf der Bühne. Kreatives → Jammen war angesagt. Exzellente

Stoneground: Meister-Jammer aus Frisco machen tierische Musik

Debüt-LP, die allerdings nur ein spezifisches Publikum erreichte, das diese lockere Lebensart nachempfinden konnte und gerne mal einen »durchzog«. Das Debütalbum ist allemal hörenswert und war in Kifferkommunen lange ein Favorit.

Stooges, The

Anspieltip: Stooges (LP – 1969)

1968 in Ann Arbour/Michigan gegründet – aus »Langeweile und unerfüllter Teenagerlust«, wie sie selbst sagten. Die »Strohpuppen« profilierten sich durch grauenhaft unverschämten Dilettantismus – und erlangten so einen Antistatus, der sie bald zu einer wichtigen Band machen sollte. Mit Hippie-Sentimentalitäten hatten sie nichts am Hut – ihnen ging es darum, den weltverbesserischen Quatsch ihrer Flower Power-Kollegen in Schutt und Asche zu legen. – Das besorgten diese dann schon selbst und The Stooges stiegen als »kleiner« Vogel Phoenix aus dieser Asche auf und wurden Wegbereiter der »Rückbesinnung« auf die Schlichtheit des Rock 'n Roll. Sie waren ein Motor des Umbruchs in den 70ern und leisteten der Punkzeit ausschlaggebend Schützenhilfe. → Iggy Pop.

Strawberry Alarm Clock

Nette Popgruppe, die auf der Hippiewelle mit einigen hübschen Liedchen etwas Kohle verdiente – Pop, in der Bedeutung des Wortes. Sie hatten sich Stirnbänder umgetan, bunte Hemden angezogen und für ein paar Sekunden eine Gitarre in ihren Liedchen leicht verzerrt – das reichte anscheinend für die amerikanischen Schüler, um ihr Taschengeld für angeblich → psychedelische Klänge auf den Kopf zu hauen. Ihr größter Hit war »Incense and Peppermints« (1967), der allerdings zu einer inoffiziellen Hippie-Hymne mutierte. Ihr Stil wandelte sich ab 1968, harte Orgelriffs, Quietsche-Gitarre und Psychoelemente hoben sie für kurze Zeit über ihr eigenes musikalisches Potential hinaus und machte sie zu einer Topattraktion auf psychedelischen College-Bällen.

Subkultur

Das Standard-Lexikon sagt uns zu diesem Begriff: »Subkultur, eine Gruppenkultur innerhalb einer größeren, sie umfassenden Kultur oder Gesellschaft, die eigene Verhaltensnormen entwickelt (z. B. Sekten oder Erweckungsbewegungen, revolutionäre Gruppen und verschiedene gesellschaftlichen Randgruppen).« So ist es! → Underground.

Sugarloaf

Anspieltip: Sugarloaf (LP – 1970)

1968 gegründet – und nach dem höchsten Berg im Bundesstaat Colorado benannt. Die Band war sehr orgellastig, mit klassischen Basisstrukturen, favorisierte aber jazzige Einsprengsel von Anfang an (»Green Eyed Lady«). Jerry Corbetta, der Organist der Gruppe, versuchte Rock zu einer auch von Jazzfans akzeptierten Musik zu gestalten, was ihm aber nur die Akzeptanz (und das auch nicht lange) der Rockfans einbrachte, da die Gruppe instrumentell sehr überzeugend aufspielte. Die ersten beiden LP's verkauften sich gut – da die Rockfans dieser Zeit ja jeglicher Form von Neuerung und Experiment aufgeschlossen gegenüberstanden – dann ging's aber wieder schnell ab in den Keller – Anfang der 70er. Zu verspielt, zu blutleer – um auf die Dauer bestehen zu können. Die zweite LP »Sugarloaf« wartete allerdings mit etlichen »saustarken« Stücken auf – die → Yardbird-Komposition »The Train kept Rollin' (Stroll on)«, das Medley: »Back Doors Man/Chest Fever« und das schon genannte »Green Eyed Lady« wurden zu Klassikern der elitären Rock-Szene.

Sun Ra

Anspieltip: Pictures Of Infinity (LP – 1968)

Herman »Sonny« Blount war eine Kuriosität und eine Sensation – als Musiker und als Mensch. Der Keyboarder wurde 1915 in Birmingham/Alabama geboren. (Das genaue Geburtsdatum weiß er angeblich selbst nicht.) – Er begann als klassischer Bebopper, mischt dann aber alle Stilarten, die er aufgabeln konnte, zu einem »Gesamtkunstwerk«, das die Fachpresse als »kosmischen Avantgarde-Zirkus« titulierte. Teilweise umfaßten seine Bands – wohl eher der falsche Ausdruck – seine Orchester bis zu 100 Mitglieder. Diese Bigbands nannte er dann bescheiden einfallslos Astro Solar Infinity Arkestra oder Intergalactic Research Arkestra – die Musiker spielten Sonnenharfen, Drachentrommeln und Osirisflöten ... Dazu kostümierten sich alle in altägyptische Gewänder mit futuristischen Verzierungen (was das allein gekostet haben muß, das konnte kein Veranstalter bezahlen – Anm. d. Verf.) und sang dazu mit »Space-Voices«. Sun Ra war der erste, der das E-Piano im Jazz salonfähig machte und begann in den 60ern die Musik des afrikanischen Kontinents wiederzuentdecken – diese ließ er dominant die Führung über eine coole Jazzbasis ergreifen und konstruierte Polyrhythmen, daß einem die Ohren schlackerten. Heraus kam so was wie kosmischer Free Jazz. Das inspirierte diverse Rockmusiker oder

Gruppen nachhaltig – → Frank Zappa, → Pink Floyd, → Soft Machine. Seine opulenten Auftritte mit → Lightshows, Diaprojektoren und Filmschnipseln nahmen die audiovisuelle Kultur der späten 60er und Woodstock-Generation bereits voraus. Diese Multi-Gigant-Projekte schafften dem Musiker eine für einen Jazzer übergroße Akzeptanz – stieß aber im puristischen Lager der Freunde des Jazz auch auf herbe Kritik. – Als Liveerlebnis umwerfend, als Kammermusik von rädernder Intensität.

Supergroup

Wer war die erste wirkliche Supergroup? – Na, die → Beatles, oder? – Falsch! Hinter dieser Bezeichnung verbarg sich die Gewichtung auf instrumentaler Dominanz, und da hatten die Beatles ja nicht unbedingt die abgeklärte Virtuosität zu bieten. – Die erste wirkliche Supergroup des Rock war Steampacket, – wenn man so will –, die allerdings kaum jemand kannte (außer in englischen R&B-Kreisen). Da tummelten sich hervorragende Musiker und Interpreten, wie → Brian Auger, → Julie Driscoll, Rod Stewart, Long John Baldry, Mick Waller und Vic Briggs, der später zu → Eric Burdons Animals ging. – Die erste wirkliche Manifestation des Begriffs war die Gruppe → Cream, danach → Blind Faith. Als Supergruppen wurden Formationen bezeichnet, die über ein herausragendes musikalisches Potential verfügten oder in der Akzeptanz der Fans so hoch angesiedelt waren, daß sie locker Stadien und → Open Airs füllen konnten. Waren es die Rolling Stones in der Wortbedeutung damals nicht, so sind sie es um so deutlicher heute – in den 90ern.

Synthesizer

Elektronischer Waber- und Wimmerkasten, der die Rockmusik speziell ab den 70ern in diverse Identitätskrisen stürzte. In der Konzeption von Robert Moog (deswegen auch Moog-Synthesizer) wurde er »Rocktauglich«. – Moog ordnete jedem Ton bzw. Akkord ein besonderes Modul zu, das manipuliert werden konnte. Dies geschah durch elektrische Spannung, die vom Instrumentalisten regelbar war. Dadurch kam die Intensität, Länge und Tonqualität der »Geräusche« zustande. – Wurde bevorzugt im → Art-Rock oder Classic-Rock eingesetzt. Galt und gilt als → Avantgarde-Instrument. → Mellotron.

Szene

→ Scene.

T

Taj Mahal

Anspieltip: Giant Step/De Ole Folks At Home (Doppel-LP – 1969)
Henry Saint Claire Fredericks Williams wurde 1942 in New York geboren. Er begann mit klassischem Country Blues und wurde einer der wenigen schwarzen Blueser, der für die Hippie-Generation eine nachhaltige Bedeutung erlangte. Und das stellte er recht raffiniert an. Seinen bürgerlichen Namen, der ein Relikt der Sklaverei war, wie er betonte, legte er ab und nannte sich nach dem indischen Mausoleum und Baudenkmal in Agra. Somit hatte er die erste Verknüpfung zu einer orientalischen Geheimnisumwittertheit geschaffen. Er kleidete sich in lange Kaftane, bunte Klamotten, mit unzähligen Kettchen und afrikanischen Kopfbedeckungen – kam auch gut an in der Hippie-Zeit. Dazu war er musikalisch obendrein sehr experimentierfreudig: Er verstärkte seine Steel-Guitar elektrisch und zog lange, flirrende Töne. Das vermittelte eine Art Psychedelic-Blues. Oder andersrum – er spielte akustisch und ließ sich von einer kräftigen Elektroband begleiten. Manchmal ergänzte er sein Ensemble noch um einen großen Bläsersatz und teilweise durch 4 (!) Tubas. Das ging denn auch ins Auge – nicht ins Ohr. Einen heftigen Karriereschub erhielt er durch das → Woodstock-Festival. Bluespuristen allerdings hatten echte Probleme mit dem bunten Vogel. Taj Mahal war ein musikalisches Unikum, das allerdings hohen Respekt von den Kollegen aus der weißen Blues-Zunft genoß (→ Eric Clapton u. a.).

Tangerine Dream

Edgar Froese (g, synth), (Hans-Peter) Peter Baumann (keyb, synth), Christoph Franke (keyb, synth, perc), Charlie Prince (voc); Anspieltip: Electronic Meditation (LP – 1970)

Deutsche Gruppe – 1968 gegründet. Tangerine Dream wurden ursprünglich von Edgar Froese in Berlin als → Acid-Rock-Band gegründet. Sie begannen elektronischen Avantgarde-Rock zu spielen und hatten großen Erfolg in Berliner → Underground-Kreisen. Tangerine Dream spielten 1970 das Album »Electronic Meditation« ein, das zu einem Kultalbum und zu einem Meilenstein neuer europäischer Musik wurde. Jeder halbintellektuelle deutsche → Kiffer oder → Acid-Head hatte die Scheibe im Plattenschrank stehen. Sie erregten durch ihre progressive elektronische Kompromißlosigkeit sogar Aufsehen in England und den USA. 1974 bekamen sie von der englischen Master-Plattenfirma Virgin einen Vertrag. Jeder New-Age-Freak würde heute auf Tangerine Dream stehen, vorausgesetzt er würde sie kennen. Die Jungs sind heute teilweise noch am Werkeln. Ihren Stil haben sie tendenziell beibehalten.

Taylor, James

Amerikanischer Sänger, Songwriter, Gitarrist, geboren am 12.3. 1948 in Boston/Massachussetts. James Taylor spielte 1963/64 in einer Lokalband zusammen mit seinem Bruder Alex und dem Freund Danny Kortchmar. 1965 war er längere Zeit wegen schwerer Depression im Krankenhaus. Diese immanente Krankheit konnte man, ein bißchen Sensibilität unterstellt, aus seinen Liedern auch heraushören. 1966 zog er nach New York, wo er u. a. mit Kortchmar die Band Flying Machine gründete. Ende 1967 zog James Taylor nach London, u. a. wegen seines

Tangerine Dream

steigenden Heroinverbrauchs. Da ließ sich zu dieser Zeit leichter an das Zeug rankommen, und präventive Strafverfolgung in den USA drohte ihm bereits. Er kam mit den → Beatles in Kontakt, konnte einen Vertrag mit deren Plattenfirma Apple abschließen und spielte einige Demobänder ein. Taylor brachte das Album »James Taylor« heraus, das zunächst in England erschien, und hatte – wieder in den USA – seinen Durchbruch mit »Sweet Baby James«, in Los Angeles mit → Carole King als Backing-Vokalistin eingespielt. Die LP enthielt die Single »Fire And Rain«, die ein Super-Hit wurde, auch in Deutschland. Der Erfolg setzte sich mit »Mad Slide Slim and the Blue Horizon« fort, was James Taylor auf die Titelseite des Time-Magazins brachte. Im Juli 1971 hatte James Taylor seinen einzigen No.1-Single-Hit mit einer Coverversion von Carole Kings »You' ve Got A Friend«.

Temptations

Die Temptations waren eine klasse Soulband und sind es irgendwie heute noch. Einer der Golddukatenesel im Tamla-Motown-Stall in Detroit. Sie hatten etliche Top-Ten-Hits in den USA und auch in Deutschland – u. a. mit »My Girl« und »Ain't to proud to beg«. Als der kommerzielle Erfolgsstern der Soul-Music durch die beginnende Hippie-Ära zu sinken begann, wagte Tamla Motown ein Experiment, das sich durchaus auszahlen sollte: Die Jungs schmissen ihre weißen Anzüge in die Altkleidersammlung und zogen sich → flippig an, massig Schmuck und bunte Klamotten (da können ja die schwarzen Amerikaner besonders gut übertreiben), und spielten locker-flockig vom Hocker einige → psychedelische Soul-Rock-Stücke ein, heute schon »Standards«, die einen immer noch auf die Tanzfläche treiben können, wenn es die arthritischen Knochen mitmachen. – Psychedelic Soul war geboren und sollte in dieser Form auch genauso schnell wieder sterben. Erstaunlicherweise oder auch nicht, nahmen die farbigen Brüder und Schwestern diese Songs mit gar nicht soviel Liebe auf. Im weißen Hippielager dagegen war man überaus begeistert. Zwei dieser Klassiker sind »Papa was a Rolling Stone« und »Psychedelic Shack«.

Ten Years After

Anspieltip: Stonedhenge (LP – 1968)

Gegründet 1967 in Nottingham/England, spielten die Ensemblemitglieder schon vorher in etlichen wechselnden Gruppen zusammen. Sie gaben zunächst dem originären Blues in elektrifizierter Form die Ehre, ließen sich später aber auf diverse Mischformen und Blues-Rockvariationen ein. Im Mittelpunkt der Gruppe stand »Flinkefinger« Alvin Lee, die schnellste Pfote, die damals einen Gitarrenhals streichelte. Die Gruppe verfügte auch über einen Organisten – der konnte einem allerdings leid tun, bei der musikalischen Partizipation, die ihm eingeräumt wurde – es ist nicht belegt, ob Chick Churchil sich wegen Minderwertigkeiten oder Depressionen in Behandlung begeben mußte. Anfänglich spielten sie einen recht auf Lees Gedudle abgestimmten, noch relativ dünnen Blues. Das änderte sich bald, Lees sehr trocken und ohne Effekte gespielte Gibson-Halbresonanz (hatte er ja bei seiner Geschwindigkeit auch nicht nötig) führte eine massiv zuklotzende Rhythmussection an, die alle Spielarten und Variationen bluessynonymer Musikstücke draufhatte. – Der Blues stand beim breiten Rockpublikum in den späten 60ern allerdings im Zuge der psychedelischen Welle nicht mehr in der Gunst – Alvin Lee machte ihn aber wenigstens partiell wieder zum Album-Magneten, was natürlich in erster Linie an seinem virtuosen, oft übertriebenen Schnellgefummel lag. Alle → Air-Guitar-Player der 60er spielten die Soli des biederen Briten bei jeder Gelegenheit nach, ob auf Tanzflächen oder → Open Airs. Zudem hatte er durchaus das Talent, Bluesphrasen mit erdigen oder theatralischen Rockelementen glaubhaft zu vermengen. Da übertrieb er manchmal allerdings auch in einer Form, daß ihm Kritiker nachsagten, er spiele »Stimmungsmusik«, Bierzeltmusik für Rockfans. Psychedelisch waren Ten Years After in den ersten Jahren ihres Bestehens nicht ausgelegt, das kam erst, als der Hippie-Zug schon Atembeschwerden bekam. Ein besonders fulminantes Beispiel für diese Form von Stimmung gab er 1969 auf dem → Woodstock-Festival mit dem obligaten Höhepunkt, Rausschmeißer und Standard-Obergewichse auf seiner Klampfe, dem oft bis zu 20 Minuten dauernden »Goin' Home«. Lee hielt Gitarren-Monologe, brillant – aber irgendwann doch sehr

Ten Years After: Hielten die 3-Akkord-Boogie-Holzerei im Rock am Leben.

ermüdend. (Mir tat er damals des Guten einfach zuviel auf seiner Klampfe – heute höre ich ihn allerdings wieder ganz gerne. – Anm. d. Verf.) – Mit ihm und der Gruppe blieb jedenfalls der Boogie im Rock lebendig, bis Status Quo diesen Part übernahmen und mit ihrer 3-Akkord-Holzerei zu einer absoluten Top-Kult-Band wurden. – Rockin' all over the World. Im Februar 1973 riet das englische Musikmagazin Melody Maker den Jungs, sich einfach aufzulösen, da sie jeden Ton, den sie spielen könnten, eigentlich schon gespielt hatten. Trotzdem war die Band bzw. Alvin Lee (Ten Years Later) noch lange Zeit eine wirkliche Blues-Rock-Institution.

Three Dog Night

Anspieltip: Three Dog Night (LP – 1968)

1968 in Los Angeles gegründet. An ihnen war nichts Aufregendes – aber sie verkauften Millionen von Platten. Sie machten richtig Kasse, waren aber eigentlich weder bekannt noch richtig berühmt – woran das lag, ist schwer zu sagen, aber anscheinend nahm sie niemand ernst in ihrer Mischung zwischen Derb-Pop und Mini-Psychedelic. Sie hatten mit Nillson »One« einen No.1-Hit 1969 und sie hatten das Talent, sich bei noch talentierteren Kollegen in Sachen Songmaterial zu bedienen – u. a. bei → Laura Nyro, Randy Newman und Paul Williams. Das war ihre Magie und ihr Rezept. Als echter Hippie tat man ihren Sound eher als netten, unbedarften Rockpop ab.

Tiny Tim

Anspieltip: God Bless Tiny Tim (LP – 1968)

Eine richtige Ulknudel – ursprünglich Herbert Khaury, wuchs in den Slums von New York auf, in wirklich miesen Verhältnissen. – Er war eine der verrücktesten Erscheinungen im Rock-Circus dieser Tage und wie ein Zirkusclown kam er einem dann auch vor. Mit unglaublich hoher Sopran- oder Kastratenstimme (wer weiß? – allerdings hatte er auch tiefe Töne drauf) sang er putzige Liedchen in alter Vaudeville-Manier. Als Begleitinstrument diente ihm dabei die Ukulele. (Sie wissen schon, die spielte eine gewisse Marilyn Monroe in »Manche mögen's heiß« in einer Damenkapelle. – Anm. d.Verf.) Er klang wie die Reinkarnation des Schellack-Gefühls. Daß er beim Singen nicht knisterte, war alles ...! Seine Kleidung war ein Sammelsurium der buntesten und geschmacklosesten Fetzen, die man sich nur vorstellen konnte – jeder Second-Hand-Laden hätte mit der Begründung »unverkäuflich« abgewunken. Zylinder in Riesenformat oder Minihütchen mit Plastikblume, er schreckte vor nichts zurück. Dazu ein grellweiß geschminktes Gesicht. Er war ohne Zweifel ein Unikum. Für die musikalische Entwicklung der Zeit ist er jedoch ohne jegliche Bedeutung. Einer seiner größten Hits war die Lachnummer »Tiptoe thru the Tulips«. – Anfang der 70er verblaßte sein Ruhm allerdings auch wieder in rapidem Tempo.

Tir Na Nog

Schottisches → Folkduo, das auch in Deutschland seine Fans hatte, wegen seiner milden, märchenhaften → Kiffmusik. War bei Männern wie Frauen beliebt wegen der romantischen Sensibilität der filigranen Texte und des fein ziselierten Sounds (!). Schöne Musik für frisch Verliebte (Kifferpärchen!).

Tolkien, J. R. R.

→ Herr der Ringe.

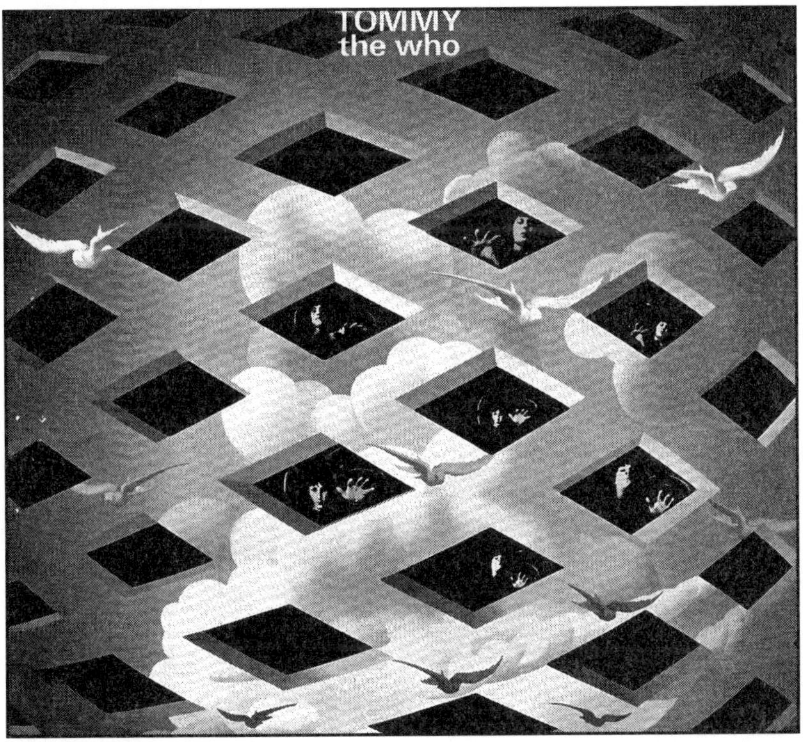

Rockoper Tommy von The Who

Tommy

→ The Who. – → Konzeptalbum. – Die → Rock-Oper – aber beileibe nicht die erste und auch nicht die letzte. Das Doppelalbum der früheren Mod-Gruppe The Who sprengte den Rahmen und manche Grenzen. Ein erstaunliches Werk für eine Formation, die in den frühen 60ern durch verächtlichen, alles abwertenden Krach aufgefallen war. – Tommy als Titelperson und als musikalisches Oeuvre wurde zu einer Art Bibel, einer Offenbarung für alle → Acid Heads. Es gefiel aber auch erstaunlich vielen, die nix davon kapierten – durchaus legitim in der gehobenen Unterhaltungsmusik. – Die Story ist ein krudes Brimborium, dessen Leitfaden Heilung, Katharsis und Selbstfindung des taubstummen und blinden Tommy ist. In abgegrenzten Stufen der Selbsterfahrung erlebt er die grauenvollsten Momente der Isolation, aus denen er sich mit Hilfe einer »Gypsy Queen« und dem zunehmenden Gebrauch von → LSD lösen kann. Trotz seiner Blindheit wird er zum »Pinball-Wizard«, dem König des Flipperns, und gewinnt eine große Anhängerschaft. In mythischen Überhöhungen wird er zu einer Art Messias, der sich selbst heilen kann. Sein Charisma verblendet Tausende, die ihm wiederum blind folgen – bis er erkennt, daß sein Weg nicht ist zu führen, sondern zu suchen und eventuell zu finden. – In der Vieldeutigkeit der Symbolik, Parabelhaftigkeit der Aussage und in der messianischen Komponente der Befreiung von irdischer Last und Krankheit lag die »Offenbarung« von Tommy – ein Evangelium für Suchende aller Länder: Folge Tommy, fresse → Acid, genese in dir und du wirst auch äußerlich genesen. Der Lesarten gab es viele.- Die Rockoper wurde auch mit opulenter Starbesetzung verfilmt, als Musical adaptiert und sogar symphonisch eingespielt. Ein Meilenstein der Rockmusik.

Ton Steine Scherben

Anspieltip: Macht kaputt, was euch kaputt macht. (LP – 1969)
Deutsche Polit-Rock-Combo der derben Art. Chef der Truppe war der 1998 verstorbene Rio Reiser. Hier war wirkliche Anarchie im Spiel unter dem Motto: »Macht kaputt, was euch kaputt macht!« Die Jungs warfen musikalische Molotow-Cocktails, einfach gebastelt – aber hochexplosiv. Musikalität war da zweitrangig.

Traffic

Stevie Winwood (voc, g, keyb, b), Dave Mason (voc, g, b, sitar), Chris Wood (Christopher Gordon Blandford W.), geb. 24.6.44 – gest. 20.7.83 (fl, s, p), Jim Capaldi (Nicolas James C.), (dr, voc)

Die Band entstand im Frühjahr 1967 und erlebte bereits im Juni desselben Jahres mit ihrer ersten Single Paper Sun den Durchbruch. Nach Veröffentlichung der von Jimmy Miller produzierten LP pausierte Mason von Dezember 1967 bis April 1968. Winwood folgte dem Ruf der Band → Blind Faith. Nach diesem Intermezzo, aus dem eine hervorragende LP hervorging, bei dem menschlich aber die Chemie, wie bei so vielen → Supergroups, nicht stimmte, reaktivierte Stevie (wie ihn sein Freunde nannten) Traffic again! Winwoods melancholischer, eindringlicher und Gospel-inspirierter Leadgesang, der immer so einen furchtbar leidenden Unterton hatte, erzeugte in Kombination mit dem musikalischen Talent der anderen Bandmitglieder eine dichte, aber gewöhnungsbedürftige musikalische Atmosphäre improvisatorischer Freiheit. Die Band schaffte es, eingängige Rockkompositionen mit Jazz, Blues, Soul und englischer Folkmusik zu verbinden. Kommerziell waren sie – außer bei den Anfangserfolgen wie »Hole in my Shoe« und »Paper Sun« – sicherlich nicht! Die fantastische Soul-Rock-Ballade »Feelin' Alright« (allerdings von Mason komponiert – auch von → Joe Cocker für sein Debütalbum adaptiert) wurde ein Charthit, ohne dem kommerziellen Affen Zucker zu geben. Nach dem ganzen Hickhack mit diversen Auflösungen und Reunions ging die Gruppe 1974 auseinander. Traffic hatte zeitweilig etwas unheimlich Larmoyantes, was aber den depressiven, entidealisierten Früh-70er kaum störte, sondern für ihn eher Balsam auf die noch frischen Wunden der 60er war. Alles »Graveyard People – born to loose and born to die!« – Textauszug – »Memories of a Rock'n Rolla«:
When I was a young boy, I lived for Rock'n Roll / We spent our times playing gigs, / and travelling on the road / and we didn't have much money (Schluchz!) / and the gigs were sometimes rough / but playing music for the people seemed to be enough / and the music was so sweet / that it's makes me tab my feet / and my mind is so very high / I am almost touching the sky / Now I am an old man / I know exactly what to do / never ask a question or give an answer to you / and when you pass me by / and drop a penny in my hat / don't feel sorry on my account / cause life can be like that / and the music is so sweet ...
(Ja – darf es denn wahr sein, der Rock'n Roller als gescheiterter Idealist oder gar Existentialist! Das trieb uns damals die Tränen ganz schön in die Augen. Die Schwanengesänge mehrten sich Anfang der 70er! – Anm. d. Verf.)

Trampen
→ Per Anhalter fahren, → Hitch Hike.

Transzendentale Meditation – TM
→ Yogi. → Maharishi Mahesh Yogi. – TM, auch »Wissenschaft der kreativen Intelligenz« genannt. Meditationstechnik auf Mantra-Basis, mit dem Ziel, die Naturgesetze zu überwinden. Die Beatles machten sie populär, indem sie Hofschranzen des Yogis Maharishi Mahesh wurden – in erster Linie → George Harrison. Dadurch erhielt die TM in Europa und Amerika einen Schub ungeahnten Ausmaßes. – Hunderte von Meditationsschulen eröffneten (und machten wieder dicht). Die junge westliche Welt war auf der Suche nach neuer Innerlichkeit und Sinngebung. Manche waren nur auf der Suche nach Entspannungstechniken, viele erhofften sich therapeutische Auflösung ihrer neurotischen Verspannungen und manche machten halt mit, weil es »in« war. (Ich habe auch einmal an einem solchen Kurs teilgenommen und mußte für mein Mantra 30 DM bezahlen – Haufen Kohle für einen Schüler damals –, daraufhin flüsterte der Guru mir das magische Wort ins Ohr, niemand der Anwesenden durfte es hören – es lautete schlicht »Berg«. Darauf sollte ich mich in der Meditationsphase konzentrieren, um die erste Ebene zu erreichen. Das tat ich – und schlief ein! Schade um die Mäuse. Die Gravitation aufzuheben habe ich leider nie geschafft. – Anm. d. Verf.)

Traue keinem über dreißig
Ein Ausspruch, angeblich vom radikalen amerikanischen Studentenführer → Jack Rubin geprägt, womit er die Seiten für einen ideologischen Kampf anscheinend genau abstecken wollte. – Der Spruch erlangte Popularität in den meisten Ländern der westlichen Welt. Dies Einstellung wurde denn auch in allen Lebensformen der jungen Generation dokumentiert und implizierte eine herablassende oder zornige Verachtung für alle etwas älteren Zeitgenossen. – Als man selbst den Sprung über diese Altersmarke zu überwinden hatte, wurde es einem mulmig bis sentimental zumute und man hatte die Befürchtung, nun unwiderruflich zu den alten Knackern zu gehören. – Deswegen erfuhr die Obergrenze immer wieder flexible Verschiebungen, d. h., in den 70ern hieß es dann: »Traue keinem über 40«! – Aber diese 30 hatten durch diesen Auspruch eine ungemeine, wenn auch oft nicht bewußt wahrgenommene Wirkung. – Das Resultat lautete relativ simpel: »Bis 30 ist man jung, ab 30 ist man alt.« Die magische Zahl 30 läutete also

das Ende der Adoleszenz, der Jugendzeit, ein – für jeden, der damit konfrontiert wurde, eine grausame Vorstellung. – Diejenigen, die den Satz so oft auf den Lippen führten, wurden allerdings auch dadurch überrascht, daß sie die ewige Jugend nicht gepachtet hatten ...! – Alternativ dazu entstand der Slogan: »Wir sind die, vor denen deine Eltern dich immer gewarnt haben!« (bezogen auf Aussteiger, → Gammler, Politquerköpfe, Hippies etc., die evtl. in behütete Bürgergefilde einbrachen und gar dem höheren Töchterchen den Kopf verdrehten. Gefährlich! – Anm. d. Verf.)

T-Rex

→ Marc Bolan.

Trip

So wurden → LSD-Erlebnisse bezeichnet – aber auch die Droge, bzw. die Zustandsform des Präparates. Das → halluzinogene Rauschmittel wurde meist auf Löschblatt oder Filz aufgeträufelt verabreicht bzw. »eingeschmissen«, wie es in Deutschland in den eingeweihten Jugendkreisen hieß.

Triperfahrung

War natürlich wichtig für den eigenen Stellenwert in der Clique, denn das Konkurrenzgehabe gab es natürlich weiterhin, trotz Love and Peace. Triperfahrung konnte hilfreich sein, wenn man auf einen → Horrortrip geriet. Manche → Acid-Heads machten es grundsätzlich so, daß sie, bevor sie einen »einschmissen«, einen Tripführer, der keine Drogen zu sich genommen hatte, »engagierten« – einen guten Freund am besten, denn Vertrauen sollte Voraussetzung sein für eine unbelastete Reise in die Abgründe der eigenen Psyche. Wer dem anderen übel wollte, konnte vor allem Novizen ganz schön fertig machen und so auf den Horror schicken, daß sie Teufel und Engel Rumba tanzen sahen, in einem Meer aus Blut. – Das war alles andere als vergnüglich und konnte zu Extremsituationen führen, die im vollzogenen Suizid enden konnten.

Tune In, Turn On, Drop Out

→ Timothy Leary. – Zauberformel einer ganzen Generation. Grob und despektierlich übersetzt, könnte man sagen: »Laß dein Gehirn weit werden, laß es höher und höher steigen und dann nix wie raus aus der ganzen Scheiße (die dich lähmt und zu einem angepaßten Scheißer macht)!«

Turtles, The

Howard Kaylan (F. Howard Kaplan, (voc, ts), Mark Volman ((voc, as), Don Murray (dr), Al Nichol (g), Dale Walton (g), Chuck Portz (b)
Amerikanische Gruppe, ursprünglich 1961 als The Nightriders, später The Crossfires, in Los Angeles gegründet. Die Gruppe spielte ursprünglich instrumentale Surfmusik und später englisch inspirierten Beat. Die Orginalband hatte u. a. mit Singles bei kleineren Labels lokale Erfolge. Kaylan, Volman und Nichol hatten nebenher in der → Folk-Gesangsgruppe The Crosswind Singers zusammen mit der Sängerin Betty McCarty gespielt. Es fiel daher den Crossfires nicht allzu schwer, 1965 musikalisch auf die populäre Folk-Rockwelle aufzuspringen. Aus dieser Formation entwickelten sich dann die Turtles. Im selben Jahr erlebten sie ihren Durchbruch mit »It Ain't Me Babe«. Sie landeten in den folgenden Jahren eine Serie internationaler Hits u. a. mit »You Baby«, natürlich die Mini-Hippie-Hymne »Happy Together«, »She'd Rather Be With Me« und »Elenore«. Der Stil war ein von Kaylans und Volmans Gesang geprägter Pop, der zum wichtigen Bestandteil des Westküstensounds wurde. In der Zeit von 1965-70 änderte sich die Besetzung häufig. Kaylan, Volman und Nichol blieben aber nach wie vor die zentralen Schlüsselfiguren in der Band. 1969, kurz nach einem eher rockgeprägten, von Kinks-Boß Raymond Douglas Davies produzierten Album, wurde die Gruppe aufgelöst. Die Turtles waren auf der Bühne eine dynamische und lustige Truppe. Kaylan und Volman machten als Phlorescent Leech & Eddie und später Flo & Eddie weiter und präsentierten eine Art Rock-Kabarett mit politischen Untertönen – heute würde man wohl Comedy dazu sagen. Comedy Rock. Anfang der 70er waren sie außerdem Sänger der → Mothers Of Invention und haben als Backgroundsänger auf einer Unzahl von Aufnahmen mitgewirkt: u. a. mit → T. Rex, → John Lennon, Alice Cooper, Bruce Springsteen und Blondie.

Tyrannosaurus Rex

→ Marc Bolan.

U

UFO-Club

Absoluter »In-Club« in London in den 60ern (neben vielen anderen) – Zentrum der coolen und → hippen Hippies. Hier traten Bands auf, die Weltkarriere machten – → Julie Driscoll, → Arthur Brown, → Tyrannosaurus Rex u. v. mehr.

Underground

Underground, der künstlerische »Untergrund«, die Lebenswelt (→ Subkultur) und die Produktion (Antikunst) avantgardistischer Filmemacher, Theatergruppen, Bands, Objektkünstler, Literaten, die noch nicht völlig vom kommerziellen Kunstbetrieb erfaßt sind. – Damit wurde aber auch die schleichende Transformation der Hippie-Mentalität in eine aggressivere, politische Einstellung bezeichnet, die auch ihren Niederschlag in Literatur und zeitgenössischer Musik fand. Mit dem Underground ist untrennbar die Bezeichnung → progressiv verbunden. Die Übergänge waren jedoch fließend – alles, was nicht in das gängige »mainstreamige« Unterhaltungskonzept paßte und kommerziell schlecht oder nur für bestimmte Zielgruppen verwertbar war, wurde als Underground bezeichnet. – Auch Ausdruck für → Psychedelic Rock und Polit-Rock. Ende der 60er erschienen → Sampler, mit dem Titel »That's Underground«, auf denen alle möglichen Gruppen zusammengewürfelt wurden – ob sie nun eine politische Aussage zu treffen hatten oder nicht – Hauptsache, es klang schräg – viel E-Gitarre (Verkörperung progressiver Rockmusik) mit Hall oder Verzerrer, Wah Wah oder Fuzz-Box – und die gängigen Harmoniemuster mußten sich wenigstens teilweise aufgelöst haben. Wichtig dabei war natürlich auch, daß die Typen auf den → Cover-Fotos »something else« waren – bunt, langhaarig und da bereits ganz wichtig – vollbärtig. Das vermittelte den intellektuellen Touch – einfach → hip!

USA

Land auf dem amerikanischen Kontinent mit damals 50 Bundesstaaten – das in den 60ern enorm in der Klemme steckte – innenpolitisch (Rassengesetze, Studentenunruhen, Verweigerung der Jugend) und außenpolitisch (→ Vietnam). Sah sich immer als das liberalste Land dieser unserer Welt und als einziges Bollwerk gegen den Kommunismus. Hatte permanent die Allüre, den Weltpolizisten zu spielen. In → Vietnam bekamen sie dann heftig eins auf die Schnauze.

USA – United States of America

Anspieltip: United States Of America (LP – 1968)
→ Avantgarde-Rockgruppe aus Los Angeles. Sie spielten, um die Schublade aufzumachen, einen psychedelisierten → Art-Rock mit jeder Menge Elektronik. Heavy Stuff, da mußte man gute Nerven haben! Wirklich → progressiv. Fixierten sich dabei aber nicht auf die musikalischen Spielereien allein, sondern sorgten mit guten, sensiblen und auch deftigen Texten für massive Verunsicherung (auch und vor allem bei Plattenfirmen). Sie hatten den Mut, ein Lied über Marx und eines über → Che Guevara (»Liebeslied für den toten Chef«) zu machen. Es war für die eigenen Landsleute anscheinend schwer zu erkennen, wo ihre Satire begann und ihre Subversion endete. Sie bauten bereits den → Synthesizer in ihre Musik ein, der den meisten Hippies wegen seiner klanglichen Kälte und Künstlichkeit ein Greuel war. Mit diesem Konzept konnte man allerdings nur in Studentenkreisen Furore machen und das anscheinend auch nur sehr beschränkt. Die Gruppe blieb nur ein knappes Jahr zusammen.

V

Vanilla Fudge

Da konnte man förmlich erschrecken, wenn diese Truppe mal so richtig loslegte. Vanilla Fudge spielten den zeitverzögerten Rock oder »Slow-Motion-Heavy-Psychedelic-(Monster-Klotz)-Rock« (ist mir just in diesem Moment eingefallen, diese Kategorisierung, klingt klasse, nicht? Trifft es aber wirklich! Keine beabsichtigte Eitelkeit. Wer es nicht glaubt, soll sich die erste LP der Gruppe anhören. Auf CD zu haben. – Anm. d. Verf.). 1966 auf Long Island/New York gegründet, hatten sie ihren ersten Hammerhit mit einem harmlosen Supremes-Liedchen namens »You keep me hanging on«. – Das taten sie denn auch mit ihren Zuhörern: Das Stück war nicht wiederzuerkennen – und bis es richtig zur Sache ging, sah man durch die rotierende Leslie-Orgel schon rote Sternchen vor den Augen. Und dann schepperte es, daß es krachte! – War unglaublich neu damals. Durch diesen Dehntrick zeigten sie oft auch die Banalität der Songs auf, die sie coverten – ob absichtlich oder nicht, ist heute schwer zu belegen. Sie vergingen sich in dieser Weise an »Elenor Rigby« von den Beatles oder »Some Velvet Morning« von Jimmy Webb (Hit für Nancy Sinatra). Durch diese Klangmarathons waren sie Ende der 60er bei → Psychedelic-Liebhabern und → Acid-Heads ganz besonders angesagt. Ein musikalischer → Horrortrip gehobener Qualität.

Velvet Underground

Gruppe, die unter der Protektion von → Andy Warhol zustande gekommen war. → Lou Reed. → Nico. – Allerdings verkörperten sie in den 60ern nichts, was auf dem Boden der sprießenden Blumenkinder seine Berechtigung gehabt hätte. Sie nahmen das Ende quasi vorweg und wurden die Hausband der gescheiterten Ideale. Ihre Songs erzählten von Verlierern, Randexistenzen, Gescheiterten, diskriminierten Schwulen, Rauschgiftsüchtigen und der illusionslosen Kälte der Gesellschaft. Hoffnungsträger und Optimisten waren sie definitiv nicht – ihr depressiver Großstadtsound hatte ein morbide Faszination, eine Destruktivität, die einen, war man es nicht schon, krank machen konnte. Man hatte ja die Wahl, sich auf sie einzulassen oder nicht – die, die es taten, hatten dann keine mehr und oft mit harten Drogen zu tun. Die Gruppe war sicherlich nicht schuld an der Drogensucht vieler ihrer Fans, sie trafen nur die fatalistische Mentalität, sich nichts mehr vom Leben zu erwarten, sehr genau. Dazu kam ihre Destruktionshymne »Heroin«, die absichtlich mißverstanden, in die falsche Richtung führte!

Vibrations

Ausdruck für Schwingungen, Stimmungen, Launen, Befindlichkeiten. Es gab sowohl positive (good Vibrations – → Beach Boys) Vibrations, die ein Lebensgefühl, ein bestimmtes optimistisches, freundlich verklärendes Weltbild wiedergaben – als auch schlechte (bad Vibrations – → LSD-Horrortrip), die andere mit »runterziehen« konnten.

Vietnam, Vietnamkrieg

Filmtips: »Good Morning – Vietnam«, »Apocalypse Now«

Trauma der Amerikaner und Stichwort für die bewaffneten Kampfhandlungen in Indochina zwischen 1946-75, die die Welt verändern sollten – in vielerlei Hinsicht. Amerika war auf dem Weg vom bejubelten Sieger im 2. Weltkrieg über die Schlappe in Korea in sein erstes wirkliches externes und extremes Disaster (den Bürgerkrieg im 19. Jh. als innere Auseinandersetzung einmal ausgenommen). Die französische Phase (1946-54): Der offene frz.-vietnames. Konflikt begann mit dem Haiphong-Zwischenfall (Beschießung Haiphongs durch frz. Kriegsschiffe am 23.11.1946, als der Forderung des frz. Oberbefehlshabers nach sofortigem Abzug des Vietminh aus Haiphong nicht entsprochen wurde). Schon bald zeigte sich, daß das frz. Expeditionskorps den ab 1949 von den chin. Kommunisten unterstützten Vietminh-Truppen unterlegen war. Die amerikan. Regierung gewährte Frankreich im Rahmen ihrer antikommunist. Eindämmungspolitik ab 1950 Finanzhilfe und entsandte Militärberater nach Saigon. 1953 war der Vietminh militärisch im größten Teil des Landes präsent und konnte mit der polit. Unterstützung der bäuerl. Bevölkerungsmehrheit rechnen. Nach dem Fall von Dien Bien Phu (7.5.1954) wurden am 21.7.1954 in Genf die

Waffenstillstandsabkommen unterzeichnet (Genfer Konferenzen). Die in der (von den USA und Großbrit. nicht unterzeichneten) Schlußerklärung der Konferenz angekündigten gesamtvietnames. Wahlen zur Wiedervereinigung des in militärische Einflußzonen geteilten Landes scheiterten am Widerstand des von den USA unterstützten südvietnamesischen Regierungschefs Ngo Dhin Diem, der die Franzosen aus dem Land drängte und alle oppositionellen Kräfte ausschaltete.
Die amerikanische Phase (1960-73): Präsident → J. F. Kennedy verstärkte die amerikanischen Militärberater in Süd-Vietnam von 2000 Ende 1960 auf 16300 Ende 1963. Gleichzeitig wuchs die Zahl der eingesickerten Kader aus Nord-Vietnam. Der amerikan. Präsident L .B. Johnson ließ sich auf Grund des nie ganz aufgeklärten Tonkin-Zwischenfalls (die angebliche Beschießung von zwei US-Zerstörern durch nordvietnames. Kriegsschiffe im Golf von Tonkin am 2. und 4.8.1964) vom Kongreß die Generalvollmacht für eine Ausweitung des Krieges geben – u. a. Verstärkung der amerikanschen Truppen, Luftangriffe gegen militärische und wirtschaftliche Ziele in Nord-Vietnam sowie gegen das von Nordvietnamesen benutzte Straßennetz des Ho-Chi-Minh-Pfades in Laos und Kambodscha. In Süd-Vietnam konnten die Amerikaner auch durch den Einsatz ihrer überlegenen Luftwaffe und die Anwendung neuer Kampfmethoden (Entlaubungsmittel, Napalm) zwar einen militärischen Gesamtsieg ihres Gegners vereiteln, aber keinen eigenen Sieg erzwingen. Eine politische Wendung brachte die nordvietnamesische Tet-Offensive der Truppen Vo Nguyên Giaps Ende Jan. 1968. Obwohl sie militärisch letztlich ein Fehlschlag war, wirkte sie in den USA als Schock. Mit der Einstellung der Bombardierungen des Nordens wurde die wichtigste Bedingung für die Aufnahme von Verhandlungen (ab Mai 1968 in Paris) erfüllt. In den USA und weltweit nahm die Kritik an der amerikanischen Vietnampolitik zu. Die Lösung aus dem amerikanischen Überengagement strebte Präsident Richard Nixon durch den Abbau der amerikanischen Streitmacht in Vietnam seit Anfang 1969, in bilateralen Geheimverhandlungen seines Sonderberaters Henry Kissinger mit Nord-Vietnam seit August 1969 und durch die Vietnamisierung des Konflikts an, d. h., durch den massiven Aufbau der südvietnamesischen Armee. Das Waffenstillstandsabkommen vom 27.1.1973 (im März 1973 auf einer internationalen Konferenz bestätigt und garantiert) bestimmte den Abzug des gesamten militärischen Personals der USA, ohne über die im Süden befindlichen nordvietnamesischen Truppen etwas auszusagen.

Vietnam-Day

Oktober 1965 – in den USA protestieren über 100 000 Studenten an mehr als 30 Colleges gegen den Vietnamkrieg. – 21.10.1967 – Das Pentagon kann nur mit Hilfe von ca. 10 000 Polizisten und der → Nationalgarde vor den mehr als 250 000 Belagerern geschützt werden, die gegen den Krieg in Vietnam protestieren. → Demos auch in Rom, Berlin, London, Paris, Amsterdam und anderen europäischen Städten.

Vögeln

Poetisch-subversiver Ausdruck → progressiver Jugendlicher und Kommunarden für schnellen Lustgewinn, ohne nachhaltige Reue, Besitzansprüche und Verpflichtungen. → Establishment.

Eric Burdon declares War!

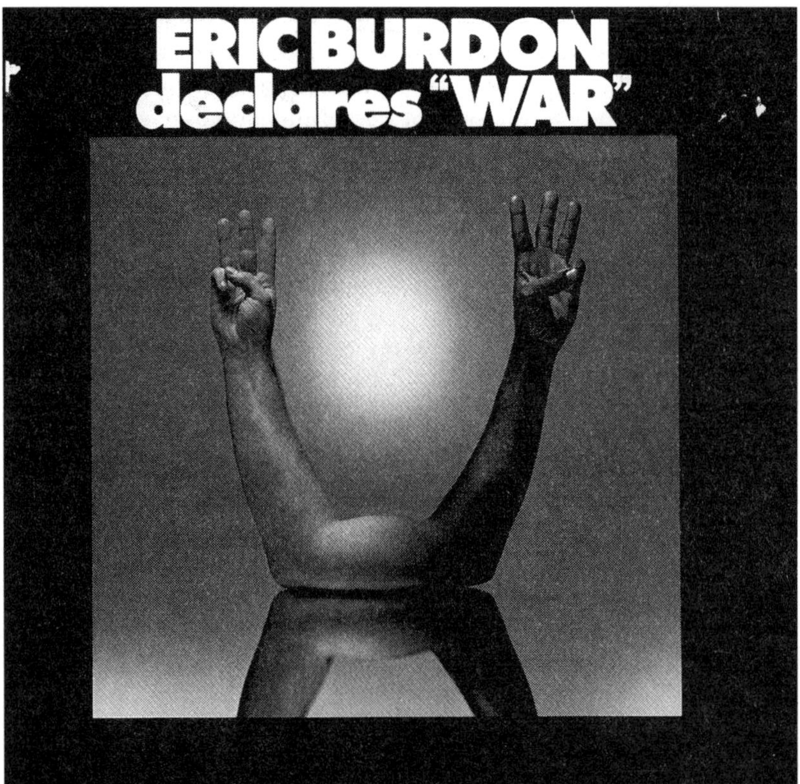

W

War

Anspieltip: Eric Burdon Declares War (LP – 1969)

Bereits 1961 gegründet. Farbiges Septett (nur der Harmonica-Spieler war Weißer, ein Däne). – 1969 stieß → Eric Burdon (nachdem sich die → New Animals aufgelöst hatten) zu War und erfüllte sich damit einen Traum. Er wollte immer wie ein Schwarzer klingen und mit Farbigen Musik machen – jetzt hatte er die Gelegenheit dazu. Und die Gruppe war natürlich angetan, mit seinem damals berühmten Namen ins Rampenlicht des Rock-Biz vorzustoßen. – Als sie ihren Durchbruch geschafft hatten, ließen sie ihn auch wieder fallen, wie eine heiße Kartoffel (so wird jedenfalls kolportiert – es gibt auch eine andere Interpretation: Burdon kassierte den Ruhm, die Manager die Kohle und War blieb im Dunkeln, »wo man Farbige ja bekanntlich schlecht sieht« – das halte ich für Quatsch. – Anm. d. Verf.). War spielten einen dynamisch-brodelnden Soul-Blues, der Eric Burdon großartige Möglichkeiten eröffnete, die er leider nur eingeschränkt nutzte (auf dem zweiten Album »plärrt« er ein bißchen sehr – konnte er besser. – Anm. d. Verf.) – 2 ausgezeichnete Alben entstanden »Eric Burdon declares War« (1969) und »Black Man's Burdon (1970). – Das Motto der Gruppe präsentierte sich damals prätentiös und bieder gleichzeitig – auf dem Cover des Debüts stand: »Wir das Volk haben den Leuten den Krieg erklärt – für das Recht, einander zu lieben!« – und der Edel-Hippie Burdon griff diesen Slogan mit innerster Überzeugung auf. – Ein Meisterwerk war das Resultat – vor allem das ellenlange »Tobacco-Road«, ein explosiver Standard, der hier episch Dimension erreichte, überzeugte in Konzeption und Variation des sozio-politischen Themas – ein echter Klassiker der Zeit! – Album No. 2 (eine Doppel-LP) erreichte nicht ganz den musikalischen und auch Chartstatus des ersten Werkes, bot aber

auch eine kompakte musikalische Leistung. 1971 brach die »Symbiose« Burdon – War auseinander. – War hatten in den 70ern auch ohne den Mann aus Newcastle großen kommerziellen Erfolg – was oben genannte Theorie wiederlegt, daß sein Abgang der Gruppe ein Mauerblümchendasein bescherte ...! Die Formation heimste etliche Platinauszeichnungen ein – in zielorientierter Hybris nannten sie ein Album der späten 70er auch so – »Platinum-Jazz« – ihr Soul-Rock wurde aber immer mehr zur leeren Musikhülse und zur Attitüde, die Disco-Rhythmen beförderte. Keine Musik, die irgendeine Inhaltlichkeit zu bieten hatte. *They can't take away our Musik (Black Men's Burdon – 1970)*
There's a feeling shared today / By the people whose freedom has been taken away / And as in the past when times are wrong / The common folks come together in song / How will we win / With what will we fight / We hope with this song / Our world we will unite / Oh, there is one thing that I'm sure / It's so proud and it's so pure / And it comes from deep within / It's got no hair, it's got no skin / And as we travel far and near / We bring the world for you to hear / And the message that we bring / Is alive in the words we sing / And no matter how bad you feel / We got something, they can't steal / No they can't, no they can't ... / No they can't take away our music / No they can't ... / In the ghetto it gets cold / But we got something to warm our souls / Like the blanket of our faith / Keeps us covered, when we shake / Though they take my brothers life / And deny his given rights / Yes the message will be heard / As the poets spread the word / And our spirit they can't break / Cause we got the power to communicate / No they can't ... / No no no no no no / They can take away all our lives / But they can'take away our music ...
(Frommer, hehrer Wunsch – sie haben ihnen die Musik nicht genommen – dafür ihre Identität, das Unverwechselbare, den Glauben, ihr Geld und den Hauch einer Illusion ... die Musik lebt weiter, die Inhalte sind andere geworden, ob sie diesen Namen verdienen, muß die jeweilige Generation entscheiden – »no, they can't ... Music is your only friend« – und Freunde konnte man immer schon kaufen! – Anm. d. Verf.)

Warhol, Andy
Kunstpapst der 60er, der es schaffte, durch die naturgetreue, plakative Abbildung einer Dose Tomatensuppe eine neue Kunstrichtung zu etablieren und populär zu machen. → The Factory. Protegierte die Gruppe → Velvet Underground. → Pop Art (Roy Lichtenberg).

Wassermannzeitalter
→ Aquarius.

Wasserpfeife
Orientalisches Rauchutensil in Form der Tabakspfeife. Der Rauch muß, bevor er eingeatmet wird, Wasser passieren und wird dadurch gekühlt, der scharfe und sehr nikotinreiche Tabak wird im Aroma milder und verliert an Nikotingehalt. Soweit der orientalische Rauchalltag. Die Pfeife wurde natürlich zum Opiumrauchen verwendet und gewann in der Kiff-Kultur der 60er auch ihre Anhänger, sofern man sich die teuren Dinger leisten konnte.

Webb, Jim (Jimmy)
Jim Webb Sings ... (LP – 1968)
Geboren am 15.8.1946 in Elk (!) City/Oklahoma (da wo sich alkoholkranker Indianer und ausgestorbener Büffel gute Nacht sagen – Anm. d. Verf.) – War einer der Popkönige der 60er – allerdings in erster Linie als Komponist. Viele seine Lieder wurden Top-Hits, wie zum Beispiel »Galveston« (Glen Campbell), »McArthurs Park« (Richard Harris und Four Tops) Und »Up Up And Away« (→ 5th Dimension). Seine gefühlvollen, hintergründigen Songs waren qualitativ hochstehende Popmusik, die sich von purem Unterhaltungskitsch und und dekorativer Inhaltslosigkeit wohltuend abhoben. – Ende der 60er versuchte er einen Schlenker in rockbetontere Gefilde, zeigte dem Musik-Establishment den »Stinkefinger« und bekam eine Zeitlang prompt keinen Fuß mehr auf den Boden.

West, Keith
Hatte einen netten Hit mit »Excerpt from a Teenage Opera«. – »The Teenage Opera« war ein Pop-Musical, das damals (1967) in London gespielt wurde und in einer naiven Form den Zeitgeist einer (jungen) Generation, die sich nicht verloren gab, dokumentierte.

West, Leslie
Schwergewichtiger Gitarrist, den Kritiker den → Clapton für Arme nannten. Wird seinem Können nicht gerecht. Er war in der Lage, wirklich massive Hard-Rock-Gewitter zu entfachen. Verpaßte den Weg in eine gewisse Kontinuität durch extreme Drogenprobleme in den 70ern. → Mountain.

White Lightning

Darreichungsform von → LSD. → Trip.

White Panther

→ John Sinclair. Gruppierung radikaler Weißer in Detroit und Ann Arbour, die die Revolution vom Bürgersteig aus inszenieren wollte – mit der Proklamation von → Anarchie und grenzenloser Freiheit. Im nachhinein weiß man nicht so genau, ob diese Partei des John Sinclair nicht lediglich eine militant faschistoide Verbindung war.

White, Tony Joe

Tony Joe White wurde am 23.7. 1943 in Oak Grove (!)/Louisiana geboren. Seine Musik zu klassifieren ist nicht einfach – das besorgte er denn gleich selbst. – Zydeco-Rock. Er war der Begründer und wahrscheinlich einzige Vertreter des Swamp-Sound. (Sumpf- und Bayou-R&B mit kreolischen Cajun-Klängen). Er spielte den Alligator-Rock und war sowas wie der Huckleberry Finn der Folk-Rock-Szene. Blubbernder Sound, brachialer Südstaatendialekt, hinterwäldlerisches Auftreten und über der Musik die Nebel eines anbrechenden Sumpfmorgens. Oder waren es die Rauchschwaden eines abendlichen Whisky-Feuers? – Große Hits hatte er allerdings sehr befristet mit »Polk Salad Annie«, »Roosevelt and Ira Lee« und »Save your Sugar for me« – Kleinstadtgeschichten aus dem Süden, mit der vordergründigen Beschaulichkeit – aber auch dem dumpfen latenten Brodeln dieser Region. Anständigkeit und Geradlinigkeit mit einem deftigen, aber raffiniert versteckten Schuß Obszönität. Ein Musterbeispiel von einem Südstaatler. (Fehlte nur noch das Ku-Klux-Klan-Mützchen – ohne daß ich hier »Böses« unterstellen will. – Anm. d. Verf.). Diese kreuzbrave Biederkeit hatte ihren Zunder auch bald verpufft.

Who, The

Anpieltip: Who's Next (LP 1971)

Die → Mod-Gruppe der frühen 60er – in der zweiten Hälfte des Jahrzehnts musikalisch gereift, aber deswegen keinen Deut leiser. Herausragender Beitrag zur Hippie-Zeit war ihr Album → Tommy. Aufregende Auftritte bei → Monterey Pop und → Woodstock. Die Who hatten eine, das Budget in die Höhe treibende Unart. Sie machten immer alles kaputt. Vornehmlich ihre Instrumente. Diese zerschlugen sie seit frühen Beatzeiten mit fanatischer Akribie während ihrer Auftritte. Das nannte man Show. Kam gut an. Trieb die Gruppe aber des öfteren an den Rand eines Konkurses – wenn das im Zusammenhang mit Beat-Musik überhaupt ein legitimer Ausdruck ist. – Sie sangen die Mod-Hymne »My Generation«, die zum Identifikations-Hammer einer ganzen ... Generation wurde. Darin stellten sie lapidar fest, »daß sie lieber sterben wollten, bevor sie als alte Säcke irgendwo rumhingen«. (Bis auf den Drummer Keith Moon leben sie alle noch – erstaunlicherweise – Anm. 1999!) – Das mit archaischen Mitteln der Lautstärke und des indifferenten Lärms umgesetzt, traf den Nerv einer »ruhig gestellten« Jugend, die fing denn auch prompt an zu toben. The Who standen für Radau, Randale machen – aber nicht einfach so, sondern mit einem »sophisticated« Spruch auf den renitenten Lippen. Waren die → Rolling Stones Monster in den Augen der braven Welt, so waren die Jungs aus London apokalyptische Bestien. No one was amused! – Sie führten sich auf der Bühne und in Talk-Shows oder Fernsehsendungen auf wie die »offenen Hosen« – konnten aber eine Entwicklung einleiten, die sie auch zu stark bewerteten Musikern machte – was vor allem Mastermind Pete Townshend – dem Dreschflegel des solo-rhythmischen Gitarrenspiels – zu verdanken war. Der Sänger Roger Daltrey war ein bißchen ein Dumpfmeister, allerdings mit Waschbrettbauch, Keith Moon, der kollabierende Drum-Derwisch hatte so seine Alkohol- und Drogenprobleme und verstarb denn auch, bevor er alt wurde, und der vierte Mann, war eigentlich gar nicht da – der stand nur rum und zupfte die dicken Saiten – John Entwhistle, der Bassist. – Eines konnte man ihnen nicht absprechen – selbstzerstörerische Lebendigkeit! – Mit der Zeit geriet dieses Chaos aber immer mehr in ein wohldurchdachtes Konzept: Die Bühnenshow wurde eine raffiniert getimte Masche, die Kompositionen wurden diffiziler (nur ein wenig!) und die Texte poetischer (damit sind surrealistische bis Da Da-Einflüsse gemeint). Höhepunkte in der Hippie-Ära waren für The Who sicherlich die beiden Auftritte auf den beiden wichtigsten Festivals der Epoche – → Monterey und → Woodstock. Und um es noch mal deutlich herauszuheben – die Rock-Opera, das → Konzept-Doppelalbum → »Tommy« (1969).

Wilson, Brian

→ Beach Boys. Mastermind der Gruppe, hatte jahrelang psychische und drogenbedingte Probleme. Nachdem er sich wieder halbwegs erholt hatte, feierte 1998 ein von der Kritik goutiertes Comeback. Das Publikum reagierte eher uninteressiert. Begründer des Surf-Sounds. Ein Kritiker sagte einmal: »Seine Musik ist genial – seine Texte sind Mittelschule.« – Stimmt sicherlich für 80 % des Beach Boys-Materials.

Winwood, Steve (Stevie)

→ Traffic. Das musikalische Wunderkind der 60er – dieses Attribut haftete ihm immer an und lähmte ihn zeitweilig auch in seiner Kreativität. – Englischer Sänger, Organist, Pianist, Gitarrist, Bassist – geboren als Stephen Lawrence Winwood am 12.5.1948 in Handsworth, Birmingham. Stevie Winwood wuchs in einem musikalischen Milieu auf und sang im Kirchenchor (!). Er wirkte gemeinsam mit dem Vater und dem Bruder Mervyn »Muff« Winwood in Amateurorchestern mit, die Brüder spielten um 1956 Skiffle und Dixieland-Jazz. 1959 begann sich Stevie Winwood auch für modernen Jazz zu interessieren, und 1961 jammte er zusammen mit Jackie Edwards. Als 15jähriger wurde er Berufsmusiker und trat mit dem Orchester seines Bruders (The Muff Woody Jazz Band) auf, die ab 1962 den Kern der Spencer Davis Group ausmachte. Er spielte danach mit → John Mayall, → Eric Clapton, → Jack Bruce und anderen in der Gruppe Powerhouse. Im Frühjahr 1967 gründete er die Band Traffic, die sich 1974 wieder auflöste – allerdings einige musikalische Meilensteine hinterließ. Zusammen mit Clapton, Ginger Baker und Rick Grech gründete er im April 1969 die Band → Blind Faith. Er sang außerdem kurze Zeit in Ginger Baker's Airforce, hatte enorm viele Gastauftritte u. a. auch für → Jimi Hendrix oder solche schwarzen Bluesgrößen wie Muddy Waters. Stevie Winwood, der insbesondere von Ray Charles beeinflußt ist, hat eine ausdrucksvolle Stimme und ist einer der bedeutendsten Musiker und Sänger der Rockgeschichte (und auch ein bißchen überbewertet – seine Stimme klingt oft, als ob er einen Gartenschlauch verschluckt hätte. – Anm. d. Verf.). Er tourt heute noch und hatte in den 80ern ein fulminantes Comeback.

Woodstock

Anspieltip: Woodstock (Triple-Album – 1970)

Steht als alles überstrahlendes Synonym für die Love-Generation. – 15. bis 17.8.1969. – War es das auch? Diese Frage letztendlich wertend zu beantworten, fällt schwer. → Monterey. – Auf Woodstock flog er jedenfalls am höchsten, der Flower Power-Schmetterling. Kurze Zeit später schon sollte er dann schmerzhaft abstürzen im Disaster von → Altamont. – Das biedere Bäuerchen Max Yasgur hatte in der Nähe der Künstlerkolonie »Woodstock« (liegt nahe Bethel/NY) seinen Acker zur Verfügung gestellt für eine Musikveranstaltung. – Und dann passierte es: das Ereignis der Rockgeschichte, der Hippie-Ära, des → Flower Power-Movements! – Der Himmel nistete sich 3 Tage auf Erden ein und die Liebe siegte über das Böse und hintergründig Ghulische des

Teufels. Ein neuer Staat war gegründet, nur seine Bürger verflüchtigten sich in alle Bereiche der alten Welt und wurden langsam, aber unerbittlich wieder absorbiert. – Ja, schön wäre es gewesen, wenigstens im Ansatz. – Es war nicht so ... das Konzert sollte Kohle bringen, die Kosten waren ja auch für damalige Verhältnisse immens. – Woodstock, ein → Free-Concert? Ursprünglich nicht – nur die Veranstalter waren dermaßen hoffnungslos mit der Organisation überfordert, als alles ausuferte, daß man das Open Air zum Free-Concert deklarierte. Es blieb den Jungs einfach nichts anderes mehr übrig! – Wäre das nicht geschehen, hätte man wahrscheinlich trotz aller Friedensbereitschaft und Liebeswilligkeit aus dem Gelände eine Achterbahn gemacht! Das taten sie letztendlich allein durch ihre Anwesenheit (Bauer Yasgur konnte ein Jahr lang jedenfalls keinen Mais mehr ernten), – mit knapp 100 000 jungen Blumenkindern hatte man gerechnet – um die 400 000 wurden es. Die Zufahrtsstraßen waren tagelang blockiert, niemand kam rein, kaum einer raus. Über dem Gelände schwebte ein Wolke → Marihuana-Rauch, die eine Herde Elefanten → stoned gemacht hätte. Der Polizeibericht erwähnte, man wurde schon vom Einatmen der normalen Atemluft so high, daß man gar keinen Joint mehr »durchzuziehen« brauchte. – Man liebte sich, in Schlafsäcken, im Schlamm (zwischendrin kam der große Regen), man lächelte und man hörte Musik. Gute Musik. Alle waren da, die etwas zu sagen hatten – mit Rock und im Rock! – → Jimi Hendrix, → Jefferson Airplane, → Crosby, Stills & Nash, → Joan Baez, → Richie Havens, → Joe Cocker, → Santana, → The Who, → Ten Years After, → Mountain, → Country JoeMcDonald um nur einige zu nennen ... insgesamt waren es 32 Interpreten und Bands die

Woodstock: Über 400 000 Blumenkinder lauschten drei Tage lang friedlich.

für eine insgesamt lächerliche Gage spielten! – Der Drogenhandel florierte, oft vor den Augen des Gesetzes – Das Festival der positiven Anarchie ließ eine Utopie für einen Lebensentwurf 3 Tage lang tief und kräftig durchatmen, lebensvoll und voller Hoffnung, doch etwas zu bewirken auf diesem »far out Planet«! 3 Tage lang! – → Allen Ginsbergh nannte es das bedeutendste »planetarische« Ereignis. – Es schien, als ob die Jugend der Welt die Oberhand gewinnen könnte über Repression und Regression der kranken Gesellschaftsformen – ein zu abstrakter Traum. Die Massen bewegten sich – in Richtung Altamont und → Fehmarn, und der substantielle Hippie-Traum von → Love, Peace & Happiness war wenige Monate später schon eine erkaltete Leiche – nur die Hippies selbst spürten die Leichenstarre zuletzt ... heute ein Mythos der eher als Unterhaltungswert interpretiert wird. – Michael Wadleigh hatte das Spektakel auf 100 km (!) Film dokumentiert, der später auf der ganzen Welt Millionen einspielte. Die Plattenfirma »Cotillion« mußte monatelang um die Rechte an den Künstlern feilschen, bevor deren Plattenverlage die zwei mitgeschnittenen → Sampler-Alben »Woodstock« und »Woodstock Two« (1971) zur Veröffentlichung freigaben. – Ab da war es wirklich Big Business!

Y

Yardbirds, The

Anspieltip: Little Games (LP – 1967)

Die »Hinterhof-Vögel« waren eine der herausragenden und einflußreichsten englischen R&B-Bands in den 60ern. Die Crème de la crème der englischen Gitarristen machten bei ihnen Zwischenstation – → Eric Clapton, → Jeff Beck, Jimmy Page. – Sie drangen früh in musikalische Dimensionen vor, die anderen Gruppen auf Grund instrumenteller Defizite versagt blieben. Kirchenchoräle (»Still I'm sad«), Filmmusik zu Antonionis Kultstreifen »Blow up«, Sitarexperimente, als die meisten das Wort nicht einmal buchstabieren konnten, und vor allem stilprägende Gitarrenarbeit, waren nur einige der Einflüsse, die sie über der englischen Rockszene ausschütteten. Sie können als eine der allerersten »Psychedelic-Combos« archiviert werden und waren durch ihre Guitar-Wizards führend im Gebrauch von Sound-Equipment, das sich erst zögerlich durchsetzen sollte – Phaser, Fuzz-Box, Wah-Wah, Feed-Back – alle diese Tricks und noch einige mehr schlugen für die Yardbirds zu Buche. Von straightem Rhythm & Blues stiegen sie vor allem mit Beck in Soundmuster ein, die zig andere Gruppen beeinflussen sollten. → Jeff Beck. Sie galten in den frühen 60ern als die große Konkurrenz für die → Rolling Stones, was die Rockgeschichte ad absurdum führte, wie wir alle wissen. Das lag an der personellen Unbeständigkeit der Formation und auch daran, daß Mick Jagger deutlich mehr Sexappeal und Charisma hatte, als der Sänger der Yardbirds – Keith Relf (→ Renaissance). 1968 löste sich die Gruppe auf Grund mangelnder musikalischer Substanz auf, da die Leistungsträger sich in alle vier Rock-Himmelsrichtungen entfernt hatten.

Yellow Submarine

Titel und Zeichentrickfilm von den → Beatles. War sicherlich einer der ersten Filme dieser Art, die → Pop-Art und → Psychedelia verbanden. Sehr unterhaltsam – vor allem auch wegen des Soundtracks.

Yellow Sunshine

Darreichungsform von → LSD. → Trip.

Yippies

18.2.1968 – die beiden Studentenführer → Jerry Rubin und Abbie Hofmann gründen in den USA die Youth International Party – die Yippies. – Politisierte Jugendbewegung – als die »Unschuld« der Hippies so langsam verloren ging, verwandelten sich viele von ihnen in Yippies. Diese nahmen aktiver an gesellschaftlichen Vorgängen teil. Nicht nur pure Verweigerung und Abdriften in Irrationales und Blümchenmentalität, sondern politische Arbeit, Demos, Podiumsdiskussionen bis hin zum gewalttätigen Widerstand waren ihr Credo.

Yogi, Jogi

Indischer Büßer brahmanischen Glaubens, aber auch Lehrer. → Transzendentale Meditation – Abkürzung: TM, auch »Wissenschaft der kreativen Intelligenz« genannt, seit 1958 von dem indischen Wander-Yogi → Maharishi Mahesh verbreitete Meditationstechnik auf Mantra-Basis, mit dem Ziel, die Naturgesetze zu überwinden. Die TM gibt sich in der Werbung als neutrale Selbstverwirklichungstechnik. → Bhaghwan. – Die Yogis hatten ihre Superzeit in den 60ern, in der Hippie-Ära wurden sie dezent auch auf weltliche Genüsse aufmerksam – wie teure Autos, Hotelzimmerfluchten und fröhliche Gespielinnen zur meditativen Kurzweil. Heute ist es oft keine Einzelführerschaft mehr, sondern die Hinwendung zu bestimmten Sekten. Mystische, vor allem fernöstliche Religionen haben weiterhin Konjunktur, vor allem für gesellschaftliche Aussteiger und überarbeitete Manager.

Young Rascals

→ Rascals.

Young, Neil

Anspieltip: Everybody Knows This Is Nowhere (LP – 1969)

→ Buffalo Springfield. → Crosby, Stills, Nash & Young. Der »Lonesome Cowboy« der Rockmusik – heute als Übervater diverser Strömungen gefeiert (u. a. Grunge) war in den 60ern ein gar sensibles Bürschlein. Young wurde am 12.11.1945 in Winnipeg/Kanada geboren. Er hinterließ Meilensteine, war einer fleißigsten Produzenten, spielte in Ensembles und kämpfte für den Rock mit seiner eigenen Formation Crazy Horse. War Sänger, Songwriter und Gitarrist. »Der Lyriker der Rock-Prairie«. – Er verkörperte die Nachwehen des Post-Hippie-Drogen-Rocks genauso, wie er die maßgeblichen Akzente der Ära setzte. → Buffalo Springfield. → Crosby, Stills, Nash & Young. Er war der ungeschliffenste der großen Rockgitarristen und trug die E-Gitarre massiv in die Hochburg des → Folk-Rock hinein, indem er gezerrte Soli spielte in Stücken, die eigentlich zum Lagerfeuergesang getaugt hätten. Young machte aus dem Folk-Trio C, S & Nash eine energiegeladene Live-Truppe mit traumhaft sicheren Vokalsequenzen und schepperndem Gitarren-Drive. Er hat unzählige Alben veröffentlicht, sich immer wieder als Rock-Chamäleon bewiesen, das auf allen Hochzeiten tan-

Neil Young: Lonesome Guitar-Cowboy wird zum Übervater von Post-Hippie-Drogen-Rock und Grunge.

zen bzw. spielen kann – seine Wurzeln und seine krachende E-Gitarre aber nie ad acta gelegt. Young ist ein Phänomen der Rockmusik, das in seinem Habitus zu fast allen Zeiten dermaßen unmodern gewesen ist, daß er eigentlich immer angesagt war. Seine Stimme war allerdings gewöhnungsbedürftig, dieses hohe, leiernde und weinerliche Organ mußte man sich akustisch erschließen, um seine Musik wirklich annehmen und genießen zu können. (Mensch, was ging der mir mit seinem Geweihere Ende der 60er auf den Keks, und meine Freundin bestand auf Parität beim Musikhören – hatte ich 'ne Runde King Crimson gehört, kam der drängende Wunsch: »Leg doch mal Neil Young auf!« Die Platten des Meisters hatte sie mir wohlweislich geschenkt. Denn damals hätte ich für »Mr. Quäk« keine müde Mark meines gering bemessenen Bafögs ausgegeben. Vor allem störten mich die doch sehr dominanten Country-Einflüsse. – Anm. d. Verf.). Ein Kanadier, der gute Neil – US-amerikanischer ging's nimmer – in jeglicher Wertung von Mensch und Musik! Der trug wirklich die Sonne in den Canyon, um dort die Strahlen zu putzen. Seine Bodenständigkeit und vordergründige Biederkeit vertragen sich irgendwie nur sehr sparsam mit dem forciert progressiven Musikstatus, den man ihm unterstellt. Einer der ganz Großen – rückwirkend betrachtet.

Youngbloods, The

Anspieltip: Youngbloods (LP – 1967)

Jesse Colin Young (Perry Miller) (voc, b, g), Jerry Corbitt (g, voc), »Banana« Lowell Vincent Levinger (p, g, voc, b), Joe Bauer (dr)

Amerikanische Folk-Rockgruppe, im Sommer 1965 in Boston begründet (und trotzdem klangen sie manchmal, als ob sie hinter den Weiden von Kansas City ein Lagerfeuer angezündet hätten ... Anm. d. Verf.). – Alle Mitglieder der Band hatten eine Vergangenheit in Folk-Kreisen in New York und Boston. Ihre Musik war eine melodiöse und verträumte Mischung aus Country, Rock, Blues, Folk und Good Time Jazz. Von allem etwas – sehr amerikanisch. Hatte auf dem deutschen/europäischen Markt nur eine beschränkte Käuferzahl. – Die Youngbloods arbeiteten 1966/67 gelegentlich als Hausorchester in New York Citys »Café A Go Go«, bevor sie 1967 nach Kalifornien gingen. (Da pilgerten sie alle hin, in diesem Jahr.) Den größten Erfolg hatten die Youngbloods 1969 mit der Single »Get Together« (geschrieben von Dino Valenti). Diese war zwar bereits 1967 veröffentlicht worden, wurde aber 1969 durch einen TV-Spot für das »National Council Of Christians And Jews« erst populär. 1973 löste sich die Gruppe auf.

Z

Zappa, Frank

Der anarchistische Intellektuelle der Rockmusik und das Genie der Musikmetamorphose. – Amerikanischer Komponist, Gitarrist, Arrangeur, Producer, Filmregisseur – Fan von Stockhausen und Schönberg. Geboren am 21.12.1940 als Frank Vincent Zappa Jr. in Baltimore/ Maryland. Er starb am 4.12.1993 im Laurel Canyon, Kalifornien. – Frank Zappa zog 1950 nach Kalifornien und begann als Zwölfjähriger zunächst mit dem Schlagzeug. Als 18jähriger wechselte er von der Trommel zur Gitarre und gründete seine erste Band, The Blackouts, aus der später The Omens wurden. Zu dieser Zeit verdiente er sich seinen Lebensunterhalt als Barpianist und komponierte serielle Musikstücke à la Stockhausen. In The Omens spielte er u. a. mit seinem College-Freund Don Van Vliet (→ Cptn. Beefheart) zusammen, mit dessen Band – The Soots (später sollte die Magic Band daraus werden) – er in seinem Studio Z in Cucamonga mehrere Aufnahmen machte. Am selben Ort begannen Frank Zappa und van Vliet mit dem Filmprojekt »Captain Beefheart Versus The Grunt People«, das jedoch nie fertiggestellt wurde. Von seinem 19. bis zu seinem 24. Lebensjahr erregte Frank Zappa mehrfach Aufsehen auf Grund seiner Jingles (kurze Programmeinspielungen, die die Aufmerksamkeit des Hörers auf sich ziehen sollen) für Radio und Fernsehen sowie einiger Produktionen für Filmmusiken. Später wurde das Studio Z geschlossen, nachdem Frank Zappa wegen der Aufnahmen zu einem pornographischen Tonband verhaftet und zu zehn Tagen Gefängnis verurteilt worden war. Damals spielte er bei → Avantgarde-Konzerten mit in Bands wie Joe Perrino & The Mellotones, The Boogiemen sowie The Muthers. – Darüber hinaus arbeitete Frank Zappa als professioneller Producer für lokale Bands.

– 1964 traf er in Los Angeles mit der Gruppe The Soul Giants zusammen – und sofort durfte er die Rolle des musikalischen Leiters dieser Gruppe einnehmen. Ab 1965 machte sie unter dem Namen → The Mothers of Invention durch Zappas komplexe, aber auch humoriganarchistisch inszenierte Musikkonzeption und durch sehr extravertierte Bühnenshows von sich reden und wurden zu einer Legende → progressiver zeitgenössischer Musik. – Frank Zappa gründete 1968 das Label Bizarre sowie 1969 Straight und fungierte als Producer für die GTO's, → Captn. Beefheart, Alice Cooper, Wild Man Fischer u. a. m. Beide Gesellschaften wurden in Verbindung mit der Auflösung von Mothers im Oktober 1969 veräußert. – 1970 kam es zu einer Reunion der Mothers of Invention. 1970-71 begann Zappa mit den Aufnahmen zu dem Film »200 Motels«, fast schon ein Post-Hippie-Movie, der von dem harten Tourneeleben der Rockmusiker in einem surrealistischen Universum handelt. In diesem Film spielte Ringo Starr, der ja immer wieder Schauspielambitionen hatte (z. B. »Caveman«), die Hauptrolle. Zappa arbeitete für den Film mit den Mothers und dem Royal Philharmonic Orchestra zusammen. Ab 1976 ging er auf stilsuchenden Egotrip und brachte Platten nur noch unter seinem Namen heraus. – Frank Zappas Texte waren provokant, sarkastisch, oft zynisch und nihilistisch in Frage stellend ... – er war ein durch und durch politischer Musiker und Poet. Seine Unkonventionalitäten und Provokationen fanden diverse Ausdrucksformen – u. a. berühmt das Poster aus den 60ern, wo der Meister auf dem Scheißhaus sitzt (hing in jeder zweiten WG – Anm. d. Verf.) Sein geliebtes Amerika gefiel ihm ganz und gar nicht so, wie es sich in den 60ern präsentierte. Durch die Gründung von eigenen → Labels und Firmen erlangte er weitgehende Autarkie vom Kommerzbetrieb und auch eine absolute Kontrolle über die eigenen Produktionen. – Durch umfassende Kenntnis der Musikgeschichte und der musikalischen Traditionen sowie dank seiner Stilsicherheit schuf Frank Zappa Kompositionen und Arrangements der absoluten Spitzenklasse, konnte aber nie ein breites Publikum für sich gewinnen, was bei der Potenz und Brisanz seiner Musik nicht weiter verwundert. Kein verkanntes – aber ein unterbewertetes Genie (vor allem in Deutschland, was aber auch mit der semantischen Komplexität seiner Texte zu tun hatte, die sich mit Schulenglisch nicht erschließen ließen). – Allerdings wurden die plakativsten Schlagworte seiner Songs so mit Beschlag belegt, daß nur noch die provokative Wirkung, nicht aber mehr der inhaltliche Zusammenhang im Vordergrund standen – eines der bekanntesten Beispiele: Titties and Beer.

Bobby Brown (und sein »Shiny Heini«). – (der »visionäre« Frank Zappa 1968 – → Woodstock – siehe nachfolgende Lyrics)

Take your clothes off when you dance
Es wird eine Zeit kommen, da wird jeder der einsam ist
Die Freiheit haben
Zu singen und zu tanzen und zu lieben
Es wird eine Zeit kommen, da wird jedes Übel
Das wir kennen, ein Übel sein
ÜBER DAS WIR UNS ERHEBEN KÖNNEN
Wen kümmerts ob die Haare lang oder kurz sind
Mit Spray drauf oder teilweise ergraut ...
Es wird eine Zeit kommen, da wird man sich nicht mal schämen
Wenn man zu dick ist
W AH W AH W AH W AH
Es wird eine Zeit kommen, da wird jeder der einsam ist,
die Freiheit haben
zu singen und zu tanzen und zu lieben
Es wird eine Zeit kommen, da wird jedes Übel
Das wir kennen, ein Übel sein
ÜBER DAS WIR UNS ERHEBEN KÖNNEN
Wen kümmerts, ob du arm bist
Daß du dir's nicht leisten kannst
Dir ein Paar Mod A Go-Go
Stretch-Elastic Hosen zu kaufen ...
ES WIRD EINE ZEIT KOMMEN
DA WIRST DU DIR BEIM TANZEN SOGAR
DIE KLEIDER AUSZIEHEN KÖNNEN ...
Co. By Frank Zappa Music Inc. 1968

Frank Zappa: Genie der Musikmetamorphose und schweinischer Bürgerschreck wird wegen pornografischem Tonband eingelocht.

LEXIKON

ALLES, WAS SIE WISSEN MÜSSEN.

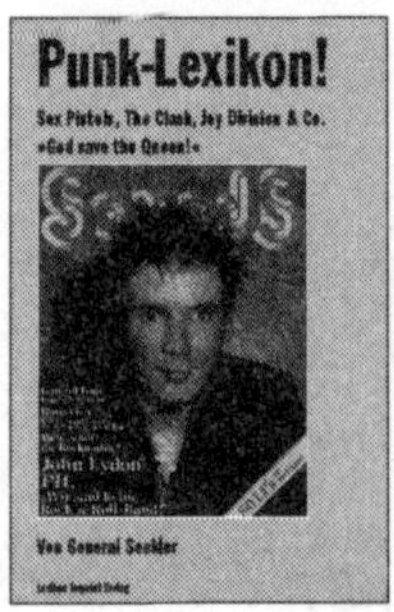

JEDER BAND CA. 352 SEITEN, BROSCHUR, MIT VIELEN ABBILDUNGEN, CA. DM 29,80

DER AUTOR

Michael G. Symolka, geboren am 14.06.1951 in Augsburg, betreut seit über 15 Jahre als Moderator und Musikredakteur einen Radiosender in Süddeutschland. Seine tiefe Moderatorenstimme kündigt in der Nachtschiene seines Senders gut recherchierte Spezialbeiträge zu den verschiedensten Popmusik-Themen an. Der Van-Morrisson-Fan Michael Symolka ist nicht nur Spezialist für die Hippie-Ära, sondern ebenso ein ausgesprochener Kenner der Blues-Musik. Er arbeitet auch als freier Musikjournalist für Stadtmagazine und Fachzeitschriften. Michael Symolka, auch genannt »Man in Black«, ist nicht nur ein wortgewaltiger Lyriker, der bereits einen Gedichtband herausgebracht hat, sondern kann mit seiner rauchigen Soulstimme bei gelegentlichen Auftritten noch jedes Teenie-Herz schmelzen lassen.

IMPRESSUM

Hippie-Lexikon.
Psychodelic, Peace & freie Liebe –
Das ABC der Flower-Power-Ära
Von Michael G. Symolka
ISBN 3-89602-204-0
Herausgeber: Arno Löb. Lektorat: Dietmar Thom.

KATALOG